R. Fjodorow

Die anonyme Macht

ROLLE DER UNTERNEHMERVERBÄNDE
IN DER BRD

VERLAG MARXISTISCHE BLÄTTER

Frankfurt a. M. 1976

Autorisierte Übersetzung aus dem Russischen von K. Kolossow

ISBN 3-88012-355-1
Alleinvertrieb in den deutschsprachigen
kapitalistischen Ländern
Verlag Marxistische Blätter GmbH
Frankfurt/Main, Heddernheimer Landstr. 78a

Р. П. ФЁДОРОВ

АНОНИМНАЯ ВЛАСТЬ

На немецком языке

© Deutsche Übersetzung Verlag Progreß,
Moskau 1976

VORWORT ZUR DEUTSCHEN AUFLAGE

In den letzten Jahren sind in der Sowjetunion, der DDR und anderen sozialistischen Ländern zahlreiche Arbeiten über die Unternehmerverbände in der BRD erschienen. Auch in der Bundesrepublik selbst haben marxistische Autoren zu dieser Problematik geschrieben. Erwähnt seien dabei insbesondere die Veröffentlichungen des Instituts für Marxistische Studien und Forschungen in Frankfurt am Main, Artikel in der Zeitschrift „Marxistische Blätter" sowie die Informationsberichte des Wirtschaftspolitischen Arbeitskreises beim Parteivorstand der DKP. In diesen Publikationen westdeutscher Marxisten werden jedoch in der Regel nur die Positionen der Unternehmerverbände zu dieser oder jener Frage untersucht, bestimmte Teilaspekte ihrer Tätigkeit oder aber aktuelle Aussagen der Verbände des Monopolkapitals analysiert. Mit der „Anonymen Macht" von R. Fjodorow wird dagegen in der Bundesrepublik eine Schrift aus der Feder eines marxistischen Autors veröffentlicht, die sowohl die Geschichte der Unternehmerverbände wie alle wesentlichen Seiten ihrer heutigen Funktion und Wirkungsweise behandelt.

Die Bedeutung der nachstehenden Arbeit ergibt sich vor allem daraus, daß die Erkenntnis des Charakters und der Tätigkeit der von den Monopolen beherrschten Unternehmerverbände unerläßlich ist für das Verständnis des heutigen staatsmonopolistischen Kapitalismus und damit für die Kampfbedingungen der Arbeiterklasse in unserem Lande. Schon Lenin hebt die Organisiertheit in Unternehmerverbänden und ihr Zusammenwirken mit dem Staatsapparat als eine typische Erscheinung des staatsmonopolistischen Kapitalismus hervor, wenn er feststellt:

„Der einzelne Kapitalist wird Mitglied eines Kapitalistenverbandes... Die Bildung von Unternehmerverbänden, Trusts, Syndikaten usw. und ihre Wechselbeziehung mittels kombinierter Unternehmen und Großbanken haben die früheren Formen vollständig verändert.

Und wenn für die vorimperialistische Epoche das individuelle kapitalistische Eigentum charakteristisch war, so ist für die heutige finanzkapitalistische Wirtschaft das Kollektiveigentum der untereinander organisatorisch zusammengeschlossenen Kapitaliste charakteristisch... Das ist die neueste Etappe der Entwicklung, die sich in der Zeit des Krieges besonders deutlich zeigte. Am wichtigsten ist die Verschmelzung der bourgeoisen staatlichen Organisation mit den ökonomischen Organisationen. Nach und nach wird eine staatliche Regulierung der Produktion eingeführt... Aber nicht nur die staatliche und die rein ökonomische Organisation der Bourgeoisie schließen sich zusammen, dieselbe Tendenz zeigen auch alle anderen bourgeoisen und Klassenorganisationen. Wissenschaft, Parteien, Kirche, Unternehmerverbände werden in den Staatsapparat einbezogen."

Heute sind die Unternehmerverbände eine Hauptform der Organisiertheit des Monopolkapitals in der BRD. Sie spielen eine maßgebliche Rolle im Mechanismus des staatsmonopolistischen Kapitalismus als entscheidender Hebel zur Umsetzung der ökonomischen Macht der Monopole in politische Macht. Sie sind jene Organe, die unmittelbar das Zusammenwachsen, die Vereinigung der Macht der Monopole mit der Macht des Staates vollziehen. Diese Funktion entspricht im Grunde genommen auch dem öffentlich erklärten Selbstverständnis der Verbände des Monopolkapitals. So heißt es im Jahresbericht des BDI 1972/73 unverhüllt: „Bei der Wahrnehmung seiner Aufgaben befindet sich der Verband an der Nahtstelle zwischen staatlicher Administration, Parlament, Parteien, Wissenschaft und Öffentlichkeit auf der einen und den von ihm vertretenen Interessen der industriellen Unternehmen auf der anderen Seite." Es wird offen ausgesprochen, daß die Funktionen dieses wirtschaftlichen Spitzenverbandes politische Funktionen sind.

Die nachstehende Arbeit über die Unternehmerverbände gewinnt ihre besondere Bedeutung durch die aktuelle Situation, in der sie erscheint. Seit Ende der sechziger, Anfang der siebziger Jahre ist eine neue Stufe in der Aktivität der

Unternehmerverbände in der Bundesrepublik zu verzeichnen. Wenn man die Ursachen dafür nennen will, muß vor allem auf drei Hauptfaktoren hingewiesen werden:

— Der erste Faktor ist zweifellos die weitere Veränderung des Kräfteverhältnisses zwischen den beiden entgegengesetzten Weltsystemen zugunsten des Sozialismus. Schon die Beratung der kommunistischen und Arbeiterparteien 1960 in Moskau konnte die bedeutsame Feststellung treffen, daß die Hauptrichtung der Entwicklung der Menschheit jetzt bereits vom Sozialismus bestimmt wird. Die Tendenz, daß der Sozialismus immer mehr zum bestimmenden Faktor der Weltentwicklung wird, hat sich in den seitdem vergangenen Jahren beträchtlich verstärkt.

Das wird deutlich in der wachsenden ökonomischen und militärischen Macht des Sozialismus. Es zeigt sich in seinem zunehmenden politischen Einfluß auf das Weltgeschehen, der seinen sichtbarsten Ausdruck in dem raschen Tempo der Verwirklichung des vom XXIV. Parteitag der KPdSU beschlossenen Friedensprogramms findet. Durch die wachsende Kraft des Sozialismus konnte eine Wende vom kalten Krieg zur Politik der friedlichen Koexistenz von Staaten unterschiedlicher Gesellschaftsordnung eingeleitet werden. Die gerade auch von den Unternehmerverbänden vertretene Politik des Revanchismus, das Bemühen, die DDR mittels militärischer Stärke in den Machtbereich des deutschen Monopolkapitals zurückzuholen, ist total gescheitert. Die Veränderung des Kräfteverhältnisses zugunsten des Sozialismus und der Zwang zur Koexistenz mit den sozialistischen Staaten sowie die damit einsetzenden Veränderungen im Bewußtsein der werktätigen Bevölkerung und der Jugend in der Bundesrepublik stellen den Kampf um die Erhaltung des kapitalistischen Ausbeutersystems für das Monopolkapital und seine Verbände auf neue Weise.

— Auf dem Hintergrund der weiteren Veränderung des Kräfteverhältnisses zugunsten des Sozialismus und im Gefolge der allseitigen Verschärfung der kapitalistischen Widersprüche ist der Kapitalismus in eine neue Phase seiner allgemeinen Krise eingetreten. Ausdruck dafür ist die Krise in den Beziehungen der imperialistischen Mächte zu den jungen Nationalstaaten, die besonders im Zusammenhang mit der Energiekrise des Kapitalismus deutlich wird. Die neue Phase der allgemeinen Krise des Kapitalismus äußert sich in der tiefen Krise in den Beziehungen der imperialistischen Hauptmächte untereinander, in der Krise der Beziehungen der EWG zu den USA und in der Krise der EWG selbst. Ausdruck der Verschärfung der allgemeinen Krise ist die enorme Zuspitzung der wirtschaftlichen Widersprüche des Kapitalismus, die Zunahme der zyklischen Krisenerscheinungen, die unheilbare Währungskrise, die immer schneller galoppierende inflationistische Entwicklung. Die neue Phase der allgemeinen Krise des Kapitalismus wird sichtbar in der Krise der bürgerlichen Demokratie und Moral, in der tiefen Krise der bürgerlichen Ideologie. Nicht zuletzt kommt die enorme Zuspitzung der Widersprüche des Kapitalismus in einer neuen Qualität der Klassenkämpfe der Arbeiter zum Ausdruck. Die Zahl der Streiks nimmt auch in der Bundesrepublik zu, es kommt zu einer engeren Verflechtung des ökonomischen und politischen Klassenkampfes, nicht zuletzt durch das immer offenere Eingreifen des Staates im Interesse des Großkapitals, das Selbstbewußtsein der Arbeiter wächst. In bezug auf die Arbeiterkämpfe in der Bundesrepublik stellen dabei zweifellos die Septemberstreiks 1969 einen Wendepunkt dar.

Kurzum, selbst bürgerliche Zeitungen der BRD müssen eingestehen, daß das Wort Krise zu einer der am häufigsten gebrauchten politischen Vokabeln in unserem Lande geworden ist. Die neue Phase der allgemeinen Krise des Kapitalismus stellt natürlich neue Anforderungen an das Monopolkapital und seine Verbände im Kampf um die Verteidigung dieses von Krisen geschüttelten Systems, in dem Bemühen, im Interesse maximaler Profite für das Großkapital alle Krisenlasten auf die Arbeiterklasse und die übrigen Werktätigen abzuwälzen.

— Als dritter Faktor für die verstärkte Aktivität der Unternehmerverbände muß schließlich die Ablösung der CDU/CSU aus der Regierungsverantwortung in Bonn und die Übernahme der Regierungsführung durch die SPD genannt werden. Sie ist für die Unternehmerverbände Anlaß, neue Wege der Einflußnahme auf die politischen Parteien und die Regierung zu suchen und dabei auch öffentlich stärker aufzutreten.

Die Ursache dafür ist keineswegs ein schlechtes Verhältnis zur sozialdemokratisch geführten Regierung. Diese hat sich ja von ihrer Geburtsstunde an um besonders enge Kontakte zu den Spitzen der Unternehmerverbände bemüht und als neue Institution eine mehr oder weniger regelmäßige Gesprächsrunde des Bundeskanzlers mit den Führern der Monopolverbände eingerichtet. Wenn die Unternehmerverbände sich dennoch zu verstärkter Aktivität und größerem öffentlichem Hervortreten veranlaßt sehen, so darum, weil die SPD als eine Partei, die ihre Massenbasis unter Arbeitern und Angestellten hat, gegenüber „unternehmerfeindlichen Einflüssen" empfindlicher sein könnte als die CDU/CSU. Das veranlaßt die Unternehmerverbände, stärker als Wächter der Monopolinteressen gegenüber der Regierung aufzutreten und dabei die ganze Macht und Geschlossenheit der Verbände in die Waagschale zu werfen. So forderte BDI-Boß Sohl auf der Jahresversammlung 1973 seines Verbandes, „daß sich die industriellen Unternehmer als ökonomisch und politisch relevante Gruppe in unserem Staate als eine Einheit empfinden... Je mehr sich die industriellen Unternehmer als eine Einheit empfinden, um so erfolgreicher werden sie insgesamt im ökonomischen und politischen Bereich sein. Es ist eine Aufgabe der unternehmerischen Verbände, hier als Katalysator zu wirken".

Ein stärkeres und zum Teil auch öffentlicheres Hervortreten der Unternehmerverbände hängt zum anderen auch damit zusammen, daß die direkten personellen Verflechtungen der Unternehmerverbandsspitzen mit der SPD-Führung zweifellos nicht so ausgeprägt sind wie mit der CDU/CSU. So bestand zu Zeiten der CDU/CSU-Regierungen über den CDU-Wirtschaftsrat unmittelbare personelle Identität der Verbandsführungen mit der Regierungspartei, die es möglich machte, häufig schon über diesen Kontakt, ohne die Notwendigkeit öffentlichen Hervortretens, direkter Eingaben, Kanzlergespräche usw., Einfluß durchzusetzen.

In einer Einschätzung des Wirtschaftspolitischen Arbeitskreises beim Parteivorstand der DKP zur Jahresversammlung 1973 des BDI wird darum festgestellt: „Es ist daher anzunehmen — und die diesjährige BDI-Tagung erhärtet diese Annahme —, daß der Weg der politischen Einflußnahme der Unternehmer auf die Regierung sich offener und direkter über Kontakte zwischen Unternehmerverband und politischen Instanzen vollziehen wird. (Womit keineswegs eine geringere Intensität des Unternehmereinflusses verbunden ist.) Daraus aber läßt sich ableiten, daß die Rolle der Unternehmerverbände — und damit besonders des BDI — als politische Sprecher des Großkapitals zunehmen wird."

Auf die mit der Veränderung des internationalen Kräfteverhältnisses zugunsten des Sozialismus und die Verschärfung der allgemeinen Krise des Kapitalismus entstandene Situation reagieren die Verbände des Monopolkapitals mit verstärkten Anstrengungen zur Massenmanipulierung. Der zunehmenden Systemkritik soll ein positives Unternehmerbild, das Gemälde eines reformfähigen und reformwilligen Kapitalismus entgegengestellt werden. Der Konzentration der Kräfte auf diese Aufgabe dient zweifellos auch die im Juli 1973 erfolgte Umbildung des „Deutschen Industrieinstituts" in ein „Institut der Deutschen Wirtschaft", als dessen Träger und Finanziers nun auch Unternehmerverbände außerhalb der Industrie herangezogen werden.

Die Monopolverbände wollen in stärkerem Maße offensiv in die gesellschaftspolitischen Auseinandersetzungen um Reformen eingreifen. Im Jahresbericht 1972/73 des BDI heißt es dazu: „Die in diesem Sinne verstandene politische Betätigung eines Verbandes — wie der Unternehmerschaft überhaupt — darf sich aber nicht damit begnügen, auf Aktivitäten im politischen Raum zu reagieren. Mehr denn je ist die Unternehmerschaft gefordert, sich aktiv in den Entwicklungsprozeß unserer Wirtschafts- und Gesellschaftsordnung einzuschalten, indem sie eigenständige Antworten auf die großen Fragenkomplexe sucht, die sich heute in unserer Gesellschaft stellen."

Wie diese Antworten aussehen, zeigt der 'gleiche Jahresbericht des BDI, in dem die gewerkschaftlichen Forderungen nach paritätischer Mitbestimmung strikt abgelehnt werden. Wie diese Antworten aussehen, zeigt die im März 1974 in Köln veranstaltete Antimitbestimmungskundgebung des BDA, auf der BDA-Boß Schleyer die Forderung der Gewerkschaften nach Mitbestimmung in die Ecke der Verfassungsfeindlichkeit zu stellen versuchte und selbst gegen die Regierungspläne zu Felde zog, die nur eine Karikatur auf wirkliche Mitbestimmung bedeuten würden. Wie diese Antwort der Unternehmerverbände aussieht, das zeigt schließlich der von ihnen organisierte Boykott der Lehrlingsausbildung als Antwort auf die Regierungspläne zur Berufsausbildung, obwohl diese nur geringfügige Verbesserungen vorsehen und in keiner Weise den Forderungen der Gewerkschaften und Arbeiterjugendorganisationen entsprechen.

Diese Antworten der Unternehmerverbände unterstreichen nur, daß ihre Reaktion auf die veränderte Situation in der Welt und in der Bundesrepublik vor allem verschärfter Druck gegen die Arbeiterklasse ist, um das kapitalistische System abzusichern und alle Krisenlasten auf das werktätige Volk abzuwälzen. Die provokatorische Haltung der Unternehmerverbände in den jüngsten Lohnbewegungen, ihre verschärften Angriffe auf die Gewerkschaften, der regierungsamtlich abgesegnete Ausbau des unternehmerverbandseigenen „Verfassungsschutzes" und des bewaffneten Werkschutzes bestätigen — wie Lenin nachwies —, daß das Monopolkapital die entscheidende Quelle der sozialen und politischen Reaktion im Kapitalismus der Gegenwart ist. Die schärfsten Einpeitscher dieser Reaktion aber sind die Verbände des Monopolkapitals.

Die Arbeit Fjodorows über die Unternehmerverbände gibt Antwort auf die oft gestellte Frage: Wer beherrscht die Bundesrepublik? Sie bringt Licht in die tatsächlichen Machtverhältnisse des staatsmonopolistischen Kapitalismus und hilft, das Funktionieren der Klassendiktatur des Monopolkapitals zu durchschauen. Sie liefert damit wichtige ideologische Waffen für den Kampf der Arbeiterklasse unseres Landes um die Überwindung des staatsmonopolistischen Systems, für antimonopolistische Demokratie und Sozialismus.

Diese Bedeutung des Buches wird auch nicht dadurch geschmälert, daß die eine oder andere der darin entwickelten Thesen sicher auch unter Marxisten nicht unbestritten sein wird. Auf einige strittige Fragen macht der Autor selbst aufmerksam. Man wird nach der Lektüre der Arbeit mindestens einen Punkt hinzufügen müssen, das ist die These, daß die Monopolbourgeoisie in Deutschland ihre wirkliche politische Macht erst nach dem zweiten Weltkrieg errichten konnte und daß die Zeit der Weimarer Republik und des Faschismus nur eine Übergangsperiode darstellte, in der sich die Monopolbourgeoisie der wirklichen politischen Macht annäherte. Auch die Feststellung, daß die deutsche Monopolbourgeoisie eine Symbiose mit der Macht des deutschen Faschismus eingegangen sei, wirft viele Fragen auf, wenn man von der von Georgi Dimitroff auf dem VII. Weltkongreß der Kommunistischen Internationale entwickelten Faschismus-Definition ausgeht, die seitdem zum ideologischen Gemeingut der kommunistischen Bewegung wurde. In anderen Fragen wird der Meinungsstreit über unterschiedliche Positionen sicher dazu beitragen, die Analyse über die Unternehmerverbände und damit über eine der Schaltstellen des heutigen staatsmonopolistischen Kapitalismus zu vertiefen.

Willi Gerns
Präsidiumsmitglied
der DKP

EINLEITUNG

Einst pflegten die Autoren, ihre Bücher damit einzuleiten, daß sie sich an den geneigten Leser wandten. Das hatte den Vorzug, daß zwischen Autor und Leser sich eine Art von Kontakt bildete: Schlug der Leser das Buch auf, fühlte er sich direkt angesprochen, und der Verfasser suchte bereits in den ersten Zeilen den ihm Unbekannten zu überzeugen, diese Frucht schriftstellerischer Mühe nicht beiseite zu legen.

Und wenn sich auch seit jener Zeit die Beziehungen zwischen diesen zwei Kategorien von Menschen wesentlich vereinfacht haben, möchten wir dennoch an die alte Tradition anknüpfen, um in Kürze zu erklären, von welcher „anonymen Macht" weiter die Rede sein wird.

Unter den vielen Vereinigungen, Vereinen und Klubs in allen kapitalistischen Industrieländern gibt es Organisationen, die sich absichtlich bescheiden Unternehmerverbände nennen. In der Regel bleibt ihre Tätigkeit jedoch der Öffentlichkeit verborgen, und sie selbst definieren ihre Funktionen meist verschwommen, sie, so hört man, setzen sich beispielsweise für „die Interessen der Privatindustrie" ein. In Wirklichkeit sind die Unternehmerverbände das organisatorische Gerüst der kapitalistischen Klasse, der politische Machtapparat der Monopolbourgeoisie, der im staatsmonopolistischen Herrschaftsmechanismus eine erhebliche Rolle spielt.

Freilich würde es einem schwerfallen, diese gut getarnte Rolle des anonymen Apparats der ökonomischen und politischen Macht aufzudecken, wollte man gleich auf alle Länder des staatsmonopolistischen Kapitalismus eingehen. Deshalb ist es günstiger, die Rolle und Bedeutung der

Unternehmerverbände innerhalb eines Staates detailliert zu untersuchen, wenn man dabei in Betracht zieht, daß es analoge mächtige Organisationen in der gesamten kapitalistischen Welt gibt. An einigen historischen Ursachen läßt sich die Rolle der Unternehmerverbände im politischen Leben der BRD besonders deutlich erkennen. Das bestimmt von vornherein das Thema der vorliegenden Arbeit.

Das Problem der Unternehmerverbände ist recht vielschichtig. Im Rahmen dieses Buches war es nicht möglich, alle Aspekte gründlich zu beleuchten, was den Verfasser veranlaßte, sich auf die wesentlichsten Gedanken zu beschränken. Im Unterschied zu monopolistischen Vereinigungen vorwiegend ökonomischer Art — Kartellen, Syndikaten, Trusts, Konzernen, Konglomeraten, Finanzgruppen — sind die Unternehmerverbände hauptsächlich politische Einrichtungen der Kapitalistenklasse, deren Betätigungsfeld dort liegt, wo die ökonomische Macht in die politische umgesetzt wird. Die Hervorhebung der politischen und sozialökonomischen Aspekte des Problems machte es unumgänglich, auf eine eingehende Behandlung der Frage nach der ökonomischen Bedeutung der Unternehmerverbände zu verzichten.

Die politische Bedeutung der Existenz der Verbände besteht darin, daß sie ein Instrument des Kapitals darstellen, um den Klassenkampf — im weitesten Sinne dieses Wortes — zu führen. Vollzieht sich doch die Umwandlung der Wirtschaftsmacht der Monopole in die politische Macht weitgehend aufgrund ihrer Tätigkeit. In diesem Zusammenhang sei betont, daß sich die politischen Aktivitäten der Unternehmerverbände nicht auf die Auseinandersetzung zwischen zwei Klassen und die Angriffe auf die Positionen der Arbeiterschaft beschränken. In gleichem und nicht selten sogar in größerem Maße haben sie die Aufgabe, den Kampf innerhalb ihrer Klasse zu führen, indem sie in die Kompetenzen des bürgerlichen Staates eingreifen und über Legislative und Exekutive die Durchsetzung ihrer Forderungen erreichen.

Auf den ersten Blick mutet es wie ein Paradoxon an, daß die Unternehmerverbände, die, wie es im folgenden dargestellt werden wird, völlig unter Kontrolle des westdeutschen Monopolkapitals stehen, dennoch Anstrengungen unternehmen, um die staatlichen Organe der BRD zu beeinflussen. Gehört etwa die politische Macht in der Bundesrepublik nicht dem Monopolkapital? Wozu haben es aber dann die

Monopole nötig, einen besonderen Apparat zu unterhalten, um ihren Klassenwillen durchzusetzen, wenn der bürgerliche Staat und die bürgerlichen Parteien in ihrer Hand sind?

Allein die Tatsache, daß das Monopolkapital diesen Apparat unterhält, offenbart die Schwächen einer solchen Fragestellung. Uns steht es noch bevor, die Gründe für das Entstehen, Erstarken und Anwachsen des Einflusses der Unternehmerverbände darzulegen, ihre Funktionen bei der Ausübung der Klassenherrschaft des Monopolkapitals, darunter auch ihre Wechselbeziehungen zum bürgerlichen Staat, klarzustellen. Jedoch ohne Vorbemerkungen zum Wesen des vorliegenden Themas können einige Aspekte bei der Darlegung ähnliche Fragen aufkommen lassen. Halten wir deshalb bereits hier fest, daß die Interessen der Unternehmerverbände mit denen der politischen Führung, die den Staatsmechanismus lenkt, bei weitem nicht identisch sind.

Die gemeinsamen Klassenziele des bürgerlichen Staates und des Monopolkapitals sollen die Tatsache nicht verschleiern, daß die Exekutive, ebenso wie die jeweils regierende, in das kapitalistische System integrierte Partei — obwohl sie objektiv den Monopolen dienen —, die Klassenaufgabe (zumindest unter den Bedingungen der parlamentaristischen Demokratie) nur dann erfüllen kann, wenn allgemeine Interessen des Staates sowie spezifische Aufgaben der Staatsorgane und der Parteimechanismen, die mit den unmittelbaren Zielen der Monopole nicht immer übereinstimmen, berücksichtigt werden. Die Staatsbürokratie ist doch kein einfacher Vollstrecker der Befehle des Monopolkapitals, sie hat eine relativ große Handlungsfreiheit. In diesem Zusammenhang sei an die Worte W. I. Lenins erinnert: „Der hauptsächliche, fundamentale und verhängnisvolle Fehler ... besteht darin, daß die außerordentlich große Selbständigkeit und Unabhängigkeit der Bürokratie"[1] vergessen wird.

Und tatsächlich kann die in der Wirtschaft vorherrschende Monopololigarchie nicht immer und nicht überall damit rechnen, daß ihre sämtlichen spezifischen Interessen durch die Staatsbürokratie automatisch realisiert werden. Im Gegenteil, sie muß sich tatkräftig dafür einsetzen, daß ihre Interessen in der konkreten Staatspolitik eine maximale Berücksichtigung finden. Als Werkzeuge in diesem Kampf fungieren hauptsächlich die Unternehmerverbände. Die Existenz dieser besonderen Klassenorganisationen spiegelt folglich die inneren Klassenwidersprüche des kapitalistischen Systems wider.

Es muß betont werden, daß es sich hier um die Widersprüche innerhalb einer Klasse handelt, um die Differenzen also, die nicht an den Grundfesten der kapitalistischen Ordnung rühren. Beide oligarchischen Gruppierungen sind durch gemeinsame Interessen in den politischen Kardinalfragen geeint, sie stützen sich auf die gleiche Klassenbasis — die kapitalistische Klasse — und dienen derselben Schicht — der monopolistischen Spitze der Bourgeoisie. Ihre Interessendifferenzen resultieren einerseits aus ihrer unterschiedlichen Lage im System des staatsmonopolistischen Kapitalismus, aus ungleichen, obwohl zusammenhängenden Funktionen bei der Staats- und — andererseits — der Wirtschaftsführung. Deshalb haben die Widersprüche zwischen den zwei Oligarchien hinsichtlich ihrer materiellen Grundlage einen anderen Charakter als z. B. die Uneinigkeiten zwischen den bürgerlichen politischen Parteien oder die Rivalität zwischen den Monopolgruppierungen, deren Hauptinhalt darin besteht, die Gegner von den Machthebeln bzw. den Absatzmärkten zu verdrängen. Vereinfacht gesagt: Weder die bürokratische Partei- und Regierungsoligarchie noch die Wirtschaftsoligarchie sind bestrebt, einander abzulösen; sie kämpfen nicht um den Sturz der kontrahierenden Gruppierung. Ihre Widersprüche sind die Gegensätze des Zusammenwachsens, bei dem jede oligarchische Gruppierung der anderen ihre Existenzberechtigung einräumt und darauf hinarbeitet, sich gegen deren Einmischung abzusichern und gleichzeitig die eigene Einflußnahme auf die andere Gruppierung zu verstärken; gerade die Unternehmerverbände dienen hier den Monopolen als Instrumente, mit deren Hilfe der Einfluß der Monopole auf die Staatsbelange ausgedehnt werden kann.

Eines der Anliegen des Buches ist es, zu untersuchen, wie die Unternehmerverbände sich in dem zähen Klassenkampf die permanente Reproduktion der politischen Herrschaft der Kapitalistenklasse sichern und wie der Mechanismus zur Umsetzung der ökonomischen Gewalt der Bourgeoisie in die konkrete politische Macht funktioniert — zumindest ein bedeutender Teil von ihm, welcher in den Apparaten der Unternehmerverbände vertreten ist.

Obwohl die Unternehmerverbände auf dem Territorium Deutschlands schon seit mehr als hundert Jahren bestehen, trotz ihrer zunehmender Bedeutung bei der Aufrechterhaltung der kapitalistischen Gesellschaftsordnung und trotz der Tatsache, daß wir in ihnen Klassenkampforganisationen vor uns haben, die die gemeinsamen Interessen der Monopole in ihrer reinsten Prägung repräsentieren, ist über sie recht wenig bekannt.

Man könnte versuchen, zumindest einige Ursachen dafür zu finden, weswegen dieses Problem so lange Zeit zu wenig beachtet worden ist. Vielleicht kann man es dadurch erklären, daß in den Werken der Begründer des Marxismus das Problem der Unternehmerverbände keine breite Widerspiegelung gefunden hat. Das heißt übrigens nicht, daß Marx und Lenin diesen Organisationen der Unternehmer überhaupt keine Bedeutung beigemessen hätten. 1880 stellte z. B. Karl Marx, als er einen Fragebogen zur Klärung der Lage der Arbeiter aufsetzte, in einem besonderen Punkt folgende Frage: „9) Bestehen Vereinigungen der Lohnherren, um Lohnkürzungen, Verlängerung des Arbeitstags zu erzwingen, um Streiks zu zerschlagen und um im Allgemeinen der Arbeiterklasse ihren Willen aufzuzwingen?"[2] In diesen Worten von Karl Marx wird die wesentlichste Klassenaufgabe der Unternehmerverbände deutlich, die bestrebt sind, den Willen der Bourgeoisie der Arbeiterklasse und gegenwärtig auch der ganzen Gesellschaft aufzudrängen.

Die Ansichten Lenins über die Unternehmerverbände sind in seinen Arbeiten „Eine Enquete über die Organisationen des Großkapitals", „Materialien zur Revision des Parteiprogramms", „Wie die Kapitalisten das Volk verhöhnen", „Die drohende Katastrophe und wie man sie bekämpfen soll" sowie in der Rede auf dem III. Gesamtrussischen Kongreß der Sowjets der Arbeiter-, Soldaten- und Bauerndeputierten dargelegt worden. Man muß feststellen, daß die Haltung Lenins zu den Unternehmerorganisationen eine wesentliche Evolution erfahren hat. In der Rezension über das Buch von Guschka, eines bürgerlichen Wissenschaftlers, der sich mit den russischen Unternehmervereinigungen beschäftigte, schrieb Lenin:

„Bis zu *allgemeinen politischen* Fragen vermögen sich die Kapitalisten *nicht* aufzuschwingen. ‚Die Zulassung der Vertreter von Industrie und Handel' in diese oder jene lokalen oder zentralen Institutionen — das sind die Grenzen für die ‚Kühnheit' ihrer Anträge. Wie diese Institutionen *überhaupt* organisiert sein sollen, darüber *vermögen* sie sich *keine* Gedanken zu machen. Sie nehmen die auf Weisung anderer gebildeten Institutionen hin und erbetteln sich darin ein Plätzchen. Sie stellen sich sklavisch auf den nicht von ihrer Klasse bereiteten Boden des Staates, und auf diesem Boden stellen sie ihre ‚Anträge' zur Wahrung der Interessen *ihres* Standes, *ihrer* Gruppe, *ihrer* Schicht, wobei sie selbst hier kein wirkliches Verständnis für die Interessen der ganzen *Klasse* an den Tag legen."³

Die negative Charakteristik Lenins erklärt sich aus den damaligen politischen Verhältnissen des zaristischen Rußlands. Selbst die deutschen Unternehmerverbände, zweifelsohne organisiertere und zentralisiertere, wandten sich den allgemeinpolitischen Aufgaben erst im zweiten Jahrzehnt des 20. Jahrhunderts zu. Darüber hinaus geht aus Guschkas Buch hervor, daß die Kapitalistenklasse Rußlands mit dem Zarentum verwachse. Lenin hielt dies zu Recht für einen Irrtum und betonte, daß die bürgerliche Revolution in Rußland unvollendet sei und daß sich die Gegensätze zwischen der Bourgeoisie und der Selbstherrschaft vertiefen.

Fünf Jahre danach veränderte sich die Haltung Lenins zu den Unternehmerverbänden wesentlich. In den „Materialien zur Revision des Parteiprogramms" betrachtete er die Kapitalistenverbände als eines der wichtigsten Kriterien der kapitalistischen Entwicklungsstufe: „Die außerordentlich hohe Entwicklungsstufe des Weltkapitalismus überhaupt, die Ablösung der freien Konkurrenz durch den monopolistischen Kapitalismus, die Entwicklung eines Apparats für die gesellschaftliche Regulierung des Produktionsprozesses und der Verteilung der Produkte durch die Banken sowie durch die Kapitalistenverbände... — alles das macht die jetzt erreichte Entwicklungsstufe des Kapitalismus zur Ära der proletarischen, sozialistischen Revolution."⁴ Jetzt erkannte Lenin auch die politische Rolle der Unternehmerorganisationen vollends an. Auf die Sabotage und die Erwürgung der Revolution in Rußland eingehend, zitiert er aus der „Rabotschaja gaseta" (Arbeiterzeitung): „Das Ministerium für Handel und Industrie ist völlig abhängig vom Kongreß der Bergbauindustriellen Südrußlands"⁵ und stimmt dieser Schlußfolgerung zu. In seiner Rede über den Krieg auf dem I. Allrussischen Sowjetkongreß der Arbeiter- und Soldatendeputierten erwähnte Lenin die Unternehmerverbände, indem er den Imperialismus charakterisierte: „Die Großbanken, die durch Hunderte Milliarden von Kapital die ganze Welt beherrschen, die ganze Industriezweige mit den Verbänden der Kapitalisten und Monopolisten vereinigen, das ist der Imperialismus."⁶

Schließlich äußerte Lenin nach knapp einem halben Jahr in seinem Artikel „Die drohende Katastrophe und wie man sie bekämpfen soll" erstmalig den Gedanken, die Kapitalistenklasse durch die Unternehmerverbände zu kontrollieren, und entwickelte diese Idee weiter zu einem Vorschlag: Ein Gesetz über die Zwangsvereinigung aller Fabrikbesitzer zu Verbänden nach dem Beispiel Deutschlands zu erlassen.[7] Wir werden auf diesen Gedanken später ausführlicher zurückkommen. Hier sei nur festgestellt, daß Lenin in der Frage der Unternehmerverbände ein zutiefst politisches und konkretes Problem sah, und es gibt allen Grund, zu behaupten, daß er dieses Problem für recht aktuell und wichtig hielt.

Einem wissenschaftlichen Interesse für die Unternehmerverbände stand im Laufe vieler Jahre offensichtlich die These von der Unterordnung des bürgerlichen Staates unter die Monopole im Wege. Aus diesem Grunde wurden sämtliche Regierungen im kapitalistischen Staat als einfache Vollzugsorgane des Monopolkapitals betrachtet. Bei einer solchen Fragestellung mußten die Unternehmerverbände als einfache Vermittlungsinstanzen angesehen werden, deren Existenz politisch nicht unbedingt erforderlich war.

Allerdings wurde das Problem der Unternehmerverbände von einer Reihe sowjetischer Wissenschaftler auf diese oder jene Weise berührt. Ein bedeutender Platz wurde ihm in den Untersuchungen von E. Chmelnizkaja, A. Kulikow und J. Urjas eingeräumt.[8] Besonders sind hier die Publikationen von Wissenschaftlern aus der DDR hervorzuheben, darunter auch das Buch von M. Banaschak, das eine der Erscheinungsformen der BRD-Monopolverbände behandelt, sowie die von J. Kuczinski gesammelten Materialien über die Geschichte dieser Verbände wie auch die Arbeiten von S. Doernberg, L. Meier und O. Reinhold.[9] Die Möglichkeit, sich auf diese Untersuchungen zu stützen und eigene Schlußfolgerungen mit den Schlüssen zu vergleichen, zu denen die Forscher in der Sowjetunion und der DDR gelangten, und schließlich auch die Möglichkeit, sich mit einigen diesen Thesen auseinanderzusetzen — all das war für die vorliegende Arbeit besonders wertvoll.

Nicht unwichtig war schließlich auch die Tatsache, daß zuverlässiges Material über die Tätigkeit der Unternehmerverbände in beschränktem Maße für das Studium zur Verfügung stand. Die Unternehmerorganisationen verbergen sorgfältig den wahren Umfang und Charakter ihrer Tätigkeit, wobei ihre offiziellen Veröffentlichungen meist nur spärliche Informationen enthalten. Das Wirken der Unternehmerverbände ist seinem Wesen nach anonym. Wir möchten dabei auf ein westdeutsches Zeugnis verweisen. Rupert Breitling, der 1955 ein Buch über die Verbände verfaßte, klagte: „Die größten Schwierigkeiten waren jedoch nicht methodischer Art und nicht durch den Umfang der Aufgabe bedingt, sondern ergaben sich bei der Materialbeschaffung. Beispielsweise hat kaum ein Verband auf schriftliche oder mündliche Anfrage dem Verfasser seine Geschäftsordnung gezeigt... Aber auch Mitgliederzahlen, Tagungsprotokolle, ja sogar Geschäftsberichte gehören bei manchen Organisationen zu den ängstlich gehüteten Geheimnissen."[10] Wegen einer solchen Praxis der Unternehmerverbände beschränken sich die Nachforschungen westdeutscher Forscher — gleichgültig, ob es sich um Apologeten oder Kritiker handelt — größtenteils nur auf allgemeinste Betrachtungen und sind äußerst arm an Tatsachenmaterial.

Die genannten Ursachen umfassen wohl kaum alle möglichen Erklärungen, helfen aber verstehen, warum das Problem der Unternehmerverbände ehemals — und dieser Standpunkt ist vielleicht jetzt auch noch nicht ganz überwunden — als zweitrangig behandelt worden war. Unterdessen ist das Studium dieser Einrichtungen des Monopolkapitals von erheblicher Bedeutung. Steht doch damit den Monopolen ein Apparat zur Verfügung, der den gemeinsamen Willen der herrschenden Schicht der Kapitalistenklasse erarbeitet und in die Tat umsetzt, indem angestrebt wird, im Verlaufe permanenter Kämpfe gegen die Arbeiterklasse und innerhalb der eigenen Klasse diesen Willen den Werktätigen, der Gesellschaft und der Staatsmacht aufzuzwingen. Diese politischen Praktiken zu enthüllen heißt deshalb zusätzliches Licht in das Funktionieren der Klassendiktatur des Monopolkapitals zu bringen, darunter auch in solche Fragen wie: Methoden zur Sicherung der Klassenherrschaft des Monopolkapitals; Mittel und Wege zur Umsetzung der ökonomischen Macht der Monopole in die politische Macht; Korrelationen der Monopole zur Staatsmacht im Rahmen des staatsmonopolistischen Kapitalismus.

Der Verfasser hofft, daß das Herangehen an diese Fragen durch das Studium der relativ wenig bekannten Struktur der Unternehmerorganisationen es ermöglicht, ein zusätzliches und objektiv überprüfbares Kriterium für die staatsmonopolistische Verschmelzung zu finden und die Vorstellungen über sie als eine nicht nur ökonomische, sondern auch politische Erscheinung zu konkretisieren.

Kapitel 1

HISTORISCHER ABRISS DER DEUTSCHEN UNTERNEHMERVERBÄNDE

WARUM SCHLOSSEN SICH DIE KAPITALISTEN ZU VERBÄNDEN ZUSAMMEN?

Die heutigen Funktionen der Unternehmerverbände, die Rolle und Bedeutung der Verbände im System des staatsmonopolistischen Kapitalismus, ihre gegenwärtigen organisatorischen Formen, die Ziele und Methoden ihres politischen Kampfes haben sich im Verlauf eines langwierigen Anpassungsprozesses der sich entwickelnden Kapitalistenklasse an die sich ständig wandelnde politische Wirklichkeit herauskristallisiert.

Zu unserem Anliegen gehört deshalb auch der Versuch, die Wege zu verfolgen sowie den Mechanismus und die Ursachen für eine Umwandlung der ökonomischen Verbände von lokalen Kapitalistenvereinigungen mit beschränkten Zielen und Potenzen in mächtige Organisationen der Monopolbourgeoisie, in eines der wichtigsten Instrumente zur Sicherung der politischen Herrschaft des Monopolkapitals, in die Organe also, die das Verwachsen und die Verflechtung der Macht der Monopole mit der des Staates unmittelbar herbeiführen, zu klären. In diesem Zusammenhang ergibt sich das erste Problem, nämlich die Ursachen zu untersuchen, die zur Bildung der Unternehmerverbände führten und ihre weitere Entwicklung bedingten. Warum hat sich die Kapitalistenklasse, zu deren Wesenszügen ja der extreme Individualismus gehört, zu einer Klassenvereinigung in Form von Verbänden der Unternehmer entschlossen? Warum hat sich die Kapitalistenklasse im wesentlichen über die Isoliertheit und die auseinanderstrebenden Privatinteressen der rivalisierenden Bourgeois erhoben und das Aktionsfeld der Verbände als Vertreter allgemeiner Interessen der ganzen Klasse konsequent ausgebaut?

Die Umstände der Herausbildung der Unternehmerverbände führen an eine Antwort auf diese Frage in erster Näherung heran. Die gesellschaftliche und politische Zersplitterung Deutschlands in der ersten Hälfte des 19. Jahrhunderts mit seinen Hunderten kleiner und kleinster selbständiger Staaten, dem Durcheinander der Zollschranken, der Zerrissenheit der Transportwege wurde zu einem spürbaren Hindernis für das weitere Aufstreben der kapitalistischen Wirtschaft. Erschöpfte sich das kapitalistische Profitstreben bis dahin lediglich in privater Tätigkeitssphäre eines Kapitalisten, so weckte die Profitgier angesichts der Beeinträchtigung der kapitalistischen Wirtschaft als Ganzes durch die politischen Realitäten das gemeinsame Interesse der Bourgeoisie an der Beseitigung der bestehenden Hemmnisse. Friedrich Engels betonte: „Die Industrie und der Handel Deutschlands hatten sich zu einer Höhe entwickelt, das Netz deutscher Handelshäuser, das den Weltmarkt umspannte, war so ausgebreitet und so dicht geworden, daß die Kleinstaaterei zu Hause und die Recht- und Schutzlosigkeit im Ausland nicht länger zu ertragen waren."[1] In dieser Situation wurden die Vorgänger der modernen Verbände — die Unternehmervereine — ins Leben gerufen. Die äußerst begrenzten Ziele, die sie sich zunächst stellten — die Vereine wollten hauptsächlich gewisse Erleichterungen im Verkehr durchsetzen —, spiegelten das damalige Verhältnis zwischen einer kleinen Insel gemeinsamer Belange der Kapitalistenklasse und einem ganzen Meer egoistischer Interessen aller Kapitalisten im einzelnen wider. Allerdings wurde hiermit der entscheidende Schritt in der Entwicklung des Klassenbewußtseins der Kapitalisten getan. Das ökonomische Hauptziel der Bourgeoisie, der Profit — bis dahin nur ein Trennungsfaktor individueller Interessen der Bourgeoisie auf ökonomischem Gebiet, da er zu einem erbarmungslosen Konkurrenzkampf zwischen ihnen führte —, erlangte von nun an die Rolle eines Antriebs zur politischen Vereinigung der Kapitalisten. Die Profitgier trieb jetzt die Kapitalistenklasse dazu, abgestimmte Forderungen an die Behörden zu stellen; die Profitsucht veranlaßte letzt die Bourgeois — um diesen Ansprüchen Abgestimmtheit und Gewicht zu verleihen — ihre Klassenorganisationen, die Unternehmervereine, zu schaffen.

Im oben Gesagten läßt sich ein formaler Widerspruch erkennen, weil die Profitjagd als Ursache zweier auf den ersten Blick entgegengesetzter Tendenzen angegeben wird:

ökonomische Isoliertheit der Kapitalisten einerseits und politische Vereinigung der Kapitalistenklasse andererseits. In Wirklichkeit jedoch hat dieser Widerspruch keinen formalen, sondern einen dialektischen Charakter. Im ersten Fall tritt das ökonomische Interesse der Bourgeoisie als klassenmäßig unbewußter Faktor auf, es wirkt spontan und spiegelt hauptsächlich individuelle Bestrebungen der Bourgeois wider. Anders ist es im zweiten Fall. Hier wird das ökonomische Hauptinteresse in einer neuen und höheren Qualität wirksam, weil es nun nicht die individuelle Profitsucht, sondern die der ganzen Klasse widerspiegelt. Die erstarkte Kapitalistenklasse ist sich nun dessen bewußt, daß sie allein durch individuelle Bemühungen nicht in der Lage ist, die besten Bedingungen zur Sicherung ihres Profits zu schaffen, und erkennt die Notwendigkeit, für solche Bedingungen gemeinsam zu kämpfen. Deshalb büßt das ökonomische Hauptinteresse der Bourgeoisie, indem es eine neue Qualität gewinnt, die Spontaneität seiner Erscheinung ein und ruft bei den Kapitalisten die Erkenntnis ihrer Klassengemeinschaft und der daraus resultierenden gemeinsamen Klassenbestrebungen hervor. Deshalb schließen sich die Kapitalisten bewußt in Organisationen zusammen, mit dem Ziel, für die maximale Durchsetzung gemeinsamster ökonomischer, sozialer und politischer Interessen der Bourgeoisie zu kämpfen. Bei der Analyse des Klassenkampfes in Deutschland betonte Marx um die Mitte des vorigen Jahrhunderts: „Die Bourgeoisie mußte sich ihren Anteil an der politischen Herrschaft vindizieren, schon ihrer materiellen Interessen wegen. Sie selbst war allein fähig, ihre kommerziellen und industriellen Bedürfnisse gesetzlich zur Geltung zu bringen."[2]

Eine der Kapitalistenklasse immanente tiefe Widersprüchlichkeit fand unter anderem darin ihren Ausdruck, daß die spontane, individuelle Erscheinungsform des ökonomischen Interesses der Bourgeoisie nach der Herausbildung eines klassenbewußten Profitanspruchs nicht verschwand, sondern daß sich beide Formen im ständigen Kampf befinden. Jedoch zeugte die Weiterentwicklung der Unternehmerverbände davon, daß das Klassenbewußtsein bei den Motiven, die das Handeln der Kapitalistenklasse determinierten, eine stets zunehmende Rolle spielte. Das Entstehen und Erstarken der Unternehmerverbände widerspiegeln unmittelbar das Bewußtwerden der Kapitalisten über ihre Klassengemeinschaft und ihre allgemeinsten Klasseninteressen auf wirtschaftlichem, sozialem und politischem Gebiet. Die Unternehmerverbände sind das materialisierte und in Organisationsbindungen verankerte Klassenbewußtsein der Bourgeoisie. Daraus folgt, daß wir mit Recht im Wachstum des Klassenselbstbewußtseins jenen unmittelbaren Grund sehen müssen, der zur Herausbildung der Unternehmerverbände führte und deren Weiterentwicklung vorantrieb.

Allerdings wirkt sich diese Ursache nicht abstrakt und nicht losgelöst von den sie hervorbringenden Umständen aus. Sie selbst ist die Folge einer Reihe zusammenhängender wirtschaftlicher, sozialpolitischer und sozialpsychologischer Faktoren. Deshalb scheint es unerläßlich, auf die Wurzeln, die die Kapitalisten zur Erkenntnis ihrer Klassengemeinsamkeit geführt haben, näher einzugehen. Wie bereits erwähnt, ist das ökonomische Hauptziel, d. h. das Profitstreben, wichtigste Voraussetzung und Anstoß zur Herausbildung des Klassenbewußtseins der Bourgeoisie. Und in der Tat: Die Klasseninteressen sind in erster Linie die gemeinsamen ökonomischen Interessen der jeweiligen Klassen.

Objektive Prozesse des Wirtschaftswachstums und insbesondere der Konzentrationsprozeß in der Industrie bringen die Bourgeoisie — von einer bestimmten Stufe an — zur Einsicht, daß einige wesentliche Voraussetzungen des gesellschaftlichen Wirtschaftslebens — Entwicklung des Verkehrswesens, Zoll- und Steuersystem, Sozial- und Wirtschaftsgesetzgebung usw. — der gesamten Kapitalistenklasse zugute kommen. Darauf entsteht das eigentliche Wirtschaftsmotiv, das die Bourgeoisie zur Vereinigung und Schaffung solcher Institutionen treibt, die in der Lage wären, die aus kapitalistischer Sicht heraus notwendigen Maßnahmen bei dem Staat durchzusetzen.

Die Klassengemeinschaft der Kapitalisten entsteht allerdings nicht nur aufgrund ökonomischer Bestrebungen. Sie wird in bedeutendem Maße durch ideologische Momente angeregt. Chronologisch gesehen, gilt das in erster Linie für die nationalen Interessen der Bourgeoisie. Im feudal zersplitterten Deutschland der ersten Hälfte des vorigen Jahrhunderts war es das Bürgertum, das — zwar recht bescheiden und unkonsequent — den Kampf um die nationale Vereinigung des Landes aufnahm. Das nationale Motiv hat ohne Zweifel den Anstoß zur Schaffung von Unternehmerverbänden gegeben. Wie wir im folgenden sehen werden, waren die Ziele der Kapitalistenverbände in den ersten Jahrzehnten ihres Bestehens deutlich dadurch gekennzeichnet, sich im

Maßstab ganz Deutschlands zu vereinigen. Es muß jedoch betont werden: Die nationalen Interessen der kapitalistischen Klasse Deutschlands erfuhren eine Evolution von der historisch fortschrittlichen Idee der nationalen Einheit über die objektive Notwendigkeit, die deutsche Industrie gegen die stärkere ausländische Konkurrenz abzusichern, bis zum Nationalismus, der immer aggressiver wurde und sich in der Folgezeit zu einem der Grundpfeiler des deutschen Imperialismus entwickelte. Bei der Formierung der nationalen Aufgaben der Kapitalistenklasse übernahmen die Unternehmerverbände allmählich immer wichtigere Funktionen, indem sie ihre gemeinsamen Klasseninteressen in diesem Bereich in steigendem Maße wahrnahmen.

Der Klassenkampf ist der wichtigste Faktor, der die Kapitalisten schließlich zur Einsicht ihrer Klassenzusammengehörigkeit zwingt. Die Wirkung dieses Faktors hängt von dem Stand der sozialen Verhältnisse, von der Kraft und Aktivität der dem Bürgertum gegenüberstehenden Gesellschaftsklassen ab. Das ökonomische Hauptinteresse der Bourgeoisie ist hierbei eine stets anwesende Prämisse. Zu einer Anregung des bürgerlichen Klassenbewußtseins wird dies aber nur dann, wenn die Kapitalistenklasse zwangsweise ihre mit den anderen Klassen konfrontierte Gesellschaftsstellung erkennen muß, sich durch die Politik der ersteren gefährdet sieht und die Notwendigkeit erkennt, gegen diese Klassen zu kämpfen. Mit anderen Worten: Lediglich die sozialpolitischen Hindernisse bei der kapitalistischen Profitjagd bzw. eine Gefährdung der Möglichkeit, Profite zu ziehen, lassen bei den Kapitalisten das Bewußtsein der Gemeinsamkeit ihrer politischen Klasseninteressen entstehen. Die politische Klassengemeinsamkeit der Bourgeoisie tritt nur im Kampf gegen eine andere Klasse hervor. In diesem Sinne ist die Geschichte der Unternehmerverbände mit dem Machtbestreben der Kapitalistenklasse, mit dem Kampf um die Herrschaft in Staat und Gesellschaft aufs engste verbunden. Die Ausprägung der Klassenzusammengehörigkeit der Bourgeoisie wird davon bestimmt, in welchem Verhältnis sie zur Macht steht, gegen welche Klasse sie ankämpft, d. h. von politischen Faktoren. Zur Klärung dieser These wollen wir auf drei unterschiedliche historische Situationen kurz eingehen.

Bis zum Ende der 70er Jahre des vorigen Jahrhunderts trat als politischer Hauptgegner des jungen deutschen Bürgertums der Adel auf, der die Macht im Lande fest in seinen

Händen hielt. Die Gegensätze zwischen diesen Ausbeuterklassen hatten allerdings keinen antagonistischen Charakter, weil der Bereich, in dem die Lebensinteressen der beiden Klassen aufeinanderprallten, verhältnismäßig eng war und die Interessenkollision an den ökonomischen Grundpfosten ihrer Existenz nicht rütteln konnte. Das Recht und die Möglichkeit zur Ausbeutung der Arbeiterklasse und der Bauernschaft blieb ihnen erhalten. Andererseits sah das deutsche Bürgertum in den Arbeitern keine Klassengegner. Hier wirkte sich — neben der Schwäche und Unorganisiertheit der Arbeiterschaft — auch das Erbe des zunftgewerblichen Denkens unter den Bourgeois aus, die den Gehorsam der „Gesellen" für eine gewohnte Verhaltensnorm hielten und sich von dieser Seite nicht bedroht fühlten. Darum trat die Klassengemeinsamkeit des Bürgertums nur dort zutage, wo die wirtschaftlichen Interessen aller Kapitalisten durch die Politik der herrschenden Spitze des Junkertums und des Adels geschmälert wurden. Aus diesem Grunde befaßten sich die erst entstehenden Vereine ausschließlich mit wirtschaftspolitischen Fragen des Staates, allerdings nur unter einem beschränkten und spezifischen Aspekt.

Grundsätzlich anders war die Situation beispielsweise vor dem ersten Weltkrieg. Die Struktur der Kapitalistenklasse wandelte sich: Aus dem „dritten Stand" hat sie sich zu einer Klasse der Industriemagnaten entwickelt. Die erstarkte Kapitalistenklasse griff bereits in die Staatsangelegenheiten ein. An der Macht waren aber immer noch die Kreise des Adels und das Junkertum. Allerdings mußten sie erstens ihre Macht mit der Monopolbourgeoisie teilen und zweitens, was vielleicht noch wichtiger ist, die Interessen der Industriellen viel mehr berücksichtigen als etliche Jahrzehnte zuvor, weil sie die entscheidende Bedeutung der industriellen Basis für die imperialistische Politik des Kaiserstaates erkannt hatten. Aber auch die Großgrundbesitzer selbst waren nicht mehr die alten — durch Rohstofflieferungen, Aktienbesitz und Betriebseigentum wuchsen sie allmählich tief in den kapitalistischen Interessenbereich hinein. Die Folge war, daß die Regierungspolitik mit den Hauptinteressen der Kapitalistenklasse Hand in Hand ging, insbesondere mit denen der monopolistischen Führungsspitze. Der Gegensatz zwischen Bürgertum und Adel hatte sich entschärft.

Im Laufe dieser Jahrzehnte jedoch wuchs ein weitaus gefährlicherer Gegner der Bourgeoisie heran — die organisierte Arbeiterklasse. Der Kampf der Arbeiterschaft um ihre Rechte bedrohte nicht nur die ökonomischen Privatinteressen, sondern auch selbst die Existenz der Bourgeoisie als Klasse. Auf der anderen Seite erweiterte sich der Geltungsbereics der ökonomischen Gesetze des Kapitalismus durch dessen Entfaltung in die Breite und in die Tiefe. Die Kapitalisten gelangten immer mehr zu der Erkenntnis: Der Gewinn jedes von ihnen hängt vom Grad der Ausbeutung des gesamten Proletariats durch die gesamte Bourgeoisie ab. Wie Marx feststellte: „Man hat also hier den mathematisch exakten Nachweis, warum die Kapitalisten, so sehr sie in ihrer Konkurrenz untereinander sich als falsche Brüder bewähren, doch einen wahren Freimaurerbund bilden gegenüber der Gesamtheit der Arbeiterklasse."[3] Die verschärften antagonistischen Widersprüche zwischen der Kapitalisten- und der Arbeiterklasse führten zu neuer Erhöhung des Klassenbewußtseins der Bourgeoisie, das sich nun auch auf sozialpolitisches Gebiet ausdehnte. Dieser Prozeß fand seinen unmittelbaren Niederschlag im Entstehen und Erstarken von spezifischen arbeiterfeindlichen Arbeitgeberverbänden, die der Arbeiterbewegung offen den Kampf ansagten. Die Festigung und Erweiterung ihrer Herrschaft in Staat und Gesellschaft setzte die Bourgeoisie einer Niederwerfung und Niederhaltung von politischen und ökonomischen Organisationen der Arbeiterschaft gleich. Es ist kein Zufall, daß die Arbeitgeberverbände damals zu Schwerpunkten der organisierten politischen Tätigkeit der Kapitalistenklasse wurden. Es ist auch kein Zufall, daß die Arbeitgeberverbände — erst nach den Unternehmerverbänden entstanden — eher eine Vereinigung im Rahmen ganz Deutschlands erreichten. Die Einsicht in die Gefahr für die gesamten kapitalistischen Produktionsverhältnisse bewirkte bei der Bourgeoisie eine bis dahin nie dagewesene Klassengemeinsamkeit.

Beim Vergleich dieser beiden historischen Situationen ergibt sich ein direkter Zusammenhang: Je unversöhnlicher die Interessen der Bourgeoisie mit denen der gegnerischen Klasse sind, um so breiter und stärker tritt die Zusammengehörigkeit der Bourgeoisie zutage. Heißt das, daß die Erkenntnis ihrer Gemeinsamkeit konstant, konsequent und unumkehrbar ist?

Wenden wir uns dem dritten, dem problematischsten Beispiel aus der Geschichte Deutschlands zu. 1933 gelang es Hitler, mit direkter Unterstützung der Monopole die Macht im Lande an sich zu reißen, die Arbeiterorganisationen und

-parteien zu zerschlagen und jede Möglichkeit für den Klassenkampf der Werktätigen abzuwürgen. Dem Gegensatz zwischen Arbeit und Kapital unter den Bedingungen der faschistischen Diktatur wurde der Spielraum entzogen: sowohl im politischen Bereich, wo die Werktätigen sämtlicher Institutionen des Klassenkampfes bis auf das Streikrecht beraubt wurden, als auch im ideologischen Bereich, wo die offizielle Propaganda von der Überlegenheit der deutschen Rasse sowie die soziale Nazidemagogie zum Abstumpfen des Klassenbewußtseins der Arbeiter beitrug. Eine Friedhofsruhe zog an den sozialen Fronten ein. Der deutschen Bourgeoisie standen im Inland zeitweilig keine aktiven organisierten Klassengegner gegenüber, man brauchte sich nicht mehr um die politische Macht zu schlagen.

Dies bedeutete allerdings nicht, daß der Klassenkampf während der Hitlerdiktatur abgeschafft wurde: Die soziale Korruption, der Naziterror und die soziale Rassendemagogie stellten gerade solche den neuen Verhältnissen angepaßten Formen des Klassenkampfes des Bürgertums dar. Ihre Durchsetzung jedoch übernahm der Staat. Die Symbiose der Nazi-Führungsspitze und der führenden Monopole bedeutete für die Kapitalistenklasse einen erheblichen Sieg im Streit um die Vormachtstellung in Staat und Gesellschaft. Hitler war der Hausmeier der Monopole. Die Hitlerclique wurde allen Hauptinteressen des deutschen Monopolkapitals gerecht, indem sie ihm stabile Profite, sozialen Frieden und imperialistische Expansion sicherte. In dieser Situation haben sich die politischen Erscheinungsformen der Klassengemeinsamkeit der Bourgeoisie so gut wie verflacht. Das ist aus dem Schicksal der Unternehmerverbände klar ersichtlich, die den Stand des kapitalistischen Klassenbewußtseins stets genau reflektieren. Die Arbeitgeberverbände lösten sich auf, ihre Funktionäre traten der „Deutschen Arbeitsfront" von Robert Ley bei. Die Unternehmerverbände erhielten die Rechte von Staatsorganen und waren in die Staatsbürokratie integriert. Darüber hinaus war das klassenmäßige Bewußtsein der Bourgeoisie größtenteils von der nationalsozialistischen Ideologie überschwemmt. Dieses Beispiel, notwendigerweise nur kurz und unvollständig dargelegt, genügt allerdings, um die Bedeutung von politischen Faktoren bei der Herausbildung des Klassenbewußtseins der Bourgeoisie hervorzuheben. Zwar resultiert das politische Interesse der Bourgeoisie an und für sich aus den ökonomi schen Belangen, sein Einfluß auf das Wachstum des Klassenbewußtseins der Bourgeoisie hat jedoch einen selbsttragenden Charakter.

Die zunehmende Klassengemeinsamkeit der Bourgeoisie bietet sich uns unter Berücksichtigung des bereits Gesagten — nicht als gleichmäßig steigende Linie, sondern als auf- und abfallender Vorgang, der durch die gesellschaftliche Stellung der Kapitalistenklasse, die Stärke und den Einfluß jener gesellschaftlichen Klassen und Kräfte, deren Politik die Bourgeoisie als Hindernis auf dem Wege zum Profit ansieht, bestimmt wird. Zugleich greift der wellenartige Prozeß der Einsicht in die Interessengemeinsamkeit der Bourgeoisie, anfänglich nur unwichtige Bereiche berührend, allmählich auch auf die wesentlichsten Gebiete über, weil die Bedrohung einer ungehinderten Profitjagd trotz zeitweiliger Minderung historisch gesehen unentwegt wächst. Gegenwärtig sieht die Kapitalistenklasse der Bundesrepublik ihre Interessengemeinsamkeit darin, die kapitalistischen Produktionsverhältnisse aufrechtzuerhalten und zu festigen sowie alle Bestrebungen zu deren Beseitigung niederzuhalten.

Eine Zusammenfassung soll eine kurze Antwort auf die einleitend gestellte Frage nach den Ursachen geben, die zur Entstehung der Unternehmerverbände führten und ihre spätere Entwicklung bedingten. Die Unternehmerverbände entstanden und entwickelten sich als Klassenorganisationen der Kapitalisten; das Wesen ihrer gesamten Tätigkeit in allen Stadien ihrer Geschichte war stets der Klassenkampf gegen jene gesellschaftlichen Kräfte, die von der deutschen Bourgeoisie als ihre politischen Gegner angesehen wurden. Der unmittelbare Grund für die Entstehung und weitere Entwicklung von Unternehmerverbänden war die Einsicht des Bürgertums in seine Klassengemeinsamkeit. Das kapitalistische Klassenbewußtsein bildete sich unter Einwirkung von wechselseitig bedingten ökonomischen, sozialpolitischen und sozialpsychologischen Faktoren heraus, wobei sich die Schwerpunkte innerhalb jeder Faktorengruppe jeweils um das Streben nach Profit und Vorherrschaft in Staat und Gesellschaft sowie um die Einsicht in die Interessen der gesamten Klasse bildeten. Somit, sehr allgemein betrachtet, hat bei der Entstehung und Entwicklung von Unternehmerorganisationen das klassenmäßig bewußt gewordene Streben der Bourgeoisie nach Schlüsselstellungen in Staat und Gesellschaft, um sich Möglichkeiten zur maximalen Wahrnehmung ihres ökonomischen Hauptinteresses zu schaffen, Pate gestanden.

Zugleich dürfen wir die Unternehmerverbände nicht nur als Ergebnis und Ausdruck der Klassengemeinsamkeit des Bürgertums, sondern auch als Brutstätte und aktiven Schrittmacher des Klassenbewußtseins innerhalb der Kapitalistenklasse betrachten. Und in der Tat: Das Faktenmaterial zeugt davon, daß die Unternehmerverbände bei einem bestimmten Organisationsstand selbst zu den die Klassengemeinsamkeit der Bourgeoisie fördernden und festigenden Faktoren werden.

Auf die Geschichte der Unternehmerverbände wirkten sich zumindest drei wesentliche Seiten der historischen Entwicklung der Kapitalistenklasse Deutschlands aus, auf die deshalb näher eingegangen werden muß.

Erstens: Die Geschichte der Unternehmerverbände spiegelt das Bewußtwerden der Bourgeoisie als Klasse, das Bewußtwerden ihrer Klassengemeinsamkeit, ihrer allgemeinen ökonomischen und politischen Interessen wider. In dem Maße, wie sich aus einer Vielzahl von privaten Anliegen der Bourgeoisie die Interessen der gesamten Klasse herauskristallisierten, wie diese Gesamtinteressen immer wichtigere Bereiche des Lebens in Staat und Gesellschaft erfaßten, nahm auch die Bedeutung von Unternehmerverbänden zu, die die bewußt gewordenen Interessen der Kapitalistenklasse zum Ausdruck brachten und ihrerseits deren Ausprägung förderten.

Zweitens: Die Geschichte der Verbände ist direkt mit dem politischen Kampf des Bürgertums um die Herrschaft über Gesellschaft und Staat verknüpft. Mit der Erweiterung jener Bereiche im Leben der Gesellschaft und des Staates, in die die Kapitalistenklasse eindrang und entsprechend ihrer steigenden wirtschaftlichen und politischen Macht auch eine maximale Durchsetzung von Interessen der gesamten Klasse anstrebte, differenzierten sich ständig die Aufgaben der Unternehmerverbände, die sich in mächtige Institutionen verwandelten und danach strebten, die Klassenmacht des Kapitals zu sichern und zu verankern.

Drittens: Die Entwicklung der Unternehmerverbände hing mit den Strukturveränderungen innerhalb der Kapitalistenklasse und insbesondere mit der Herausbildung und Stärkung der Monopole zusammen. Diese hatten in ihrer Hand eine gigantische wirtschaftliche und politische Macht akkumuliert und die Verbände allmählich ganz in ihren

Dienst gestellt. Die Folge war, daß die Unternehmerverbände, ursprünglich zur Wahrnehmung und zum Schutz von Belangen der gesamten Kapitalistenklasse ins Leben gerufen, zu Werkzeugen nur ihrer monopolistischen Spitze wurden.

I. Unternehmerverbände im vorimperialistischen Entwicklungsstadium des Kapitalismus

Erste Schritte (bis 1871)

Die Keime der Organisationsformen von Kapitalisten fallen zeitlich mit der ersten industriellen Revolution zusammen, die die feudale Wirtschaft zur kapitalistischen, Manufakturbesitzer zu Kapitalisten und Gesellen zu Industriearbeitern machte. Die ursprüngliche Form der Unternehmerverbände in Deutschland waren Handels- und Fabrikenkammern, die nach französischem Vorbild eingeführt wurden und zunächst im Rheinland Verbreitung fanden. Dieses Gebiet hatte traditionelle Verbindungen zu Frankreich und befand sich damals in dessen direkter Abhängigkeit. Die erste Handelskammer Deutschlands wurde 1803 in Köln gegründet, ihr folgten die Handels- und Fabrikenkammern in anderen Teilen Deutschlands — zuerst in Erfurt, Hagen, Halle, Frankfurt am Main, dann auch in den übrigen bedeutenden Industrie- und Handelszentren. Dieser Prozeß fand am 13. Mai 1861 durch die Konstituierung des Deutschen Handelstages, der sämtliche lokalen Stadtkammern vereinte, seinen Abschluß.

Die Kammern befaßten sich jedoch vornehmlich mit Problemen des Handels, und die beteiligten Industriellen waren nicht in der Lage, die Kammern ihre spezifischen, außerhalb des Handels liegenden Interessen vertreten zu lassen. Die Interessen des Handels stimmten mit denen der Industrie (besonders in Zollfragen) nicht überein. Darüber hinaus waren im damaligen Deutschland die Handelsbetriebe in der Überzahl, so daß die Industrie in einem Interessenkampf in den Handelskammern sehr häufig von kleinen Händlern überstimmt wurde. Darin kann man eine der Ursachen sehen, die der Schaffung von speziellen Organisationen, denen ausschließlich Industrielle angehören sollten, den Anstoß gab.

Wie bereits erwähnt, hat das klassenmäßig bewußt gewordene Streben der Bourgeoisie nach Vormachtstellungen in

Staat und Gesellschaft zur maximalen Durchsetzung ihres ökonomischen Hauptinteresses die Schaffung von Unternehmerorganisationen angeregt. Das wird durch die Gründung des Industrievereins für das Königreich Sachsen im Jahre 1829 — des Stammvaters der deutschen Unternehmereinrichtungen — auf eine ausgezeichnete Weise illustriert. Zugleich verdeutlicht seine kurze Geschichte, daß ein richtiger — vom Standpunkt der Kapitalistenklasse aus — Gedankengang den Ereignissen und der Realität vorauseilen und das innerhalb einer Gruppe von Industriellen herausgebildete Klassenbewußtsein bei der Mehrheit der Klasse kein Verständnis finden kann, wenn die objektiven Voraussetzungen dafür noch nicht ausgereift sind. Der Sächsische Industrieverein zeichnete sich durch einige Besonderheiten aus, weshalb man ihn als Modell einer Unternehmerorganisation einer bedeutend späteren Zeit betrachten kann. Freilich entstand er nicht auf ideeller, sondern auf zutiefst materieller Grundlage: Das Königreich Sachsen war damals nicht zufällig eines der industriell fortgeschrittensten Länder in Deutschland. Die Organisationsprinzipien und praktische Zielsetzungen des Sächsischen Industrievereins haben jedoch viele Tätigkeitsformen und Probleme der Unternehmerverbände um Jahrzehnte vorweggenommen.

Der Industrieverein hielt es für sein Hauptanliegen, sich bis zum „National"verein zu entwickeln, d. h. alle Industriellen auf deutschem Territorium — trotz dessen feudalen Zersplitterung — zu vereinen. Und das, obwohl die deutschen Unternehmer meist nicht einmal lokal organisiert waren! Wir werden später sehen, wie kompliziert der Prozeß der Zentralisierung von Unternehmerverbänden war und wie lange er währte. Dabei bot der Industrieverein selbst ein Musterbeispiel für eine zentrale Vereinigung, wenn auch im Rahmen nur eines Landes. Mit anderen Worten, er verkörperte eine Organisationsform, die für eine ferne Zukunft charakteristisch sein sollte und durch ihre hochgradige Organisiertheit auffiel. Das geschäftsführende Direktorium des Industrievereins verfolgte aufmerksam die sächsische Gesetzgebung, arbeitete zu bestimmten Problemen Gutachten aus und war bestrebt, auf die Behörden Einfluß zu nehmen. Für die Mitglieder gab es monatlich Mitteilungen heraus mit dem Ziel, alle Teilnehmer um die Organisation zusammenzuschließen. Diese Arbeitsformen sind wiederum erst bedeutend später zur Norm geworden.

Das Wirken des Industrievereins und seine Ziele widerspiegelten das Interesse an einem einheitlichen deutschen nationalen Markt, das von einer Gruppe der Bourgeoisie erkannt und formuliert worden war. Auf die Gesetzmäßigkeit dieser Entwicklung wiesen Marx und Engels noch vor der Revolution 1848 hin: „Die Bourgeoisie ist schon, weil sie eine *Klasse*, nicht mehr ein *Stand* ist, dazu gezwungen, sich national, nicht mehr lokal zu organisieren und ihrem Durchschnittsinteresse eine allgemeine Form zu geben."[4] Die Kapitalistenklasse im ganzen war politisch zu aufgesplittert und wirtschaftlich zu schwach, um sich in dem Moment dieses Interesses auf sozialpolitischer Ebene bewußt zu werden. Die sächsische Gruppe von Industriellen allein war noch weniger befähigt, sich gegen die Feudalherren durchzusetzen und die Vereinigung Deutschlands zu erzielen. Die Folge: Der Industrieverein des Königreichs Sachsen löste sich nach seinem siebzehnjährigen Bestehen 1846 auf, „da sich die Zahl seiner Mitglieder seit der Gründung nicht wesentlich vermehrte und der Wunsch, daß sich der Verein nach und nach zu einem Nationalverein auswachse, nicht erfüllte"[5].

Der erste Versuch, die auf die deutsche Kapitalistenklasse zurollenden Probleme auf Anhieb zu lösen, war gescheitert.

Bei seiner Wertung erinnert man sich an die Worte Lenins, daß die „neue Gesellschaft wiederum eine Abstraktion ist, die nicht anders verwirklicht werden kann als durch eine Reihe mannigfaltiger, unvollkommener konkreter Versuche...."[6] Lenin spricht hier zwar über die Schaffung einer ganzen Gesellschaft, aber offensichtlich ist sein Gedanke auch auf die Bestandteile der Gesellschaft, auf die gesellschaftlichen Strukturen anwendbar.

Der Prozeß der organisatorischen Vereinigung der deutschen Bourgeoisie ging nach dem Scheitern des ersten, forcierten Versuchs auf einem langsameren, jedoch einem natürlicheren Wege weiter. Die Revolution von 1848 gab den Anstoß zur industriellen Entwicklung Deutschlands. Trotz der politischen Zersplitterung des Landes, die das Wachstum der Produktivkräfte hemmte, trotz der Niederlage der Revolution baute der Kapitalismus seine ökonomische Basis aus; die Bourgeoisie formierte sich als Klasse. Letzteres fand seinen Niederschlag in vielfachen Bestrebungen, sich auf niedrigster Ebene zusammenzuschließen und lokale

Vereine von Industriellen zu schaffen, um die sich abzeichnenden gemeinsamen Interessen in einigen Einzelfragen (vornehmlich Verkehr, Interessenvertretung vor den Behörden, Abstimmung fachlicher Belange von Unternehmern) zu wahren. Die entstandenen Unternehmervereine waren voneinander isoliert und auf keine Weise strukturell gebunden. Es bildeten sich zwei Formen heraus: lokale Organisationen der Unternehmer einer Stadt bzw. eines Bezirks unabhängig von ihrer Branchenzugehörigkeit und Vereine einer jeweiligen Branche.

Obwohl die Bildung lokaler, voneinander unabhängiger Unternehmerorganisationen in jener Periode überwog, muß man jedoch besonders vermerken, daß schon damals das Streben nach umfassenderen Organisationsformen deutlich wurde. 1869 entstand der Mittelrheinische Fabrikantenverein, ihm war 1859 die Gründung des Industrie-Börsenvereins vorausgegangen, der vor allem die süddeutschen Baumwollindustriellen umfaßte und sich dann im Jahre 1870 in den Verein Süddeutscher Baumwollindustrieller umwandelte. Der Industrie-Börsenverein ist besonders interessant, da er sich als erster mit einem Gebiet beschäftigte, das bald ein Haupttätigkeitsfeld für Unternehmervereinigungen werden sollte: Der Kampf um die für deutsche Industrielle günstigen Zolltarife.

Allerdings waren lokale Vereinigungen die wichtigste Organisationsform von Unternehmervereinen. Angesichts der Zersplitterung Deutschlands in 300 selbständige Staaten, 50 souveräne Städte und 1500 unabhängige reichsritterliche Territorien entsprachen lokal begrenzte allgemeine Unternehmerorganisationen den Verhältnissen und dienten den Interessen der Industriellen. Die relative Unreife der Bourgeoisie als Klasse zeigte sich darin, daß das einzige Interessengebiet, wo die allgemeinen Unternehmerbelange praktisch zum Ausdruck kamen und in der die Einrichtung entsprechender Vereine ihren Niederschlag fanden, die Verkehrsfragen waren.

Die kapitalistische Entwicklung wuchs über den engen Rahmen regionaler Gebilde hinaus, das Bürgertum war bestrebt, den Markt zu erweitern und wurde dabei mit Schwierigkeiten im Transport, dem Mangel an Eisenbahnen usw. konfrontiert. Obwohl heute diese Kampfrichtung der Vereine unbedeutend scheint, war sie damals ein wichtiger Hebel zur Beschleunigung der kapitalistischen Entwicklung Deutschlands. Marx hob die Bedeutung des Eisenbahnverkehrs für die Entwicklung der bürgerlichen Gesellschaft in seinem Brief an Danielson hervor:

„Andererseits ermöglichte das Aufkommen des Eisenbahnsystems in den führenden Ländern des Kapitalismus, ja es trieb sogar mit Notwendigkeit dazu, daß Staaten, in denen der Kapitalismus noch auf wenige Punkte der Gesellschaft beschränkt war, nunmehr in kürzester Zeit ihren kapitalistischen *Überbau* schufen und zu Dimensionen erweiterten, die in völligem Mißverhältnis stehen zum überwiegenden Teil der Gesellschaft, der den Hauptteil der Produktion in den traditionellen Formen betreibt. Es besteht daher nicht der geringste Zweifel, daß in diesen Staaten der Bau von Eisenbahnen die soziale und politische Zersetzung gefördert hat..."[7]

Ein hervorstechendes Merkmal jener Periode war, daß der Kampf gegen die Arbeiterbewegung als Vereinigungsfaktor fast völlig fehlte. Und in der Tat waren die deutschen Arbeiter — durch Zersplitterung in kleine Territorien — schlecht organisiert und wenig aktiv, sie stellten zu der Zeit keine Gefahr für die Bourgeoisie dar. Im allgemeinen fühlte sich jeder einzelne Fabrikbesitzer mächtig genug und nicht veranlaßt, sich zur Sicherung einer ungehinderten Ausbeutung der Arbeiter seines Betriebes mit jemand zusammenzuschließen. Die späte Entwicklung des Kapitalismus in Deutschland hatte auch eine schleppende Ausreifung der Einsicht in die gemeinsamen Interessen der Bourgeoisie zur Folge. Kennzeichnend dafür war, daß in einem halben Jahrhundert, bis zum Jahre 1871, nur knapp 20 Unternehmervereine neu gebildet wurden. Jedoch war das Fundament für die Organisierungsbestrebungen bereits gelegt und somit die Basis für eine stürmische Gründertätigkeit auf diesem Gebiet in der Folgezeit geschaffen.

Beteiligung am politischen Kampf
(die siebziger Jahre)

Ein Umbruch in der Entwicklung von Vereinen setzte 1871 zusammen mit der Gründung des Deutschen Reiches ein. Befreit von den Fesseln innerdeutscher Zollschranken, begünstigt durch eine zentrale Wirtschaftspolitik und eine einheitliche Gesetzgebung, gestärkt durch die 5-Milliarden-Spritze der französischen Kontribution, nahm der Kapitalismus einen raschen Aufschwung. Die Folge war, daß sich auch die ihm immanenten inneren Widersprüche zuspitzten, die ihrerseits die Ausbreitung des Bewußtseins der klassenmäßigen Interessengemeinsamkeit der Kapitalisten auf weitere und wichtigere Probleme als die Verkehrspolitik bewirkten. „Die Konkurrenz im Inland und auf den Weltmärkten, die Schwierigkeit für die einzelnen Unternehmer, die Krise zu überwinden (gemeint ist der Gründerkrach im Jahre 1873 — *der Verf.*) und sich in der Öffentlichkeit, bei den Parlamenten und den Regierungen mit wirtschaftspolitischen Wünschen vernehmbar zu machen, waren Antrieb für die Unternehmer, sich zusammenzuschließen."8

Die Zahl der Unternehmervereine nahm in jenem Jahrzehnt beispiellos schnell zu und hat sich bis 1880 vervierfacht. Die Bildung von Vereinen ging besonders rasch voran nach 1876, als die Einigungstendenzen der deutschen Bourgeoisie eine neue organisatorische Stufe erreichten, was in der Gründung des Centralverbandes deutscher Industrieller zur Beförderung und Wahrung nationaler Arbeit seinen Ausdruck fand. Die größte Aktivität entwickelten die Unternehmervereine der 70er Jahre um die Schutzzollfrage, woran besonders die Textil- und Eisenindustrie interessiert war. Viele größere Industriellenvereine verdanken ihre Gründung dem Bestreben, die Schutzzollpolitik dem Deutschen Reich aufzuzwingen.

Freilich war das Streben nach Durchsetzung von Schutzzolltarifen nicht das einzige Anliegen dieser Vereine, und es bestimmte deren Tätigkeit nicht allein. Aber in jener Periode galt das Hauptinteresse der Unternehmer zunächst Veränderungen im preußischen und deutschen Handelssystem, das nach ihren Auffassungen zu stark zum Freihandel tendierte. Indes war die junge deutsche Industrie nicht so konkurrenzfähig, um im Rennen mit der englischen mitzuhalten. Das wußte jeder Fabrikbesitzer aus eigener Erfahrung. Daher auch seine Bereitschaft, sich mit der innerdeutschen Konkurrenz zum Schutz des gemeinsamen Interesses zu verschwören. Die Zeitumstände veränderten sich zum Nachteil der deutschen Kapitalisten. Der Reichstag verfügte, ab 1. Januar 1873 die Importzölle für Roheisen und Rohstahl und ab 1. Januar 1877 für alle Eisen- und Stahlerzeugnisse aufzuheben.

Das Motiv für solche Haltung des Reichstags, der zu dem Zeitpunkt vornehmlich die Interessen des preußischen Junkertums vertrat, war nicht zuletzt das bewußt gewordene Streben von Großgrundbesitzern, die industrielle Entwicklung in Deutschland zu hemmen, welche nach Auffassung der Junker Gefahr für sie bedeutete. Die Unternehmervereinigungen setzten sich zur Wehr. Jedoch ließ die Gesamtsituation sie zunächst nicht zum Erfolg kommen. Deshalb sahen sich die Anhänger der Schutzzölle gezwungen, sich weitgehend zusammenzuschließen und ihre Anstrengungen zu vereinen. Hauptfigur der Unternehmer, die die Bedeutung eines geschlossenen Vorgehens erkannten, war Wilhelm von Kardorff, ehemaliger Junker, später aber Besitzer von Stahlwerken.

Am 14. Dezember 1875 trat unter Kardorffs Vorsitz die Versammlung der Vereinsvertreter der Textil- und Eisenindustriellen zusammen. In seiner Ansprache erklärte Kardorff, daß die deutsche Industrie gegenüber der geschlossenen Organisation der Landwirtschaft und des Großhandels einer geeigneten Vertretung ihrer gesamten Interessen ehtbehre. Das habe man in der letzten Zeit wiederum bei der Eisenindustrie beobachtet, die mit ihrer mit großem Aufwande von Kraft und Energie, Geldopfern und Anstrengungen der verschiedensten Art betriebenen Agitation für Beibehaltung der Eisenzölle weder einen moralischen Erfolg in der öffentlichen Meinung noch einen praktischen im Reichstage habe erreichen können. Nur ein geschlossener Verband aller Industrien, deren Interessen ja unzweifelhaft solidarisch waren, erscheine geeignet, die berechtigten Wünsche der deutschen Industrie in wirksamer Weise zum Ausdruck zu bringen und auf die gesetzgebenden Faktoren des Reichs den Einfluß zu gewinnen, der der Bedeutung der deutschen Industrie einigermaßen entspräche.[9] Am 29. Januar 1876 konstituierte sich die Spitzenorganisation der deutschen Textil- und Eisenindustriellen — der Centralverband deutscher Industrieller zur Beförderung und Wahrung nationaler Arbeit.

Westdeutsche Wissenschaftler räumen diesem Fakt eine Schlüsselstellung ein: „Mit dieser Verbandsgründung ist eine neue Stufe der Gruppenorganisation gegeben: nämlich *die Zentralvertretung gemeinsamer Interessen in einem Verband*, und zwar als Gesamtvertretung vornehmlich dem Staat gegenüber... Die Stoßrichtung einer solchen zentralen Interessenvertretung ist vor allen Dingen die politische Ebene, das Parlament. Die neue Schicht von Menschen, die mit der Industrie gegeben ist, verlangt nach einer entsprechenden Vertretung in den politischen Instanzen."[10]

In der Bildung des Centralverbandes deutscher Industrieller (CDI) läßt sich durchaus berechtigt eine neue Qualität in der Entwicklung von Vereinigungstendenzen des deutschen Bürgertums erkennen. Organisationsmäßig wurde hiermit der Grundstein zum Fundament der heutigen Struktur der Unternehmerverbände gelegt, die eine vielstufige Pyramide darstellt und nach folgendem Prinzip aufgebaut ist: Unternehmer — Unternehmerverband — Vereinigung der Unternehmerverbände — Bund der Vereinigungen der Unternehmerverbände. Dabei kann es mitunter bedeutend mehr Zwischenstufen geben.

Wichtiger ist jedoch die Tatsache, daß sich die Kapitalisten in Deutschland das erste Mal zusammenschlossen, um ihre politischen Ziele zu erreichen und auf die Legislative und Exekutive politischen Druck auszuüben. Freilich wurde ein solcher gesamtdeutscher Verband von Industriellen durch die Gründung des Deutschen Reiches begünstigt. Man soll hier allerdings nur eine Voraussetzung für die CDI-Bildung sehen. Das ausschlaggebende Motiv für die Gründung dieses Bundes kapitalistischer Vereine war zweifellos die von den Unternehmern erkannte Notwendigkeit, sich für die Aufrechterhaltung der Schutzzölle einzusetzen. Im CDI-Satzungsentwurf wurde als vorrangiges Ziel fixiert: „Bekämpfung der Freihandelslehre, welche die nationale Arbeit dem Ruin überliefert zugunsten der ausländischen Arbeit." Ein anderer, nicht minder wichtiger Paragraph verlangte „energische Tätigkeit dahin, daß Männer in den Reichstag gewählt wurden, welche anerkannte Freunde und Beförderer der deutschen Industrie sind".

Es muß betont werden, daß diese beiden Forde-rungen im Ansatz zwei wichtige Stoßrichtungen der Tätigkeit moderner Unternehmerverbände aufwiesen: „Einbauen" eigener Leute in die Staatsämter sowie demagogische Behauptung, egoistische Interessen des Kapitals seien gesamtnationale Belange („nationale Arbeit").

Der CDI ging bei der Lösung seiner Hauptaufgabe mit taktischem Geschick ans Werk. Statt eines Frontalangriffs bemühte er sich um Kontakte mit der Führung der Grundbesitzerverbände und war bestrebt, diese vom Nutzen der Schutzzölle zu überzeugen. Dies wurde allerdings auch durch eine neue Entwicklung im deutschen Getreidehandel gefördert — das Deutsche Reich insgesamt verwandelte sich aus einem Getreide exportierendes in ein Getreide importierendes Land. In den 50er Jahren wurde mehr Roggen ein- als ausgeführt, und 1876 war es ähnlich um den Weizenhandel bestellt. Die Junker gelangten zu der Überzeugung, die Schutzzölle könnten auch für sie von Nutzen sein. Bismarcks zentralistische Bestrebungen, durch Reformen und Ausweitung des Steuer- und Tarifsystems die Positionen der Reichsregierung auszubauen, erleichterten auch zum Teil die Aufgabe des CDI. Schließlich trug 1878 der Centralverband deutscher Industrieller seinen ersten Sieg davon — die Reichspolitik verzichtete auf das Freihandelsprinzip und ging zu einem Schutzzollsystem über.

Bei der Einschätzung dieses Erfolgs muß man sich folgendes vor Augen halten: Der Erfolg des CDI wurde vorwiegend durch die für seinen Kampf günstigen Begleitumstände möglich — die Unternehmer paktierten mit den damals weit mächtigeren Kräften, die ihnen einen Knochen hinwarfen (oder, um mit dem Bismarck zu sprechen, ihnen einen Schnaps einschenkten). Trotzdem brachte die Anerkennung des CDI-Standpunktes durch den Staat einen ungeheuren moralischen Gewinn für ihn, die Bedeutung sowie die Rolle des Verbandes im politischen Leben stiegen, und der organisatorische Zusammenhalt der deutschen Kapitalisten bekam einen weiteren spürbaren Antrieb.

Aus diesem Grund könnte man mit Recht das Jahr 1878 als eine Schwelle werten, die die erste Entwicklungsphase der Unternehmerorganisationen und deren erste Schritte wie auch begrenzte Zielsetzungen von der zweiten Phase trennt. Die letztere ist von einem rapiden Anwachsen der Unternehmervereinigungen und einer neuen Qualität ihrer Ziele gekennzeichnet. „Die Einwirkung der organisierten Wirtschaft zur Erreichung wirtschaftspolitischer Ziele auf den Staat hat sich besonders bei den Neuwahlen zum Reichstag bemerkbar gemacht, der auf Grund der Verweigerung der Sozialistengesetze damals (1878) aufgelöst worden war. Der Zentralverband bemühte sich, dort Kandidaten aufzustellen, wo die Industrie die Wahl wesentlich beeinflussen konnte. Dieses Vorgehen bedeutete ein Novum in der damaligen parlamentarischen Entwicklung: Es beginnt die Verbindung von politischer Partei und Interessenvertretung."[11] Die neue Bedeutung, die die Unternehmervereinigungen gewinnen, zeigt sich — sogar rein äußerlich — auch darin, daß das Wort „Verein" allmählich durch eine gewichtigere Bezeichnung „Verband" verdrängt wird.

Formierung zum Kampf gegen die Arbeiterbewegung (die achtziger Jahre)

Die Frühgeschichte der Unternehmerverbände zeigte, daß die Notwendigkeit, gegen die Klasse der Agrarier anzukämpfen, den Zusammenschluß von Unternehmern zu Verbänden wesentlich beschleunigte und die Herausbildung des Spitzenverbandes als eine besondere, qualitativ neue Organisationsform förderte. Die Gegensätze zwischen der Bourgeoisie und dem Junkertum trugen allerdings keinen antagonistischen Charakter, was durch die Übereinstimmung in der Zollgesetzgebung von 1878 bestätigt wurde.

Die Arbeiterklasse hinderte die deutsche Bourgeoisie daran, den politischen Kampf um die unmittelbare Macht mit gesicherter sozialer Rückendeckung zu führen. Engels wies auf diese Besonderheit bei der Entwicklung der inneren Situation und der Klassenlage in Deutschland hin: „Die große Industrie, und mit ihr Bourgeoisie und Proletariat, bildeten sich in Deutschland aus zu einer Zeit, wo fast gleichzeitig mit der Bourgeoisie das Proletariat die politische Bühne selbständig betreten konnte, wo also der Kampf beider Klassen schon beginnt, ehe die Bourgeoisie sich die ausschließliche oder vorwiegende politische Macht erobert hat."

Das Anschwellen der Arbeiterbewegung in den achtziger Jahren stellte das deutsche Bürgertum vor ein weitaus komplizierteres Problem, da es mit der Arbeiterschaft, deren Interessen denen des Bürgertums antagonistisch entgegengesetzt waren, als seinem Gegner konfrontiert wurde. Die Versuche, damit fertig zu werden, bewirkten bei der Kapitalistenklasse ein höheres Niveau in der Erkenntnis ihrer Interessengemeinsamkeit. Zahlenmäßig drückte es sich in der Bildung von mehr als fünfzig neuen Unternehmerverbänden innerhalb eines Jahrzehnts (1880—1889) aus, d. h. fast genau soviel wie in den vergangenen sechzig Jahren. Das Bestreben der deutschen Bourgeoisie, die Arbeiterbewegung abzuwürgen, führte auch zu einer qualitativen Strukturveränderung der Unternehmerorganisationen — die Arbeitgeberverbände entstanden und gewannen eine selbständige Bedeutung. Zu ihrer unmittelbaren Aufgabe gehörte die Bekämpfung der Gewerkschaften. 54 Arbeitgeberverbände sind von 1880 bis 1890 gebildet worden.

Die Arbeitsteilung zwischen zwei kapitalistischen Organisationsformen, die in der Bundesrepublik bis heute erhalten sind, kennzeichnete die sich anbahnende Erkenntnis der Bourgeoisie, daß sie in der Arbeiterklasse einen Gegner vor sich hat, dessen aktiver Kampf um seine Interessen letztendlich die Existenz der Bourgeoisie selbst und der von ihr errichteten Gesellschaft in Frage stellt.

Wohl der maßgeblichste von den in dieser Zeit entstandenen Arbeitgeberverbänden war der 1887 gegründete Gesamtverband Deutscher Metallindustrieller. Die ersten Paragraphen seiner Satzung umrissen dessen Aufgaben wie folgt:

„1. Das Wohl der in der deutschen Metallindustrie beschäftigten Arbeiter fortgesetzt werktätig zu fördern; 2. unberechtigte Bestrebungen der Arbeitnehmer, welche darauf gerichtet sind, die Arbeitsbedingungen einseitig vorzuschreiben und insbesondere die zu diesem Zwecke geplanten oder veranstalteten Ausstände gemeinsam abzuwehren und in ihren Folgen unschädlich zu machen."

In diesen zwei Paragraphen steckt eigentlich der Keim der gesamten Problematik des Kampfes gegen die Arbeiterbewegung vom Standpunkt der Bourgeoisie aus, die Problematik also, die an ihrer Aktualität bis heute nichts eingebüßt hat: Einerseits mittels „freiwilliger sozialer Zugeständnisse"— der Korruption der Oberschicht der Arbeiterklasse —, durch ideologische Beeinflussung und paternalistische Maßnahmen die Arbeiter im Zaum zu halten, mit Zuckerbrotversprechungen ihren Kampfgeist zu untergraben und andererseits jegliches organisierte Auftreten der Werktätigen durch die Politik der Peitsche mit äußerster Härte niederzuwerfen. Nicht von ungefähr enthielt die Satzung ausführliche Bestimmungen über Massenentlassungen — in 18 Paragraphen wurden alle notwendigen Maßnahmen für den Fall einer Aussperrung der Arbeiter festgelegt. Bezeichnenderweise galt dem abgestimmten Vorgehen der Fabrikherren bei Aussperrungen besondere Aufmerksamkeit.

Freilich waren es nicht die Arbeitgeberverbände, die die politische Situation in Deutschland der achtziger Jahre prägten, sondern die Situation selbst hat diese neue Organisationsform der Kapitalisten hervorgebracht. Die Bismarck-Regierung verfolgte im Kampf gegen die organisierte Arbeiterbewegung eigentlich das gleiche Prinzip von Zuckerbrot und Peitsche. Die Reichsregierung hatte zuerst das Verbot der Sozialdemokratischen Partei durchgesetzt und unterbreitete sodann dem Reichstag einen Gesetzentwurf über die

Sozialversicherung der Werktätigen. Die Arbeitgeberverbände schalteten sich in die um das Sozialversicherungsgesetz entbrannten Auseinandersetzungen der politischen Kräfte aktiv ein, indem sie die Regierung gegen die liberale Bourgeoisie unterstützten, welche diese Gesetzesvorlage als unzulässige Intervention des Staates ins Privatleben auslegte.

In der Sozialversicherung der Werktätigen sahen die Arbeitgeberverbände eine Garantie für ihren erfolgreichen Kampf gegen die Gewerkschaften, im gleichen Maße wie die Regierung es als Mittel zur Eindämmung der sozialistischen Gedankengänge in der Arbeiterschaft und als Waffe zur Schwächung des Einflusses der Sozialdemokratie wertete. Solche Übereinstimmung der Positionen war für die Unternehmer- und Arbeitgeberverbände von immenser Bedeutung, weil dies deren politische Rolle im Deutschen Reich festigte.

Bei aller Zustimmung zur Politik der Entschärfung von Sozialkonflikten jedoch waren die Unternehmerverbände bestrebt, von vornherein unerwünschte Folgen der Sozialgesetzgebung auszuschalten. Man unternahm Demarchen, um die im ursprünglichen Gesetzentwurf festgesetzte Jahreseinkommensgrenze von 2000 Mark herunterzudrücken, die den Arbeitern mit höheren Löhnen das Recht auf Unfallversicherung entzog. Der Centralverband deutscher Industrieller richtete am 15. März 1881 an den Reichstag eine Bittschrift mit der Warnung: „Die deutsche Industrie hat durch die Tat bewiesen, daß sie im Interesse des sozialen Friedens gesonnen ist, schwere Opfer auf sich zu nehmen. Man muß aber auch des Wortes eingedenk sein, daß man den Bogen nicht zu straff spannen dürfe..." Die Lohngrenze wurde herabgesetzt. Die Bourgeoisie brachte viele Tausende Arbeiter um das Recht auf Unfallversicherung, das ihnen die Bismarck-Regierung einzuräumen bereit war. Besonders scharf wandten sich die Unternehmer gegen die Maßnahmen, mit denen die Regierung die Würde der Arbeiter schützen wollte, und zwar mit dem gleichen Ziel, „die sozialistische Agitation" zu verhindern. So schlug die Regierung vor, Vergehen der Arbeiter gegen die Sicherheitsvorschriften in den Betrieben sollten von der Ortspolizei, statt vom Unternehmer selbst, abgeurteilt werden. Das löste Proteste seitens der Verbände aus, die am Herr-im-Hause-Standpunkt festhielten, der in den Unternehmer- und Arbeitgebervereinigungen auch heute noch großgeschrieben wird.

Aus gleichem Grunde setzten sich die Unternehmerverbände gegen die von der Regierung geplanten Schritte ein, den Arbeitern einen Schutz gegen eine übermäßige Ausbeutung zu gewähren. Die Unternehmer erblickten darin eine Gefährdung ihrer Existenzgrundlage; nicht umsonst deshalb erklärte der Krupp-Direktor Jencke auf der Sitzung des Centralverbandes deutscher Industrieller vom 27. Februar 1886, indem er seine negative Haltung folgendermaßen begründete: „Wer auf Ordnung in seinem Betrieb halten wolle, müsse an dem Grundsatze festhalten, daß der Arbeiter nimmermehr ein irgendwie gleichberechtigter Teilhaber des Arbeitgebers sein könne, sondern daß er dessen Untergebener sei und bleiben müsse, dem er Gehorsam schuldig sei und dessen Anordnungen er sich zu fügen habe, solange er in seinem Lohn und Brot stehe."[12]

An der Inkonsequenz der deutschen Bourgeoisie bei ihren Versuchen, die anschwellende Arbeiterbewegung zu schwächen, läßt sich die politische Unreife des Bürgertums erkennen, wie auch sein Unvermögen, den geschichtlichen Vorgang richtig einzuschätzen und einige augenblickliche Vorteile im Hinblick auf den künftigen Erfolg kurzfristig zu opfern. Zugleich offenbarten die achtziger Jahre eine gewisse taktische Gewandtheit der deutschen Bourgeoisie bei der Bekämpfung der Arbeiterbewegung. Es sei besonders betont, daß die Bourgeoisie in dieser Periode in der Erkenntnis ihrer Klassengemeinsamkeit sowie in der — einstweilen noch nicht sehr tiefen — Einsicht in ihre Klasseninteressen einen weiteren Schritt getan hat und ihre Klassenpositionen festigen und ausbauen konnte.

Angriff auf breiter Front des Klassenkampfes (die neunziger Jahre)

Die politische Situation und die Machtverhältnisse im letzten Jahrzehnt des 19. Jahrhunderts unterschieden sich in vieler Hinsicht von denen der achtziger Jahre. Die gewerkschaftliche und die politische Bewegung der deutschen Arbeiter gewannen an Boden — die Politik der vergangenen Jahre konnte das Wachstum des Klassenbewußtseins der werktätigen Massen nicht hemmen. Der große Bergarbeiterstreik von 1889 lieferte einen Beweis dafür. Jedoch wurde dieses wichtige Ereignis von der Regierung und den Unternehmerverbänden unterschiedlich eingeschätzt. Reaktionäre Verbände werteten das als einen Beweis für die Untauglichkeit der Sozialgesetzgebung zur Einschläferung der Massenaktivität. Demgegenüber sah die Regierung hierin ein Zeichen für die Unzulänglichkeit der getroffenen Maßnahmen und beschloß, an der Taktik des Liebäugelns mit den Arbeitern festzuhalten. Das Sozialistengesetz wurde aufgehoben. Die Sozialdemokratie gewann ihre Legalität wieder. Kaiser Wilhelm II., von dem der entlassene Bismarck giftig sagte: „Der Kaiser zeigt das Bestreben, durch Konzessionen an seine Feinde die Unterstützung seiner Freunde entbehrlich zu machen", empfing eine Delegation der Bergarbeiter, um durch seine Intervention zur Beilegung des Streiks beizutragen. Bezeichnenderweise wertete Kardorff, Wortführer der Schwerindustriellen im CDI, diese Tatsache als Eingriff in das Herr-im-Hause-Prinzip und erklärte dem Kaiser mit unerhörter Dreistigkeit: „Weder Kaiser noch Könige haben in den Betrieben etwas zu sagen. Das bestimmen wir allein." Somit haben nun die Gegensätze zwischen der Bourgeoisie und der herrschenden Oberschicht, die sich in den achtziger Jahren abzeichneten und in der hemmenden Rolle der Unternehmer- und Arbeitgeberverbände hinsichtlich der Sozialgesetzgebung hervortraten, zu diametral entgegengesetzten Auffassungen über die Politik gegenüber der Arbeiterschaft geführt.

Die Spitze der reaktionären Richtung der Unternehmeraktivitäten bildete der CDI. Sein Vorstand betrachtete jede Konzession an die Arbeiterbewegung als gefährliche Fortsetzung der alten, untauglichen Politik und wehrte sich entschieden gegen alle Regierungsmaßnahmen, die auf eine Befriedung der Arbeiterbewegung abzielten.

Bei der Einschätzung dieser Haltung der Unternehmerverbände müssen zwei Momente hervorgehoben werden. Erstens wird deutlich, daß sich in dieser Periode die deutsche Bourgeoisie bei der Lösung politischer Probleme vornehmlich vom Profitinteresse leiten ließ, indem sie ihre Klassengemeinsamkeit lediglich in der Notwendigkeit sah, mit geeinter Kraft die Arbeiterbewegung niederzuschlagen und sie der politischen und ökonomischen Rechte zu berauben, die den Profitanspruch der Bourgeoisie zu beschneiden drohten. Das Klasseninteresse in höherer Dimension — das Interesse an der Erhaltung der kapitalistischen Produktionsverhältnisse — war noch nicht akut, es wurde deshalb der Bourgeoisie noch nicht bewußt und wirkte sich auf deren Strategie und Taktik noch nicht aus. Denn faktisch stand die deutsche Bourgeoisie damals noch nicht am Machtruder und konnte sich nur auf die Wahrung ihrer Standesinteressen beschränken, ohne daß sie sich um der Aufrechterhaltung bestehender Gesellschaftsverhältnisse willen zu Konzessionen an die Werktätigen gezwungen sah. Unterdessen mußten die herrschenden Kreise — der Adel und das Junkertum — notwendigerweise mehr Weitsicht an den Tag legen; nicht zuletzt deshalb, weil sie die Bedrohung ihrer Herrschaft seitens der Arbeiterbewegung erkannten und eine flexible Politik zur Befriedung der Werktätigen erstrebten. Zweitens ergibt sich aus dem Gesagten, daß sich die deutsche Bourgeoisie gegen Ende des 19. Jahrhunderts zu einer beachtlichen Kraft formiert hatte, nicht zuletzt auch durch das Erstarken und Wachsen ihrer Klassenorganisationen — der Unternehmer- und Arbeitgeberverbände.

Deshalb konnte sie sich nicht nur den gesetzgeberischen Schritten der Regierung widersetzen, die von den Herrschenden als Mittel gegen Anschwellen der Arbeiterbewegung angesehen wurden, sondern auch im direkten Widerspruch zur Regierungspolitik ihrerseits die Auseinandersetzungen mit der Arbeiterklasse schüren, indem sie jede Gelegenheit wahrnahm, die Positionen der Arbeiterschaft anzugreifen.

In ihrem Kampf gegen die Werktätigen konnten die Arbeitgeberverbände eine autonome Politik nur deshalb betreiben, weil der gesamte Bereich des Arbeit-Kapital-Verhältnisses durch die überaus reaktionäre Gewerbeordnung geregelt wurde, die den Arbeitern praktisch keine Rechte einräumte. Die von der Regierung angekündigte Reform der Gewerbeordnung — der CDI setzte sich übrigens unverzüglich dagegen zur Wehr — änderte nichts am Wesen der Situation, bei der die Unternehmer eigenmächtige Herren in Betrieben waren.

All diese Tatsachen in ihrer Gesamtheit führten dazu, daß das letzte Jahrzehnt des vorigen Jahrhunderts im Zeichen einer Offensive der Bourgeoisie gegen die Gewerkschaften und die Arbeiterklasse verlief. Dieser Zeitraum war durch ein weiteres Wachstum der Kapitalistenvereinigungen gekennzeichnet — es wurden weitere 200 Unternehmerverbände und 125 Arbeitgeberverbände gegründet.

Die Arbeitsteilung zwischen diesen zwei Organisationsformen zum Kampf um gemeinsame Klasseninteressen der Bourgeoisie ging in den neunziger Jahren sehr aktiv vor sich. Die bestehenden Wirtschaftsverbände leiteten die Gründung von Arbeitgeberverbänden in ihren Branchen in die Wege, um die Probleme des direkten Kampfes gegen die Werktätigen von sich abzuwälzen und sich auf allgemeine Wirtschaftsfragen konzentrieren zu können. In jenen Industriezweigen, in denen die Kapitalisten zuerst Arbeitgeberverbände gründeten, entstanden auf deren Basis entsprechende Wirtschaftsverbände.

Die Arbeitgeberverbände haben in den neunziger Jahren ihr Instrumentarium zur Bekämpfung von Arbeiterorganisationen und der Arbeiterbewegung vervollständigt. Neben Aussperrungen, die nach wie vor an wichtiger Stelle als Kampfmittel standen, waren schwarze Listen von „bekannten sozialistischen Agitatoren" und Arbeitsnachweisstellen weit verbreitet. Letztere dienten dazu, die „unerwünschten Elemente" unter den Arbeitern auszusondern. Zu einem besonderen Problem erwuchs die Solidarität der Unternehmer, was die Arbeitgeberverbände nicht selten mit terroristischem Druck durchsetzten.

In die Satzungen der Arbeitgeberverbände wurden harte Paragraphen aufgenommen, um das Zusammengehen der Fabrikbesitzer zu sichern. So drängte der Arbeitgeberverband Magdeburg auf folgendes Verfahren: „Sobald ein Mitglied eine Streitigkeit mit seinen Arbeitern dem Verbandsvorstand unterbreitet hat, übernimmt dieser die Leitung der Angelegenheiten, und das Mitglied hat sich von da ab aller vom Vorstand nicht gebilligten Schritte zu enthalten, wenn es nicht der Unterstützung des Verbandes verlustig gehen will." Paragraph 13 der Satzung des Arbeitgeberverbandes der Zigarettenindustrie für Dresden und Umgebung legte fest: „Ist ein Ausstand ausgebrochen, so hat das Mitglied nicht bindend mit seinen Arbeitnehmern zu verhandeln, sondern sie an den Ausschuß zu verweisen; das Mitglied ist indessen befugt, mit beratender Stimme an allen Sitzungen des Ausschusses teilzunehmen."[13] Wenn die Fabrikbesitzer gegen das Solidaritätsprinzip verstießen, schreckten die Arbeitgeberverbände auch vor scharfen Sanktionen nicht zurück, sie verhängten z. B. eine Materialsperre über den „abtrünnigen" Kapitalisten. Trotz der zunehmenden organisatorischen Geschlossenheit der Kapitalistenvereinigungen, trotz der vervollkommneten Methoden zur Bekämpfung der Arbeiterbewegung konnten die Unternehmer den Kampfgeist der deutschen Werktätigen auch in den neunziger Jahren nicht brechen. Ein Ergebnis der wachsenden Kampfaktivität der Arbeiter war die veränderte Haltung der Reichsregierung im Jahre 1897. Kaiser Wilhelm II. legte seine leutselige Maske ab und erklärte sich in seinen Reden mit der Politik der Arbeitgeberverbände solidarisch. Dem Reichstag wurde ein Gesetzentwurf vorgelegt, der für Streikende und „Rädelsführer" jeweils bis 3 bzw. 5 Jahre Zuchthaus vorsah.

Der Centralverband Deutscher Industrieller und die Arbeitgeberverbände nahmen den neuen harten Regierungskurs jubelnd auf und starteten eine großangelegte Kampagne für die Billigung der „Zuchthausvorlage". Ein Proteststurm der Arbeiterschaft brachte dieses Vorhaben zum Scheitern. Der Reichstag konnte sich nicht zur Billigung dieses Gesetzentwurfs entschließen. Eine gewisse Rolle spielte dabei auch die Tatsache, daß es zwischen den Wirtschaftsverbänden keine volle Übereinstimmung gab: Während die im CDI zusammengefaßten Textilindustriellen und insbesondere die Stahlfabrikanten vom Ruhrgebiet sich für drakonische Maßnahmen einsetzten, schwankten die Vertreter der Leicht- und Fertigwarenindustrie sowie die des kleineren und mittleren Bürgertums. Das fand in der Gründung einer zweiten Zentralorganisation der Unternehmerverbände — des Bundes der Industriellen mit Stresemann an der Spitze — am 27. November 1895 seinen Ausdruck. Freilich war der Hauptgrund für die Schaffung des Bundes das Bestreben von Kapitalisten außerhalb des Ruhrgebiets, den Ruhrherren das Monopolrecht auf die Interessenvertretung der deutschen Bourgeoisie zu entziehen. In mancher Hinsicht verfolgte der Bund eine weniger reaktionäre Richtung als der CDI, jedenfalls suchte er für die Untergrabung der Arbeiterbewegung von der sozialen Demagogie dort mehr Gebrauch zu machen, wo der CDI frontal angriff. Verständlicherweise bestanden keine wahrhaft grundsätzlichen Widersprüche zwischen diesen Dachverbänden. Zugleich zeigte ihr Nebeneinander, daß im deutschen Bürgertum ein gewisser Differenzierungsprozeß in taktischen Fragen des politischen Kampfes einsetzte. Bemerkenswert ist, daß die Versuche eines flexibleren Vorgehens gegen die Arbeiter von den herrschenden Reichskreisen, wo man auf sie bereits verzichtet hatte, in den Stresemann-Bund der Industriellen übergegangen sind. Die Kapitalistenklasse Deutschlands gelangte allmählich zu der Erkenntnis, daß die Taktik der Frontalangriffe das Anwachsen der Arbeiterbewegung nicht eindämmen kann. Ein Teil der Bourgeoisie wandte sich bereits der Erarbeitung neuer raffinierterer Kampfmethoden zu.

* * *

Die Umwandlung des vormonopolistischen Kapitalismus in den monopolistischen war mit einem stürmischen Wachstum von Unternehmerverbänden und deren Eindringen in alle Bereiche des gesellschaftlichen Lebens eng verknüpft. Bis zum Ende des 19. Jahrhunderts erzielten die Unternehmerverbände in ihrem Ringen um die allgemeine Stärkung der Positionen der Kapitalistenklasse beträchtliche Erfolge. Zu jenem Zeitpunkt hatten sich bereits die Hauptstoßrichtungen der Verbände abgezeichnet, die auch für die Gegenwart charakteristisch sind: Das Streben nach Beeinflussung und Kontrolle über die Regierungspolitik und -maßnahmen, der Kampf gegen die Arbeiterklasse und deren Organisationen, der Wille zur Geschlossenheit und Aktionseinheit der Unternehmer. Freilich wiesen Sinn und Inhalt der Tätigkeit der Unternehmerverbände im Vergleich zu den heutigen wesentliche Unterschiede auf. Ihr Einfluß auf die Staatsmacht und ihr Zusammenwirken mit den Behörden hatten sporadischen Charakter und beschränkten sich auf einen verhältnismäßig engen Wirkungskreis. Auch ohne ständige Einmischung und Kontrolle seitens der Klassenorganisationen der Bourgeoisie beschirmte der Staat das kapitalistische Eigentum und die bestehenden kapitalistischen Produktionsverhältnisse wirksam genug. Die Macht der Kapitalistenklasse, und insbesondere die der Monopole, war noch nicht mit der Gewalt des Staatsapparats vergleichbar. Die Monopole hatten sich zu der Zeit in Deutschland noch nicht völlig behauptet, sie hatten sich noch nicht die gesamte Kapitalistenklasse untergeordnet und die volle Herrschaft über die Unternehmerverbände errichtet.

Die Monopole waren an maximaler Zentralisierung der Verbände interessiert; nachdem sie den Spitzenverband der Unternehmerorganisationen beherrscht hatten, konnten die Monopole das ganze weitverzweigte Netz lokaler Verbände besser lenken und somit ihren Einfluß ausbauen. Die relative Schwäche der Position der Monopole jedoch kam Ende des betrachteten Zeitraums nicht zuletzt auch darin zum Ausdruck, daß die Zentralisation der Verbände auf Schwierigkeiten stieß. Dennoch muß betont werden, daß die wesentlichsten Voraussetzungen für die Vereinigung der Unternehmerverbände im gesamtnationalen Rahmen bis zum Beginn des 20. Jahrhunderts bereits geschaffen waren. Der Übergangscharakter der Epoche und die damit zusammenhängenden ungelösten Widersprüche innerhalb der Kapitalistenklasse behinderten die Entwicklung des Klassenbewußtseins der Bourgeois. Die Gemeinsamkeit der kapitalistischen Klasseninteressen trat vornehmlich bei der Bekämpfung der Arbeiterbewegung hervor. Dabei gelangte die deutsche Bourgeoisie selbst am Ende der untersuchten Periode noch nicht zur Einsicht, daß das Ringen der Werktätigen um ihre Rechte die eigentliche Existenz der kapitalistischen Gesellschaft in Frage stellen könnte. Im Kampf gegen die Arbeiterbewegung hatten die deutschen Kapitalisten kein anderes Ziel als den Schutz individueller Möglichkeit zur Ausbeutung und Profitmaximierung.

Die Rolle der Unternehmerverbände blieb um die Jahrhundertwende noch recht bescheiden: Sie waren eines der Kampfinstrumente der Kapitalistenklasse, die die volle Herrschaft über Staat und Gesellschaft noch nicht errungen und die innere Evolution zu einer auf die Monopolinteressen orientierten Klasse noch nicht abgeschlossen hat. Dennoch entwickelten sich die Unternehmerverbände von ihrem Ursprung bis zum Anbruch des Zeitalters des Imperialismus quantitativ und qualitativ weiter, sie brachten bestimmte Organisationsstrukturen bzw. Methoden hervor und legten Ziele des Klassenkampfes fest, so daß sie in historisch kurzer Zeit in der Lage waren, sich der neuen Situation schnell anzupassen, ihren Aktionsbereich erheblich zu erweitern und wichtigstes Kettenglied der Monopolherrschaft zu werden.

2. Unternehmerverbände in der Epoche des Imperialismus

Um die Jahrhundertwende trat der Kapitalismus in sein nächstes Stadium — den Imperialismus — ein. Das Wachsen und Erstarken der Monopole führten zu einer Ausweitung und Vertiefung ihres Strebens nach wirtschaftlicher und politischer Herrschaft. Bereits seit Beginn ihrer Herausbildung versuchten die Monopole auf eine ganz neue Art und Weise und in viel breiterem Umfang, den Staat ihren Interessen dienstbar zu machen. Im Rahmen dieser Entwicklung fiel den Unternehmerverbänden immer größere Bedeutung zu. Der Verbindungsmodus zwischen Verbänden und Behörden wandelte sich mit dem Eintritt des Kapitalismus in das imperialistische Stadium. Mit dem Erstarken von Monopolen veränderten sich die Funktionen der Unternehmerverbände: Die Monopole errichteten ihre Herrschaft über die Verbände und verwandelten diese aus dem Wortführer aller darin vereinigten Kapitalisten in die den Interessen des Monopolkapitals untergeordneten Organisationen. Parallel dazu und infolge der Konsolidierung der monopolistischen Macht vollzog sich auch die Umwandlung des Staates aus dem Machtinstrument der gesamten Bourgeoisie in das Werkzeug zur Herrschaft der Monopololigarchie. Zwischen den Monopolen und dem Staat wurden immer mehr Verbindungen und Einflußkanäle hergestellt, und die Verbände bildeten in zunehmendem Maße das Machtzentrum, das die Interdepedenz zwischen den Monopolen und dem Staat sichert.

Der deutsche Imperialismus betrat die internationale Ebene zu einem Zeitpunkt, als die Welt fast gänzlich unter den anderen imperialistischen Mächten aufgeteilt worden war, und setzte von vornherein auf ihre Neuaufteilung. Das äußerte sich auch in der Tätigkeit der Verbände. Aus diesem Grund nahm das Interesse an der Zentralisierung von Unternehmerverbänden und die terroristische Unterdrückung der Arbeiterbewegung im Inland zusätzliche aggressive Züge des deutschen Imperialismus an — die Monopole waren bestrebt, das Land in ein militärisches Lager zu verwandeln, um sich mit der Waffe in der Hand einen „Platz an der Sonne" zu erkämpfen.

Der Kurs auf die Zentralisation (1900—1904)

Die Geschichte der Zentralisierung der Arbeitgeberverbände macht deutlich, wie die inneren Widersprüche der deutschen Bourgeoisie zugunsten der Vormachtstellung der Monopole gelöst worden waren. Das gleichzeitige Bestehen zweier Zentralorganisationen — des CDI und des Bundes der Industriellen — widerspiegelte die Spaltung der deutschen Kapitalistenklasse in einen monopolistischen und einen nichtmonopolistischen Flügel oder, was gleich ist, die Nichtabgeschlossenheit des Prozesses deren endgültigen Monopolisierung und gab auch den Vereinigungstendenzen in den Arbeitgeberverbänden sein Gepräge. Das Streben nach Zentralisation von vereinzelten Arbeitgeberverbänden erwachte in den Reihen des monopolistischen CDI. Jedoch stieß der erste, 1895 vom Centralverband unternommene Versuch auf den Widerstand der Industriellen, die dem Bund angehörten und eine zunehmende Konkurrenz des CDI befürchteten. Dessenungeachtet ließen die einflußreichen Ruhr-Kreise, und insbesondere der CDI-Generalsekretär

Henry Bueck, nicht nach und setzten sich systematisch für die Zentralisation der Arbeitgeberverbände ein.

Die Krise von 1900—1902, die dem Klassenkampf in Deutschland eine neue Schärfe gab, beschleunigte die Bildung von regionalen und lokalen Verbänden und veranlaßte viele Unternehmer, zu den Anhängern der Vereinigung von Arbeitgeberorganisationen, zum CDI-Lager also, zu stoßen.

Entscheidenden Anstoß dazu gaben die Vorgänge um den Streik der Textilarbeiter in der sächsischen Industriestadt Crimmitschau, der im August 1903 ausbrach. Die Forderungen der Arbeiter nach einem 10-Stunden-Arbeitstag unter Beibehaltung des Tariflohnes und einer zehnprozentigen Akkorderhöhung beantworteten die Unternehmer mit einer Aussperrung. Die Regierung schickte Gendarmerie in die Stadt und verhängte den Belagerungszustand. Unter Leitung des Verbandes Deutscher Textilarbeiter wurde der Kampf fortgesetzt, wurden Streikposten aufgeboten und alle 83 Textilfabriken der Stadt stillgelegt — trotz aller Versuche der Fabrikherren, auswärtige Streikbrecher anzuwerben. Solidaritätsaktionen der ganzen Arbeiterschaft ermöglichten den Textilarbeitern von Crimmitschau jedoch, einen entschlossenen monatelangen Streikkampf zu führen.

Aus Furcht, ein Streikerfolg der Werktätigen in Crimmitschau könnte die Durchsetzung ihrer Forderungen in der gesamten sächsischen Industrie nach sich ziehen, ließ der Arbeitgeberverband der Sächsischen Textilindustrie den bestreikten Unternehmern, dem sie als Mitglied des örtlichen Vereins angeschlossen waren, zunächst eine großzügige finanzielle Unterstützung zukommen. Doch der Ausstand dauerte an, und je länger er währte, desto geringer wurde die finanzielle Hilfe für die sächsischen Fabrikanten und damit deren Hoffnung auf einen erfolgreichen Ausgang des Kampfes gegen die Arbeiter. Hier trat der CDI auf den Plan. Sein Generalsekretär Bueck wollte diese Situation ausnutzen, um zunächst einmal den Streik der Crimmitschauer zu einer Kraftprobe zwischen den kapitalistischen Verbänden und der organisierten Arbeiterklasse Deutschlands zu machen, die Arbeiter in die Knie zu zwingen und — zum anderen — die Notwendigkeit für die Klassensolidarität der Bourgeoisie zu beweisen sowie die Schaffung eines zentralen Verbandes der Arbeitgeberorganisationen voranzutreiben.

Bueck hatte diese zwei Aufgaben erfüllt, indem er den Streik als Druckmittel gegen seine Klassenbrüder benutzte. Am 9. Januar 1904 konnte er der Presse mitteilen: „Der Versuch der Sozialdemokratie, die Crimmitschauer Arbeitgeber zu vergewaltigen, hat unter Führung des Centralverbandes Deutscher Industrieller weiteste Kreise der Industrie zur Abwehr vereinigt. Von den verschiedenen Seiten ist in den letzten Wochen an den Centralverband Deutscher Industrieller die Forderung ergangen, über den zeitigen Anlaß hinaus eine dauernde Organisation der deutschen Arbeitgeber zu schaffen, die unberechtigten Anforderungen agitatorisch verhetzter Arbeitermassen erfolgreichen Widerstand zu leisten vermag. Der Centralverband Deutscher Industrieller sieht in dieser vielfältigen Aufforderung, eine solche Organisation zu schaffen, ein ehrenvolles Zeichen des Vertrauens sehr zahlreicher deutscher Industrieller. In den nächsten Tagen findet eine Sitzung des Direktoriums des Centralverbandes Deutscher Industrieller statt, und die entscheidenden Beschlüsse, für die Herr Generalsekretär Bueck bei seinem kürzlichen Aufenthalt in Düsseldorf und Köln schon die Zustimmung sehr vieler hervorragender Industrieller erhalten hat, werden bereits in kürzester Zeit der Industrie unterbreitet werden."14 Am 13. Januar 1904 beschloß das CDI-Direktorium die Gründung einer Dachorganisation — genannt die Hauptstelle deutscher Arbeitgeberverbände.

Buecks Versuch, diesen Beschluß als Ergebnis der Initiativen breiter Industriekreise hinzustellen, war eine Lüge. In Wirklichkeit verbargen sich dahinter wenige, aber einflußreiche Ruhr-Monopole. Vier Tage nach Direktoriumsbeschluß hatte der Vorsitzende des Arbeitgeberverbandes der sächsischen Textilindustrie, Geheimer Kommerzienrat Vogel, eine Unternehmerversammlung einberufen, die sich gegen die CDI-abhängige Hauptstelle ausgesprochen hatte — Sachsen war bekanntlich eine Hauptstütze des Bundes der Industriellen, und die sächsischen Kapitalisten wünschten keine weitere Stärkung des CDI-Rivalen. Um die Entschlossenheit dieses Schrittes voll einschätzen zu können, muß man sich vor Augen halten, daß die sächsischen Textilfabrikanten hauptsächlich durch die finanzielle Hilfe des CDI dem Crimmitschauer Streik widerstehen konnten.

Dennoch wurde am 12. April 1904 die Gründung der Hauptstelle der Arbeitgeberverbände — trotz der Störversuche einiger Arbeitgeberverbände, die zur Haltung der sächsischen Unternehmer standen — endgültig vollzogen. Alle gegen diese Entwicklung opponierenden Unternehmervereinigungen — mit dem Gesamtverband Deutscher Metallindustrieller an der Spitze — riefen am 23. Juni 1904 einen zweiten Hauptverband ins Leben, der sich Verein Deutscher Arbeitgeberverbände nannte und dem vornehmlich die im Bund der Industriellen zusammengefaßten Unternehmer beitraten.

Allerdings waren die Differenzen innerhalb der deutschen Bourgeoisie hinsichtlich der jeweils bevorzugten harten bzw. flexiblen Taktik im Kampf gegen die Arbeiterklasse nicht so groß, um darüber die beiden zentralen Vereinigungen ihr wichtigstes Klassenziel vergessen zu lassen. Die Erkenntnis der Notwendigkeit eines Zusammengehens war dermaßen herangereift, daß dies nicht durch eine organisatorische Zerrissenheit beeinträchtigt werden konnte. Objektive Gesetzmäßigkeiten trieben die Arbeitgeberorganisationen zu einer weiteren Zentralisierung unter Führung der Monopole. Selbst Gustav Stresemann, der Urheber des Bundes der Industriellen, wandte sich im selben Jahr 1904 in dieser Sache gegen die Mehrheit der Mitgliedschaft seines Bundes und forderte eine gesamtdeutsche Vereinigung aller Arbeitgeberverbände, die er für eine Voraussetzung für die Erhöhung der Schlagkraft der Arbeitgeber im Klassenkampf gegen die Arbeiterbewegung hielt. Ende 1904 gründeten die Hauptstelle und der Verein ein spezielles „Kartell", das zwar jedem der Dachverbände selbständiges Handeln einräumte, ihre Anstrengungen in einigen Bereichen des gemeinsamen Kampfes jedoch koordinieren sollte.

Das gemeinsame Interesse an der Realisierung imperialistischer Ziele stärkte in der Bourgeoisie beider Lager die Bereitschaft, sich zu einer straffen Terrororganisation gegen die Arbeiterschaft zusammenzuschließen. Die Kartellabkommen von 1908 und 1909 bauten das gemeinsame Tätigkeitsfeld aus und schufen eine Grundlage für gemeinsame Konferenzen sowie für die endgültige Zentralisation. Am 4. April 1913 schlossen sich die Hauptstelle und der Verein zur Vereinigung der Deutschen Arbeitgeberverbände zusammen. Sie umfaßte jetzt über 60 Arbeitgeberverbände mit insgesamt mehr als 1,5 Millionen Betriebsangehörigen. Bis zum Jahre 1914 stieg die Zahl der Lohnempfänger in den VDA-Betrieben auf 2 Millionen.

Wie ist zu erklären, daß die Arbeitgeberverbände, die erst nach den Wirtschaftsverbänden entstanden, eher eine Vereinigung im nationalen Rahmen erreichten? Der Hauptgrund besteht darin, daß die Einsicht in die gemeinsamen Klasseninteressen, die schon immer die wichtigste Triebkraft aller Vereinigungstendenzen gewesen ist, sich zuerst dort den Weg bahnte, wo die Klassengegensätze am schärfsten zutage traten — im Kampf gegen die Arbeiterbewegung. Die Notwendigkeit, die Arbeiteraktionen zu bekämpfen, hat verschiedene Gruppen der Bourgeoisie trotz Differenzen in taktischen Fragen zusammengeführt. Die Klassengemeinsamkeit der Bourgeoisie reifte im Ringen gegen die ihr antagonistisch gegenüberstehende Arbeiterklasse heraus. Die Idee der Niederhaltung der Arbeiter zu deren uneingeschränkter Ausbeutung war wohl das zugkräftigste Argument, das es dem organisierten Teil der Kapitalistenklasse ermöglichte, in das Unternehmertum „das Bewußtsein hineinzutragen", es zusammenzuschließen und sein Hauptinteresse erkennen zu lassen.

Das Vorkriegsjahrzehnt
(1904—1914)

Um einen Eroberungskrieg für eine Neuaufteilung der Welt führen zu können, mußten die deutschen Monopole ihren Kampf gegen die Arbeiter so organisieren, daß die Voraussetzungen zur Umwandlung von Millionen Werktätigen in williges Kanonenfutter gesichert würden. Die Offensivorganisationen der Kapitalisten — die Arbeitgeberverbände —, ohne auf die alten, aggressiven Kampfmethoden zu verzichten, unternahmen ihren ersten Versuch, die Arbeiterbewegung listenreicher zu unterhöhlen.

Die Arbeitgeberverbände sahen die Gewerkschaften als ihren Hauptfeind an und verfeinerten ständig eigene Angriffsmethoden. In der behandelten Periode betraf das vornehmlich den Ausbau von Streikbrecher-Organisationen, die Ausweitung des Systems der schwarzen Listen und der von den Unternehmern kontrollierten Arbeitsnachweisstellen. Parallel zur Frontaloffensive auf die Arbeiterrechte griffen die Arbeitgeberverbände zu einem neuen Mittel, die Gewerkschaften abzuwürgen: Sie schufen eine Art ständige Organisation von Streikbrechern in Gestalt von „gelben Gewerkschaften", der Schein-Arbeitervereinigungen, die völlig unter Kontrolle der Unternehmer standen. Die „gelben Gewerkschaften" fanden eine verhältnismäßig weite Verbreitung im Bergbau und in der Metallindustrie. Die gleiche Rolle spielte praktisch auch die ziemlich starke staatliche Gewerkschaft der Eisenbahner.

Die Arbeitgeber hielten eine Zeitlang die falschen Gewerkschaften für eine außerordentlich wichtige Form ihres Kampfes gegen die organisierte Arbeiterbewegung, was z. B. durch die Worte eines erklärten Anhängers von „gelben Organisationen", des MAN-Generaldirektors R. Buz, Augsburg, deutlich wird: „Wenn es uns Millionen kostet, wir werden doch gelbe Gewerkschaften gründen." Trotz alledem gelang es den Arbeitgebern nicht, ihrer Schöpfung eine wirkliche Kraft zu geben. Selbst in den besten Jahren vor dem ersten Weltkrieg erreichte die Zahl der Arbeiter, die auf diesen sozialen Betrug der Bourgeoisie hereinfielen, nicht mehr als 300 000. Nach dem Krieg büßten die „gelben Gewerkschaften" jegliche Bedeutung ein. Sie scheiterten hauptsächlich am aktiven Widerstand der Werktätigen, die das soziale Manöver der Arbeitgeber durch tatkräftige Festigung eigener Gewerkschaftsverbände beantworteten. In der Folgezeit war es die gewandelte Situation in Deutschland, die die „gelben Gewerkschaften" für die Bourgeoisie überflüssig machte. Trotz verhältnismäßig kurzer Existenz der „gelben Bewegung" erscheint dieser erste Schritt der Arbeitgeberverbände zur sozialen Irreführung der Werktätigen recht bedeutsam. Hier äußerte sich die in der Bourgeoisie erstarkende Tendenz zu einer flexibleren Taktik in den Klassenauseinandersetzungen. Viele moderne Formen des sozialen Betrugs — inklusive der Idee selbst, den Klassenkampf verdeckt zu führen, was sein Vorhandensein besser leugnen läßt — nehmen in der Schaffung „gelber Gewerkschaften" ihren Anfang.

Im Vorkriegsjahrzehnt wurde die Tätigkeit der Wirtschaftsverbände differenzierter und komplizierter. Waren diese Verbände in den 90er Jahren ein wenig in den Hintergrund getreten, indem sie die Bekämpfung der Arbeiterbewegungden Arbeitgeberverbänden überlassen hatten, so gewannen sie jetzt dort schnell an Boden, wo auch heute der Schwerpunkt ihrer Aktivität liegt — Eingriff in die Politik des Staates. Hier wirkte sich hauptsächlich der Umstand aus, daß die Unternehmerverbände immer mehr unter die Kontrolle der Monopole gerieten und deren Interessenvertreter wurden. Somit gewannen die Verbände zunehmende Bedeutung im Staat und wachsende Autorität. Daraus erklärt sich jedoch nicht, warum die Unternehmerverbände nun verstärkt in den politischen Bereich intervenierten. Zur Klärung dieser Fragen muß man auf die Unterschiede zwischen den Funktionen von zwei politischen Organisationsformen der

Bourgeoisie — des Unternehmerverbandes und der Partei — näher eingehen.

Vor der Einführung des allgemeinen Wahlrechts (1867 bis 1871) war die deutsche Bourgeoisie politisch zu schwach, um bereits damals eine kampffähige Partei stellen zu können. Aus dem gleichen Grunde blieben die Wirtschaftsverbände der politischen Bühne fern. Nach Einführung des allgemeinen Wahlrechts sah sich die 1867 gegründete Nationalliberale Partei, die die Interessen der Bourgeoisie vertrat, immer mehr gezwungen, sich die Stimmen breiter Volksmassen zu erjagen.

Dies war für die Nationalliberalen ein schwierigeres Problem als für die Konservativen. Feudale Überreste in der Sozialstruktur der Landwirtschaft und eine gewisse Gemeinsamkeit ökonomischer Interessen wie auch politische Rückständigkeit und Konservatismus der Bauernschaft sicherte dem Junkertum ständig Stimmen. Für einen Wahlerfolg mußte die Nationalliberale Partei in ihrem Programm und in der realen Politik die Interessen nicht nur des Bürgertums, sondern auch anderer Bevölkerungsschichten berücksichtigen. Im Endeffekt vermochte sie nicht, allen Wünschen der Unternehmer gerecht zu werden. Deshalb begannen ihre Verbände sich in Organe zu verwandeln, die den politischen Klassenwillen der Bourgeoisie deutlich zum Ausdruck brachten, ohne durch die Klassenheterogenität oder durch das Problem der Stimmwerbung gehindert zu werden. Zugleich hatten die Unternehmerverbände keine Möglichkeit, ihren politischen Klassenwillen anders als über den Reichstag und den Staatsapparat durchzusetzen. (Dadurch unterschieden sie sich an der Jahrhundertwende von den Arbeitgeberverbänden, deren Tätigkeitsfeld — unmittelbarer Klassenkampf auf sozialem Gebiet — der Einmischung des Staates weniger ausgesetzt war, geschweige denn davon, daß die Interessen der Arbeitgeber mit denen der Kaiserregierung in der Bekämpfung der Arbeiterbewegung oft übereinstimmten.) Angesichts dieser Notwendigkeit entwickelten die Wirtschaftsverbände Schritt für Schritt ein ganzes System zur Beeinflussung der Staatsorgane, wobei im betrachteten Zeitabschnitt die Ausarbeitung jener Methoden sehr intensiv vor sich ging.

Im unmittelbaren Zusammenhang damit ergab sich für die Unternehmerverbände das Problem der Einstellung zu den Parteien: Sollte man eine neue Partei zur eigenen Interessenvertretung etablieren oder einen möglichst breiten

Kreis der bestehenden Parteien dafür in Anspruch nehmen. Der Centralverband Deutscher Industrieller hatte es seit seinem Gründungstag als eine der vordringlichsten Aufgaben betrachtet, solche Männer in das Parlament einzubauen, die sich für die Interessen der Industrieherren einsetzen würden. Dabei hatte der CDI es nicht nur auf eine Partei abgesehen. Trotzdem war es die Nationalliberale Partei, die angesichts der damaligen Situation allmählich die Rolle des politischen Repräsentanten des Unternehmertums übernommen hatte. Im deutschen Reichstag Anfang des 20. Jahrhunderts waren viele Parteien vertreten, die die Vielfalt der Interessen der herrschenden Klassen und Fraktionen facettenhaft widerspiegelten. Während sich jedoch die Konservativen z. B. mit den Zielen des Junkertums vollständig solidarisierten, konnte man von der Nationalliberalen Partei nicht behaupten, daß ihre Position in absolutem Einklang mit den politischen Ansprüchen der Industrieherren gestanden hätte. Hier äußerte sich zweifellos die politische Schwäche der damaligen Bourgeoisie. Die Nationalliberalen im Reichstag waren recht bunt vertreten — neben solchen Scharfmachern wie der Langnamverein-Vertreter Beumer oder der Historiker Treitschke saß der führende Mann des Bundes der Industriellen und Anhänger eines flexibleren Kurses Stresemann. Es waren auch fortschrittlich-liberale Abgeordnete und Repräsentanten des Handels vertreten, dessen Interessen mit denen der Industrie bei weitem nicht immer identisch waren.

Die Unternehmerverbände waren nicht ohne Grund der Auffassung, daß die Interessen der Bourgeoisie im Vergleich zum Junkertum und dem beamteten Adel im Reichstag unzureichend vertreten waren, und bemühten sich um breitere politische Positionen. Deshalb erlangte die Einstellung zu den Parteien für sie so große Bedeutung.

Zwei diametral entgegengesetzte Standpunkte zu diesem Problem prallten in den Unternehmerverbänden aufeinander. 1908 veröffentlichte Kommerzienrat Menck in der „Deutschen Arbeitgeberzeitung" eine Artikelserie, wo es mit Nachdruck hieß, die Industriellen sollten sich nicht so sehr um den Namen der Partei, sondern um die unmittelbare politische Haltung der Abgeordneten kümmern. Er schlug vor, die Zahl der Abgeordneten aus der Industrie im Reichstag zu erhöhen, welche naturgemäß für die Interessen der Industrieherren eintreten würden — unabhängig davon, zu welcher Partei sie auch gehörten. Gegen diese Meinung zog der führende Mann der Unternehmerverbände im Saarland Tille zu Felde, indem er behauptete, daß man eine Arbeitgeberpartei gründen müsse. Er verwies dabei auf Lohnerhöhungen, Profitsenkung und die „Unmöglichkeit zur Kapitalbildung". All das verbinde große wie kleine Unternehmer, und unter diesen Umständen würde eine solche Partei die Unterstützung von Millionen Selbständiger aller Art finden.

Die Bedeutung dieser Debatte sprengte den Rahmen vordringlichster Bedürfnisse von Klassenvereinigungen der Kapitalisten jener Jahre. Denn in Wirklichkeit kollidierten hier zwei Auffassungen zur Sicherung des politischen Einflusses der Unternehmerverbände. Eine von ihnen, von Tille verfochten, ging von der für das 19. Jahrhundert traditionellen Vorstellung über die Rolle der Partei als Interessenvertreter einer bestimmten Klasse bzw. eines ihres Teiles aus, der sich zu den Klassenzielen im Standesparlament offen bekannte. Man stützte sich auf die beinahe überholten politischen Überlegungen. Die andere, von Menck formulierte Auffassung griff der gesellschaftlichen Entwicklung Deutschlands vor und eilte ihrer Zeit zu sehr voraus, weil hier die Existenz einflußreicher Gruppierungen nicht bürgerlicher Ausbeuterklassen — des Adels und des Junkertums — ignoriert wurde, deren Interessen den Erfolg der ausschließlich auf Unterwanderung „fremder" Parteien abzielenden Taktik unweigerlich verhindern müßten. Nur unter heutigen Umständen konnten die von Menck kreierten Ideen ihre Verwendung finden — die politische Tätigkeit der Unternehmerverbände in der BRD basiert zum großen Teil auf ähnlichen Überlegungen. Vor sechzig Jahren jedoch, als Deutschland gesellschaftlich-strukturell gesehen eine Übergangsperiode durchmachte, war die eine Konzeption noch verfrüht, die andere schon antiquiert.

Es scheint symbolisch, daß ein zeitgemäßer Kompromiß zwischen diesen Ideen von keinem anderen als von Stresemann, dem Führer des Bundes der Industriellen und Reichstagsabgeordneten der Nationalliberalen Partei in einer Person, stammte. Stresemann negierte die Möglichkeit, eine gesonderte Partei der Industriellen zu etablieren, weil er glaubte, ein Interessenkampf zwischen verschiedenen Unternehmergruppen würde diese Partei entkräften. Als die Unternehmervebände wegen ernsthafter Widersprüche außerstande waren, eine einheitliche nationale Zentralorganisation zu schaffen, war dieses Argument ziemlich überzeugend. Trotz des Bekenntnisses zur Interessenvertretung der Industriellen durch die Nationalliberale Partei akzeptierte

Stresemann die Überlegung, die größtmögliche Zahl von direkten Abgesandten der Industrie, darunter auch durch andere Parteien, in den Reichstag einzubauen. Somit war Stresemanns Idee nicht wirklichkeitsfremd, er sah oder spürte die Perspektive der gesellschaftlichen Entwicklung und hielt es für angebracht, sie in der politischen Tätigkeit der Verbände anzuwenden.

Ein konkreter Ausdruck für den Willen der Unternehmerverbände, auf die Regierungspolitik Einfluß zu nehmen, eigene Männer in die Parteien zu lancieren und diese den Verbandsinteressen dienstbar zu machen, war die Schaffung sogenannter Wahlfonds unter der Schirmherrschaft der Verbände. Obwohl Diskussionen und vereinzelte Initiativen in dieser Richtung schon einige Jahre zuvor zu verzeichnen waren, ist das Rundschreiben des Centralverbandes Deutscher Industrieller an seine Mitglieder Anfang 1910 als erster realer Schritt anzusehen. Es enthielt den Vorschlag, daß jeder Vereinsangehöriger an den „industriellen Wahlfond" 0,05 Prozent von der 1909 ausgezahlten Lohnsumme abzuführen und in den folgenden Jahren diesen Beitrag im gleichen Verhältnis zu erneuern hatte. Das zusammengebrachte Geld sollte „die Wahl einer bestimmten Anzahl von Männern durchsetzen, die es verstehen, sachkundig die gewerblichen Verhältnisse darzulegen und sich für deren Interessen einzusetzen". Solche Wahlfonds wurden geschaffen und legten den Grundstein für eine weitverbreitete Praxis des Eingriffs der wirtschaftlichen Verbände in die Parlamentswahlen.

Ohne ernsthafte politische Kraft zu sein, konnten die Verbände im Vorkriegsjahrzehnt keine eigenständigen Programme aufstellen. Sie waren allerdings nicht so machtlos, um der Politik ganz fernzubleiben. In dieser Situation legten sie sich auf die Taktik zur Förderung jener Schritte der Regierung fest, die den ökonomischen und politischen Verbandsinteressen entsprachen, genauer gesagt, den Ansprüchen der Monopole, die an ökonomischer Macht gewannen und in steigendem Maße das Wirken der Verbände beeinflußten. Die zunehmende politische Rolle der Verbände stand im direkten Zusammenhang mit dem Wachsen und Erstarken der Monopole in der deutschen Wirtschaft. Dieser Prozeß wirkte sich indirekt auf die Außenpolitik des kaiserlichen Deutschlands aus und verlieh ihr ein zunehmend imperialistisches Gepräge; er äußerte sich aber auch direkt — in der Tätigkeit der Verbände — und verwandelte diese in ein Sprachrohr und Werkzeug imperialistischer Bestrebungen der Monopole.

Ein anschauliches Beispiel für diese Entwicklung war die aktive Beteiligung der Wirtschaftsverbände an der Propaganda und dem Aufbau einer starken Kriegsflotte. Für die Flottenvorlage von 1897 setzte sich der CDI mit großem Engagement ein. Er hatte eigens eine Versammlung zur Billigung des Regierungsprogramms einberufen. Am 13. Februar 1900 nahm der CDI zur zweiten Flottenvorlage Stellung und wies auf die absolute Notwendigkeit einer starken deutschen Seemacht hin. Der Beschluß der Delegiertenversammlung lautete: „Daher haben die Mitglieder des Centralverbandes die Flottenvorlage freudig begrüßt, und die Delegiertenversammlung spricht einmütig die Erwartung aus, daß die Vorlage ungeschmälert die Billigung des Reichstages finden wird." Zum Abschluß wurde dann ein Telegramm an Kaiser Wilhelm II. zur Abstimmung gebracht, in dem es hieß: „Euer Kaiserlichen Majestät bittet der Centralverband Deutscher Industrieller seinen ehrfurchtsvollen Dank für die unermüdliche Sorge und die dringend notwendige Stärkung der deutschen Seemacht entgegennehmen zu wollen. Der Ausschuß des Centralverbandes Deutscher Industrieller hält einmütig den schleunigen Ausbau der deutschen Flotte, nach den weitschauenden Intentionen Eurer Majestät, für dringend erforderlich, und die weiten Kreise der deutschen Industrie, die im Centralverband Deutscher Industrieller vereinigt sind, sind einmütig der Auffassung, daß die Übernahme der zur Stärkung unserer Flotte notwendigen finanziellen Lasten eine patriotische Pflicht ist.

Der Centralverband Deutscher Industrieller bittet Eure Majestät, dessen gewiß zu sein, daß die deutsche Industrie Euer Majestät Ruf, zur Stärkung der deutschen Seemacht und damit des gesamten deutschen Wirtschaftslebens beizutragen, in freudiger Zuversicht und unverbrüchlicher Treue zu Euer Majestät kräftigst zu unterstützen gewillt ist."

Als Bestätigung dafür, daß es hier nicht nur um rein wirtschaftliche Ansprüche der an den Aufträgen interessierten Firmen, sondern um politische Expansionsbestrebungen der deutschen Bourgeoisie ging, können zahlreiche Denkschriften des CDI zur Kolonialfrage dienen. Am 23. April 1910 richtete der Centralverband an den Reichskanzler eine Eingabe, in der für die deutsche Industrie die Priorität bei der Ausbeutung der Bergwerkschätze in Marokko, insbesondere des Erzes, gefordert wurde. Am 19. August 1911 erging erneut eine Denkschrift an den Reichskanzler: „Es ist vor allem das deutsche Unternehmertum, das die marokkanische Frage in einer Weise gelöst zu sehen wünscht, wie es der wirtschaftlichen Machtstellung Deutschlands, unserem Anteil am Welthandel und den Aufgaben entspricht, die das Deutsche Reich als politische Großmacht zu erfüllen hat." Kennzeichnend ist, daß sich gerade in diesem Bereich Elemente der Verflechtung der Unternehmerverbände mit dem Staatsapparat abzuzeichnen beginnen, was später zur Hauptfunktion dieser Klassenorganisationen der Kapitalisten wurde. 1911 unterbreitete der CDI den Vorschlag, ein einheitliches Organ aus Vertretern der Eisen- und Maschinenbauindustrie und Mitgliedern des Regierungskomitees für Kolonialwirtschaft zu gründen, und verpflichtete sich, diesem Gremium jährlich 250 000 Mark zur Verfügung zu stellen.

Freilich hieße hier die Schlußfolgerung — die imperialistische Politik des kaiserlichen Deutschlands, die ja letztendlich zur Entfesselung des ersten Weltkrieges geführt hatte, sei maßgeblich auf die Tätigkeit der Unternehmerverbände zurückzuführen, deren Einfluß zu dieser Zeit in unzulässiger Weise zu übertreiben. Es ist jedoch offenbar, daß in dem Wirken der Verbände ihre zunehmende Umwandlung in Instrumente der Monopolbourgeoisie zum Ausdruck kommt, die ohne Zweifel eine der Hauptkräfte war, die das Land zur außenpolitischen Expansion trieben.

Die staatsmonopolistishe Entwicklung unter den Bedingungen der Militarisierung der Wirtschaft (1914—1918)

Die Hauptelemente des staatsmonopolistischen Kapitalismus keimten in Deutschland bereits vor dem ersten Weltkrieg. Die staatsmonopolistischen Verhältnisse gestalteten sich aber nur in einigen Bereichen der Tätigkeit von Monopolen und Staat. Der erste Weltkrieg gab dieser Entwicklung eine neue Qualität, historisch gesehen war er für die Unternehmerverbände eine entscheidende Wende — sowohl organisatorisch als auch funktional. Deshalb sollte man die Analyse der staatsmonopolistischen Formen der Tätigkeit der Unternehmerverbände gerade mit 1914 beginnen.

Der ökonomische und klassenmäßige Inhalt der Entwicklung des staatsmonopolistischen Kapitalismus sowie seine Triebkräfte bestehen in der fortschreitenden Monopolisierung der Profite, im Bestreben, die Positionen der herrschenden Klasse zu festigen und ihre Gegner, vor allem die Arbeiterklasse, niederzuhalten, sowie im Bemühen, die Herrschaft des Monopolkapitals auszudehnen. Die Entwicklung des staatsmonopolistischen Kapitalismus stellt den letzten Versuch der Ausbeutergesellschaft dar, ihre inneren Widersprüche auf reaktionäre Weise zu lösen und durch Verschmelzung der Macht der Monopole und des Staates neue Möglichkeiten zur Aufrechterhaltung der zum Untergang verurteilten Ordnung zu schaffen. Die historische Rückschrittlichkeit des staatsmonopolistischen Kapitalismus kommt darin zum Ausdruck, daß seine Entwicklung in Deutschland während der Eroberungskriege und der faschistischen Diktatur besonders beschleunigt wurde. Die Unternehmerverbände werden zu den Werkzeugen der Klassenherrschaft der Monopolbourgeoisie in vollem Maße erst mit der Herausbildung des staatsmonopolistischen Kapitalismus, dessen wichtiger Bestandteil sie werden.

Der langwierige Weltkrieg zwang die herrschenden Kreise, alle Sphären des wirtschaftlichen und gesellschaftlichen Lebens den Erfordernissen des Krieges unterzuordnen, und führte zur Regulierung der militarisierten Wirtschaft in bestimmten staatsmonopolistischen Formen sowie zur Liierung der herrschenden Kreise mit den Monopolen. Die Haltung der deutschen Bourgeoisie zum Krieg war durch ein spezifisches Moment gekennzeichnet — sie sah mehr als die Kapitalisten anderer Länder den Krieg als absolut legitimes Bereicherungsmittel durch Raubzüge, Kontributionen und Annexionen an.

Die Einstellung zum Krieg als legales Bereicherungsmittel hat beispielsweise in der Eingabe an den Reichskanzler vom 10. März 1915 ihren Niederschlag gefunden. Diese Denkschrift unterzeichneten der Centralverband Deutscher Industrieller und der Bund der Industriellen. Darin wurde namens der Verbände folgendes Programm der Eroberungen aufgestellt: „Neben der Forderung eines Kolonialreiches, das den vielseitigen wirtschaftlichen Interessen Deutschlands voll genügt, neben der Sicherung unserer zoll- und handelspolitischen Zukunft und der Erlangung einer ausreichenden, in zweckmäßiger Form gewährten Kriegsentschädigung sehen sie (die Unternehmerverbände — *der Verf.*) das Hauptziel des uns (!) aufgedrängten (!!) Kampfes in einer Sicherung und Verbesserung der europäischen Daseinsgrundlage des Deutschen Reiches nach folgenden Richtungen:

Belgien muß, wegen der notwendigen Sicherung unserer Seegeltung, wegen unserer militärischen und wirtschaftlichen Zukunftsstellung gegenüber England und wegen des engen Zusammenhanges des wirtschaftlich so bedeutenden belgischen Gebietes mit unserem Hauptindustriegebiet, militär- und zollpolitisch, sowie hinsichtlich des Münz-, Bank- und Postwesens, der deutschen Reichsgesetzgebung unterstellt werden. Eisenbahnen und Wasserstraßen sind unserem Verkehrswesen einzugliedern. Im übrigen müssen Regierung und Verwaltung des Landes, unter Sicherung eines waalonischen und eines überwiegend flämischen Gebietes und unter Überführung der für die Beherrschung des Landes wichtigen wirtschaftlichen Unternehmungen und Besitzungen in deutsche Hand, so geführt werden, daß die Bewohner keinen Einfluß auf die politischen Geschicke des Deutschen Reiches erlangen."[15] Außer den Forderungen nach Einverleibung eines souveränen europäischen Staates enthielt das Programm der deutschen Bourgeoisie Ansprüche auf Industriegebiete im Norden Frankreichs und in Lothringen sowie auf Gebiete östlich von Deutschland. Das waren die Kriegsziele der deutschen Unternehmerverbände.

Es handelte sich hier nicht nur um Wünsche: Bereits 1914 wurden organisatorische Maßnahmen zur praktischen Umsetzung dieses Programms getroffen — die Nordwest-Gruppe des Vereins deutscher Eisen- und Stahlindustrieller gründete ein Deutsches Industriebüro in Belgien, das 150 000 belgische Arbeiter in das Ruhrgebiet zwangsverschickte; 1916 konstituierten sich drei Gesellschaften in Essen: Industriegesellschaft, Bodengesellschaft und Verkehrsgesellschaft, deren Aufgabe die „geordnete Übernahme" der belgischen Wirtschaft war. Unter den Direktoren finden wir die Namen Krupp, Thyssen, Stinnes und anderer Rhein- und Ruhrherren. Der imperialistische Charakter des ersten Weltkrieges wird nicht nur durch Ziele, sondern auch durch praktische Maßnahmen der deutschen Großbourgeoisie und ihrer Organisationen demonstriert.

In Kriegszeit fiel den deutschen Verbänden eine wichtige Rolle zu. Die lange Dauer des ersten imperialistischen Weltkrieges und der massenhafte Einsatz von Technik erforderte gigantische ökonomische Aufwendungen. Die Notwendigkeit einer radikalen Mobilisierung aller Wirtschaftspotenzen wurde durch die Blockade Deutschlands, durch seine Isolierung von Außenmärkten, darunter auch von Rohstoffquellen, verschärft. Bei der Versorgung seiner Kriegsmaschinerie angesichts ernsthafter wirtschaftlicher Überforderung mit allem Notwendigen mußte der deutsche Staat ein System zur Lenkung bzw. Kontrolle der Wirtschaft schaffen, um die Bewirtschaftung von Rohstoffen zu steuern und die kriegswichtigen Produktionszweige dabei vorrangig zu beliefern. Der Übergang zu einer staatsmonopolistischen Regulierung in breiterem Umfang wurde für den deutschen Imperialismus objektiv notwendig. Der Staat verfügte jedoch weder über wirtschaftliche Leitungsorgane noch über eine Rechtsgrundlage zum Eingriff in die Wirtschaft. Deshalb begann zwar die Regierung mit der Schaffung von wirtschaftlichen Staatsorganen — übrigens oft auf direkte Veranlassung der Monopole —, jedoch mußte sie auf die vorhandene Organisationsstruktur in Gestalt der Unternehmerverbände zurückgreifen.

Solche Entwicklung fand bei den Verbänden absolute Unterstützung und volles Verständnis. Einige Tage nach Kriegsausbruch gründeten die beiden Dachorganisationen der Verbände, der CDI und der Bund, unter Hintansetzung aller Streitigkeiten einen gemeinsamen „Kriegsausschuß der Deutschen Industrie". An seiner Konstituierung waren Krupp, Hugenberg und Siemens besonders aktiv beteiligt. Der Ausschuß arbeitete mit der Kriegsrohstoffabteilung des Preußischen Kriegsministeriums (die Kriegsrohstoffabteilung wurde im August 1914 auf Vorschlag vom Chef des AEG-Konzerns, Walter Rathenau, gebildet, der anfänglich selbst die Führung dieser Leitstelle zur staatsmonopolistischen Regulierung der Wirtschaft übernahm), mit den Heeresstellen, dem Waffen- und Munitionsbeschaffungsamt usw. zusammen. Zur besseren Koordinierung der Zentralleitung der Unternehmerverbände riefen der CDI und der Bund 1916 den Deutschen Industrierat ins Leben und bauten damit ihr gemeinsames Tätigkeitsfeld erheblich aus.

Es wäre zu sehr vereinfacht anzunehmen, daß die Großbourgeoisie mit allen staatsmonopolistischen Maßnahmen während des ersten Weltkrieges durchaus einverstanden war. Gustav Stresemann, einer ihrer bedeutendsten Vertreter, übte beispielsweise scharfe Kritik an der staatsmonopolistischen Praxis der Regulierung — übrigens erst nach dem Krieg, im Jahre 1919, als diese Kritik Mode wurde: „An Einzelheiten des alten Systems sei Fehlerhaftes nicht beschönigt, die Überheblichkeit gewisser leitender Stellen die Vielregiererei, die in Tausenden von Vorschriften sich breit machte, wirtschaftliches Leben unterband und überall einen bürokratisch hemmenden Einfluß zeitigte. Ein Verhängnis ist es gewesen, daß man z. B. seitens des Reichsmarineamts den U-Bootbau vorschrieb, statt es der Industrie zu überlassen, wie viele U-Boote sie bauen könnte. Als dann der neue Staatssekretär Ritter von Mann den umgekehrten Weg ging, da ergab sich die für uns erschreckende Tatsache, daß wir weit mehr U-Boote hätten herstellen können, als es geschehen ist, wenn wir der Industrie freie Betätigung gelassen hätten, die U-Boote so zu bauen, wie sie es in der Zusammenfassung ihrer Kraft von vornherein erstrebt hatte."[16] Es fällt auf, daß Stresemann nicht gegen die Regulierung selbst, sondern gegen ihre geringe Wirksamkeit zu Felde zieht. Auf keinen Fall will er aber die Notwendigkeit anzweifeln, den imperialistischen Krieg nach bestem Wissen und Gewissen zu führen.

Im Verlaufe des Krieges hat sich der Verflechtungsprozeß der Monopole und des Staates beschleunigt. Die führenden Vertreter der Monopole besetzten die Schlüsselpositionen in den leitenden staatlichen Institutionen der Kriegswirtschaft. Auf staatliche Anordnung schlossen sich die Monopole zu sogenannten Kriegsrohstoffgesellschaften zusammen — zu monopolistischen Organisationen mit staatlichen Machtbefugnissen. Das System der Unternehmerverbände wurde während des Krieges zum verlängerten Arm des deutschen Staates, wodurch er die Wirtschaftslage kontrollieren konnte. Diese Anerkennung der Unternehmerverbände als Bestandteil der Staatsstruktur zeigte sich auch in der erwähnten Praxis der Beteiligung der Verbandsvertreter an den neu gegründeten staatlichen Wirtschaftsorganen. Diese neue Rolle der Unternehmerverbände deutete bereits auf ihre künftige Entwicklung hin. Darin kann man zu Recht die Keimform der staatsmonopolistischen Wirtschaftsregulierung sehen, die durch die Kriegsbedingungen notwendig wurde. Die Kapitalistenorganisationen haben sich aus Bittstellern, die sich in den Regierungsämtern herumdrückten, in Partner der Staatsmacht verwandelt. Freilich hat sich dieser Prozeß bereits in den vorhergehenden Jahrzehnten abgezeichnet. Aber zu einem wirklichen Durchbruch ist es gerade in den Kriegsjahren gekommen. Somit haben die Unternehmerverbände während des ersten Weltkrieges einen großen Schritt in die Richtung getan, die sie auf der staatsmonopolistischen Entwicklungsstufe des Kapitalismus zu der Funktion des Organs führte, das die Verschmelzung und Verflechtung der Monopole und des Staates sicherte.

In diesem Zusammenhang sei betont, daß der erste Weltkrieg für die Unternehmerverbände einen Einschnitt auch im Sinne ihrer absoluten Unterwerfung unter die Monopolbourgeoisie markierte. Aus der Organisation der ganzen kapitalistischen Klasse Deutschlands, die die Gesamtheit der Interessen aller Kapitalisten vertrat, verwandelten sich die Unternehmerverbände mit dem Wachstum der Monopole in Wortführer begrenzterer Interessen der Monopolisten. Die Bedingungen der Kriegszeit förderten einen schnellen Abschluß dieses Vorgangs. Da die Unternehmerverbände in der Verteilung von Rohstoffen, Ausrüstungen und Arbeitskräften in der deutschen Wirtschaft unmittelbar mitmischten, wurde es für die Monopole, die an einer vorrangigen Versorgung ihrer Betriebe mit verknappten Materialien und Arbeitskräften brennend interessiert waren, dringend notwendig, die Verbände dahingehend zu beeinflussen, den Bedarf der Monopole in erster Linie decken zu lassen. Die Unternehmerverbände schwenkten tatsächlich völlig auf das Fahrwasser der Monopole um, indem sie die Interessen des kleinen und mittleren Bürgertums jedesmal preisgaben, wenn sie den Forderungen von Großindustriellen zuwiderliefen. Aufgrund der kriegswichtigen Stellung von Großbetrieben waren an dieser Position der Unternehmerverbände auch die Behörden interessiert. Daraus ergab sich die Möglichkeit, vor dem Großteil der Verbandsmitglieder — den kleinen und mittleren Bourgeois — diese Politik als die den nationalen Interessen entsprechende darzustellen — die Möglichkeit, von der die Unternehmerverbände ausgiebig Gebrauch machten, um in ihren Reihen die kleinen und mittleren Selbständigen zu erhalten.

In den Jahren des ersten Weltkrieges wurden die Arbeitgeberverbände mit einer neuen Situation konfrontiert. Der chauvinistische Rausch verwirrte auch die meisten Vertreter der deutschen Sozialdemokratie. Die rechten Führer der Sozialdemokraten gingen den Weg des Klassenverrats und unterstützten vorbehaltlos die imperialistischen Ziele der herrschenden Klasse. Im Reichstag wurde der

„Burgfrieden" erklärt. Am 2. August 1914 beschlossen die Gewerkschaften, sämtliche Streiks einzustellen. Der „Klassenfriede" hat allerdings nicht zu einer Selbstauflösung der Arbeitgeberverbände geführt, obwohl sie in ihrer Propaganda ständig deren defensiven Charakter betonten und selbst ihre Existenz durch das Bestehen der Gewerkschaften erklärten. Ganz im Gegenteil, die Arbeitgeberverbände versuchten, die neue Lage zur Stärkung ihrer Positionen auszunutzen. Diese Lage war aber recht widerspruchsvoll, da sich die Regierung an der Aufrechterhaltung des sozialen Friedens in den Betrieben äußerst interessiert zeigte und die Einrichtung der sogenannten Kriegsschlichtungsausschüsse förderte, denen Vertreter der Arbeitgeberverbände und der Gewerkschaften angehörten. Aus der Sicht der Arbeitgeberverbände hieße, sich zu solchen Ausschüssen zu entschließen, die Gewerkschaften als Vertreter der Arbeiter anzuerkennen, was der vorangegangenen Politik der Verbände zuwiderlief. Deshalb weigerte sich die Vereinigung der Deutschen Arbeitgeberverbände trotz der Existenz der Schlichtungsausschüsse, in einigen Wirtschaftszweigen bereits seit 1915, die Gewerkschaften offiziell bis zum Jahre 1916 als Vertreter der Arbeiter anzuerkennen, und sah sich zu einigen Zugeständnissen erst nach der Einführung des sogenannten Vaterländischen Hilfsdienstgesetztes gezwungen.

Dieses Gesetz hatte ausgesprochen arbeiterfeindlichen Charakter. Es verstärkte die Ausbeutung der Werktätigen und bedeutete den Eingriff des Staates in den Bereich, wo sich die Arbeitgeber souverän fühlten, deshalb starteten sie unverzüglich die Kampagne, indem sie ihre Zugeständnisse als eine vorübergehende Maßnahme erklärten und zu beweisen versuchten, daß die getroffene Regelung nach Kriegsende rückgängig gemacht werden soll. Eine der reaktionärsten Arbeitgeberorganisationen „Arbeit Nordwest" betonte im Beschluß ihrer 12. Hauptversammlung: „Die Versammlung gibt gleichzeitig der bestimmten Erwartung Ausdruck, daß mit Fortfall der Entstehungsursache des Gesetzes, d. h. mit Rückkehr friedlicher Verhältnisse, auch die Einrichtung des Gesetzes — die obligatorischen ständigen Arbeiterausschüsse und die Schlichtungsstellen — aufgehoben werden..." In der Denkschrift der Vereinigung der Deutschen Arbeitgeberverbände im März 1918 hieß es: „Unter dem Zwange der harten Kriegsnotwendigkeiten sowie als Folge unserer Abschließung vom Auslande mußte der Staat tiefgehende Eingriffe in die Privatwirtschaft vornehmen. Mit dem Wegfall der besonderen Voraussetzungen, auf denen diese Eingriffe beruhten, haben auch diese Maßnahmen wegzufallen... Als ein unter dem Kriegszwange geschaffenes Ausnahmegesetz stellt sich insbesondere das Hilfsdienstgesetz dar, für dessen Fortbestehen mit Friedensschluß selbstverständlich kein Anlaß mehr vorliegt. Mit dem Gesetz entfallen selbstverständlich auch die von ihm geschaffenen Einrichtungen. Dies bezieht sich insbesondere auf die Schlichtungsausschüsse und Schlichtungsstellen." Diese Denkschrift entwickelte die Vorstellungen der Verbände über die soziale Ordnung in Deutschland nach Kriegsende, deren bestimmendes Moment die nachdrückliche Aufforderung bildete, die Herr-im-Hause-Stellung der Arbeitgeber zu verankern und ihnen im Kampf gegen die Arbeiterbewegung uneingeschränkte Rechte einzuräumen.

Der von der imperialistischen Propaganda geschürte chauvinistische Rausch hielt sich in den Volksmassen nicht lange. Dank der staatsmonopolistischen Maßnahmen konnten die Monopole aus dem Vollen schöpfen, während die Werktätigen die Hauptlasten des Krieges zu tragen, Tote und Krüppel zu beklagen und Hunger zu leiden hatten. W. I. Lenin charakterisierte die damalige Situation mit den Worten: „Sowohl Amerika als auch Deutschland ‚regulieren das Wirtschaftsleben' so, daß dabei für die Arbeiter (und zum Teil für die Bauern) ein *Militärzuchthaus*, für die Bankiers und Kapitalisten aber ein *Paradies* geschaffen wird. Ihre Regulierung besteht darin, daß man die Arbeiter ‚durchhalten' und hungern läßt, den Kapitalisten aber (insgeheim, auf reaktionär-bürokratische Weise) *höhere* Profite sichert als vor dem Krieg."[17]

Bereits im Jahre 1916 kam es unter den Arbeitern zu Unruhen und Ausständen. Die Massenaktionen gewannen im darauffolgenden Jahr, insbesondere unter dem Einfluß der russischen Revolution, an Aktivität. Der Sieg der Großen Sozialistischen Oktoberrevolution stärkte die revolutionären Kräfte der deutschen Arbeiterklasse und gab ihnen Mut zur Verstärkung des Kampfes gegen den Feind im eigenen Land, gegen die deutschen Imperialisten, die Kriegsinteressenten und Kriegsgewinnler. In weiten Kreisen des deutschen Volkes erstarkte der Friedenswille.

Im November 1918 hat die deutsche Revolution die Monarchie hinweggefegt. Die Arbeiter errangen einige demokratische Rechte und Freiheiten und setzten den gesetzlichen

Achtstundentag durch. Aber die Hauptfrage der Revolution — die Frage der Macht — wurde durch den Verrat der rechten Führer der Sozialdemokraten zugunsten der Kapitalistenklasse entschieden. Dazu trugen die Arbeitgeberverbände maßgeblich bei. Durch das Anschwellen der revolutionären Bewegung in Deutschland in der zweiten Hälfte des Jahres 1918 mußten die Arbeitgeberverbände ihren Standpunkt über das Zusammengehen mit opportunistischer Gewerkschaftsführung ändern. Die Arbeitgeberverbände waren nun darauf bedacht, „eine organische Zusammenarbeit mit den Gewerkschaften zu finden, bevor ... die Flut der Ereignisse über uns alle hinwegging".[18] Am 2. Oktober nahmen die Verbände die Verhandlungen mit den Gewerkschaftsführern, die im Januar 1918 abgebrochen worden waren, wieder auf und erzielten einen Monat später, bereits während der Revolution, eine Einigung über die Gründung der Arbeitsgemeinschaft der Industriellen und gewerblichen Arbeitgeber und Arbeitnehmer Deutschlands. Am 15. November wurde der Vertrag über die Arbeitsgemeinschaft unterzeichnet.

Mit Hilfe der rechten Sozialdemokraten und versöhnlerischen Gewerkschaftler konnten die Monopole an der Staatsmacht bleiben und ihre Herrschaft in der Wirtschaft behalten. O. Leibrock kennzeichnete in seinem Buch „Die volkswirtschaftliche Bedeutung der Deutschen Arbeitgeberverbände" den Vertrag vom 15. November folgendermaßen: „Die Arbeitsgemeinschaft hat zweifellos den Verlauf der Revolution gemildert; das war ihr größtes Verdienst. Gegenüber allen Versuchen, durch Gewalt den Umsturz unseres Gesellschaftssystems zu erreichen und die Herrschaft einer Klasse (der Arbeiterklasse — *der Verf.*) aufzurichten, ist sie ein starkes Bollwerk gewesen."

Bei einer Gesamtanalyse der Politik der Unternehmerverbände in dieser Periode muß man eine eigenartige Arbeitsteilung unter ihnen hervorheben. Die Unternehmerverbände, indem sie in steigendem Maße Interessenvertreter der Monopolbourgeoisie wurden, arbeiteten mit der Staatsmacht eng zusammen, setzten sich für das von den herrschenden Kreisen aufgestellte imperialistische Kriegsprogramm ein und unterstützten die Regierung tatkräftig bei der Organisierung der Kriegswirtschaft. Die Arbeitgeberverbände lehnten bis zum Herbst 1918 die soziale Politik des Staates ab, der den Klassenverrat der sozialdemokratischen Führer zur Herstellung des sozialen Friedens auf der Grundlage einer Übereinkunft zwischen den Gewerkschaften und den Arbeitgeberverbänden auszunutzen trachtete. Letztere sahen darin einen Eingriff in die Machtbefugnisse der Unternehmer und wollten eine Garantie für den Verzicht auf diese Politik nach dem Krieg durchsetzen. Die organisatorische und funktionale Arbeitsteilung zwischen den zwei Formen der Unternehmerorganisationen bewährte sich auch unter den neuen Bedingungen, da sie es der deutschen Bourgeoisie ermöglichte, auf die Politik des Staates differenzierter zu reagieren und auch die Meinungsverschiedenheiten zu lokalisieren, so daß diese nicht zum Stein des Anstoßes bei der allgemeinen Annäherung zwischen den deutschen Unternehmervereinigungen und den regierenden Kreisen des Landes wurden.

Es ist zu unterstreichen, daß die Unternehmerverbände während des ersten Weltkrieges den Charakter eines direkten Elementes der Staatsstruktur annahmen und sich aus den Organisationen zur Interessenvertretung einer der Klassen der bürgerlichen Gesellschaft in einen Grundpfeiler dieser Gesellschaft verwandelten, was in ihrer koordinierenden Rolle bei den kriegswirtschaftlichen Bemühungen Deutschlands besonders deutlich wurde. Das stand zweifellos mit der zunehmenden Bedeutung der deutschen Bourgeoisie in Staat und Gesellschaft in direktem Zusammenhang, jedoch war der wachsende Einfluß der Unternehmer keine einfache Widerspiegelung solcher Entwicklung; beide Prozesse gingen parallel vor sich und bedingten sich gegenseitig; die Tätigkeit der Unternehmerverbände trug ihrerseits zur Stärkung der Positionen der deutschen Bourgeoisie, und in erster Linie der großmonopolistischen Bourgeoisie, in der damaligen Gesellschaft sowie zu ihrem Eindringen in die „Korridore der Macht" bei.

Während des Weltkrieges entwickelte sich der staatsmonopolistische Kapitalismus Deutschlands sprunghaft und erreichte einen relativ hohen Stand. Unter den besonderen Bedingungen jener Zeit jedoch nahm die staatsmonopolistische Regulierung außerordentliche, zutiefst militarisierte Formen an. Die Revolution hat sie zusammen mit der alten Herrschaftsspitze zerstört. Allerdings haben die Unternehmerverbände aus den Erfahrungen bei der Zusammenarbeit mit den Staatsbehörden eine Lehre gezogen. In ihrer ganzen praktischen Tätigkeit der Folgezeit waren die Verbände darauf bedacht, die Möglichkeit, bei den Staatsangelegenheiten mitzusprechen, wieder zu erlangen.

Der Kampf um die Wiederherstellung der Machtpositionen
(1919—1923)

Die Novemberrevolution brachte für die Unternehmer- und Arbeitgeberverbände eine radikale Veränderung der Situation. Das alte Machtsystem, als dessen Bestandteil sie sich eben erst zu verstehen begannen, zerfiel. Die ökonomischen, politischen und sozialen Positionen der Monopole waren gefährdet. Die Große Sozialistische Oktoberrevolution hatte der deutschen Kapitalistenklasse deutlich gemacht, daß der Prozeß des Untergangs der Ausbeuterordnung einsetzte. Die Bourgeoisie erkannte, daß sie schon nicht mehr für das Recht auf maximale Gewinne allein, sondern für die Aufrechterhaltung der kapitalistischen Produktionsverhältnisse selbst zu kämpfen habe.

In die Regierung kamen die Sozialdemokraten, in denen die Unternehmerverbände trotz deren opportunistischer Haltung nach wie vor ihre politischen Widersacher sahen. Die revolutionäre Arbeiterbewegung flaute nicht ab, die sozialistischen Ideen gewannen an Boden, die die Bourgeoisie und deren Verbände als direkte Bedrohung ihrer Existenz empfanden. In dieser Situation trachteten die Unternehmerverbände, ihren Einfluß auf Staat und Gesellschaft wiederherzustellen, indem sie eine unverhüllt reaktionäre Politik betrieben. Der Abgang des Adels und des Junkertums von der politischen Bühne schuf angesichts der Wankelmütigkeit und der Unentschlossenheit der rechten Sozialdemokratie ein bestimmtes Machtvakuum im Lande, das die Großbourgeoisie füllen wollte, indem sie ihre Beteiligung am politischen und sozialen Kampf aktivierte. Das wirkte sich unmittelbar auf die Unternehmerverbände aus und führte zu ihrer Stärkung.

Organisatorisch wurde der letzte entscheidende Schritt getan: Die Doppelherrschaft in den Unternehmervereinigungen war abgeschafft, die beiden zentralen Organisationen verschmolzen am 4. Februar 1919 zum Reichsverband der Deutschen Industrie (RDI). Die Koordinierung der Tätigkeit der Verbände entwickelte und vertiefte sich. Mit der Vereinigung der Deutschen Arbeitgeberverbände (VDA) und einer Reihe weniger bedeutsamer zentraler Verbände der Kapitalisten — dem Zentralverband des Deutschen Bank- und Bankiergewerbes, dem Zentralverband des Deutschen Großhandels u. a. m. — gründete der Reichsverband der Deutschen Industrie 1921 den Zentralausschuß der Unternehmerverbände. Um eventuelle

Mißverständnisse zu vermeiden, sei betont, daß diese Organisation mit solch einem klingenden Titel vornehmlich die Aufgabe hatte, den anderen Kapitalistenorganisationen die Richtlinie des Reichsverbands der Deutschen Industrie und der Vereinigung der Deutschen Arbeitgeberverbände aufzuzwingen. Der Reichsverband der Deutschen Industrie und die Vereinigung der Deutschen Arbeitgeberverbände blieben die wichtigsten Klassenverbände des deutschen Großkapitals.

Somit hat sich in der betrachteten Periode jene Struktur der Unternehmerverbände vollkommen herausgebildet, die — abgesehen von den veränderten Aushängeschildern — bis heute fortbesteht. Der einzige Unterschied, der sich übrigens aus den komplizierten Aufgaben, die vor dem Großkapital auf dem Gebiet des politischen und sozialen Kampfes in den ersten Nachkriegsjahren standen, ergab, war die Personalunion in der Leitung des Reichsverbandes der Deutschen Industrie und der Vereinigung der Deutschen Arbeitgeberverbände — in beiden hatte Dr. Sorge, der Krupp-Direktor, den Vorsitz. In ihren Vorstandsgremien war eine parallele Mitgliedschaft auch keine Seltenheit — so gehörten zum Beispiel Hugenberg, Stinnes, Duisberg und einige andere Monopolherren gleichzeitig den Führungskörpern der beiden Spitzenverbände an.

Die Kampftaktik des Reichsverbands wurde vom ökonomischen Verfall und der zunehmenden Inflation bestimmt. Die Unternehmer betonten nachdrücklich die Unerfahrenheit der sozialdemokratischen Minister in Wirtschaftsfragen, traten als Sachverständige auf und überschütteten die Regierung mit Denkschriften, in denen sie ihre Ideen als Gewähr für die wirtschaftliche Wiederherstellung ausgaben und auf eine unmittelbare Beteiligung an der Leitung des Staates drängten.

Im Mai 1919 erklärte der Reichsverband: „Wo wären Ebert und Scheidemann geblieben, wenn die Arbeiter- und Soldatenräte auf ihr eigenes Können angewiesen gewesen wären! Ohne eine gesicherte Unternehmertätigkeit gibt es auch keinen Auslandskredit, der für uns eine Lebensnotwendigkeit ist. Deshalb muß der Wahnsinn der Sozialisierungsexperimente aufhören, die Arbeiterschaft aufgeklärt werden. Die Arbeiter müssen begreifen, daß es nicht vorwärtsgehen kann, wenn Leute an der Spitze stehen, die immer nur kritisiert und niemals eine schaffende Tätigkeit ausgeübt haben."

Noch offener war die Erklärung des Geschäftsführers des Reichsverbandes, R. Schneider, auf der ersten Sitzung des Hauptausschusses des Reichsverbandes im Oktober 1919: „Vielleicht mehr als früher wird unsere Außenpolitik Wirtschaftspolitik sein, deren Auswirkungen stärker als früher von dem schwer erschütterten, schwäher und empfindlicher gewordenen Körper unseres Wirtschaftslebens empfunden werden. Notwendiger und noch berechtigter als früher ist daher die Forderung, daß in die Führung außenpolitischer Geschäfte erfahrene Männer des Wirtschaftslebens, Kaufleute und Industrielle kommen, und daß im Innern die wirtschaftspolitische Gesetzgebung nicht einseitig den politischen Parteien überlassen, sondern in die Hände eines Reichswirtschaftstrates gelegt wird." .

Der politische Druck der Monopole, wesentlich mitverursacht durch die Aktionen des RDI, führte im Juni 1920 zur Ausbootung der Sozialdemokraten aus der Regierung. Erstmalig nach der Novemberrevolution wurde das Kabinett nur durch die bürgerlichen Parteien gestellt. Einer der größten Monopolisten sowie bedeutender Funktionär des Reichsverbandes und der Vereinigung, Carl Duisberg, konnte bereits einen Monat später auf der Beratung führender Monopolvertreter in Frankfurt am Main nicht unbegründet feststellen: „Der Kaiser und die Junker erlitten eine Niederlage, aber die deutsche Industrie gewann. Unsere Lage ist heute besser als irgendwann."

Der Reichsverband der Deutschen Industrie entwickelte sich schnell zu einer ernst zu nehmenden Kraft im politischen Leben des Landes. Besonders spürbar war sein Einfluß auf die Wirtschaftspolitik. In den ersten Nachkriegsjahren gelang es ihm schließlich, seine Forderungen bei Reparationsfragen, im Handel, in der Preispolitik und bei dem Währungsproblem durchzusetzen. Ein Zeichen und Zeugnis für die gestiegene Bedeutung des Reichsverbandes der Deutschen Industrie war die Berufung G. Stresemanns in das Amt des Reichskanzlers und des Außenministers im August 1923. Die Ernennung dieser bedeutenden Persönlichkeit der Unternehmerverbände zum Regierungschef (nach dem November 1923 und bis zu seinem Tod im Jahre 1929 — zum Außenminister) kann man mit Recht in direktem Zusammenhang mit der Verbandskampagne um die Aufstellung ihrer Vertreter für Staatsämter bringen.

Es ist deshalb nicht verwunderlich, daß in dieser Zeit auch das Selbstbewußtsein der Kapitalistenorganisationen erheblich gestiegen ist. Im Herbst 1921 konnte man auf der 3. Vollversammlung des Reichsverbandes der Deutschen Industrie folgende Worte vernehmen: „Wenn die deutsche Industrie in der Vergangenheit Großes geleistet hat, wenn die Wirtschaftsordnung seit der Revolution einigermaßen wieder in Gang gebracht ist, dann verdanken wir das größtenteils unseren Verbänden, weil das die wichtigsten Stützen unserer inneren Wirtschaftsordnung gewesen sind."

Dieses Eigenlob stützte sich auf die realen Erfolge der Verbände im Kampf gegen die revolutionäre Bewegung. Wenig bekannt war die Tatsache, daß gerade die Unternehmerorganisationen eine wichtige Rolle spielten, um die Gefahr der Nationalisierung der deutschen Großindustrie abzuwenden. In den Novembertagen hatten die Monopole dies sehr zu fürchten. Deshalb entwickelten die führenden Männer der Verbände — die Monopolherren Stinnes, Vögler, von Borsig und Deutsch — die Idee zum Schutze der Interessen des Großkapitals durch die Ausnutzung eines gemeinsamen Organs der Unternehmerverbände und des Staates, des sogenannten Demobilmachungsamtes. „Es kam darauf an, wie kann man auch das Unternehmertum von der drohenden, über alle Wirtschaftszweige hinwegfegenden Sozialisierung ... bewahren?" schrieb der Hauptgeschäftsführer des Vereins Deutscher Eisen- und Stahlindustrieller, Dr. Jakob Reichert. „Mit dem Demobilmachungsamt konnte man es."[19] Und in der Tat: Dem Amt unterstand ein Verwaltungsapparat der Rüstungsindustrie, der über 95 Prozent aller deutschen Betriebe herrschte. Unter Ausschluß der Öffentlichkeit unternahm dieser Apparat alle notwendigen Schritte, um die ins Wanken geratenen Positionen der Monopole zu festigen und in vollem Umfange die privatkapitalistische Struktur der deutschen Industrie zu bewahren.

Angesichts der stürmischen Bewegung der Arbeitermassen und eines sprunghaften zahlenmäßigen Anwachsens der Arbeiterorganisationen wurde die Lage der Arbeitgeberverbände problematischer. Im sozialen Kampf befanden sich die Unternehmer /in einer verhältnismäßig ungünstigen Position, und sie waren sich darüber im klaren. In dem Jahresbericht 1919 der Vereinigung der Deutschen Arbeitgeberverbände wurde auf den Unterschied der anstehenden Probleme zwischen dem wirtschaftspolitischen und dem sozialen Tätigkeitsbereich der Kapitalistenverbände ohne Umschweife hingewiesen;

„...Überdies erkennen die Vertreter der Arbeiter die überlegene Führung der Unternehmer in diesen wirtschaftlichen Angelegenheiten wohl unumwunden an. Anders auf der sozialen Seite. Hier tritt die Gegensätzlichkeit der Wünsche mehr in Erscheinung, hier sind die Arbeitervertreter im allgemeinen geschulter und erfahrener als die Arbeitgeber, hier sind aber auch die Führer der Arbeitnehmer in viel höherem Maße als in wirtschaftlichen Fragen abhängig von den Auffassungen der Masse." [20]

In dieser Situation forcierte die Vereinigung der Deutschen Arbeitgeberverbände vor allem ihre organisatorischen Bemühungen. 1918 gehörten der Vereinigung 76 Assoziationen an, die 298 Arbeitgeberverbände mit insgesamt 2,4 Millionen Lohnempfängern vertraten. 1919 stieg die Zahl der Assoziationen auf 130, die Zahl der darin zusammengefaßten Verbände auf 575 und die der Betriebsarbeiter auf 4 Millionen an. 1920 umfaßte die Vereinigung bereits 200 Assoziationen, die 1591 Arbeitgeberverbände mit rund 8 Millionen Lohnabhängigen vertraten. Die soziale Verunsicherung der Kapitalisten, und insbesondere die der kleineren, hatte eine entscheidende Rolle bei der schwunghaft steigenden Bereitschaft gespielt, der Vereinigung der Deutschen Arbeitgeberverbände beizutreten.

Gestützt auf solch mächtige Organisation, gelang es der Vereinigung der Deutschen Arbeitgeberverbände, die Spaltung in der Arbeiterbewegung sowie die opportunistische Haltung der sozialdemokratischen Führer auszunutzen und bereits ein Jahr nach der Novemberrevolution die ursprüngliche Unsicherheit zu überwinden. Die Hauptstoßrichtungen ihres Kampfes in dieser Periode blieben nach wie vor die Bestrebungen, das Herr-im-Hause-Prinzip der Unternehmer in den Betrieben aufrechtzuerhalten und eine einheitliche Front der Arbeitgeber in den Tarifverhandlungen und -verträgen herbeizuführen. Allerdings gewann diese Tätigkeit einen offensichtlich politischen, auf den ganzen Staat bezogenen Charakter, und die Verbände wurden sich der neuen Qualität ihrer Hauptaufgaben vollauf bewußt. Dies geht aus dem Jahresbericht von 1923/24 der Vereinigung hervor: „Wenn vor dem Kriege die Arbeit der Arbeitgeberverbände sich im wesentlichen auf das begrenzte Gebiet der Streikabwehr beschränkte, wenn in der unmittelbaren Nachkriegszeit die Festsetzung der Arbeitsbedingungen auf dem Wege der Tarifverhandlungen die gesamte Tätigkeit und die volle Kraft der Verbände erschöpfte, so war es jetzt das Schicksal des ganzen Reiches und des Volkes, das mit der mehr oder minder richtigen Regelung der Verhältnisse auf dem Gebiet der Sozialpolitik und der Wirtschaftspolitik verbunden war. So mußten die Arbeitgeberverbände immer mehr in die Gemeinschaft des deutschen Volkes und die Gesamtpolitik des Reiches und der Länder hineinwachsen. Es sind nicht mehr private Angelegenheiten, die sich beim Abschluß der Verträge über die Arbeitsverhältnisse abspielen; es sind öffentliche Angelegenheiten geworden, von denen das ganze Volk aufs stärkste ergriffen wird, in diesem Sinne sind allerdings die Arbeitgeberverbände an der Politik des Staates lebhaftest interessiert, und umgekehrt hängt von ihrer Tätigkeit, ihren Entschlüssen und ihren Maßnahmen ein guter Teil unserer Gesamtpolitik ab."[21]

/Neu im Vergleich zu den früheren Zeiten war auch die Einstellung zur Tätigkeit der Gewerkschaften in den Betrieben. Unter den gegebenen Verhältnissen war es schon nicht mehr möglich, die „sozialistische Agitation" für gesetzwidrig zu erklären und sie mit den alten Methoden zu bekämpfen. Deshalb sind die Arbeitgeberverbände zur Taktik der sozialen Zugeständnisse übergegangen, zumal die Inflation es ihnen gestattete, die Lohnzuschläge reichlich wieder herauszuwirtschaften. Die zweite Seite der neuen Taktik war der Übergang zu einer aktiven ideologischen Beeinflussung der Arbeiter. Am 17. März 1922 führte das Vorstandsmitglied der Vereinigung der Deutschen Arbeitgeberverbände und IG-Farben-Direktor Bonhoeffer in einer internen Versammlung der Vereinigung aus, daß es notwendig sei, die propagandistische Tätigkeit der Arbeitgeber zu verstärken. Zu seiner Rede wurde der Beschluß gefaßt, Sonderfonds für Propagandazwecke einzurichten. Nicht weniger bedeutungsvoll ist auch die Tatsache, daß einen Tag später ein Referat zum Thema „Die wissenschaftliche Überwindung des Marxismus" auf der Vollversammlung der Vereinigung verlesen wurde.

Bis zum Jahre 1923 konnten die Arbeitgeberverbände die durch die Revolution untergrabenen Positionen im großen und ganzen wieder festigen. Im Gegensatz zu den Unternehmerverbänden, die jedoch ihre Stellung im Staat wie auch den politischen Einflußbereich ständig ausbauten und offensiv vorgingen, trugen die Erfolge der Vereinigung der Deutschen Arbeitgeberverbände eher deffensiven Charakter.

Diese zwei Hauptstoßrichtungen spiegelten die neue Situation des deutschen Bürgertums in Staat und Gesellschaft sowie die vor ihm in diesem Zusammenhang stehenden Probleme genau wider. Die deutsche Kapitalistenklasse mußte den Machtkampf unter recht eigenartigen Bedingungen führen. Wenn man berücksichtigt, daß der Wilhelminische Staat und die alte Gesellschaft nicht nur ohne Teilnahme der deutschen Bourgeoisie an der Revolution hinweggefegt worden waren, sondern auch angesichts ihres direkten Widerstands gegen die revolutionären Veränderungen, so wird klar, warum die Kapitalistenklasse über keine zur Machtübernahme hinreichend vorbereitete politische Organisation herkömmlichen Typs in Form einer weitverzweigten Parteistruktur mit einer herausgebildeten Elite und einem Kreis politischer Verbündeter verfügte. Freilich bedeutet das nicht, daß die Bourgeoisie überhaupt keine eigene Partei hatte. Ganz im Gegenteil. Aber die katholische Zentrumspartei, die Demokratische, die Volks- und die Nationale Volkspartei, von denen jede in unterschiedlichem Maße bestimmte Interessen der Kapitalistenklasse wahrnahm, bildeten keine einheitliche politische Front. Diesem Umstand war auch das entstandene politische Vakuum zu verdanken, in dem sich eine wirklich straff struktuierte und zentralisierte Organisation der Bourgeoisie formierte, die klassenmäßig absolut einheitlich war und völlig unter dem Einfluß der mächtigsten Monopolherren stand — der Reichsverband der Deutschen Industrie.

So wie während des Krieges, als die Unternehmerverbände einen bedeutenden Teil der militärisch-wirtschaftlichen Verantwortung übernommen hatten, drangen sie in den ersten Nachkriegsjahren aktiv in das politische Leben ein. Die Notwendigkeit des Machtkampfes, die Erkenntnis ihres politischen Klasseninteresses durch die Monopolbourgeoisie haben zu einer steigenden Rolle der Industriellen auf allen Gebieten der Staatstätigkeit geführt. In dieser Beziehung geriet die Bourgeoisie in eine günstigere Lage als die Arbeiterklasse. Deren Parteien konnte sie eigene Parteien gegenüberstellen, ihren Gewerkschaften eigene Arbeitgeberverbände. Aber neben diesen Organisationen, die am politischen und sozialen Kampf unmittelbar beteiligt waren, besaß sie in Gestalt des RDI eine besondere Zentrale, für deren Tätigkeit es kein entsprechendes Gegengewicht in der Arbeiterbewegung gab. Hinzu kam, daß diese Tätigkeit noch über einige Jahrzehnte hinweg anonym und wenig bekannt blieb und deshalb in der Arbeiterbewegung nicht genug Beachtung fand. Der Reichsverband der Deutschen Industrie ersetzte eben keine Partei, obwohl er seine Abgesandten in die bürgerlichen Parteien und den Staatsapparat lancierte. Allerdings trat er im Namen der gesamten Kapitalistenklasse auf, im Namen mächtiger Monopolherren, und seine Meinungen fanden auf diese oder jene Weise in der praktischen Tätigkeit seinen Niederschlag. Die politische Konzeption, die Vorstellungen und Ideale der deutschen Großbourgeoisie waren monarchistisch-autoritär gefärbt, was nicht verwunderlich ist, wenn man deren langjährige politische Unterordnung unter die herrschende Elite des Adels und des Junkertums in früheren Zeiten berücksichtigt. Das Wirken des Reichsverbandes hatte eine eindeutig restauratorische, reaktionäre Ausrichtung. Die Unternehmerverbände betrachteten die Weimarer Republik nicht als einen legitimen Staat, sondern als zeitweiliges Zugeständnis; sie trachteten, deren demokratischen Gehalt zu unterhöhlen und das Land zur autoritären Ordnung zurückzubringen.

Aus dieser Sicht ist auch der Kampf der Arbeitgeberverbände gegen die Arbeiterbewegung und deren Organisationen zu bewerten. Obwohl dieser Kampf der Form nach ökonomischen Charakter trug, war er dennoch von sozialer und politischer Bedeutung. Er zielte darauf ab, die unterworfene Stellung der Werktätigen in der Produktion zu verewigen und eine ideologische sowie politische Entwaffnung der Arbeiterklasse herbeizuführen.

Der Sinn der restauratorischen Bemühungen der deutschen Monopole bestand darin, anstelle jenes staatspolitischen Mechanismus, der im Krieg entstand und von der Revolution zerstört wurde, einen anderen zu setzen, der den friedlichen Bedingungen besser angepaßt wäre. Die organisatorische Stärkung und die Koordinierungsmaßnahmen der Unternehmerverbände sowie das Wachstum ihrer Rolle und Bedeutung haben ohne Zweifel die staatsmonopolistische Entwicklung unter den neuen Bedingungen gefördert.

Die Verbände werden eine ernsthafte politische Kraft (1924—1932)

Die revolutionären Kräfte Deutschlands haben in ihrem Kampf um den Sturz der Herrschaft der Monopole eine Niederlage erlitten. Der Kapitalismus trat in das Stadium einer relativen Stabilisierung ein. Zu jener Zeit hatten die Unternehmerverbände die eben verlorenen Positionen bereits wieder errungen, wollten sich aber mit dem Erreichten nicht zufriedengeben. In der Vorstellung der Großbourgeoisie sollte ihr „eigener" Staat die Interessen der Herrschenden besser befriedigen, als dies das Reich bzw. die neue Republik vermocht hatten. In den gesellschaftlichen Konzeptionen der Verbände hatte selbst die manipulierte Demokratie keinen Raum, und die Arbeiterklasse wurde lediglich als Objekt der Politik und der Ausbeutung betrachtet. Die Verbände werteten die Arbeiterbewegung nach wie vor als eine Anomalie. Die Methoden einer „blutlosen" Bekämpfung der Organisation der Werktätigen, die Bereitschaft, mit dem opportunistischen Flügel der Sozialdemokratie dauernd zusammenzuarbeiten und diese Zusammenarbeit als wichtiges Unterpfand für die Aufrechterhaltung ihrer Herrschaft zu betrachten, keimten erst und bestimmten auf keine Weise die politische Linie der Großbourgeoisie und deren Verbände. Deshalb reihten sich die Verbände als Träger der Ideologie der Monopole in den rechten Flügel der politischen Reaktion ein und gingen zu einem neuen Angriff auf die politischen und sozialen Rechte der Arbeiterklasse und deren Wirtschaftspositionen vor. Der neue Präsident des Reichsverbandes der Deutschen Industrie und IG Farben-Chef, Carl Duisberg, forderte das deutsche Volk demagogisch auf, spartanisch zu leben und wieder zu sparen.

Die politische Stabilisierung löste eine neue Kampagne der Verbände für die Nichteinmischung des Staates in die Wirtschaft aus. Zugleich erklärten die Verbände, die Durchsetzung der industriellen Interessen sei heute eine der wichtigsten Aufgaben des Staates. Mit anderen Worten wünschten die Monopole eine solche Variante der staatsmonopolistischen Regulierung, die die Unternehmerrechte im Betrieb nicht einschränken und gleichzeitig den Eingriff des Staates zur Durchsetzung der Ansprüche der Monopole ausgiebig ausnutzen würde. Die beiden Dachorganisationen — der Reichsverband der Deutschen Industrie und die Vereinigung der Deutschen Arbeitgeberverbände — wurden in steigendem Maße zu jenem Mittelpunkt des Klassenwillens der Monopole, wo diese Forderungen formuliert und lauthals verbreitet wurden. Der Problemkreis, dem sich die Unternehmerverbände zuwandten, wurde immer weiter, und deren Intervention in das politische, ökonomische und soziale

Leben des Landes nahm sichtbar zu. Der Auftakt einer neuen Phase in der Verbandstätigkeit war die vom 26. bis 27. März 1924 durch den Reichsverband der Deutschen Industrie und die Vereinigung der Deutschen Arbeitgeberverbände gemeinsam abgehaltene Tagung. Die Referate auf dieser Tagung umrissen die Hauptstoßrichtungen der Unternehmerverbände, welche für die Folgezeit, bis zum Zusammenbruch der Weimarer Republik, praktisch alles Wirken der Verbände regelten.

Steuergesetzgebung. Die Steuerpolitik wurde von den Unternehmerverbänden als eine der wichtigsten Kampfbereiche gewertet. Die bestehende Lage erklärte der Reichsverband demagogisch für unhaltbar und prophezeite: „Wird so fortgefahren, wie jetzt begonnen, dann wird der Boden unterhöhlt, auf dem einst das so stolze Gebäude der Industrie stand, und in Bälde wird berstend der Boden das Gebäude begraben, mit ihm aber das Reich!"[22] In den folgenden Jahren setzte sich der Reichsverband für den Steuerabbau für die Industrie mit Erfolg ein. Mit Ausbruch der Krise 1929 ging dieser Kampf in die Forderungen nach Staatszuschüssen über.

Das Verhältnis zwischen Staat und Industrie. Der Reichsverband formulierte klar seinen Hauptanspruch an die Regierung: „Der Staat muß alles daran setzen, die private Wirtschaftsform zu schützen und zu fördern."[23] Zur Frage der Staatsinterventionen in die Wirtschaft hieß es, alle Maßnahmen zugunsten des Privatkapitals seien weitestgehend zu fördern, jedoch müßten jene Schritte verworfen werden, die gegen das Herr-im-Hause-Prinzip der Unternehmer im Betrieb verstoßen und die Profitmaximierung einschränken.

Die Sozialpolitik. Das Referat zu diesem Thema hielt der Großindustrielle Ernst von Borsig, der im Herbst 1923 den Krupp-Direktor Sorge auf dem Präsidentenposten in der Vereinigung der Deutschen Arbeitgeberverbände abgelöst hatte. Der Grundtenor seiner Rede bestand darin, die Notwendigkeit zu beweisen, die Werktätigen ihrer sozialen Errungenschaften als Folge der Novemberrevolution wieder zu berauben. Den Gewerkschaften wurde der Kampf angesagt: „Die Anerkennung der Gewerkschaften (durch die Arbeitgeberverbände — *der Verf.*) darf auf der anderen Seite nicht zu einer Lösung der Betriebsgemeinschaft zwischen dem einzelnen Arbeitgeber und Arbeitnehmer führen."[24] Eine Einschränkung des Streikrechts wurde gefordert: „Hiernach sind die öffentlichen und lebensnotwendigen Betriebe vor Streik überhaupt sicherzustellen. Weiter muß der Schutz derejnigen gewährleistet sein, die auf Grund des Vertragsverhältnisses weiterzuarbeiten gewillt sind." Die Verbände drängten auf die Aufhebung des Achtstundentages: „Das Hauptübel der Vergangenheit war der schematische Achtstundentag. Gegen ihn allein richtete sich von vornherein der Kampf der Arbeitgeberverbände."[25] Dabei bestanden die Verbände darauf, den Neun- bzw. Zehnstundentag nicht einfach gesetzlich zu fixieren, sondern verlangten das Recht der Unternehmer, die tägliche Arbeitsdauer nach eigenem Ermessen festzulegen: „Eine schematische Regelung der Arbeitszeit ist nicht zum Segen für die Wirtschaft. Deshalb verlangen wir nichts weiter, als daß in den Tarifverträgen oder Betriebsvereinbarungen für jeden Betrieb diejenige Arbeitszeit zugelassen wird, die nach den gegebenen Verhältnissen den höchsten Nutzeffekt in der Produktion gewährleistet."[26]

Problem des Mittelstandes. Waren die besagten Tätigkeitsrichtungen der Unternehmerverbände im Grunde genommen eine Rückkehr zu den Vorkriegspositionen, so zeugte das Problem des Mittelstandes, dem sie sich zuwenden mußten, von einer teilweisen Einsicht in die neue Lage der Kapitalistenklasse in der Weimarer Republik. Im Hinblick auf dieses Problem gingen die Unternehmerverbände an die Erkenntnis ihrer Belange als Organisation heran, zu deren Aufgabe es gehörte, nicht nur die politischen, ökonomischen und sozialen Präferenzen der Monopolbourgeoisie zu sichern, sondern auch die Klassenherrschaft des Kapitals als solche aufrechtzuerhalten. Der Mittelstand — die kleinsten, kleineren und zum Teil mittleren Eigentümer — bilden eine Massenbasis der Unternehmerverbände und in weiterem Sinne — die soziale Basis der Herrschaft der Bourgeoisie als Klasse. In der vormonopolistischen Periode vertraten die Unternehmerverbände die Interessen des Mittelstandes in genügendem Maße, und es bestand kein Problem, ihn für sich zu gewinnen.

Beim Übergang des vormonopolistischen Kapitalismus zum Imperialismus stand im Vordergrund der Verbandstätigkeit der Kampf gegen die Arbeiterbewegung, mit dem sich der Mittelstand völlig solidarisierte. In den Vorkriegsjahren begann dieses Problem heranzureifen, aber es wurde von chauvinistischen Stimmen kleinerer und mittlerer Eigentümer übertönt, die das imperialistische Programm der Verbände für den Ausdruck eigener Interessen hielten. Dieses Motiv der Interesseneinheit trat während des Krieges besonders drastisch zutage. Schließlich unterstützte der Mittelstand die Unternehmerverbände in den ersten Nachkriegsjahren aus Angst vor der Revolution und ihren Auswirkungen. Jetzt, da die Unternehmerverbände sich völlig in Monopolistenorganisationen verwandelten und in allen Bereichen die Politik der Monopole verfolgten, verschärfte sich der Widerspruch zwischen der Tätigkeit der Verbände und den Interessen des Mittelstandes. In zunehmendem Maße durch diesen Widerspruch beunruhigt, mußten die Verbände ihre Haltung dazu formulieren und Maßnahmen zu dessen Minderung erarbeiten. Der Reichsverband brachte auf dem Kongreß das Problem des Mittelstandes in einer recht nebelhaften Form zum Ausdruck, was an und für sich seine Politik in dieser Frage widerspiegelte, die vom Bemühen um eine Vertuschung der Sachlage gekennzeichnet war: „Vom soziologischen Standpunkt aus haben unsere großen Wirtschaftsorganisationen ferner praktische Mittelstandspolitik getrieben, in der Erkenntnis, daß ohne die Erhaltung eines gesunden Mittelstandes die Verschärfung der Klassengegensätze zu großen kulturellen Schäden für das Volk führen muß. In Sonderheit diente die Kartellpolitik des Reichsverbandes der Deutschen Industrie diesem Zwecke."[27]

Dieses Zitat bedarf eines Kommentars. Offensichtlich steht hier „kulturelle Schäden für das Volk" statt „kapitalistische Gesellschaft": Die Monopolpropaganda, die heute über eine Vielzahl von wohlklingenden Synonymen verfügt, hatte 1924 Schwierigkeiten, einen passenden Ausdruck dafür zu finden. Was die Kartellpolitik betrifft, betrieb sie der Reichsverband in der Tat aktiv, aber gerade sie war es, die für die kleinsten und kleineren Eigentümer riesige wirtschaftliche Einbußen brachte und zu ihrem Verfall und Ruin führte. Es ging also darum, daß bei aller Verherrlichung der Kartellpolitik als Wohltat für den Mittelstand der Reichsverband das Programm befolgte, das in den darauffolgenden Jahren weiterentwickelt wurde: Durch zielgerichtete Manipulierung der öffentlichen Meinung bei der Masse von Kleinbesitzern die Überzeugung hervorzurufen, die Kartellpolitik habe „Deutschland gerettet". 1920 hat der Reichsverband eine besondere „Kartellstelle" zur Popularisierung dieser Idee eingerichtet. Auf dem Kongreß wurde erklärt: „Nur eine fortlaufende Unterrichtung und

Aufklärung der Presse kann den Kartellen wieder den Ruf verschaffen, der ihrer volkswirtschaftlichen Notwendigkeit und Nützlichkeit entspricht. Die Kartellstelle ist aus den angegebenen Gründen seit einiger Zeit zu einer systematischen Presseunterrichtung mit Hilfe der Korrespondenz ‚Reichsindustrie' und von Einzelaufsätzen von Mitgliedern der Geschäftsführung übergegangen."[28] Als Beispiel solcher Propaganda kann folgende im Januar 1925 erschienene Publikation dienen: „Es war im Spätsommer 1923, als infolge der Inflation die Wirtschaft vor dem Abgrund stand. Den ersten Schritt zur Rettung unternahmen die Kartelle... Die große Öffentlichkeit hat diese inneren Vorgänge nicht erfaßt oder wollte sie zum Teil nicht erkennen. Sie begnügte sich damit, die Früchte zu ernten."[29] In der Folgezeit und bis heute widmen die Verbände der ideologischen Beeinflussung des Mittelstandes große Aufmerksamkeit, indem sie ihre Propagandamethoden stets verfeinern und durch einige ökonomische Zugeständnisse versüßen.

Außenhandel. Die Verbände verlangten Schutzzölle für die deutsche Industrie und erwarteten von der Regierung, daß in den zu schließenden Handelsabkommen die Schutztarife der Handelspartner Deutschlands maximal herabgesetzt würden. Bemerkenswert ist die Haltung des Reichsverbandes zum Abschluß eines Handelsabkommens mit Sowjetrußland. Der Reichsverband drängte darauf, die deutsche Seite solle die Aufhebung des in der Sowjetunion gültigen Prinzips des Außenhandelsmonopols durchsetzen: „Andernfalls wäre ein Interesse der deutschen Wirtschaft an den Handelsvertragsverhandlungen mit Rußland nicht festzustellen, und ein Handelsvertrag würde zur Befestigung der beiderseitigen Beziehungen nicht beitragen können."[30] Mit anderen Worten betrachtete der Reichsverband die Handelsbeziehungen zur Sowjetunion als Mittel der politischen Einmischung in deren innere Angelegenheiten.

Unter dem Druck der Monopole realisierten die bürgerlichen Regierungen der Weimarer Republik in der Periode relativer Stabilität ein ganzes System von Maßnahmen, deren Sinn in der Umverteilung des Nationaleinkommens zugunsten des Großkapitals, in der Profiterhöhung von Konzernen und in der Abwälzung aller Reparationslasten auf die werktätige Bevölkerung bestand. Erstmals wurde in Deutschland die staatsmonopolistische Regulierung in den Zeiten einer stabilen Wirtschaftskonjunktur verwirklicht.

Im breiten Interessenspektrum der Wirtschaftsverbände waren, wie bereits festgestellt, die Fragen der Sozialpolitik stets vertreten. Allerdings gehörten diese Fragen zunächst einmal nur zu einem ihrer Tätigkeitsbereiche, und zum anderen wurden sie recht allgemein behandelt. Was den konkreten Kampf gegen die Interessen der Arbeiterklasse betrifft, so gehörte er nach wie vor zu den Aufgaben der Arbeitgeberverbände. Vier Hauptstoßrichtungen kennzeichneten die Bemühungen der Arbeitgeberverbände in der betrachteten Periode: der Kampf um die Verlängerung der Arbeitszeit, um die Senkung der Löhne, um die Unterhöhlung des Systems von Kollektivtarifverträgen und um die Liquidierung der Sozialversicherung der Werktätigen.

Ihre Forderungen verbrämten die Arbeitgeberverbände jedesmal mit der Sorge um die Stabilität der deutschen Wirtschaft und versuchten, die von den Gewerkschaften gesteckten Ziele als egoistisch, zugleich aber ihre eigenen als gesamtnational hinzustellen.

Während der Zuspitzung des Klassenkampfes in der Weimarer Republik gab es für die Arbeitgeberverbände kein Problem des Mittelstandes — um die Mitgliedschaft der mächtigen Vereinigung der deutschen Arbeitgeberverbände bewarben sich viele kleinere und mittlere Unternehmer. Das fand seine Widerpiegelung im weiteren Anwachsen von den in der Vereinigung erfaßten Assoziationen und Verbänden. 1923 gehörten der Vereinigung 1986 Verbände an, die zu 176 Assoziationen zusammengefaßt waren; 1929 waren es bereits 2829 Verbände von 180 Assoziationen.

Die Wirtschaftskrise von 1929—1933 zwang die Monopole und deren Verbände, nach neuen Antikrisen-Maßnahmen Umschau zu halten, und gab der staatsmonopolistischen Entwicklung einen neuen Anstoß. Der Reichsverband der Deutschen Industrie verstärkte seine Politik der steigenden Forderungen an die Regierung der Weimarer Republik. Bereits unter den Bedingungen der einsetzenden Krise im Dezember 1929 verfaßte der Reichsverband eine Denkschrift, in der er auf neue radikale Zugeständnisse an die Monopole drängte. Das Wirtschaftsprogramm des Reichsverbandes schloß Maßnahmen zur Förderung der Kapitalbildung und die Kürzung der Ausgaben für soziale Sicherung der Werktätigen ein. Der Reichsverband verlangte kategorisch eine Änderung der Finanzpolitik: eine drastische Senkung der direkten und gleichzeitige Erhöhung der indirekten Steuern. Die ganze Last der ökonomischen Krise wurde somit auf die Werktätigen abgewälzt. Dem Führer der deutschen Kommunisten Ernst Thälmann zufolge sprach der Reichsverbandspräsident Duisberg „auf einer industriellen Tagung davon, daß die Löhne der deutschen Arbeiter auf das Niveau der Löhne der chinesischen Kulis gesenkt werden müßten"[31].

Der politische Druck der Verbände auf die Regierung der Weimarer Republik verstärkte sich und wurde seinem Wesen und Inhalt nach noch reaktionärer. Auf der außerordentlichen Mitgliederversammlung am 12. Dezember 1929 forderte Carl Duisberg scharfe Maßnahmen zur Erhaltung der kapitalistischen Gesellschaft: „Es darf nicht halbe, es muß ganze Arbeit sein, die gemacht wird. Kompromisse helfen nicht mehr. Es geht ums Prinzip, ums ganze System." Die Diskussionsredner verlangten nach einer „starken Regierung", die das Land unter Umgehung des Reichstags, mit Hilfe der Notstandsgesetze leiten sollte. Drei Monate später kam die reaktionäre Brüning-Regierung ans Ruder, die ihre Bereitschaft erklärte, „autoritativ" zu regieren. Nach weiteren drei Monaten wurde der Reichstag aufgelöst, aber der Reichsverband war noch immer nicht zufrieden. Zwar begrüßte er im November 1930 die Politik Brünings als „ersten Anfang einer Umkehr", aber fügte sofort hinzu: „... Wir denken gar nicht daran, das schon als Endprogramm der neuen Entwicklung anzusehen."[32] Die Monopole hatten bereits auf die Errichtung der faschistischen Diktatur gesetzt, und aufgrund dessen wurde in der Folgezeit keine Regierung der Weimarer Republik, mochte sie noch so weit rechts stehen, von ihnen unterstützt. Die politische Krise im Lande schwoll an. Am 6. November 1932 verlangte die Gruppe führender Monopolisten, mit dem neuen Reichsverbandspräsidenten Krupp an der Spitze, von Reichspräsident Hindenburg, Hitler die Macht zu überantworten.

Im Rückblick auf die Entwicklung der Unternehmerverbände in den Jahren der Weimarer Republik muß man vor allen Dingen auf ihre organisatorische Festigung und die Herausbildung jener Struktur hinweisen, die ohne bedeutende Veränderungen nach dem zweiten Weltkrieg wiederhergestellt wurde. Die Wirtschaftsverbände traten bereits damals im Vergleich zu den Arbeitgeberverbänden gesellschaftlich in den Vordergrund, indem sie ihren Wirkungsbereich und Einfluß auf die Staatspolitik, insbesondere auf ökonomischem und sozialem Gebiet, ständig ausbauen.

Die Unternehmerverbände bildeten sich endgültig zu Organisationen der größten Monopole heraus und wurden von der Staatsmacht als Vertreter der mächtigsten Wirtschaftsmagnate Deutschlands akzeptiert. Die Wirtschaftsverbände eigneten sich allmählich die Methoden der Beeinflussung der Staatsmacht an. In der Zeit der Weimarer Republik wandten sie vorwiegend zwei Mittel an: Sie lancierten die Verbandsvertreter in den Staatsapparat und richteten Denkschriften an die Regierung, in denen die Forderungen der Verbände dargelegt und argumentiert wurden. Somit wurde der politische Mechanismus der Verflechtung der Monopole und des Staates eingeschliffen, der das wichtigste Element im Rahmen der Gesamttendenz zur staatsmonopolistischen Entwicklung Deutschlands war. Während der Weltwirtschaftskrise in Deutschland wurden unter dem Druck der Monopole und deren Verbände erstmals umfassende staatsmonopolistische Antikrisen-Maßnahmen zur Rettung der kapitalistischen Ordnung eingeleitet. Die Monopole erhielten direkte Unterstützung und Hilfe vom Staat in Form von Zuwendungen, Krediten und Garantien sowie durch die Übernahme des Eigentums bankrotter Unternehmer in die Hand des Staates zu Vorzugsbedingungen. Dennoch sahen die Unternehmerverbände, wie bereits festgestellt, in der Weimarer Republik nicht „ihren" Staat, weil ihnen seine politische Struktur — da sie für die Arbeiterklasse eine Möglichkeit zum Klassenkampf offenhielt — äußerst unzureichend und labil erschien. Die generelle Haltung der Verbände zur Klassenproblematik wurde von der alten, bereits in den Vorkriegsjahren erarbeiteten Taktik des Frontalangriffs auf die politischen, ökonomischen und sozialen Rechte der Arbeiterklasse diktiert. Zwar drangen einige Elemente der Erkenntnis ihrer Verantwortung für die Geschicke der kapitalistischen Gesellschaft in die politische Praxis der Unternehmerverbände ein, jedoch blieb ihr Hauptinteresse nach wie vor begrenzt — ein unverbrämtes Ausbauen und Festigen der Positionen der Kapitalistenklasse durch eine direkte Offensive auf die Arbeiter.

In das politische Denken der Verbandsspitze paßte nicht die Tatsache, daß diese zwei Interessenrichtungen angesichts der Entstehung des sozialistischen Sowjetstaates, der Verbreitung sozialistischer Ideen und der Revolutionisierung der Massen allmählich in einen Widerspruch gerieten. Deshalb verliehen die Verbände ihren Forderungen an die Staatsmacht zunehmenden Nachdruck, sie setzten eine Anhäufung von Vorrechten für die Kapitalistenklasse und namentlich für die Monopolbourgeoisie durch, sie trachteten danach, die Arbeiter um ihre Errungenschaften zu bringen, und förderten somit eine weitere Zuspitzung des Klassenkampfes sowie das Wachstum des Klassenbewußtseins der Werktätigen. Zugleich demonstrierten die Verbände durch ihre Taktik ungewollt, daß die Regierungen der Weimarer Republik die Interessen des Kapitals schützten und die Arbeiter verrieten. Somit haben die Versuche der Verbände, die neuen Probleme durch alte Methoden zu lösen, die Weimarer Republik objektiv geschwächt und zu ihrem Zusammenbruch beigetragen. Die deutsche Bourgeoisie erwies sich in der bürgerlich-demokratischen Republik als unfähig, den Staat zu leiten, und setzte sich bewußt für die Errichtung der Diktatur ein. Durch ihre politische Tätigkeit schürte die Bourgeoisie das Feuer des Klassenkampfes und war außerstande, unter den Bedingungen der bürgerlichen Demokratie mit der Arbeiterbewegung fertig zu werden; sie trat die Macht an Hitler ab. Die Unternehmerverbände tragen nicht wenig Schuld für eine solche Wende der deutschen Geschichte.

Selbstverständlich bestand diese Schuld nicht nur in der indirekten Beihilfe für Hitler. Die Unternehmerverbände beteiligten sich aktiv an der Finanzierung der Nationalsozialistischen Partei bereits in der frühesten Phase deren Existenz. Bezeichnenderweise gehörte zu den ersten Nazigönnern von Borsig, Präsident der Vereinigung der Deutschen Arbeitgeberverbände und Berliner Großindustrieller. Bereits 1922 kam Borsig mit Hitler zusammen und übernahm die Spendensammlung unter den Industriellen zum Ausbau von NSDAP-Organisationen in Norddeutschland und Berlin. Bekannt ist die Rolle der Ruhrmonopole bei der Finanzierung der Nazipartei seit 1927. Beträchtliche Summen aber wurden unmittelbar von regionalen Wirtschaftsverbänden auf NSDAP-Konten überwiesen. So hatte die „Arbeit Nordwest" auf Betreiben ihres Generalsekretärs Ludwig Grauert die Hitlersche „Nationalzeitung" während der Wahlkampagne 1932 mehrmals mit je 200 bis 300 Tausend Mark unterstützt. Zuschüsse an die Hitlerpartei kamen auch von der Vereinigung der Stahlindustrie Nordwestdeutschlands und vom Langnamverein. Die Unternehmerorganisationen erfanden verschiedene Formen zur Unterstützung der Nazis. So unterbreitete der Zentralausschuß der Unternehmerverbände, dem bekanntlich alle Dachverbände der Wirtschaft angehörten, den Vorschlag zur Einführung der Adolf-Hitler-Spende der deutschen Wirtschaft, der jede Firma 0,05 Prozent der gezahlten Lohn- und Gehaltssumme im Jahr zuzuführen hatte. Die Leitung dieser Spendenstiftung übernahm Reichsverbandspräsident Krupp.

Die Verbände verwandeln sich in Organe des Nazistaates (1933—1945)

Die oppositionelle Haltung gegenüber den Behörden, die sich in jeder Denkschrift und Erklärung der Unternehmerverbände in den Jahren der Weimarer Republik äußerte und häufig Formen einer direkten Kritik an der Staatspolitik annahm, ist mit Hitlers Machtantritt sofort verschwunden. Die Verbände stellten sich voll und vorbehaltlos hinter das faschistische Regime. Am 24. März 1933 versicherte der Reichsverband Hitler, der inzwischen Reichskanzler geworden war, öffentlich sein volles Verständnis für dessen Politik. Im Grußschreiben an den Diktator stellte der Reichsverband mit Genugtuung fest, daß von nun an die Grundlagen für ein stabiles Regierungsfundament geschaffen und somit Hindernisse beseitigt seien, die durch ständige politische Schwankungen die ökonomische Initiative in der Vergangenheit stark behindert hätten. Eine Woche später, am 1. April, traf die RDI-Abordnung, der Verbandspräsident Krupp und Siemens angehörten, mit Hitler zusammen. Die Verhandlungsergebnisse zusammenfassend, wandte sich Krupp an den „Führer" mit einer Botschaft, in der es unter anderem hieß, daß „die politische Entwicklung sich mit den Wünschen begegnet, die ich selbst und das Präsidium seit langem gehegt haben"[33]. Die weiteren zwei Treffen des RDI-Chefs mit dem Diktator — am 25. April und 4. Mai — führten zu einem Abkommen, dessen Wortlaut veröffentlicht wurde. Der Reichsverband übernahm die Verpflichtung, seinen Apparat dem faschistischen Staat zur Verfügung zu stellen. Später bezeichnete Krupp die Bereitschaft der Verbände, mit dem Naziregime zusammenzuarbeiten, mit folgenden Worten: „Anknüpfend an Wünsche und Pläne, die ich schon bei der Übernahme des

Amtes des Vorsitzenden des Reichsverbandes der Deutschen Industrie hegte ... und auch ausgesprochen habe, habe ich am 3. Mai die Richtlinien für die Umgestaltung und Vereinfachung des industriellen Verbandswesens bekanntgegeben. Dabei setzte ich mir zum Ziel, die mir übertragene Vollmacht dazu zu benutzen, um einmal auf dem Gebiete der industriellen Verbandsorganisation das wirtschaftlich Gegebene mit dem politisch Notwendigen abzustimmen und ferner die neue Organisation in volle Übereinstimmung mit den politischen Zielen der Reichsregierung zu bringen und sie zugleich so rationell und schlagkräftig zu gestalten, daß sie, der großen Bedeutung der Industrie entsprechend, ein wirksames Instrument der industriellen Wirtschaft im Rahmen des nationalen, sozialen und gesamtwirtschaftlichen Wiederaufbaus Deutschlands sein kann."[34] Krupp wurde im Herbst 1931 Vorsitzender des Präsidiums des Reichsverbandes der Deutschen Industrie. Somit bekannte er, daß der Zentrale Unternehmerverband knapp zwei Jahre vor der Machtergreifung der Nationalsozialisten bereits eine Umorganisierung geplant hatte, um sie mit den politischen Zielen des Faschismus in Einklang zu bringen. Aber Krupps Erklärung geht über das darin enthaltene Geständnis von der bereitwilligen Zusammenarbeit der Verbände mit Hitler weit hinaus. Damit legte Krupp jene Konzeption der spezifischen Organisationsform des staatsmonopolistischen Kapitalismus unter den Bedingungen der faschistischen Diktatur dar, die durch die Unternehmerverbände von langer Hand erarbeitet worden war. Auf diese Konzeption wirkten sich ohne Zweifel die Erfahrungen der Verbände im ersten Weltkrieg aus. Allerdings enthielt sie auch neue wichtige Elemente: die Bereitschaft zu organisatorischen Zugeständnissen an den Nazistaat, was eine Gegenleistung für eine erhebliche Erweiterung der Rolle der Verbände als eines „wirksamen Instruments der Industriewirtschaft im Rahmen des nationalen, sozialen und gesamtwirtschaftlichen Wiederaufbaus Deutschlands werden sollte". Die Verbände strebten diesmal nicht eine Zusammenarbeit mit der Staatsmacht schlechthin, sondern eine Verschmelzung mit ihr an.

Die weitere Entwicklung hat gezeigt, daß das Programm der Unternehmerverbände durch den Nazistaat — wenn nicht buchstabengetreu, so auf jeden Fall dem Geist nach — realisiert wurde. Die Monopolinteressen, die durch die bei den Nationalsozialisten entlehnte Formel Krupps „der nationale, soziale und gesamtwirtschaftliche Wiederaufbau Deutschlands" verbrämt wurden, stimmten weitgehend mit den Interessen der an die Macht gelangten faschistischen Clique überein. Beide Seiten verliehen ihr faktisch den gleichen Sinn: die Schaffung eines starken und aggressiven imperialistischen Deutschland unter restloser Liquidierung demokratischer Freiheiten und Rechte der Werktätigen. Ehe allerdings ein Jahr vergangen war, wurde klar, daß die von Krupp vorgenommene Umorganisierung das Naziregime nicht zufriedenstellen konnte. Die Initiative bei einem neuen radikalen Umbau der Unternehmerverbände ging an den Nazistaat über. Es sei hier jedoch betont, daß die Unternehmerverbände widerstandslos die Direktiven Hitlers hinnahmen, und es ist nicht schwer zu verstehen, warum.

Die Maßnahmen Krupps führten dazu, daß im Juni 1933 eine neue Dachorganisation unter dem Namen „Reichsstand der Deutschen Industrie" geschaffen wurde, dem auch der Reichsverband der Deutschen Industrie und die Vereinigung der Deutschen Arbeitgeberverbände angeschlossen waren. Aber bereits am 30. November forderte die Naziregierung und der „Führer" der nazistischen „Deutschen Arbeitsfront" die Leitung der Arbeitgeberverbände auf, die Vereinigung der Deutschen Arbeitgeberverbände und sämtliche angeschlossenen Vereinigungen und Verbände aufzulösen. Auf der Mitgliederversammlung am 14. Dezember 1933 beschloß man dann auch die Selbstauflösung. Die Arbeitgeberverbände haben auf ihre Organisation verzichtet, da sie als Gegenleistung zu einer solchen Position kamen, die sie sich zuvor nicht einmal im Traum hatten einfallen lassen. Die Gewerkschaften wurden zwangsweise aufgelöst. Die faschistische „Deutsche Arbeitsfront", in der die Mitgliedschaft für alle Arbeitnehmer Pflicht war, vereinte Arbeitgeber und Arbeiter, allerdings unter grundverschiedenen Bedingungen, deren Sinn darin bestand, daß die Arbeiter in eine von den Arbeitgebern geleitete „gelbe Mammutgewerkschaft" gezerrt wurden. In die Betriebe zog ein preußischer Kasernengeist ein. Das „Gesetz zur Ordnung der nationalen Arbeit" vom 20. Januar 1934 legte in Paragraph 1 fest: „Im Betrieb arbeiten die Unternehmer als Führer des Betriebes, die Angestellten und Arbeiter als Gefolgschaft..." Und Paragraph 2 bestimmte ausdrücklich: „Der Führer der Betriebe entscheidet der Gefolgschaft gegenüber in allen betrieblichen Angelegenheiten..." „Die deutsche Arbeitsfront" sicherte den Arbeitgebern die Rechte der Armeeoffiziere und schrieb den

Arbeitern die Pflichten der Mannschaften vor. Die „Arbeitsfront"-Funktionäre wurden durch die Nazipartei ernannt. Die etwas später eingerichtete Institution der „Treuhänder der Arbeit", zu denen in der Regel Funktionäre ehemaliger Arbeitgeberverbände ernannt wurden, erhielt sogar das Recht, Verhaftungen vorzunehmen und Arbeiter mit Gefängnisstrafen bis zu fünf Jahren zu belegen. Solch ein „sozialer Wiederaufbau Deutschlands" machte die Arbeitgeber zu uneingeschränkten Herrschern im Betrieb. Das im Laufe von Jahrzehnten durch die Arbeitgeberverbände erstrebte Programm wurde vollständiger verwirklicht, als sie nur hoffen konnten. Stolz verkündete die „Deutsche Arbeitsfront" 1938 in ihrem Aufruf zum „Feiertag der nationalen Arbeit": „Die Betriebsführer haben wieder Herrenrechte, verdienen gut und brauchen trotzdem die Löhne nicht zu steigern."

Die faschistische Umorganisierung der Wirtschaftsverbände wurde mit dem Gesetz zur Vorbereitung des organischen Aufbaus der deutschen Wirtschaft vom 27. Februar 1934 eingeleitet. Im März führte die Naziregierung den Titel des „Industrieführers" ein und legte dessen Vollmachten fest. Am 27. November 1934 folgte dann die abschließende Verordnung, die die praktische Umsetzung des Februargesetzes bis ins Detail erläuterte. Die neue Organisation der Verbände wurde auf der Grundlage des Reichsverbandes der Deutschen Industrie aufgebaut. Ihre Stellung und Funktion unterschieden sich jedoch grundsätzlich von denen des Reichsverbandes. Zunächst einmal hat sich der Rechtsstatus der Verbände gewandelt — sie erhielten den Charakter und die Vollmachten von Staatsorganen; zum anderen bestand für alle Unternehmer ein Mitgliedszwang, zum dritten wurden einschneidende strukturelle Veränderungen vorgenommen, die dem Staatsapparat ein wirksameres Erfassungssystem der Industrie und ein straffes Funktionieren der Verbände sicherten. Der Sinn dieser Umgestaltungen stimmte mit der von Krupp dargelegten Konzeption überein und bestand darin, die Unternehmerverbände als außerhalb des Staatsmechanismus stehende Organisationen in eine Wirtschaftsabteilung des Regierungsapparates zu verwandeln. Jetzt fungierte der Kapitalist im Betrieb und in seinem Verhältnis zum Staat nicht mehr als Privatperson, sondern als „Industrieführer", als Vertreter der Staatsmacht, der mit bestimmten exekutiven Vollmachten ausgestattet und gegenüber der übergeordneten Leitung rechenschaftspflichtig war. Die kapitalistische Hierarchie des Reichtums wurde durch die bürokratische Hierarchie der Leitstellen unterstützt und ergänzt, die die Unternehmer in den nun staatlichen Verbandsorganen innehatten. Die politische Rolle und Bedeutung der Monopole waren sowohl im Rahmen der Verbände als auch im Maßstab des ganzen Staates noch um eine weitere Stufe gestiegen. Der Mitgliedszwang in den Verbänden ermöglichte es den Monopolen, die Kontrolle über die nichtmonopolistische Bourgeoisie nicht nur mit ökonomischen, sondern auch mit bürokratischen Mitteln herzustellen. Die gesetzlich verankerte Integration der Unternehmerorganisationen im Staatsapparat gestattete es einerseits, den Willen des faschistischen Regimes unter den Industriellen durchzusetzen, und andererseits, Einfluß der Monopolbourgeoisie auf die Regierungspolitik zu gewinnen. Somit forcierte der Faschismus in vollem Einvernehmen mit dem Monopolkapital die staatsmonopolistische Entwicklung, indem er neue Organisationsformen zum engeren Zusammenwirken von Monopolen und Staat schuf. Einer der wichtigsten Beweggründe für diese Entwicklung war das Bestreben, die Aufrüstung des Landes voranzutreiben und sein ökonomisches Potential zur Vorbereitung eines neuen Eroberungskrieges so schnell wie möglich auszunutzen. Zum zweiten Mal in ihrer Geschichte übernahmen die Wirtschaftsverbände die Organisation der Kriegswirtschaft.

Die Gliederung der Unternehmereinrichtungen nahm nach der Umorganisierung folgende Form an: Dem Reichswirtschaftsminister unterstanden unmittelbar sechs Reichsgruppen — Industrie, Handwerk, Handel, Banken, Versicherung und Energiewirtschaft —, die die gesamte Wirtschaft außer der Landwirtschaft erfaßten. Jeder Reichsgruppenleiter wurde vom Minister eingesetzt und war ihm unterstellt. Den Reichsgruppen unterstanden Wirtschaftsgruppen (in der Industriegruppe gab es noch eine Zwischenstufe — Hauptgruppen). Die Hauptgruppen- und Wirtschaftsgruppenleiter ernannte der Minister auf Empfehlung des Reichsgruppenleiters; die Wirtschaftsgruppen wurden in Fachgruppen und diese in Fachuntergruppen bzw. Bezirksgruppen unterteilt. Die Fachgruppenleiter, Bezirksgruppenleiter und Fachuntergruppenleiter setzte der zuständige Reichsgruppenleiter ein. Außer der Vereinigung von Unternehmern nach Branchenprinzip aufgrund der Umorganisierung des Reichsverbandes der Deutschen Industrie wurden die Unternehmer auch nach territorialem Prinzip auf der

Basis der Industrie- und Handelskammern zusammengeschlossen. An der Spitze der territorialen Organisation stand die dem Reichswirtschaftsminister untergeordnete Reichsindustriekammer, der Provinzen oder ganze Länder erfassende Wirtschaftskammern angehörten. Den letzteren unterstanden Industrie- und Handelskammern der Städte bzw. Kreise. Die untersten Organisationsglieder der Verbände — die Kreisgruppen — gehörten verwaltungstechnisch als Industrieabteilungen den Stadt- bzw. Kreisindustrie- und Handelskammern an.

Ein solches Organisationsschema war für das faschistische Regime sehr kennzeichnend, mischten sich doch hier moderne Formen eines militarisierten Bürokratismus mit Elementen des mittelalterlichen Zunftwesens. Praktisch wurden alle Naziorganisationen von der NSDAP und der SS bis zu der „Hiltterjugend" und Sportverbänden nach dem gleichen Führer- und Hierarchieprinzip aufgebaut. Diese Tatsache zeigt noch deutlicher, wie organisch sich die Unternehmerverbände in den Nazistaat integrierten und eines seiner Elemente wurden.

Die neue Gliederung gab den Monopolen unbestreitbare Vorzüge. Die Regel war, daß für die höchsten Hierarchieposten Monopolvertreter berufen wurden, die dank dem Zwangscharakter der Verbände eine von der Autorität des Staatsfunktionärs gestützte Macht über alle weniger großen Unternehmer ihres Wirtschaftszweiges erhielten. Wirtschaftlich trug dieses Organisationsschema zur Monopolisierung des Marktes bei.

Die Umorganisierung der Unternehmerverbände durch die Nazis ermöglichte Hitlerdeutschland eine forcierte Kriegsvorbereitung. Im Kriege jedoch erwies sie sich als unzureichend. Dem Bericht eines westdeutschen Industriellen zufolge erhielt er einen Tag nach der Kriegserklärung an Polen von seinem Verband eine detaillierte Weisung, die vorschrieb, welche Erzeugnisse sein Betrieb zu welchem Termin und an welche Adresse zu liefern sowie von wem und wann er Rohstoffe und Fertigteile zu bekommen hatte. Seinen Worten nach verspürte er an diesem Tag einen mächtigen Stolz auf den „deutschen Organisationsgenius". Allerdings, fügte er hinzu, mußte er in den nächsten Wochen auch manche Enttäuschung hinnehmen, da einige Abnehmer seine Erzeugnisse als unbestellt zurückwiesen und sich in der Praxis alles schwieriger als auf dem Papier erwies.

Nach Kriegsausbruch schuf der Reichsminister für Bewaffnung und Kriegsproduktion, Albert Speer, im Rahmen seines Ministeriums eine Neugliederung der Verbände mit dem Ziel, horizontale und vertikale Bindungen der Rüstungsindustrie wirksamer zu koordinieren. In seiner Organisation brachte Speer zum Teil auch die bereits bestehenden Wirtschaftsgruppen unter, aber ihr Hauptprinzip bestand vorwiegend darin, verschiedene Betriebe der Endproduktion — zum Beispiel Panzer — in Ausschüsse, während Gruppen von Unternehmern, die sich auf Bauteile — zum Beispiel Rollager — spezialisierten, zu „Ringen" zusammenzufassen. Für manche Zweige wurden die sogenannten Reichsvereinigungen eingerichtet, denen sowohl Industrie- als auch Handelsbetriebe angehörten. So setzte sich zum Beispiel die Reichsvereinigung Kohle aus den Verbänden der Kohleindustrie und den Verbänden des Kohlehandels zusammen. Aus der Sicht des Nazistaates lohnte sich dieses System, weil es eine genauere Kontrolle über die Rüstungsindustrie und kriegswichtige Rohstoffe gewährleistete. Den Monopolen verhalf es zur weiteren Festigung ihrer Positionen, denn dadurch gelangten die Monopolvertreter zu sämtlichen Schlüsselfunktionen in ihren Zweigen sowohl in den horizontalen als auch vertikalen Verbindungen. In den Reichsvereinigungen konnten sie darüber hinaus noch den Handel unter ihre Kontrolle bringen. Am 2. August 1943 wurde dem Speer-Ministerium faktisch die ganze deutsche Industrie unterstellt und mit ihr auch die beiden Organisationen der Unternehmerverbände des Wirtschaftsministeriums. Als Ergebnis hatte man dann ein organisatorisches Durcheinander, zu dessen Beseitigung Speer angesichts des heranreifenden Zusammenbruchs des Dritten Reiches schon keine Zeit mehr hatte. Übrigens wurde den Monopolen dadurch praktisch kein Abbruch getan, da sie in jedem von den sich überschneidenden Organisationssystemen uneingeschränkt herrschten. Eher im Gegenteil, das Organisationschaos gestattete ihnen, schon jetzt Vorbereitungen dafür zu treffen, die Schlüsselstellungen in der Industrie auch im Falle einer Kriegsniederlage, die sich immer klarer abzeichnete, aufrechtzuerhalten.

Jene dem Umfang und der Tiefe nach spezifischen bürokratisch-organisatorischen Formen, die der Prozeß der Verschmelzung der Monopole mit dem Staat in Hitlerdeutschland annahm, waren für ihre Zeit die markanteste Manifestation der staatsmonopolistischen Tendenz. In diesem

Zusammenhang neigte eine Reihe von Wissenschaftlern bis vor kurzem dazu, die Verflechtung der Monopole und des Staates im Dritten Reich überhaupt als höchste Stufe und charakteristischsten Ausdruck des staatsmonopolistischen Kapitalismus zu betrachten, an dem gemessen die jetzige staatsmonopolistische Wirklichkeit der BRD als weniger hohe Stufe erscheint. Solche Einschätzungen wurden meist unter Berufung auf die bekannte Tatsache argumentiert, der Privatkapitalist in Nazideutschland sei im gewissen Sinne als Vertreter 'der Staatsmacht gewesen, demzufolge die Verschmelzung der Monopole und des Staates in Form einer Personenunion des Unternehmers und des Staatsbeamten die gesamte Kapitalistenklasse erfaßte, und deshalb habe der staatsmonopolistische Kapitalismus die höchste Entwicklungsstufe erreicht.

Indes stützt sich diese Auffassung mehr auf Äußerlichkeiten, wobei Wesen und Besonderheiten des staatsmonopolistischen Prozesses in Hitlerdeutschland zu wenig berücksichtigt werden.

Ohne Zweifel widerspiegelte die Umwandlung der Unternehmerverbände in Staatsorgane des faschistischen Regimes das objektive Wachstum des staatsmonopolistischen Kapitalismus in Deutschland, das durch die Konzentration der Produktion in der Hand der Monopole zutage trat, was zur Festigung deren Macht sowie zum Bestreben führte, diese Macht auf den Bereich der unmittelbaren Politik auszudehnen. Neben diesen Voraussetzungen jedoch wirkten sich auf diese Entwicklung auch politische Faktoren aus, die zum objektiven Prozeß der staatsmonopolistischen Entwicklung keine direkte Beziehung hatten.

Bei der Einschätzung der staatsmonopolistischen Formen in Hitlerdeutschland ist es offensichtlich notwendig, in erster Linie die Tatsache zu beachten, daß die Schaffung dieser Formen und unter anderem die Umorganisierung der Unternehmerverbände hauptsächlich vom Nazistaat angeregt wurden, der sich mit den durch die Verbände getroffenen Maßnahmen nicht zufriedengeben wollte. Die politischen Faktoren spielten eine größere Rolle als die wirtschaftlichen. Die Interessenübereinstimmung beider Kontrahenten soll nicht die Tatsache verschleiern, daß in der Symbiose der Monopole und der Hitlerclique schließlich die entscheidende Kraft die letztere war. Dies wird noch deutlicher, wenn man berücksichtigt, daß die politischen Ausgangspositionen der Monopole zum Zeitpunkt der Errichtung der Hitlerdiktatur nicht besonders fest waren. Denn die Monopole hatten Hitler zur Machtergreifung ebendeshalb verholfen, weil das Großkapital Deutschlands außerstande war, seine Herrschaft im Lande mit eigener Hand zu sichern. Die Weimarer Republik mit ihrer politischen Labilität war ein Beweis für das Unvermögen der damaligen Großbourgeoisie, ihre Herrschaft mit legalen Mitteln des politischen Kampfes zu behaupten. Die politischen Kampfmethoden der Monopole milderten die Klassenprobleme nicht, sondern verschärften sie. Sie wirkten nicht stabilisierend, sondern zerrütteten die Staatsmacht und bedrohten somit die Herrschaft des Kapitals als Klasse. In Hitler sahen die Monopole den letzten Ausweg aus der für sie gefährlichen Lage und das denkbar geringste Übel. Wie schon mehrmals in der deutschen Geschichte gab die Großbourgeoisie politisch nach zugunsten wirtschaftlicher Vorteile.

Ökonomisch hatten sich die Monopole in der Tat gefestigt; dazu trugen, wie bereits dargelegt, auch die Umorganisierungen direkt bei, die vom Nazistaat vorgenommen worden waren. Der den Verbänden verliehene Status der Staatsorgane hat die Vormachtpositionen der Monopole in der Wirtschaft gestärkt und die Verbände in einen noch verläßlicheren Einflußkanal auf die Wirtschaftspolitik des Staates verwandelt. Aber zugleich wurde dieser Kanal auch von der Hitlerclique benutzt, die den Umfang der Kriegsproduktion bestimmte, die Wirtschaft kontrollierte und sie in gewissem Rahmen regulierte.

Ein weiterer wichtiger Faktor, der sich auf die Formen auswirkte, die die staatsmonopolistische Struktur Hitlerdeutschlands annahm, waren die forcierte Kriegsvorbereitung und ferner auch der Krieg selbst. Daraus erklärt sich die Bereitschaft der Monopole, sich angesichts erhoffter imperialistischer Eroberungen den organisatorischen Maßnahmen des Staates und dessen Direktiven selbst dann zu fügen, wenn sie gewisse Teilinteressen des Großkapitals, zum Beispiel auf dem Gebiet der Konsumwarenproduktion, berührten. Dieser Faktor macht es möglich, die außerordentlichen Formen des staatsmonopolistischen Kapitalismus in den Jahren des Dritten Reiches voll zu bewerten.

Ein ernsthafter politischer Faktor war auch der Einfluß der rassistischen und faschistischen Ideologie, die dem Lande durch die Nazipartei aufgezwungen wurde. Die Idee der Notwendigkeit, seine privaten Interessen zur Sicherung der Weltherrschaft der deutschen Rasse zu opfern, wirkte sich zweifelsohne auf die Bereitschaft der Bourgeoisie aus, sich der Staatspolitik der Nazipartei unterzuordnen.

In Anbetracht dessen sind die Formen des staatsmonopolistischen Kapitalismus in Hitlerdeutschland zu kennzeichnen als von der herrschenden Clique forciert eingeführte, etatistisch-faschistische, kriegs- und notstandsmäßige Formen, die dem objektiven Prozeß der staatsmonopolistischen Entwicklung vorauseilten. Zugleich aber wurden diese Formen einer Reihe von wichtigen Interessen der Monopolbourgeoisie gerecht, da sie ihr einen Ausweg aus der Wirtschaftskrise ermöglichten, vom Klassenkampf unbehelligt ließen und die Hoffnung auf imperialistische Eroberungen und die Versklavung ganz Europas, wenn nicht der Welt, gaben. Deshalb erwies sich das Bündnis der Monopole mit Hitler als äußerst innig — bis zur Identifizierung einiger Monopole mit dem faschistischen Regime und Verwandlung von Kapitalisten in faschistische Funktionäre.

Aber hinsichtlich der Verflechtungsformen ist in der spezifischen Abart des staatsmonopolistischen Kapitalismus des Dritten Reiches ein gewisser Trend zum militärisch-faschistischen Staatskapitalismus zu sehen, der sich zwar den Weg nicht ganz freigeschlagen, jedoch auf den gesamten Entwicklungsprozeß der Monopole-Staat-Verbindungen wesentlich abgefärbt hat. Jene Verflechtung der Macht der Monopole mit der des Staates, die den staatsmonopolistischen Kapitalismus kennzeichnet, ging unter der Hitlerdiktatur in einer verzerrten Form und mit einseitiger Ausrichtung auf Verstärkung der Staatsmacht vor sich. Freilich werden dadurch die deutschen Monopole von der historischen Schuld nicht entlastet, die Hitler in den Sattel halfen und freiwillige Mittäter aller seiner Verbrechen wurden.

Diese Feststellung widerspricht nicht der klassischen Definition des Faschismus, die von Georgi Dimitroff auf dem VII. Weltkongreß der Kommunistischen Internationale entwickelt wurde, als offene terroristische Diktatur der reaktionärsten, am meisten chauvinistischen, am meisten imperialistischen Elemente des Finanzkapitals. Denn diese Definition deckt das *klassenmäßige Wesen* des Faschismus auf, und klassenmäßig ist der Faschismus gewiß weder über den Klassen stehend, noch die Herrschaft des Kleinbürgertums, sondern, wie von Dimitroff ausdrücklich betont, spezifische Staatsform der Klassenherrschaft der Großbourgeoisie, des Finanzkapitals selbst. Was jedoch den politischen Mechanismus dieser Herrschaft anbetrifft, so scheint es hier wichtig, darin nicht nur die Tatsache der Verflechtung der Macht der Monopole mit der Macht des Staates zu sehen, sondern auch deren reales Stärkeverhältnis, also die *politische Struktur* der faschistischen Form der Diktatur der Monopole. Sieht man den Unterschied und das Verhältnis zwischen dem Begriff des Klasseninhalts des Faschismus als Diktatur der Monopole, u. zw. der brutalsten Form dieser Diktatur, und dem Begriff seiner realpolitischen Struktur als einer Sonderform des staatsmonopolistischen Kapitalismus nicht, betrachtet man diese realpolitische Struktur gar als das einzig Wesentliche im Faschismus,— so kommt man unweigerlich zu inhaltbaren Auffassungen. Dies ist z. B. Paul Noack passiert, der im Buch „Was ist Politik?", erschienen 1973 in München, im Faschismus nicht die Ausgeburt des Imperialismus sieht, sondern eine Kraft unbekannter Herkunft, die sich Großkapital und Großindustrielle dienstbar machte.

Die im Dritten Reich entstandene militärisch-faschistische, etatistische Abart des staatsmonopolistischen Kapitalismus stellt eine der Tendenzen dar, die im Verschmelzungsprozeß der Monopole und des Staates unter den besonderen Bedingungen einer relativen politischen Schwäche der Monopolbourgeoisie, der Wirtschaftskrise und der sozialen Unruhen, da der Klassenkampf der Arbeiterschaft erhebliche Ausmaße annimmt, möglich sind, jedoch wegen deren politischer Spaltung keine wahrhaft revolutionäre Umwälzung zur Folge hat. Diese Abart als höchste Stufe des staatsmonopolistischen Kapitalismus anzusehen hieße die Errichtung des Faschismus in allen kapitalistischen Industrieländern aufgrund der Gesetzmäßigkeit des historischen Prozesses für unausweichlich halten.

Daraus ergibt sich freilich nicht, daß der Zusammenbruch des Hitlerismus der Tendenz zur Diktatur und Reaktion, die den politischen Idealen und Bedürfnissen des Monopolkapitals eigen ist, für ewig den Weg verbaut hat. In den für sie schwierigen Zeiten werden die Monopole vermutlich immer den Ausweg in der Errichtung einer offenen Diktatur suchen. Ob diese Versuche faschistische oder dem Faschismus nahestehende Formen annehmen werden, steht auf einem anderen Blatt. Es kommt jedoch hauptsächlich darauf an, daß diese Tendenz nicht den Charakter eines unausbleiblichen Gesetzes der staatsmonopolistischen Entwicklung hat und ihr Erfolg bzw. Mißerfolg vom Verlauf des politischen Kampfes, vom klassenmäßigen Kräfteverhältnis in den Ländern des staatsmonopolistischen Kapitalismus abhängt.

* * *

Die Geschichte der Unternehmerverbände, ihre Umwandlung in mächtige Organisationen des monopolistischen Teils der Kapitalistenklasse sind mit den Prozessen der staatsmonopolistischen Entwicklung, mit fortschreitender Verflechtung zwischen Monopolen und Staat untrennbar verbunden. Diese Verbindung kommt unmittelbar darin zum Ausdruck, daß der Einfluß und die Bedeutung der Unternehmerverbände in dem Maße steigen, wie der Kapitalismus staatsmonopolistische Formen annimmt.

Die Unternehmerverbände bildeten sich während ihrer nahezu anderthalb Jahrhunderte langen Geschichte heraus und gewannen ihren heutigen Charakter unter Einwirkung einer Reihe von Ursachen, von denen drei voneinander abhängige Hauptfaktoren hervorzuheben wären, die sich auch auf die gesamte Entwicklung der Kapitalistenklasse ausgewirkt haben. Zur Verwandlung der Unternehmerverbände in mächtige Organisationen des Klassenkampfes für die Ziele der Monopololigarchie haben geführt: das Wachstum des Klassenbewußtseins der Bourgeoisie, das sich in der Erkenntnis ihrer hauptsächlichsten wirtschaftlichen und politischen Interessen ausdrückte; die aus dem Klassenkampf resultierende Festigung der politischen Herrschaft der Bourgeoisie in Gesellschaft und Staat; die Veränderungen in der Struktur der Kapitalistenklasse, insbesondere das Entstehen und Erstarken der Monopole, infolgedessen eine kleine Gruppe der Monopololigarchie eine gigantische wirtschaftliche und politische Macht in ihren Händen konzentrierte. Freilich war hier der kausale Zusammenhang nicht einseitig, und die Unternehmerverbände fungierten hier nicht lediglich als Entwicklungsobjekte, sondern im Gegenteil, sie nahmen selbst aktiven Einfluß auf das Wachstum des Klassenbewußtseins der Bourgeoisie, sie trugen zur Errichtung der Macht der Monopololigarchie bei, zumindest dadurch, daß sie ihr als Werkzeug dienten. Diese zwei Momente bedürfen offenbar keinerlei Beweise. Was die Interdepedenz zwischen der Herausbildung von Unternehmerverbänden und der Erringung der politischen Herrschaft der Bourgeoisie in Gesellschaft und Staat anbetrifft, so muß man darauf etwas ausführlicher eingehen.

Die Eroberung der politischen Macht in Deutschland durch die Bourgeoisie, die sich im Kampf an zwei Fronten — gegen die Überreste der Feudalherrschaft und gegen die Arbeiterschaft — vollzog, verlief nicht zuletzt mit Hilfe der Unternehmerverbände. Jedoch, wie es im weiteren dargelegt wird, stellen die Unternehmerverbände ihrer Struktur und Methoden zur Beeinflussung des politischen Kampfes nach nicht so sehr die Werkzeuge zur Erkämpfung der politischen Herrschaft der Bourgeoisie, sondern eher einen Machtapparat zu ihrer Aufrechterhaltung dar. Daraus resultiert, daß die Verbände erst nach ihrer wirklichen Entstehung, d. h. nach 1945, in die mit der politischen Herrschaft der Monopole zusammenhängenden Probleme maximal eingreifen konnten.

Um eventuellen Mißverständnissen vorzubeugen, muß man hier den wesentlichen Unterschied zwischen den Begriffen „Herrschaft der Klasse", was die Unterordnung des Staates unter die Interessen dieser Klasse bedeutet, und die „politische Herrschaft der Klasse", womit die unmittelbare Machtausübung dieser Klasse im Staat gemeint ist, erklären. Im Sprachgebrauch werden diese zwei Begriffe häufig verwechselt, obwohl es offenkundig ist, daß jeder von ihnen ernsthaft differierende Positionen der Kapitalistenklasse in bezug auf den Staat umreißt. Zur Bekräftigung des hier vorhandenen Unterschieds könnte man auf Friedrich Engels verweisen, der über die Lage der deutschen Bourgeoisie im Jahre 1848 schrieb:

„Sie war damals schon ökonomisch die mächtigste Klasse der Bevölkerung; ihren ökonomischen Interessen mußte der Staat gehorchen... Trotzdem war sie noch weit entfernt von der wirklichen politischen Herrschaft."[35]

Wenn man die ganze Geschichte der Unternehmerverbände in zwei Zeitabschnitte einteilt — den des Kampfes um die politische Herrschaft der Kapitalistenklasse und den des Kampfes um die Erhaltung dieser politischen Herrschaft —, muß man berücksichtigen, daß zwischen ihnen die die Jahre der Weimarer Republik und des Dritten Reiches umfassende Übergangsperiode liegt, als die deutsche Monopolbourgeoisie nach der Erlangung der realen politischen Macht sich außerstande zeigte, mit deren Schwierigkeiten fertig zu werden, und die Symbiose mit dem deutschen

Faschismus einging. Schritt für Schritt arbeitete sich die deutsche Monopolbourgeoisie an die wirkliche politische Macht heran und gelangte zu ihrer realen politischen Herrschaft erst in der jüngsten Vergangenheit, indem sie diese Herrschaft in den Klassenauseinandersetzungen mit Unterstützung des weltweiten Monopolkapitals nach dem zweiten Weltkrieg erkämpfen konnte.

Die Errichtung der realen politischen Herrschaft der Monopolbourgeoisie in der Bundesrepublik fiel zeitlich mit dem Abschluß des Hinüberwachsens des deutschen Imperialismus in seine staatsmonopolistische Phase zusammen. Es ist wohl kaum reiner Zufall, daß die Stufen des Vorrückens der deutschen Monopolbourgeoisie in Richtung auf die wirkliche politische Herrschaft nahtlos auf die Perioden der Entwicklung des staatsmonopolistischen Kapitalismus in Deutschland passen — zwischen den beiden Erscheinungen besteht ohne Zweifel eine tiefe wechselseitige Beziehung. Der Sinn dieser Beziehungen ist offenbar folgender: Der kommende geschichtliche Niedergang der kapitalistischen Gesellschaft drückt sich unter den Bedingungen des Wachstums des Weltsozialismus dialektisch darin aus, daß sich die Kräfte, die die wirkliche politische Herrschaft im Kapitalismus realisieren, bis auf eine Spitzenschicht der Monopololigarchie reduzieren. Die Macht des Kapitals präsentiert sich in ihrer nacktesten Form, bevor sie die historische Bühne endgültig zu verlassen hat.

Die gesellschaftliche Aufgabe des staatsmonopolistischen Kapitalismus, der ein Versuch der kapitalistischen Gesellschaft ist, die Herausforderung des Sozialismus zu erwidern, wurde in der Bundesrepublik Deutschland durch die Notwendigkeit verschärft, dem Sozialismus unmittelbar an ihren Grenzen die Stirn zu bieten, da sich der sozialistische Aufbau nun auf deutschem Boden in der Deutschen Demokratischen Republik vollzog.

Ebendeshalb gewann die Aufrechterhaltung der politischen Herrschaft des Kapitals im politischen System der BRD eine entscheidende Bedeutung.

Kapitel II

DIE UNTERNEHMERVERBÄNDE DER BRD

DAS WIEDERERSTEHEN DER ORGANISATIONEN DER MONOPOLE

Durch die Zerschlagung des deutschen Faschismus wurden nicht nur das System der Zusammenarbeit der Unternehmerverbände mit dem Hitlerstaat, sondern auch die Verbände selbst zerstört. Ihrem Wirken war durch das Potsdamer Abkommen ein Ende gesetzt, das die direkte Forderung enthielt: „In praktisch kürzester Frist ist das deutsche Wirtschaftsleben zu dezentralisieren mit dem Ziel der Vernichtung der bestehenden übermäßigen Konzentration der Wirtschaft, dargestellt insbesondere durch Kartelle, Syndikate und Trusts und andere Monopolvereinigungen."[1] Allerdings wurde das Potsdamer Abkommen nur im östlichen Teil Deutschlands verwirklicht. Zunächst geizten die Westmächte nicht mit formellen Verboten. So hieß es im Programm der amerikanischen Militäradministration — der Direktive des Generalstabs der USA Nr. 1067: „Man wird alle Kartelle oder andere privaten Geschäftsvereinbarungen und kartellähnliche Organisationen, einschließlich derjenigen öffentlichen oder so gut wie öffentlichen Charakters, zum Beispiel ‚Wirtschaftsgruppen‘, verbieten…"[2] Jedoch um die Jahreswende 1947 gingen die Westmächte unter direkter Einwirkung von namentlich amerikanischen Monopolen daran, die antimonopolistischen Maßnahmen immer offener zu sabotieren. Chef der amerikanischen Besatzung in Deutschland, General Lucius D. Clay, ein Big-Business-Mann, schrieb unverfroren später: „Glücklicherweise waren einige Bestimmungen der Direktive JCS 1067 in mancher Hinsicht allgemein gehalten, so daß ihre Anwendung dem Ermessen des Militärgouverneurs überlassen blieb."³ Infolgedessen wurde die Politik des Verbots der Unternehmerverbände zuerst unter der Hand und dann unverbrämt durch den Kurs auf ihre Wiederherstellung ersetzt.

Die Taktik der Verbände nach der Kapitulation Hitlerdeutschlands bestand zunächst darin, sich zu verkriechen und abzuwarten. Einige lokale Organisationen verhinderten ihre Auflösung von oben mit der Erklärung über die Einstellung ihrer Tätigkeit. Jedoch der Hauptfaktor, der den Verbänden eine latente Existenz in der ersten und für sie gefährlichsten Periode nach 1945 sicherte, war der Umstand, daß ihre Struktur gewissermaßen auf unsichtbaren Elementen fußte—auf Beziehungen und persönlichen Verbindungen. Unter den Verhältnissen, als die führenden Monopolisten im Hintergrund bleiben mußten — und viele von ihnen saßen sogar hinter Schloß und Riegel—fiel den Fachverbänden die Aufgabe bei einer anfänglichen Konsolidierung der Kräfte des Monopolkapitals zu. In der ersten Zeit konnten die Verbandsfunktionäre diese Aufgabe in der Illegalität erfüllen, indem sie Kontakte anknüpften, Geheimtreffen organisierten, nach Mitteln und Wegen suchten, ein vertrauliches Verhältnis zu den Besatzungsmächten herzustellen, und ihre Handlungsweise für die Zukunft planten.

Aber bereits im Spätsommer 1945 gingen die Unternehmer daran, eine offizielle Genehmigung zur Verbandsbildung durchzusetzen. Angesichts der ungünstigen Lage schickten sie die reformistische Gewerkschaftsführung voraus. Die leitenden Gewerkschaftsfunktionäre, wie z. B. Fritz Tarnow, erklärten, im Interesse der Kollektivverhandlungen und des Abschlusses von Kollektivverträgen müsse das Verbot der Unternehmerverbände aufgehoben werden; den Unternehmern müsse das Recht eingeräumt werden, sich „genauso wie die Arbeiter" zu organisieren. Unter Berufung auf ähnliche „demokratische" Forderungen unterbreiteten die USA-Vertreter im Kontrollrat den Vorschlag, die Gründung der Unternehmerverbände „nur für Zwecke des kollektiven Verhandelns" mit den Gewerkschaften zu genehmigen.

Die sowjetischen Besatzungsmächte lehnten diesen Weg entschieden ab. Anfang September 1945 teilte der Magistrat von Großberlin mit: „Alle früheren Verbände oder Organisationen, also auch die der Unternehmer und freiberuflich tätigen Personen, haben zu ruhen. Jede Tätigkeit, der

Verkehr mit ihren Mitgliedern und jede sonstige Verbandstätigkeit ist ihnen verboten. Das Verbot der Organisationen gilt nicht nur für die während des Naziregimes errichteten Gliederungen der Organisation der gewerblichen Wirtschaft, wie Reichsgruppen, Fachgruppen usw., sondern auch für die aus der früheren Zeit noch vorhandenen Verbände und Vereinigungen."[4] Mitte September verbot die sowjetische Militäradministration in einer Sonderverordnung die Unternehmerverbände.

Einer der ersten Verstöße gegen das Prinzip der gemeinsamen Leitung des besetzten Deutschlands war der einseitige Beschluß der Westmächte, nach der Genehmigung der Industrie- und Handelskammern auch die Wirtschaftsverbände zuzulassen. Die amerikanische Militäradministration teilte am 13. Oktober 1945 mit: General Eisenhower habe die Bestimmung erlassen, die Bildung lokaler Verbände zu gestatten, deren Tätigkeit sich jedoch nur auf beratende Funktionen zu beschränken habe. Bis Anfang April 1946 gründeten die Unternehmer allein in Bayern 29 ihrer Organisationen, so daß der damalige bayrische Wirtschaftsminister Ludwig Erhard bereits die erste Konferenz der neuen Unternehmerverbände einberufen konnte.

In der britischen Besatzungszone ging die Wiederherstellung der Unternehmerorganisationen noch rascher voran. Im Oktober 1945 haben in den Provinzen die Wirtschaftsverbände bereits bestanden. Am 30. Oktober gestatteten die Besatzungsorgane die Gründung von Fachverbänden im Gesamtmaßstab der Zone. Die Unternehmer fühlten sich wieder stark: Am 30. August 1946, ungefähr ein Jahr nach dem Verbandsverbot, trat in Wuppertal unter Vorsitz von Fritz Berg die Konferenz von 23 Fachverbänden zusammen, um die Vereinigung der Unternehmerorganisationen in ganz Westdeutschland vorzubereiten. Parallel zu diesen Anstrengungen bemühten sich die Kapitalisten wirksam um die Festigung ihrer Organisationen im legalen Rahmen. Im Februar 1948 wurde auf dieser Grundlage ein weiterer Schritt zur Bildung eines Zentralverbandes getan — die Vertreter der Ruhrmonopole haben die „Arbeitsgemeinschaft Eisen und Metall" gebildet, die sie als „Kernzellensystem für eine spätere Gesamtvertretung der deutschen Industrie" betrachteten.

Konkrete Bemühungen der Arbeitsgemeinschaft waren darauf gerichtet, die Verbände der britischen und der amerikanischen Zone durch die Bildung von gemeinsamen Ausschüssen zusammenzuschließen, welche die Funktionen der vorläufig fehlenden Zentralorganisation der Verbände wahrnahmen und deren unmittelbare Schaffung vorbereiteten.

Am 19. Oktober 1949, gleich nach der Ausrufung der Bundesrepublik, ist die Vorbereitungsarbeit in Köln mit der Bildung des Ausschusses für Wirtschaftsfragen industrieller Verbände unter Vorsitz von Fritz Berg zum Abschluß gekommen. Einige Monate später, Anfang 1950, wurde das letzte Feigenblatt abgenommen — die bescheidene Benennung änderte der Ausschuß in den zeit- und traditionsgemäßen lauten Namen um: Bundesverband der Deutschen Industrie.

Das Programm der gerade restaurierten Zentrale der mächtigen Monopole wurde von Berg am Tage seiner Wahl zum Präsidenten verkündet: „Die Interessen der Produktionswirtschaft sind eigener Natur. Sie erhalten aus der Tatsache, daß sie im Produktionsprozeß entstehen und sich aus ihm ableiten, vielfach eine harte Prägung... Die Interessen der Produktion pflegen, wenn sie auftreten, selten mit Glacéhandschuhen zu erscheinen."[5] Die Worte „Produktion" und „Produktionswirtschaft" wurden in Bergs Rede anstelle von politischen Begriffen wie „das Kapital" und „die Monopole" gebraucht — eben mit ihrer konzentrierten Macht drohte der westdeutschen Gesellschaft der neue Bevollmächtigte der monopolistischen Oligarchie, die ihre Kräfte zu einem entscheidenden Kampf um die volle Unterordnung des Landes unter die Interessen des Monopolkapitals sammelte

Die Wiederherstellung der Arbeitgeberverbände ging analog vor sich, nur in einem rascheren Tempo. Die Rolle der ersten Fürsprecher haben ebenfalls reformistische Gewerkschaftsführer der Westzonen übernommen. Auf der im Juli 1947 durch die amerikanische Militäradministration im Frankfurter Carlton-Hotel einberufenen Konferenz erklärte Fritz Tarnow im Beisein der Vertreter der amerikanischen und britischen Besatzungsmächte sowie der deutschen Industriellen, die Gewerkschaften seien von der Wichtigkeit der Zusammenarbeit mit den Unternehmern überzeugt, denn diese Kooperation von Arbeit und Kapital in Deutschland sei schon Tradition. Zu diesem Zeitpunkt war die notwendige Vorbereitung auf regionaler Ebene bereits getroffen worden — die erste Beratung von Unternehmern, die die

Möglichkeit der Wiederherstellung der Arbeitgeberverbände erörterte, fand im von den Alliierten besetzten Teil Hessens im Februar 1945 noch vor dem Kriegsende statt. Die lokalen Organisationen der Arbeitgeber entstanden vielerorts im Laufe der ersten zwei Nachkriegsjahre und setzten sich zum Ziel, bis 1947 ihr Organisationsgebäude mit Dachgeschossen in Form von Verbandsvereinigungen im Maßstab der Länder und Zonen zum Abschluß zu bringen. Zur gleichen Zeit plante die Bourgeoisie auch den letzten Schritt zur Wiederherstellung einer kampffähigen gewerkschaftsfeindlichen Organisation — die Wiedergeburt der Spitzenvereinigung aller Arbeitgeberverbände Westdeutschlands. Der Hauptanstoß ging auch hier von der britischen Besatzungszone aus, wobei eine besondere Rolle der sogenannte Salzufler Kreis spielte, in dem alte Funktionäre der Arbeitgeberverbände zusammenarbeiteten. Mühelos gelang es ihnen „bei führenden Persönlichkeiten der Besatzungsmacht Verständnis für unser berechtigtes Anliegen zu finden und wenigstens eine stillschweigende Duldung der Vorbereitungen für einen an sich formell noch verbotenen Zusammenschluß der Arbeitgeber zu erreichen."[6] Im Sommer 1948 setzten die Arbeitgeber auch die Aufhebung des formalen Verbots für die Gründung ihrer Organisationen durch. Somit wurde der Weg zur Errichtung des Zentralsekretariats der Arbeitgeber des Vereinigten Wirtschaftsgebietes geebnet, d. h. der Spitzenorganisation der Arbeitgeberverbände der ganzen Bizone. Am 28. Januar 1949, lange vor der Konstituierung der Bundesrepublik Deutschland, fand die Gründungsversammlung der Vertreter der Arbeitgeberverbände von ganz Westdeutschland statt, die für die heutige Bundesvereinigung der Deutschen Arbeitgeberverbände (BDA) den Grundstein gelegt hatte (ursprünglich existierte dieser Zentralverband unter dem Namen „Sozialpolitische Arbeitsgemeinschaft der Arbeitgeber").

Als besonders bemerkenswert sei folgendes erwähnt: Da der Beschluß der Arbeitgeber durch die Hohen Kommissare genehmigt werden mußte, blieb den Leitern der monopolistischen arbeiterfeindlichen Organisationen nichts weiter übrig, als sich am 15. Februar mit ihnen zusammenzusetzen und ihre Zustimmung einzuholen. Walter Reymond, der erste Präsident der BDA, legte den entscheidenden Moment dieser Unterredung in folgenden Worten dar:„...In Übereinstimmung mit General Robertson schloß General Clay die

Besprechung mit der Feststellung, daß unsere Gründung zwar nicht übereinstimme mit den bestehenden Gesetzen, daß sie aber vernünftig sei. Wenn es uns (den Hohen Kommissaren — *der Verf.*) daher nicht gelingen sollte, mit Hilfe seiner politischen Berater eine wenigstens formale Übereinstimmung mit den Gesetzen zu erzielen, dann werden wir das Gesetz ändern."[7] Somit vermeinte die Kapitalistenklasse Westdeutschlands, im Verlaufe von vier Jahren die Organisation ungefähr in der Form wiederherzustellen, wie sie vor der Nazizeit bestanden hatte. Als der Bonner Staat gegründet wurde, war die Großbourgeoisie organisationsmäßig bereits fähig, ihre politischen und ökonomischen Interessen durchzusetzen.

Das schnelle Wiedererstehen der Unternehmerverbände ist gewiß kein Zufall. Die westdeutsche Bourgeoisie trachtete bewußt danach, dieses mächtige Instrument des politischen Kampfes möglichst schnell einzurichten, das im Verlaufe der historischen Entwicklung seine Flexibilität und die Befähigung zur Wirksamkeit in allen politischen Situationen unter Beweis gestellt hatte.

Zum raschen organisatorischen Zusammenschluß wurde die westdeutsche Bourgeoisie durch die veränderte Situation in Europa angespornt. Den deutschen Kapitalismus trennte nun vom Sozialismus kein Sanitätskordon mehr, und in der Bundesrepublik Deutschland selbst wurden die Positionen des Kapitals von seiten der demokratischen Kräfte gefährdet. Jedoch neben all diesen Gründen ist in das Bewußtsein der Monopolisten zweifellos auch die Tatsache eingedrungen, daß erstmals in der deutschen Geschichte die Staatsmacht unmittelbar in den Händen der Bourgeoisie lag, wobei es im Lande keine anderen Klassen bzw. Kräfte gab, mit denen sich die Bourgeoisie die Bürde der Macht teilen könnte. Von nun an war das Monopolkapital für sein Schicksal allein verantwortlich, und seine Klassenorganisation — die Unternehmerverbände — gewannen deshalb eine Bedeutung wie nie zuvor.

Der Unterschied der Klassensituation zu allen vorherigen bestand darin, daß der Verlust der politischen Macht im Staate den Untergang der kapitalistischen Ordnung im Lande zur Folge haben könnte. Hinsichtlich der Funktionen der Unternehmerverbände hat dieser Umstand eine einschneidende Veränderung gebracht. Aus Werkzeugen des Machtkampfes verwandelten sich die Verbände in Instrumente zur Aufrechterhaltung dieser Macht und mehr noch, in Instrumente zur Aufrechterhaltung der kapitalistischen Ordnung schlechthin.

Die Veränderung der wichtigsten politischen Funktion der Verbände vollzog sich freilich nicht von heute auf morgen. Sie reifte im praktischen Wirken der Unternehmerorganisationen von dem Augenblick an, als die Bourgeoisie als Klasse der Tatsache der historischen Begrenztheit ihrer Existenz erstmalig gegenüberstand — nach der Großen Sozialistischen Oktoberrevolution in Rußland. Aber die schrittweise Veränderung darf ihre vorrangige Bedeutung nicht verschleiern: Die Verbände machten den letzten Schritt über die Schwelle, der ihre zurückliegende Geschichte nur noch Vorgeschichte werden ließ. Es ist gesetzmäßig, daß zeitlich dieses Stadium mit dem überzeugenden Beweis für die Lebensfähigkeit des Sozialismus zusammenfiel, der in den blutigsten Kämpfen über den deutschen Faschismus den Sieg davontrug und sich über seine Grenzen hinaus in ein Weltsystem verwandelte.

1. Der Bundesverband der Deutschen Industrie — Hauptorganisation des Monopolkapitals der BRD

Einen Gesamtüberblick über die BDI-Struktur bis hin zu den lokalen Verbänden der Unternehmer zu geben, ist wegen mangelnder konkreter Publikationen zu diesem Thema praktisch unmöglich. Als einzige Quelle dienen die vom BDI selbst herausgebrachten Dokumente, worin der wahre Charakter und die Organisationsstruktur absichtlich vertuscht werden. Es genügt wohl zu sagen, daß die volle Liste der im Verband zusammengefaßten Firmen von seiner Leitung als Geheimsache behandelt wird und während des Bestehens des BDI nicht einmal in Auszügen zur Veröffentlichung gelangte. In gleichem Maße trifft das auch für die Angaben über sämtliche lokale Wirtschaftsverbände zu. Aus all diesen Gründen sind wir manchmal genötigt, das z. T. schon veraltete Material zu verwenden. Die Auswertung der Angaben, die aus den offiziellen BDI-Veröffentlichungen stammen, lassen allerdings viele kennzeichnende Besonderheiten dieser Hauptorganisation des Monopolkapitals aufleuchten.

Der antidemokratische Charakter der Organisationsgliederung des Bundesverbandes. Die BDI-Oligarchie

Der Bundesverband der Deutschen Industrie ist nach dem Prinzip der kontinuierlichen vielstufigen Mitgliedschaft aufgebaut. Er faßt 39 Spitzenverbände zusammen, in denen 390 Fachverbände und 207 territoriale Vereinigungen und Stellen assoziiert sind. Somit wiederholt der BDI das traditionelle Gliederungsschema, nach dem die beiden Vorgänger — der Zentralverband Deutscher Industrieller und der Reichsverband der Deutschen Industrie — aufgebaut waren. Dieses Organisationsprinzip gestattet es, zwei, scheinbar entgegengesetzte Forderungen miteinander u vereinbaren: Dem Verband möglichst viele Unternehmer anzuschließen und ihnen gleichzeitig keine Möglichkeit zu lassen, auf die BDI-Politik Einfluß zu nehmen, wobei selbstverständlich das ganze demokratische Getue beibehalten wird. Die Satzung des BDI legt in Paragraph 4 fest: „Mitglied werden können Wirtschaftsverbände und Arbeitsgemeinschaften der Industrie, die Spitzenvertretung einer gesamten Industriegruppe für das Gebiet der Bundesrepublik Deutschland sind." In der Praxis bedeutet das, daß die Mehrzahl der Unternehmer, die dem BDI angehören, juristisch keine persönliche Mitgliedschaft und somit kein Stimmrecht haben. Angaben des Bundesverbandes der Deutschen Industrie zufolge vereinigt er 94 000 Firmen. Jedoch haben die Unternehmer bzw. die führenden Manager der meisten Betriebe keine Möglichkeit, die BDI-Politik direkt zu beeinflussen, weil sie berechtigt sind, nur in den lokalen Verbänden ihre Meinung zu äußern, wo sie unmittelbar Mitglieder sind; die Vielstufigkeit der Organisationsstruktur macht es gleichzeitig möglich, alles auszusondern, was der Leitung nicht ins Konzept paßt.

Und in der Tat: Die lokalen Unternehmerverbände haben nicht den Status von BDI-Mitgliedern. Sie sind zu Verbandsvereinigungen zusammengefaßt, die entweder nach dem Fachprinzip, wie zum Beispiel der Verein der Steinkohleindustrie, oder nach dem territorialen Prinzip wie der Unternehmerverband Ruhrbergbau aufgebaut sind. Aber auch diese Vereinigungen sind juristisch nicht berechtigt, BDI-Mitglieder zu werden. Sie bilden Fachspitzenverbände, die laut BDI-Satzung allein berechtigt sind, seine Mitglieder zu werden. Beispielsweise gehören die beiden erwähnten

Bergbauorganisationen der Wirtschaftsvereinigung Bergbau e. V. an — eine der 39 Fachspitzenverbände, die Mitglieder des Bundesverbandes sind.

Dank der vielstufigen Organisation erfaßt der Bundesverband bei lediglich 39 Mitgliedern praktisch das gesamte Industriekapital. Das Fehlen von detaillierten statistischen Angaben über die Firmen, die dem BDI angeschlossen sind, macht es uns nicht möglich, den Grad dieser Erfassung genau zu bestimmen. Die zu verschiedener Zeit veröffentlichten Schätzungen stimmen bei ungefähr 80 Prozent aller Industriebetriebe der BRD überein. Solcher Prozentsatz entspricht der obenerwähnten Zahl der im BDI zusammengefaßten Firmen und dürfte ungefähr richtig sein.[8] Wenn man berücksichtigt, daß außerhalb des BDI vornehmlich Klein- und Kleinstbetriebe bleiben, so unterliegt der allumfassende Charakter des BDI als Organisation des Industriekapitals keinem Zweifel.

Ziffer 1 des Paragraphen 4 der Satzung fixiert das Prinzip der freiwilligen Mitgliedschaft im BDI. Jedoch aus dem Gesagten folgt, daß in Wirklichkeit die westdeutschen Unternehmer zwangsweise erfaßt werden. Aufgrund der geschilderten Organisationsstruktur des BDI steht bei dem einzelnen Unternehmer nicht einmal die Frage der Mitgliedschaft — der Unternehmer kann lediglich dem lokalen Verband beitreten, wobei dies des öfteren nicht auf seinen persönlichen bewußten Wunsch hin geschieht, sondern von der Angst herrührt, die Konkurrenz könne mit der Unterstützung des lokalen Verbandes in eine bessere Lage versetzt werden. Durch seinen Beitritt zum lokalen Verband verstärkt der Unternehmer automatisch, unabhängig von seinem Wunsch, die Massenbasis des BDI. Daraus könnte man theoretisch schlußfolgern, daß es in den Reihen des BDI auch solche Kapitalisten gibt, die von seiner Existenz keine Ahnung haben. Das verkündete Prinzip der Freiwilligkeit dient somit rein demagogischen Zielen: Mit Hilfe dieses Paragraphen gibt sich der Bundesverband den Anschein einer demokratischen Organisation.

Es ist wohl keine Übertreibung zu sagen, daß die BDI-Satzung so aufgebaut ist, eine Illusion der Demokratie der Hauptorganisation der Kapitalistenklasse der BRD hervorzurufen und dadurch die faktische Führung des Verbandes durch die kleine oligarchische Gruppe zu verbrämen.

Organe des Bundesverbandes sind laut Paragraph 10 der Satzung: Die Mitgliederversammlung, der Vorstand, das

Präsidium, die Landesvertretungen, die Ausschüsse, die Geschäftsführung.

Die leitenden Funktionen erfüllen die drei ersten Organe. Die Mitgliederversammlung ist zuständig für Angelegenheiten von grundsätzlicher Bedeutung (Paragraph 12). Der Vorstand „ist für alle Angelegenheiten des Bundesverbandes zuständig, soweit sie nicht durch gesetzliche Vorschriften oder durch die Satzung anderen Organen vorbehalten sind. Der Vorstand beschließt insbesondere über die Richtlinien für die Arbeit des Bundesverbandes... Er kann für bestimmte Aufgaben ständige oder nicht ständige Ausschüsse einsetzen und ihre Zusammensetzung regeln. Der Vorstand hat die Arbeiten der Ausschüsse mit den allgemeinen Zielen des Bundesverbandes in Einklang zu halten" (§ 14). Das Präsidium „leitet die gesamte Tätigkeit des Bundesverbandes. In wichtigen Angelegenheiten, die wegen ihrer Dringlichkeit keinen Aufschub dulden, ist das Präsidium berechtigt, Maßnahmen zu treffen. Es hat in diesen Fällen alsbald die Billigung der zuständigen Organe einzuholen" (§ 18).

Welches dieser Organe ist als wichtigstes und entscheidendstes zu betrachten? Nach Buchstaben der Satzung ist das die Mitgliederversammlung von 39 Spitzenverbänden des BDI. Sie ist berechtigt, Präsidenten und Vizepräsidenten zu wählen, die Tätigkeit des Vorstandes, des Präsidiums und der Geschäftsführung zu erörtern, die Satzung zu verändern und den Bundesverband aufzulösen. Es ist nicht zu übersehen, daß diese Vollmachten rein formell sind. Die Mitgliederversammlung ist praktisch außerstande, den BDI kontinuierlich zu leiten, indem sie einmal im Jahr zur Entgegennahme des Rechenschaftsberichts zusammentritt.

Der BDI-Vorstand ist zahlenmäßig das größte leitende Verbandsorgan. Es wird nicht gewählt, da seine Zusammensetzung durch die Satzung selbst festgelegt wird. Drei Personengruppen gehören dem Vorstand an: der Präsident und die Vizepräsidenten, die Vorsitzenden von Mitgliedsspitzenverbänden, die Vorsitzenden der Landesvertretungen — nach dem Stand von 1970 insgesamt 57 Mann. Somit ist die Mitgliederversammlung praktisch völlig in den Vorstand integriert. Aus der Satzung geht hervor, daß sich der Vorstand mit direktiven Aufgaben zu befassen hat. Zu einer konkreten Leitungstätigkeit ist er natürlich bei dieser Vielzahl von Mitgliedern nicht fähig.

Bleibt also das Präsidium, das Gremium, das „die gesamte Tätigkeit des Bundesverbandes" leitet. Hier sind die wichtigsten Funktionen konzentriert, hier befindet sich die Zentrale, die die Organisation leitet, welche praktisch den ganzen industriellen Teil der Kapitalistenklasse der BRD erfaßt. Man darf dennoch nicht übersehen, daß das Präsidium letztendlich ein exekutives BDI-Organ ist. Folglich wäre es falsch, die Vorstandsmitglieder — und die darin korporierten Vorsitzenden der im BDI zusammengefaßten Fachspitzenverbände — aus der Verbandsoligarchie auszuschließen. Wie eng der Personenkreis ist, der diese gigantische Organisation befehligt, wird erst klar, wenn wir die Zusammensetzung der leitenden Organe des BDI auswerten (nach dem Stand von 1970).

Die Mitgliederversammlung setzt sich aus 39 Vorsitzenden der Fachspitzenverbände der Unternehmer zusammen.

Der Vorstand setzt sich aus dem Präsidenten, den Vizepräsidenten, den Vorsitzenden der Mitgliedsspitzenverbände und den Vorsitzenden der Ländervertretungen aus insgesamt 57 Personen zusammen.

Das Präsidium besteht aus dem Präsidenten, fünf Vizepräsidenten, 18 Mitgliedern, zwei Ehrenmitgliedern des Präsidiums sowie einem geschäftsführenden und einem beratenden Präsidialmitglied — aus insgesamt 28 Personen.

Folglich beläuft sich die gesamte Stellenzahl in den leitenden BDI-Organen auf 124. Allerdings ist die zahlenmäßige Zusammensetzung der Oligarchen des Bundesverbandes dadurch noch nicht bestimmt, da einige von ihnen in ihren Händen mehrere Funktionen konzentrieren und entweder in allen drei oder in den zwei Hauptorganen des BDI vertreten sind. Wenn man das berücksichtigt, [dann kommt man zum Ergebnis, daß die Schlüsselposten in den drei Hauptorganen des BDI nur unter 66 Personen aufgeteilt sind — gerade sie stellen die oligarchische Gruppierung dar, die die Organisation des Monopolkapitals der BRD autoritär beherrscht. Allerdings ist dabei kaum anzunehmen, daß alle diese Männer etwa den gleichen Einfluß ausüben. Offenkundig hängt der Einfluß dieses oder jenes BDI-Mannes auch von seinem spezifischen Gewicht ab, d. h. von seiner Stellung in der kapitalistischen Wirtschaft. So ergibt sich die Notwendigkeit, die Verbindungen der Leiter des Bundesverbandes mit den führenden Monopolen Westdeutschlands klar zu stellen und damit auch den Grad der Unterordnung des BDI unter das Monopolkapital zu bestimmen.

Die Herrschaft der Monopole in den leitenden Organen des BDI

In den Publikationen des Bundesverbandes wird mit Nachdruck betont, er bringe die Bestrebungen der gesamten Kapitalistenklasse der BRD oder — im Wortgebrauch der BDI — „der gesamten westdeutschen Industrie" zum Ausdruck. Diese Behauptungen indirekt zu widerlegen, indem man vor Augen führt, daß die praktische Tätigkeit des BDI in erster Linie den Monopolen zugute kommt, ist durchaus möglich. Ohne auf diese Beweisführung zu verzichten, muß man jedoch berücksichtigen, daß sie immer Möglichkeiten zu Entgegnungen offenläßt, da sie nicht jene Schlagkraft besitzt, die die konkreten Fakten der Aktivitäten der Monopole im BDI haben. Deshalb ist es notwendig, das Ausmaß der unmittelbaren Beteiligung westdeutscher Monopole an den leitenden BDI-Organen aufzuzeigen.

Es sind drei Vertretungsformen vorhanden:

Offene Beteiligung mit direktem Hinweis auf die Zugehörigkeit eines BDI-Leiters zu diesem oder jenem Konzern, zum Beispiel der Präsident Hans-Günther Sohl (Vorstandsvorsitzender der August-Thyssen-Hütte), Vizepräsident Otto A. Friedrich (persönlich haftender Gesellschafter der Friedrich Flick KG);

Beteiligung durch Tochterbetriebe. So ist Theodor Teller, Vorstandsmitglied und Vorsitzender des Mineralölwirtschaftsverbandes e. V., als Vorstandsmitglied der Gewerkschaft Elwerath — eines Tochterbetriebes des der BASF gehörenden Wintershall-Konzerns — angegeben;

mehrfache Vertretung durch die Besetzung mehrerer Posten in Vorständen und Aufsichtsräten der Monopole von ein und demselben BDI-Funktionär (so steht Präsident Sohl den Aufsichtsräten von vier Gesellschaften vor und ist Mitglied des Aufsichtsrates von weiteren drei, darunter auch in DEMAG, Mannesmann und der Dresdener Bank).

Es erscheint methodologisch berechtigt, hauptsächlich nur die ersten zwei Formen in Betracht zu ziehen. Freilich wäre das Bild der Besetzung der leitenden BDI-Organe durch die Monopolvertreter unter Berücksichtigung mehrfacher Vertretung wirksamer, aber es würde auch gleichzeitig an der Beweiskraft einbüßen, da man zum Schluß käme, daß 66 Leute, die sämtliche Posten im Präsidium und Vorstand des BDI innehaben, einige Hunderte westdeutscher Monopole vertreten. Darüber hinaus würde die Berücksichtigung

Tabelle 1

Konzerne, die 1970 unmittelbar im Präsidium und Vorstand des Bundesverbandes der Deutschen Industrie vertreten waren

Rangordnung nach dem Jahresumsatz	Konzerne	Jahresumsatz (in Mio Mark, 1970)	Zahl der Beschäftigten (in Tausend, 1970)
1.	Volkswagenwerk	15 791	190,3
2.	Siemens	11 763	301,0
3.	Farbwerke Hoechst	11 591	139,5
4.	Farbenfabriken Bayer	11 129	135,8
5.	Daimler-Benz	11 054	144,4
6.	August-Thyssen-Hütte	10 881	97,5
7.	BASF	10 520	106,8
8.	AEG-Telefunken	8 543	178,0
16.	Gutehoffnungshütte	6 344	95,8
17.	RWE	5 442	54,6
18.	Flick (ohne Daimler-Benz)	5 425	75,3
19.	ESSO	5 274	5,6
21.	Rheinstahl	4 766	71,1
27.	Reemtsma	3 738	6,4
32.	Otto Wolff (über Neukircher Eisenwerk)	2 900	25,0
36.	Degussa	2 269	...
54.	Preussag	1 472	20,6
56.	Freudenberg	1 251	24,8
80.	Dyckerhoff	770	12,0
90.	Howaldtswerke-Deutsche Werft	695	18,4
		131 618	1 692,5

Quellen: Institut für Internationale Politik und Wirtschaft „Verbände, Behörden und Organisationen der Wirtschaft", Darmstadt-Wirtschaftsverlag, Darmstadt 1970, S. 95a — 97a.

der dritten Vertretungsform zu einer Entstellung des Verhältnisses zwischen den Vertretern des Monopolkapitals und den mittleren Kapitalisten in den BDI-Organen führen und die notwendigen Berechnungen verkomplizieren.

Dementsprechend wurde die Namensliste der Präsidiums- und Vorstandsmitglieder des BDI mit der Aufstellung von hundert größten BRD-Monopolen verglichen, die nach dem Umfang des Jahresumsatzes rangieren, um zu klären, welche von diesen Monopolen in der Leitung des Bundesverbandes unmittelbar bzw. durch die Tochterbetriebe vertreten sind (siehe Tabelle 1).

Wie sich herausstellte, sind von 66 führenden Persönlichkeiten des Verbandes 22 direkte Abgesandte der 20 größten Monopole — Vorsitzende und Mitglieder von Vorständen und Aufsichtsräten der Konzerne, deren Jahresumsatz 1970 131 680 Millionen Mark betrug, d. h. knapp 25 Prozent des Jahresumsatzes der westdeutschen Industrie.

Soweit die quantitative Seite der Sache. Aber Tabelle 1 gewährt noch einen Einblick in die qualitative Seite. Von den 50 größten Konzernen sind in der BDI-Leitung 16, von den 10 Konzernen erster Ordnung — acht vertreten, darunter auch die sieben allergrößten, deren Jahresumsatz 10 Milliarden Mark übersteigt. Hervorstechend ist die Tatsache, daß die auf Plätzen 51 bis 100 rangierenden Monopole um das Vierfache weniger Vertreter in den BDI-Leitungsorganen haben als die Konzerne, die in der oberen Hälfte der Liste sind. Die Sitze in der BDI-Leitung haben für die Monopole einen so großen Wert, daß es nicht üblich ist, sie an weniger kapitalkräftige Monopole abzutreten.

Da die Tätigkeit des Bundesverbandes, wie bereits erwähnt, hauptsächlich von seinem Präsidium geleitet wird, ist es zweckmäßig, auf die Zusammensetzung dieses BDI-Organs näher einzugehen.

Die personelle Zusammensetzung des Präsidiums geht aus Tabelle 2 hervor. Daraus ist zu ersehen, daß die Hauptfunktionäre des Verbandes in ihrer Mehrheit entweder große Konzernmanager oder Millionäre und Fabrikbesitzer sind. In beiden Fällen sind sie nicht nur ideologisch, sondern auch durch persönliches Interesse an das Monopolkapital gebunden. Es genügt wohl zu sagen, daß 18 von diesen 28 Leuten zusammen das Kapital in Höhe von 10 506,4 Millionen Mark, d. h. über ein Zehntel des gesamten Industriekapitals der BRD, repräsentieren."[9]

Tabelle 2

BDI-Präsidialmitglieder, Gesellschaften und Kapital, die sie vertreten

	Gesellschaften	Kapital* (Mio Mark, 1971)
Präsident		
1. F. Berg**	Wilh. Berg	30,0
Vizepräsidenten		
2. O. A. Friedrich	Friedrich Flick	275,0
3. F. A. Pretzel	Degussa	174,0
4. H. Rupf	J. M. Voith	60,0
5. N. H. Schilling	Bremer Wollkämmerei	...
6. H.-G. Sohl	August-Thyssen-Hütte	1 000,0
Präsidialmitglieder		
7. G. Becker	Clem. Aug. Becker	...
8. H. Brunner	Polensky & Zöllner	...
9. H. Burckhardt	Eschweiler Bergwerksverein	126,0
10. W. W. Cobler	TURBON	...
11. H. Dyckerhoff	Dyckerhoff Zementwerke	81,0*
12. R. Freudenberg	Carl Freudenberg	110,0*
13. K. Hansen	Farbenfabriken Bayer	1 835,0
14. F. Herriger	AEG-Telefunken	610,0
15. E. Kratzmüller	ESSO	850,0
16. K. Lotz	Volkswagenwerk	1 000,0
17. R. Rodenstock	Optische Werke G. Rodenstock	3,0
18. Ph. Rosenthal	Rosenthal	...
19. H.-W. Rudhart	Gutehoffnungshütte	225,0
20. P. V. Siemens	Siemens	1 189,2
21. K.-E. Scheufelen	Papierfabrik Scheufelen	...
22. O. Thomashoff	Idealspaten- und Schaufelwalzwerk	...
23. P. Voltz	Howaldtswerke-Deutsche Werft	...
24. A. Widenhoff	Rheinstahl	170,0
25. J. Zann	Daimler-Benz	761,0
Geschäftsführendes Präsidialmitglied		
27. A. Menne	Farbwerke Hoechst	1 482,2
28. H. Reusch	Gutehoffnungshütte	225,0
19 von 28 Mann vertreten das Kapital		10 516,4

* Angaben von 1965.
Drei Punkte stehen dort, wo das Kapital nicht ermittelt werden konnte.
** BDI-Präsident wurde Hans-Günther Sohl im Oktober 1972.

Jefzt können wir vergleichen, welche Schichten der westdeutschen Bourgeoisie und wie stark sie in diesem Hauptleitungsorgan des BDI vertreten sind. Als Kriterium, nach dem auf die Zugehörigkeit der Verbandsleiter zu dieser oder jener Kategorie der Bourgeoisie geschlossen werden darf, dient der Kapitalumfang, über den sie verfügen (siehe Tabelle 3).

Tabelle 3

Vertreter verschiedener Kategorien der Bourgeoisie im Präsidium

Vertreter der größten Monopole (Kapital über 100 Mio Mark)	15 Personen
Vertreter von Monopolen (Kapital 50—100 Mio Mark)	2 "
Firmeninhaber (Kapital 10—50 Mio Mark)	1 "
Mittlere Bourgeoisie (Kapital 1—10 Mio Mark)	1 "
Firmeninhaber mit ungeklärtem Kapital	4 "
Manager der Firmen mit ungeklärtem Kapital	4 "
Leitende Manager des BDI	1 "
Insgesamt im Präsidium	28 Personen

Äußerlich war das Präsidium so zusammengesetzt, um den Eindruck einer breiten Vertretung der Kapitalistenklasse zu erwecken. Hier gibt es genau soviel direkte Bevollmächtigte der Monopole, um die notwendige Majorität — 17 Sitze von 28 — zu besitzen. Aber die wirkliche Stimmenzahl der Monopole ist im Präsidium weit größer, weil das Besitzkriterium nur die eine Seite der Sache widerspiegelt. Man muß dem Standpunkt der Forscher aus der DDR zustimmen, daß z. B. Rolf Rodenstock zu der nichtmonopolistischen Bourgeoisie nicht gezählt werden darf (der ja dem Schein nach so gut wie ein mittlerer Kapitalist ist), da er sich mit den Interessen der Monopole völlig identifiziert und folglich gerade deren Interessen vertritt.[10] Aus den gleichen Überlegungen ist auch der höchste Manager des Bundesverbandes als Vertreter des Monopolkapitals einzustufen. Im Endergebnis erweisen sich mindestens 19 von 28 Sitzen im BDI-Präsidium als eindeutig von Abgesandten und Handlangern der Monopole besetzt.

Freilich können die restlichen neun Mann nur bedingt als Vertreter des mittleren Kapitals gelten. Die meisten von ihnen haben die Posten der Vorsitzenden von Fachspitzenverbänden inne, sie sind mit der Politik des Bundesverbandes eng verbunden, und die monopolistischen Belange sind ihnen näher als die mittelkapitalistischen. Aber auch in diesem Falle — sollten wir den Schein für die Wirklichkeit und diese Kategorie der Präsidialmitglieder in diesem oder jenem Maße als Interessenvertreter der Mittelschicht des Kapitals gelten lassen — sind die Interessen der Monopole im Hauptleitungsorgan des BDI so sicher verankert, daß die Monopole es sich leisten können, hier einige mittelständische Bourgeois zur Tarnung zu behalten.

Die Vormachtstellung der Monopole im BDI-Präsidium ist somit das Ergebnis der ungerechten Praxis einer vorrangigen Vertretung deren Delegierten in diesem Organ. Die nichtmonopolistische Bourgeoisie hat im Grunde genommen keine Chancen, in diesem Gremium ihre spezifischen Interessen wahrzunehmen.

Die Monopole in den BDI-Mitglieds-Fachspitzenverbänden

39 Fachspitzenverbände, deren Präsidenten und Vorsitzende die Mitgliederversammlung des BDI bilden, erfassen organisatorisch praktisch den gesamten industriellen Teil der Kapitalistenklasse der Bundesrepublik. Mit wenigen Ausnahmen gehören alle Leiter dieser Fachorganisationen dem Präsidium und dem Vorstand des Bundesverbandes an. 1970 delegierten sieben Spitzenverbände nicht die Vorsitzer, sondern Bevollmächtigte zum Vorstand.

Die Liste der Leiter der BDI-Mitgliedsspitzenverbände (siehe Tabelle 4) kann auf den ersten Blick den Eindruck erwecken, als gäbe es darunter nicht so viele Monopolvertreter. Dahinter dürfte offensichtlich die gleiche politische Berechnung stehen, die seinerzeit die Ernennung Bergs zum BDI-Präsidenten diktiert hatte — die leitenden Funktionen des Bundesverbandes nach Möglichkeit mit selbständigen Industriellen zu besetzen, dessen Verbindungen zu den Monopolen nicht zu deutlich sind. Unmittelbare Vertreter des monopolistischen Großkapitals unter den Spitzenverbandsleitern gibt es nur neun, darunter von den Konzernen Bayer, BASF, ESSO, Mannesmann, AEG-Telefunken, Reemtsma, Rheinstahl, Preussag, Eschweiler Bergwerksverein. Jedoch zur selben Kategorie sollte man sicherlich

Tabelle 4

Mitglieder der BDI

Verbände	Vorsitzender	Gesellschaft
1. Verband der Automobilindustrie	Johann Heinrich von Brunn	...
2. Hauptverband der Deutschen Bauindustrie	Hermann Brunner	Polensky & Zöllner
3. Bundesverband Bekleidungsindustrie	Joachim Hofmann	Pellens und Loick
4. Wirtschaftsvereinigung Bergbau	Helmuth Burckhardt	Eschweiler Bergwerksverein
5. Deutscher Brauer-Bund	Hans Sixtus	Schultheiss-Brauerei
6. Verband der Chemischen Industrie	Kurt Hansen	Bayer
7. Verband der Cigarettenindustrie	Rudolf Schlenker	Reemtsma
8. Bundesverband Druck	Günther Neufang	Buersche Druckerei
9. Wirtschaftsverband Eisen, Blech und Metall verarbeitende Industrie	Fritz Berg	Wilh. Berg
10. Wirtschaftsvereinigung Eisen- und Stahlindustrie	Egon Overbeck	Mannesmann
11. Zentralverband der Elektrotechnischen Industrie	Felix Herriger	AEG-Telefunken
12. Wirtschaftsverband Erdölgewinnung	Theodor Telle	BASF
13. Bundesvereinigung der Deutschen Ernährungsindustrie	Heinz W. Seibel	Margarinefabrik J. W. Seibel
14. Verband der Fahrrad- und Motorradindustrie	Gerhard Heidemann	Heidemann-Werke
15. Verband der Deutschen Feinmechanismen und Optischen Industrie	Hans Möller	J. D. Möller Optische Werke
16. Deutscher Gießereiverband	Alexander Widenhoff	Rheinstahl
17. Bundesverband Glasindustrie	Hanns Bauer	Glashütte Heilbronn

Fortsetzung

Verbände	Vorsitzender	Gesellschaft
18. Hauptverband d. Deutschen Holz-Industrie und verwandt. Industriezweige	Eugen Schmidt	Eugen Schmidt
19. Arbeitsgemeinschaft Industriegruppe	Georg Meidenbauer	J. G. Schrödel
20. Wirtschaftsverband der Deutschen Kautschuk-Industrie	Helmuth Lemm	Industriewerke Lemm u. Co.
21. Arbeitsgemeinschaft Keramische Industrie	Philip Rosenthal	Ph. Rosenthal
22. Gesamtverband Kunststoffverarbeitende Industrie	Wilhelm Euler	Max Richter
23. Verband der Deutschen Lederindustrie	Ludwig C. Frhr. von Heyl	Lederfabriken Heyl'sche Lederwerke
24. Verband der Deutschen Lederwaren- und Koffer-Industrie	Karl Giebel	Gold-Pfeil Ludwig Krumm
25. Bundesverband der Deutschen Luft- und Raumfahrt-Industrie	Claudius Dornier jr.	Dornier
26. Verein Deutscher Maschinenbau-Anstalten	Heinz zur Nieden	Anker-Werke
27. Mineralölwirtschaftsverband	Emil Kratzmüller	ESSO
28. Wirtschaftsvereinigung Nichteisen-Metalle	Hans Röver	Preussag
29. Hauptverband der Papier und Pappe verarbeitenden Industrie	Werner F. Klingele	Klingele Papierwerke
30. Verband Deutscher Papierfabriken	Karl-Erhard Scheufelen	Papierfabrik Scheufelen
31. Vereinigung Deutscher Schiffswerften	Wolfgang Wohlleben	Oberrhein Dampfsäge und Hobelwerke
32. Verband Deutscher Schiffswerften	Paul Voltz	Howaldtswerke-Deutsche Werft
33. Hauptverband der Deutschen Schuhindustrie	Klaus Rheinberger	Ed. Rheinberger

Fortsetzung

Verbände	Vorsitzender	Gesellschaft
34. Wirtschaftsverband Stahl- und Eisenbau	Otto Rosahl	Walther & Co
35. Wirtschaftsverband Stahlverformung	Otto Thomashoff	Idealspaten- und Schaufelwalzwerk
36. Bundesverband Steine und Erden	Harald Dyckerhoff	Dyckerhoff-Zementwerke
37. Gesamtverband der Textilindustrie in der Bundesrepublik Deutschland	Nicolaus H. Schilling	Bremer Wollkämmerei
38. Wirtschaftsvereinigung Ziehreien und Kaltwalzwerke	Hans Martin Wälzholz-Junius	C. D. Wälzholz
39. Verein der Zuckerindustrie	Walter Ahrens	Zuckerfabrik Rethen

auch die Vertreter solcher großen Firmen wie Dornier, Dyckerhoff-Zementwerke, Howaldtswerke-Deutsche Werft sowie den ehemaligen Präsidenten Fritz Berg und den prominenten BDI-Mann Karl-Erhard Scheufelen zählen. Somit beläuft sich die Gesamtzahl der Monopolvertreter schon auf 14, das bedeutet also 36 Prozent aller Spitzenverbandsleiter — ein beachtlicher Prozentsatz, wenn man berücksichtigt, daß die erwähnten 14 Mann den wichtigsten und mächtigsten Fachspitzenverbänden vorstehen. Aber das ist noch nicht alles. Jeder Vorsitzender des Fachspitzenverbandes ist in seinen Ansichten und dem politischen Willen sehr stark an die Meinungen der hinter ihm stehenden Vorsitzer von Fachverbänden gebunden, die in den jeweiligen Spitzenverbänden zusammengefaßt sind.

Es erscheint uns nicht möglich, im Rahmen dieser Arbeit die Beteiligung der Monopole in allen neununddreißig BDI-Fachspitzenverbänden ausführlich zu untersuchen. Die Forschungen zeigen zugleich aber auch, daß praktisch alle Fachspitzenverbände den Monopolen des jeweiligen Wirtschaftszweiges unterworfen sind.

Hier einige Beispiele. Der Vorstand der Wirtschaftsvereinigung Bergbau (Nr. 4 in der Liste der BDI-Mitglieder) setzte sich 1970 aus 20 Personen zusammen. 16 von ihnen vertraten unmittelbar folgende Konzerne: RWE, Ruhrkohle,

Saarbergwerke, Preussag, Salzgitter, Wintershall, Eschweiler Bergwerksverein, Salzdetfurth, Thyssen-Niederrhein (durch Hüttenwerk Oberhausen). Folglich gehörten dem Monopolkapital 80 Prozent aller Sitze in der Spitzenverbandsleitung.

In der Wirtschaftsvereinigung Eisen- und Stahlindustrie (Nr. 10 in der Liste der BDI-Mitglieder) wurden 1965 alle 20 Posten im Vorstand durch Vertreter des Monopolkapitals besetzt, das in der Schwerindustrie vorherrschte. Es handelt sich um die Konzerne Flick, Thyssen, Krupp, Rheinstahl, Mannesmann, Klöckner, Hoesch, Salzgitter, VIAG und andere, deren Jahresumsatz 1965 25 Milliarden Mark betrug. Dies überstieg den Umsatz des ganzen Wirtschaftszweiges im selben Jahr, der sich auf 20 868 Milliarden Mark belief, da die Umsätze einiger Konzerne von der Bewegung des den anderen Wirtschaftszweigen gehörenden Kapitals schwer zu sondern sind.

In ähnlichen Grenzen bewegt sich die Macht des Monopolkapitals in den Verbänden der Automobil- (Nr. 1), der chemischen (Nr. 6) und der Zigarettenindustrie (Nr. 7) sowie im Wirtschaftsverband Erdölgewinnung (Nr. 12), im Bundesverband der Deutschen Luft- und Raumfahrtindustrie (Nr. 25), Mineralölwirtschaftsverband (Nr. 27) und einer Reihe anderer Mitgliedsvereinigungen des BDI.

Die BDI-Mitgliederversammlung, die sich aus den Vorsitzenden von 39 Fachspitzenverbänden zusammensetzt, ist deshalb genauo swie die übrigen Leitungsorgane des Bundesverbandes ein Forum des Monopolkapitals. Freilich berechtigt das nicht zu der Annahme, daß sämtliche 39 Spitzenverbände in gleichem Maße den Monopolen unterworfen sind. Die Spitzenverbände widerspiegeln ziemlich genau den Grad der Monopolisierung der jeweiligen Wirtschaftszweige, und dort, wo dieser Grad weniger hoch ist, erschallt die Stimme der Monopole aus dem Munde der Verbandspräsidenten nicht sehr laut. Bei alldem muß man jedoch betonen, daß die Stimmenbilanz in der Mitgliederversammlung immer **zugunsten des Monopolkapitals ausfällt, einmal wegen der Relation der Sitze** und zum anderen aufgrund der Satzung, nach der die größeren Monopole mehr Stimmen in die Waagschale werfen können. Abschließend sei darauf hingewiesen, daß die Beobachtung der Zusammensetzung der BDI-Leitungsorgane im Laufe mehrerer Jahre einen durchaus stabilen Charakter des Vorherrschens der Monopole in diesen Organen trotz allen Veränderungen im Detail unmißverständlich zeigt.

Die Vertretung der größten Monopole in den BDI-Arbeitsorganen

Es bleibt allerdings die andere Seite dieser Frage offen: Obwohl der monopolistische Charakter des BDI keinem Zweifel unterliegt, zeugen die bis jetzt angeführten Angaben über die Monopolvertretung im Verband noch nicht davon, daß in ihm alle großen BRD-Monopole vertreten sind. Dies ist dadurch zu erklären, daß sich die Analyse bisher auf die Leitungsorgane des BDI beschränkte, deren Fassungsvermögen erstens begrenzt ist und deren Zusammensetzung zum anderen aus verständlichen Gründen die Übermacht der Monopole in der Organisation zu verschleiern hat, die sich als Interessenvertreter nicht nur der monopolistischen Führungsspitze, sondern der Kapitalistenklasse als Ganzes hinstellen will.

Deshalb sei hier noch untersucht, wie die größten Monopole in den Arbeitsorganen des BDI vertreten sind, welche laut Paragraph 11 der Satzung die Landesvertretungen, die Ausschüsse und die Geschäftsführung sind. Die Geschäftsführung setzt sich aus hauptamtlich beschäftigten Experten zusammen, so daß es praktisch unmöglich ist, ihre Zugehörigkeit zu diesem oder jenem Monopol zu bestimmen. Es bleiben nur die Landesvertretungen und insbesondere die Ausschüsse, in denen die konkrete BDI-Politik erarbeitet und zum Teil verwirklicht wird. Darüber hinaus muß man auch die Exponenten der Monopole in den Vorständen der BDI-Fachspitzenverbände in Betracht ziehen.

Zwecks einer übersichtlichen Analyse wollen wir nur auf die BDI-Beteiligung von lediglich 43 Großkonzernen eingehen, deren Jahresumsatz eine Milliarde Mark (nach Angaben von 1965) übersteigt.* Die Tabelle 5 zeigt, daß alle diese Konzerne in den BDI-Organen mehrfach vertreten sind, mit Ausnahme der zwei — des amerikanischen IBM und des englisch-holländischen Unilever.

Dies bekräftigt überzeugend die beiden obigen Schlußfolgerungen, daß die Monopole dem Bundesverband den höchsten Stellenwert einräumen und daß der BDI eine dem Monopolkapital völlig unterworfene Organisation ist.

---

* Uns steht ein jüngerer „Organisationsplan des BDI" nicht zur Verfügung. Deshalb müssen wir bei der Analyse vom Stand 1965 ausgehen.

Tabelle 5

Vertretung der größten Monopole in den BDI-Organen

Konzerne	Sitze in den Leitungsorganen	Sitze in den Ausschüssen	Gesamtzahl der Sitze
1. Volkswagenwerk	Pr.	12, 22, 24, 25	1 (4)
2. Siemens	Pr, B, B, H; II, X, X, X, X	4, 4, 5, 5, 6, 6, 6, 7, 8, 8, 9, 11, 11, 12, 13, 13, 15, 17, 17, 19, 21, 27	11 (22)
3. August-Thyssen-Hütte	Pr. Vr; II, IV, IV, IV, IV, IX, IX, IX, IX, XXXVIII	1, 1, 4, 4, 5, 6, 7, 8, 8, 8, 9, 12, 12, 14, 14, 14, 14, 16, 20, 21, 24, 24, 24, 24, 24, 27, 27	12 (27)
4. VEBA	NS; IV	2, 5, 7, 9, 12, 12, 12, 20	2 (8)
5. Farbenfabriken Bayer	Pr; B, NS, VI, VI, VI, VI	1, 4, 8, 12, 12, 12, 12, 15, 18, 19, 20, 20, 24, 24	7 (14)
6. RWE	B; IV, IV	3, 11, 11, 20	3 (4)
7. Farbwerke Hoechst	Pr; Vr, Vr; VI	1, 1, 3, 5, 9, 11, 11, 12, 14, 14, 16, 19, 20, 21, 21, 21, 22, 23, 23, 24, 24, 26, 27	4 (23)
8. Daimler-Benz	Pr, Vr, BW; I	4, 6, 8, 17, 18, 20, 21, 21, 23, 26	4 (10)
9. Krupp	II, IV, IX, XXX	1, 2, 2, 5, 6, 6, 10, 11, 12, 14, 19, 20, 21, 24	4 (14)
10. Gutehoffnungshütte	Pr, Pr, Vr, B; NS; I, XXVI	3, 5, 5, 6, 17, 17, 17, 18, 20, 21, 22, 26, 27, 27, 28, 29	7 (16)
11. Rheinstahl	Pr; I, II, IV, IX XXXIII	3, 5, 6, 6, 6, 7, 8, 11, 12, 17, 18, 18, 18, 18, 20, 20, 22, 23, 23, 24, 25	6 (21)
12. Mannesmann	IX, XXXIII	3, 3, 5, 5, 6, 6, 7, 8, 13, 18, 22, 23	2 (12)
13. AEG-Telefunken	B, SH; X, X, X	3, 6, 6, 7, 8, 14, 17, 17, 17, 18, 19, 23, 26, 27, 28, 29	5 (15)
14. ESSO	Pr, NS	11, 12, 21, 22, 26	2 (5)
15. BASF	RPf.; IV, IV, IV	1, 1, 3, 6, 6, 8, 19, 22, 24, 24	4 (10)

Fortsetzung

Konzerne	Sitze in den Leitungsorganen	Sitze in den Ausschüssen	Gesamtzahl der Sitze
16. Opel	—	2	— (1)
17. Reemtsma	Vr ; VII	3, 4, 14, 18, 20, 22, 25	2 (7)
18. Salzgitter	—	17, 20, 24, 24	— (4)
19. Unilever	—	—	— —
20. Shell	Vr, NS	6, 7, 8, 20, 24, 24, 24, 24, 25	2 (9)
21. Metallgesellschaft	Pr, Vr	4, 5, 7, 19	2 (4)
22. Ford	—	9, 11, 18	— (3)
23. Bosch	BW ; X	11, 15, 25	2 (3)
24. Gelsenkirchner Bergwerkverein	IV, VI	2, 9	2 (2)
25. Hoesch	Vr; NS, IV, IX, IX, IX, XXXIV, XXXIV	8, 16, 18, 27, 29	7 (5)
26. BP	Pr, Vr	10, 11, 17, 18, 23	2 (5)
27. Klöckner	IX, XXXV, XXXVIII	4, 4, 5, 8, 18, 22, 22, 22, 23, 25	3 (10)
28. Deutsche Erdöl	Vr, SH	1, 3, 4, 5, 8, 12, 14, 20, 21, 23	2 (10)
29. BAT	—	6, 14, 20	— (3)
30. Feldmühle Dynamit-Nobel	Pr, Vr ; VI	1, 2, 7, 7, 11, 14, 17, 18, 20, 21	3 (14)
31. Buderussche Eisenwerke	Pr, Vr ; H, H, B	2, 4, 6, 7, 22	5 (5)
32. Dortmund-Hörder Hütten-Union	IV, IX, IX, IX, XI	—	5 —
33. Klöckner-Humboldt-Deutz	—	3, 3, 18, 20, 24	— (5)
34. Degussa	Pr, Vr ; VI, XXVIII	6, 7	4 (2)
35. Glanzstoff	—	18, 18, 22	— (3)
36. Brinkmann	—	15	— (1)
37. Brown, Boveri und K°	Pr, Vr, BW ; X, X, X, X	6, 18, 20, 20	7 (4)
38. Wintershall	Vr ; NS	1, 2, 7, 9, 18, 21	2 (6)
39. IBM	—	—	—
40. VIAG	B ; IX	—	2 —
41. Continental Gummiwerke	Vr	1, 4, 7, 10, 11, 12, 13, 17, 18, 20, 21, 22, 23, 24	1 (14)

Fortsetzung

Konzerne	Sitze in den Leitungsorganen	Sitze in den Ausschüssen	Gesamtzahl der Sitze
42. Hüttenwerke Oberhausen	XXXVIII	23	1 (1)
43. Standard Elektrik Lorenz	X, X	13, 23	2 (2)

41 Konzerne* haben: in den BDI-Hauptorganen 134 Sitze

in den BDI-Ausschüssen 329 Sitze

In der Tabelle werden folgende Abkürzungen benutzt: Pr — Präsidium; Vr — Vorstand; die Beteiligung an Landesvertretungen ist mit den Anfangsbuchstaben des jeweiligen Bundeslandes bezeichnet; die römischen Ziffern bedeuten die Nummern der Fachspitzenverbände, die arabischen — die Nummern der Ausschüsse (siehe Tabellen 4 und 7, in denen alle Fachspitzenverbände und Ausschüsse unter entsprechender Nummer aufgeführt sind); wird die Abkürzung wiederholt, so bedeutet das die gleiche Zahl der Sitze des jeweiligen Konzerns in diesem BDI-Organ; rechts in jeder Zeile steht die Gesamtzahl der Sitze des Konzerns in den Leitungsorganen (in Klammern ist die Gesamtzahl in den Ausschüssen angegeben). Die Konzerne rangieren nach dem Jahresumsatzvolumen.

* 1965 betrug der Gesamtjahresumsatz dieser Konzerne 205,5 Mrd. Mark, während sich der Gesamtjahresumsatz der BRD-Industrie im gleichen Jahr auf 374,7 Mrd. Mark belief. Somit sind 55% des Gesamtumsatzes der bundesdeutschen Industrie durch lediglich 41 Konserne im BDI vertreten.

Quellen: „Organisationsplan August 1966, BDI", Kapitel Mitglieder, Vorstand, Präsidium, Ausschüsse; „DWI-Berichte", 1967, Nr. 4, S. 24, 25, 31.

Nach der Einteilung aller Konzerne in vier Gruppen, je nach Größe, verschaffen wir uns das Bild ihrer Vertretung im Bundesverband der Deutschen Industrie (siehe Tabelle 6).

Mit anderen Worten unterhalten zehn Monopole erster Größe in den Hauptorganen des BDI mehr Leute als 20 Konzerne zweiter und dritter Größe, und die Vertreterzahl der ersten 10 Monopole in den Ausschüssen ist praktisch gleich der von 20 Konzernen, die in der Gruppe zwei und drei zusammengefaßt sind. Das Bild wird noch deutlicher, wenn man die Vertretungen in den Hauptorganen und Ausschüssen zusammenzählt.

Bezeichnenderweise stimmt dieses Verhältnis ziemlich genau mit dem der Wirtschaftsmacht dieser Gruppen überein: Der gesamte Jahresumsatz der ersten 10 Monopole

Tabelle 6

**Die Zahl der Sitze, die von den Konzernen
in den Leitungsorganen und Ausschüssen*
des BDI besetzt sind**

Die ersten 10 Konzerne	56 (142)
Die zweiten 10 Konzerne	25 (88)
Die dritten 10 Konzerne	18 (61)
Die vierten 11 Konzerne	25 (38)
41 Konzerne	134 (329)

* Die Zahl der Sitze in den Ausschüssen steht in Klammern.

beträgt 66,7 Milliarden Mark, während der gesamte Jahresumsatz der 20 folgenden — 57,1 Milliarden Mark[11] beträgt.

Somit wird die Schlußfolgerung, zu der wir bei der Analyse des BDI-Präsidiums gelangt sind, auch durch die Benutzung des umfangreichen Materials über die Monopolvertretung bekräftigt. Diese Angaben gestatten uns zu behaupten: Je größer das Monopol, desto mehr Leute unterhält es in den Verbandsorganen. Der mächtigste Superkonzern — die Flick-Gruppe — hält den absoluten Rekord, indem er über 10 Sitze in den BDI-Hauptorganen und über 36 Sitze in den Ausschüssen verfügt.

Es fällt noch eine Besonderheit auf: Die Konzerne Volkswagenwerk, VEBA, RWE, Salzgitter und VIAG haben erheblich weniger Plätze in den Verbandsorganen als die der Größe nach vergleichbaren Monopole. Nehmen wir die Vertretungen der genannten Monopole und stellen sie der Zahl der Sitze gegenüber, die von Konzernen eingenommen werden, die jeweils unter den uns momentan interessierenden stehen — das sind Siemens, Farbenfabriken Bayer, Farbwerke Hoechst, Shell, Continental Gummi-Werke. Die ersten fünf Konzerne haben acht Abgesandte in den Hauptorganen des BDI, darunter nur ein Präsidialmitglied und 20 Sitze in den Ausschüssen. Die zweiten fünf Konzerne — 25 Sitze in den Hauptverbandsorganen, darunter drei Präsidialmitglieder, drei Vorstandsmitglieder und 80 Sitze in den Ausschüssen, d. h. um das 3- bis 4fache mehr. Solche „Ungerechtigkeit" erklärt sich offenbar daraus, daß die Konzerne Volkswagenwerk, VEBA, RWE, Salzgitter und VIAG Staatseigentum sind bzw. es bis vor kurzem waren. Deshalb sind sie einerseits nicht so wie die privatkapitalistischen Monopole an den Diensten des BDI interessiert. Andererseits hält es der Bundesverband offensichtlich für angebracht, den Einfluß der verstaatlichten oder mit dem Staat enger verbundenen Konzerne auf seine Belange einzudämmen.

Es sei hier noch ein Umstand betont, der aus der Tabelle 5 resultiert. Wie bereits erwähnt, bleiben von den Monopolen mit über einer Milliarde Mark Jahresumsatz zwei dem BDI überhaupt fern — der amerikanische Konzern IBM und der englisch-holländische Unilever. Ist dies einem Zufall oder einem Trend zuzuschreiben? Es gibt einen Grund zur Annahme, daß sich dahinter eine bestimmte Politik verbirgt. Tatsächlich verfügen die neun vom ausländischen Kapital kontrollierten Konzerne — ESSO (Standardoil), Opel (General Motors), Shell (englisch-holländisches Kapital), Ford (der amerikanische Konzern Ford), BP (englisches Kapital), Deutsche Erdöl (Texaco), BAT Cigaretten-Fabriken GmbH (englischer Konzern Tobacco), Brown, Boveri und Cie (schweizerisches Kapital) und Standard Elektrik Lorenz AG (der amerikanische Konzern ITT) gemeinsam über 15 Sitze in den BDI-Hauptorganen und über 37 Sitze in den Ausschüssen; die neun benachbarten westdeutschen Konzerne — alles Monopole, die in der Liste eine Nummer tieferstehen (nur beim Vergleich mit Standard Elektrik Lorenz AG, die die Liste beschließt, mußte man von diesem Prinzip absehen) — weisen dort 21 bzw. 50 Sitze auf. Das westdeutsche Kapital genießt offenkundig ein Vorrecht bei der BDI-Vertretung im Vergleich zum ausländischen Kapital.

Aus diesen Ausführungen geht hervor, daß das entscheidende Wort im BDI nicht nur einfach die Monopole, sondern die größten nationalen Monopole der BRD sprechen.

Die BDI-Arbeitsorgane — Ausschüsse und Geschäftsführung — Instrumente der Politik der Monopole

Die praktische Politik des Bundesverbandes wird hauptsächlich in den Ausschüssen erarbeitet. Entgegen der Satzung werden die Kompetenzen bei der Beschlußfassung oft den Ausschüssen überantwortet, und der BDI-Vorstand hält es nicht einmal für nötig, deren Arbeitsergebnisse gesondert zu bestätigen. Gleichzeitig erfüllen die Verbandsausschüsse auch die Funktion von Organen zur Einflußnahme auf die Regierungspolitik, indem sie im Einklang mit den Direktiven der Verbandsorgane handeln. Eine Aufzählung der Ausschüsse verschafft uns deshalb ein ziemlich vollständiges Bild über die Bereiche der Staats- und Wirtschaftspolitik, an denen der BDI interessiert ist (siehe Tabelle 7).

Tabelle 7

Arbeitskreise und Ausschüsse des BDI

1. Arbeitskreis für Fragen der Abfallbeseitigung
2. Ausschuß für Absatzförderung
3. Ausschuß für Agrarwirtschaft
4. Außenhandels-Ausschuß
5. Ost-Ausschuß der deutschen Wirtschaft
    Arbeitskreis China
    „   UdSSR
    „   Europäische Ostblockstaaten
    „   Liefer- und Abnahmebedingungen
    „   Zahlungsverkehr
    „   Rechtsfragen
6. Betriebswirtschaftlicher Ausschuß
7. Energie-Ausschuß
8. Arbeitskreis Entwicklungsländer
9. Ausschuß für Europäische Integration
10. Geld-, Kredit- und Währungsausschuß
11. Ausschuß Industrie-Schutz
12. Arbeitskreis Industrielle Immissionsfragen
    Arbeitsgruppe Immissionsrecht
    „   Lärm und Erschütterungen
    „   Luftreinhaltung
13. Fachausschuß Industrielle Luftschutzerzeugnisse
    Fachunterausschuß Atmungs- und Körperschutzgeräte
    „   Schutzraumbauten
    „   Brandschutzgeräte
    „   Nachrichtengeräte
    „   Sanitäts- und Veterinärausstattung
    „   Strahlennachweisgeräte
    „   Tarnungsmittel und -geräte.

Fortsetzung

14. Ausschuß für Internationale Beziehungen
15. Ausschuß für Konsumgüterindustrien
16. Mittelstandsausschuß
17. Ausschuß für Öffentliches Auftragswesen
    Unterausschuß Preisbildung und Preisprüfung bei öffentlichen Aufträgen
    Arbeitskreis EWG/Öffentliches Auftragswesen
    Ständiger VOB — Arbeitskreis der stationären Industrie
    Arbeitskreise zur Neubearbeitung der technischen Vorschriften des VOB
    Bevollmächtigte Sachverständigenkreise für die Verhandlungen über die Beschaffungsbedingungen.
18. Rechtsausschuß Ehrenmitglied
19. Statistischer Ausschuß
20. Steuerausschuß
21. Verkehrsausschuß
22. Versicherungsausschuß
23. Ausschuß für Verteidigungswirtschaftliche Angelegenheiten
24. Ausschuß Wasser und Abwasser
25. Ausschuß für Wettbewerbsordnung
26. Arbeitskreis für Atomfragen
    Arbeitskreis Berlin
    Aussprachekreis für die berufliche Aus- und Weiterbildung von Ausländern in der Bundesrepublik
    Arbeitskreis Energiepolitik
    ” Interzonenhandel
    ” Messen und Ausstellungen
27. Gemeinschaftliche Ausschüsse und Arbeitskreise
    Kontaktausschuß — BDI/BDA

(Organisationsplan... op. cit. S. 103—185)

Die Bedeutung der BDI-Ausschüsse kommt darin zum Ausdruck, daß die Abgesandten der Monopole in der Leitung dieser Organe in der Überzahl sind — von 68 Leitungsposten bekleideten 1965 nur sieben die Leute, die als Vertreter des nichtmonopolistischen Kapitals einzustufen sind. Somit haben die Monopolanhänger fast 90 Prozent der Sitze in der Leitung der Ausschüsse inne.

Bei der Wahrnehmung ihrer Aufgaben stützen sich die Ausschüsse (genauso wie die Leitungsorgane des BDI) auf den Apparat des Hauptgeschäftsführers, wo die hauptamtlich beschäftigten Experten konzentriert sind (siehe Tabelle 8).

Tabelle 8

Die Hauptgeschäftsführung

Geschäftsführendes Präsidialmitglied   Dr. Wagner
Hauptgeschäftsführer   Dr. Nuf

Abteilungen und Referate:

1. Außenhandel — einschließlich Osthandel (mit sozialistischen Ländern — *der Verf.*)
2. Absatzförderung
3. Betriebswirtschaft
4. Energie- und Atomwirtschaft und Verkehr
5. Industrielle Formgebung
6. Information und Pressewesen
7. Integration und Entwicklungspolitik — angegliedert: Auslandsinvestitionen
8. Internationale Beziehungen
9. Interzonenhandel
10. Öffentliches Auftragswesen
11. Öffentlichkeitsarbeit und Dokumentation
12. Recht — angegliedert: Einigungsstelle für Strukturfragen der Industrie
13. Sozialwirtschaft und Industrieforschung
14. Steuern
15. Versicherung
16. Verteidigungs-Angelegenheiten
17. Volkswirtschaft und Statistik — angegliedert: Industrie/Landwirtschaft, Mittelstand
18. Wasserwirtschaft und Immissionsfragen
19. Wettbewerbsordnung

Das Aufgabengebiet des Hauptgeschäftsführers ist durch Paragraph 22 der BDI-Satzung folgendermaßen festgelegt: „Zur Erledigung der laufenden Geschäfte des Bundesverbandes wird eine Geschäftsführung unter Leitung eines oder mehrerer Geschäftsführer eingerichtet." Diese Formulierung sagt wenig aus. In Wirklichkeit trägt die Geschäftsführung die Verantwortung für die Vorbereitung aller notwendigen Ausgangsdaten und Materialien für die BDI-Leitung sowie für die Tätigkeit der Ausschüsse. Entsprechend den Direktiven besorgt die Geschäftsführung die gesamte Dokumentation, mit der der BDI an die Staatsorgane und Behörden herantritt: Denkschriften, Gesetzesvorlagen, Stellungnahmen zu geplanten Regierungsbeschlüssen usw. Vom Umfang dieser Arbeit zeugt allein die Tatsache, daß der BDI nur seit Januar 1971 bis April 1972 236 Denkschriften, Berichte, Empfehlungen und Projekte an Bundeskanzler, Ministerien, Bundestag und sonstige Organisationen gerichtet hat, wobei es sich nur um die „wichtigsten Dokumente" handelt. Sie bezogen sich auf folgende Bereiche (siehe Tabelle 9):

Tabelle 9

Die wichtigsten Dokumente, die der BDI seit Januar 1971 bis April 1972 an die Staatsorgane richtete

Problemkreis	Anzahl der Dokumente
Außenhandel	51
Integration und Entwicklungspolitik	20
Allgemeine Volkswirtschaft, Geld, Kredit und Währung, Statistik	8
Recht	33
Umweltfragen	9
Sozialwirtschaft, Industrieforschung und Berufsbildung	37
Steuer- und Finanzpolitik	17
Verkehr	25
Industrieversicherung	5
Öffentliches Auftragswesen	18
Energie und Atomwirtschaft, Rohstoffversorgung	8
Raumordnung und Regionalpolitik	2
Wettbewerbsordnung	3
zusammen:	236

Nachstehende Fakten sprechen für die Bedeutung der Geschäftsführung. Stellt man die im Jahresbericht des Bundesverbandes 1971/72 enthaltene Zusammenfassung der Themenbereiche der vom BDI an die Regierungsstellen übersandten Denkschriften (Tabelle 9), der Gliederung der Geschäftsführung (Tabelle 8) sowie der Ausschüsse (Tabelle 7) gegenüber, so fällt auf, daß dieser Zusammenfassung hauptsächlich nicht die Gliederung der Ausschüsse, sondern die Struktur der Hauptgeschäftsführung zugrunde liegt. Andererseits ist der Teil des Jahresberichtes selbst unter dem Titel „Besondere Arbeitsbereiche" in Paragraphen unterteilt, die im allgemeinen mit der Ressorteinteilung der Ausschüsse übereinstimmen. Die Schlußfolgerung, die sich sowohl aus diesen Gegenüberstellungen als auch aus dem gesamten Bild der Verbandstätigkeit aufdrängt, könnte man ungefähr so formulieren: Die Ausschüsse sind jene BDI-Organe, in denen die Haltung der Zentralorganisation westdeutscher Unternehmer zu allen konkreten wirtschaftlichen und politischen Fragen, die für den monopolistischen Teil der Kapitalistenklasse von Interesse sind, ausgearbeitet werden, wobei dies unter aktiver Teilnahme der Experten der Hauptgeschäftsführung (die Ausschußsekretäre sind in der Regel Bürokraten aus deren Apparat) erfolgt; die unmittelbare Gestaltung dieser Positionen fällt jedoch in der Regel dem Apparat des Hauptgeschäftsführers zu.

Je größer der Arbeitsumfang des BDI wird, desto häufiger muß die Geschäftsführung selbständig darüber entscheiden, wie die Ziele der Organisation zu erreichen sind. Ihre Rolle nimmt nicht nur deshalb zu, weil sich ihre Kompetenzen erweitern, sondern auch dadurch, daß sich hier die gesamte Vorbereitungstätigkeit konzentriert, auf die sich die Verbandsleitung bei der Beschlußfassung stützt. H. Adels betont in seinem Buch „Wie entscheiden die Verbände?": „In diesem Bereich ihrer Tätigkeit gehört es zu den wichtigsten Aufgaben der Verbandsgeschäftsführung, den Wandel wirtschaftlicher, politischer und gesellschaftlicher Gegebenheiten ständig zu beobachten, die für die Mitgliedunternehmungen relevanten Probleme und Fragestellungen zu erkennen und zu Verbandsaufgaben zu formulieren." Die Bedeutung der Geschäftsführung steigt auch deshalb, weil gerade ihr die Funktion zukommt, die Widersprüche zwischen Verbandsmitgliedern zu schlichten, Kompromisse zu finden, durch die die auseinanderstrebenden Interessen verschiedener BDI-Gruppen in Übereinstimmung gebracht werden.

Ziele und Aufgaben des Bundesverbandes der Deutschen Industrie

Bei der Betrachtung der BDI-Struktur wurde nachgewiesen, daß in dieser Organisation hauptsächlich und in erster Linie die Interessen der Monopole vertreten sind. Davon kann man noch nicht den Beweis ableiten, daß der BDI nämlich die wichtigste Organisation des BRD-Monopolkapitals ist. Die endgültige Gewißheit über die Richtigkeit dieser Behauptung, die durch die geschichtliche Untersuchung der Unternehmerverbände und aufgrund der Ähnlichkeit der Bedeutung der BDI-Vorgänger aufgestellt wurde, kann man sich allerdings verschaffen, wenn man die Funktionen des BDI mit denen anderer Unternehmerverbände der Bundesrepublik vergleicht. Zum Teil wird diese Frage aber schon durch die Klärung der Ziele des BDI beantwortet.

Die BDI-Satzung legt die Ziele der Organisation bewußt verschwommen fest. Paragraph 2 lautet: „Der Bundesverband hat die Aufgabe, alle gemeinsamen Belange der in ihm zusammengeschlossenen Industriezweige zu wahren und zu fördern." Paragraph 3 fügt hinzu: „Der Bundesverband enthält sich jeder auf einen wirtschaftlichen Geschäftsbetrieb gerichteten Betätigung. Er dient lediglich dem allgemeinen Interesse der industriellen Wirtschaft."

Der Sinn dieser Formulierungen besteht im Bestreben, dem Verband eine Massenbasis zu sichern und die Kapitalisten davon zu überzeugen, der BDI diene nicht irgendwelchen konkreten Gruppen der Bourgeoisie zur Gewinnung von Extraprofiten, sondern schütze die übereinstimmenden Interessen aller Vertreter der Kapitalistenklasse. Es ist nicht zu übersehen, daß durch solche Fragestellung das Wahre vom Falschen schwer zu unterscheiden ist und diese Mischung leicht als die letzte Wahrheit hinzustellen ist. Tatsächlich haben alle westdeutschen Kapitalisten gemeinsame Interessen, und der BDI nimmt diese Interessen wahr, wenn und soweit sie gleichzeitig Belange des Monopolkapitals sind. Freilich dient der BDI der unmittelbaren Gewinnung von Profiten nicht, aber einige von seinen hochmonopolisierten Fachspitzenverbänden sind trotzdem nach Kartellmuster aufgebaut, was den Konzernen erlaubt, sie gerade im Sinne „auf einen wirtschaftlichen Geschäftsbetrieb gerichteter Betätigung" auszunutzen. Schließlich darf man in der Tat nicht den BDI als Organisation irgendwelcher Gruppen der Bourgeoisie betrachten, wenn man unter Gruppen Branchengliederung der Kapitalistenklasse versteht, aber alle bisherigen Ausführungen lassen keinen Zweifel daran aufkommen, daß der Bundesverband eine Organisation ist, in dem die Monopole vorherrschen, die Organisation also, die vornehmlich der Monopolspitze der Kapitalistenklasse dient.

Von allen Formulierungen der Satzung widerspiegelt nur eine einzige die wahren Ziele der Organisation, obwohl in einer verschleierten Form. Es handelt sich um die Festlegung, der Bundesverband diene „dem allgemeinen Interesse der industriellen Wirtschaft", d. h. den allgemeinen anerkannten Klasseninteressen der Monopolbourgeoisie in Wirtschaft und Politik. Da die Satzung auf die Ziele des Bundesverbandes nicht näher eingeht, läßt es sich aus der Existenz bestimmter Ausschüsse im Rahmen des Verbandes sowie aus der abteilungsmäßigen Struktur der Hauptgeschäftsführung auf die Stoßrichtungen seiner Tätigkeit und somit auf jene gemeinsamen Interessen schließen, welche der Bundesverband zu wahren hat. Diese Ziele kann man in dem Maße, wie sie sich in den Ausschüssen und Arbeitskreisen des BDI sowie in den Abteilungen des Apparates des Hauptgeschäftsführers widerspiegeln, in folgende Gruppen zusammenfassen (die Nummerierung von Ausschüssen und Arbeitskreisen entspricht der Tabelle 7 und die der Abteilungen der Tabelle 8):

1. Maßnahmen zur Stärkung der kapitalistischen Gesellschaftsordnung (Ausschüsse 11, 16, 26, Abteilungen 6, 11, 17, 19), darunter Koordinierung der Politik der Wirtschaftsverbände (Ausschüsse und Arbeitskreise 27);

2. Eingriffe in die Bereiche der Staatspolitik (Ausschüsse 8, 9, 10, 14 und einige Arbeitskreise 26, Abteilungen 7, 8, 9);

3. Wahrung gemeinsamer Interessen der Monopole bei Staatsaufträgen (Ausschüsse 13, 17, 23, Abteilungen 10, 16);

4. Sicherung der für Monopole günstigen allgemeinen wirtschaftspolitischen Bedingungen:
a) bei der Gesetzgebung, Steuern, Versicherung usw. (Ausschüsse 10, 18, 20, 22, Abteilungen 12, 14, 15);
b) bei der Nutzung von natürlichen Ressourcen des Landes (Ausschüsse 1, 12, 24, Abteilung 18);

5. Sicherung von allgemeinen konkreten betriebswirtschaftlichen Vorteilen für Monopole (Ausschüsse 6, 7, 19, 21, einige Arbeitskreise 26, Abteilungen 3, 4, 13, 17);

6. Gewährleistung allgemeiner günstiger Bedingungen für Monopole auf dem Absatzgebiet (Ausschüsse 2, 3, 4, 5, 8, 15, 25 und einige Arbeitskreise 26, Abteilungen 1, 2, 5, 7, 19).

Daß der BDI praktisch in alle Sphären der Wirtschaft, der Gesellschaft, der Politik und des Staates interveniert, kann man auch aus seinen Jahresberichten urteilen. Darin werden folgende Wirkungsbereiche aufgezählt: Westberlin, internationale Beziehungen, Industrie und Öffentlich_ keit, westeuropäische Integration, Außenhandel, Zusammenarbeit mit Entwicklungsländern, West-Ost-Handel, BRD-DDR-Handel, Absatzförderung, Geld, Kredit, Währung, Konsumgüterindustrie, Industriepolitik in bezug auf Mittelstand, Agrarpolitik, Betriebswirtschaft, Steuern, Sozialwirtschaft und Bildung, Energie und Atomwirtschaft, Versorgung mit Rohstoffen, Verkehr, Wasserwirtschaft, Umweltschutz, Rechts- und Wirtschaftsordnung, Konkurrenzordnung, Regierungsaufträge, Industrieversicherung, Wehrfragen.

Insgesamt bedeuten diese Hauptstoßrichtungen der Klassenorganisation der Monopolherren folgendes: Die Ziele des Bundesverbandes der Deutschen Industrie bestehen darin, durch weitgehende Eingriffe in die Politik und aktive Teilnahme an deren Herausbildung den Monopolen wirtschaftliche und politische Vorteile ständig zu sichern und somit dem Hauptinteresse des modernen Monopolkapitals zu genügen — der Wahrung der kapitalistischen Gesellschaftsordnung als System der Ausbeutung der Werktätigen, das auf dem Privateigentum basiert und die Möglichkeit für Profitmaximierung gewährleistet.

2. Die Bundesvereinigung der Deutschen Arbeitgeberverbände — die Hauptorganisation der Monopole im Kampf gegen die Arbeiterklasse

Struktur und Charakter der BDA. Das Präsidium der Bundesvereinigung und die Verbindungen zum BDI

Das organisatorische Prinzip der Bundesvereinigung ist der Struktur des Bundesverbandes analog: BDA-Mitglieder werden nur Spitzenverbände von Privatunternehmern. 1972 gab es 57 solche Mitgliedsverbände, darunter 44 Fach- und 13 Landesverbände.[12] Darin waren 372 Fach- und 469 Regionalverbände der Arbeitgeber zusammengeschlossen.

Ein hervorstechendes Merkmal der BDA-Mitgliedschaft besteht darin, daß die Kapitalisten hier in ihrer Eigenschaft als „Arbeitgeber" agieren, d. h. als Personen, die die „Arbeitnehmer" beschäftigen und die Arbeitskraft kaufen. Friedrich Engels hatte auf die Verlogenheit dieser Terminologie aufmerksam gemacht und darauf verwiesen, daß in Wirklichkeit der Werktätige der Arbeitgeber, während der Kapitalist der Arbeitnehmer ist.[13] Trotz der Verlogenheit der bürgerlichen Terminologie müssen wir dennoch davon Gebrauch machen, um Mißverständnissen vorzubeugen.

Der „arbeitgeberische" Charakter der BDA hat zwei Folgen: 1. Die Bundesvereinigung und der Bundesverband erweisen sich hier nicht als konkurrierende, sondern als einander ergänzende Organisationen — jeder Kapitalist gehört in der Regel den beiden Einrichtungen an; nur die Vertreter der staatseigenen Betriebe dürfen offiziell keine Mitglieder der Arbeitgeberverbände werden, weil die Satzung von „Privateigentümern" handelt (in Wirklichkeit wird dieses Prinzip verletzt). 2. Die Mitgliederbasis der Bundesvereinigung ist einerseits durch den Ausschluß von Vertretern der staatseigenen Gesellschaften eingeengt, dafür aber auf der anderen Seite erweitert, da die Vereinigung für alle die Lohnarbeit ausnutzenden Unternehmer offensteht: Der BDA gehören die Verbände des Bankkapitals, des Handels, des Gewerbes und sogar der Landwirtschaft an. Jedoch, obwohl der BDI seine Basis nur auf die Interessenvertretung des Industriekapitals formell beschränkt, beteiligen sich in Wirklichkeit an seiner Arbeit auch Delegierte der Banken, darunter auch Abs, der einflußreichste Bankier der BRD.

Die BDA-Struktur ist der uns bekannten Gliederung des Bundesverbandes ähnlich. Paragraph 10 der Satzung nennt als BDA-Organe die Mitgliederversammlung, den Vorstand, das Präsidium und die Geschäftsführung.[14] Der Vorstand ist zuständig, Ausschüsse einzusetzen und ihre Zusammensetzung zu regeln. Dabei wird den gewerkschaftlich organisierten Personen durch eine gesonderte Klausel die Möglichkeit abgesprochen, Mitglieder der Ausschüsse zu werden (§ 15). Die Funktionen der Mitgliederversammlung, des Vorstandes und des Präsidiums sind den bereits analysierten Vollmachten der jeweiligen BDI-Organe analog, deshalb können wir hier verzichten, darauf ausführlicher einzugehen. Ihre Zusammensetzung jedoch muß man näher betrachten, da man dadurch zwei uns interessierende Momente klären kann: die Unterordnung der BDA unter die Monopole sowie die Verbindungen und Beziehungen zwischen der Bundesvereinigung und dem Bundesverband.

Beginnen wir mit dem Präsidium. Nach dem Stand bis Ende 1972 waren darin Personen vertreten, die in Tabelle 10 aufgeführt sind.

Tabelle 10

Das BDA-Präsidium 1972

	Posten in der BDA	Gesellschaft	Posten in anderen Verbänden
1. Otto A. Friedrich	Präsident	Friedrich Flick	Vizepräsident des BDI
2. Herbert van Hullen	Vizepräsident	Maschinenfabrik Becker & van Hüllen	
3. Friedrich Baur	,,	Gut Stocksechof	
4. Otto Esser	,,	Fa Merck (Glanzstoff)	
5. Wilhelm Imhoff	,,	Dittmar & Vierth	Vizepräsident d. Bundesverbandes des Dt. Groß- u. Außenhandels (BGA)
6. Hans Langemann	,,	—	
7. Hans-Martin Schleyer	,,	Daimler-Benz	
8. Willy Schwarz	Schatzmeister	Zahnräderfabrik Renk (Gutehoffnungshütte)	
9. Kurt Bleyle	Mitglied	Fa Bleyle	Vizepräsident d. Landesverbandes im Gesamttextil (BDI)
10. Hermann Th. Brandi	,,	August-Thyssen-Hütte	
11. Paul Brochier	,,	Fa H. Brochier	
12. Helmuth Burckhardt	,,	Eschweiler Bergwerksverein	Präsidialmitglied der BDI

Fortsetzung

	Posten in der BDA	Gesellschaft	Posten in anderen Verbänden
13. Walter Cordes	Mitglied	Fa Manck & Hambrock	
14. Rolf Diel	,,	Dresdner Bank	
15. Helmut Eberspacher	,,		
16. Wolfgang Elichler	,,	Hauptgeschäftsführer der BDA	
17. Rudolf Wilhelm Eversmann	,,	Allianz-Versicherungs-AG	
18. Paul Flachsenberg	,,	Rheinische Kalksteinwerke	
19. Heinrich Freiberger	,,	Bergmann Elektrizitäts-Werke	
20. Hans C. M. Hartmutz	,,	G. M. Ptaff	Vorsitzender d. Landesvereinigung Rheinland-Pfalzischer Unternehmerverbände (BDI)
21. Gisbert Kley	,,	Siemens	
22. Horst Knapp	,,	Bergmann Electro (Siemens)	Vorsitzender eines Fachverbandes im Zentralverband d. Electrot. Industrie (BDI)
23. Walter Kraak	,,	Dr. A. Oetker	Vorsitzender eines Fachverbandes in d. Dt. Ernährungsindustrie (BDI)
24. Hellmuth Krengel	,,	Eschweiler Bekleidungswerk u. F. Niemann	Vorsitzender eines Unterverbandes im Bundesverband Bekleidungsindustrie (BDI)

Fortsetzung

	Posten in der BDA	Gesellschaft	Posten in anderen Verbänden
25. Hans-Helmuth Kumnke	Mitglied	Ruhrkohle	Vorstandsmitglied der Bundesvereinigung Bergbau (BDI)
26. Friedrich A. Neumann	„	Fa F. A. Neumann Stahl- und Behälterbau	
27. Rolf Rodenstock	„	Optische Werke Rodenstock	Präsidialmitglied des BDI
28. Ludwig Vaubel	„	Glanzstoff	
29. Dietrich Weyermann	„	P. Weyermann Maschinenfabrik	
30. Gerhard Erdmann	a. o. Präsidialmitglied	Stellv. Hauptgeschäftsführer der BDA	
31. Hermann Franke	„	ehem. Hauptgeschäftsführer der BDA	
32. Nans Constantin Paulßen	Ehrenpräsident	Mannesmann	Präsident d. Industrie u. Handelskammer Konstanz (DHT)
33. Siegfried Balke	„	Sigri Kohlefabrikate (Hoechst, Siemens)	Vorsitzender d. Landesverbandes Bayern im Verband d. Chemischen Industrie (BDI)

Quellen: „Arbeitgeber, Jahresbericht der BRD 1972", S. 187 ; Verbände, Behörden, Organisationen, a. a. O.

Die Untersuchung der Zusammensetzung des BDA-Präsidiums zeigt, daß 16 Personen bzw. 48,4 Prozent seiner Mitglieder direkte Vertreter der Monopole, 10 Mann bzw. 33 Prozent selbständige Geschäftsleute, 3 — Bürokraten der Bundesvereinigung und ein Mitglied Großgrundbesitzer sind (die Zugehörigkeit zu einer bestimmten Gruppe der Bourgeoisie der restlichen drei Personen konnte nicht ermittelt werden). Daraus ergibt sich, daß zusammen mit den Managern der Vereinigung rund 60 Prozent der Präsidialzusammensetzung eindeutige Vertreter der Monopole sind. Dadurch wurde dem Monopolkapital im Hauptleitungsorgan der Bundesvereinigung eine klare Majorität gesichert, und somit gerät die Zentrale der Arbeitgeberverbände selbst unter den Einfluß der Monopolbourgeoisie.

Auffallend ist die Tatsache, daß etwa ein Drittel der BDA-Präsidialmitglieder gleichzeitig Leitungsfunktionen auch im Bundesverband der Deutschen Industrie erfüllt, wobei unter ihnen ein BDI-Vizepräsident und zwei Präsidialmitglieder zu finden sind.

Der BDA-Vorstand und die Präsenz des Monopolkapitals

Betrachten wir die Zusammensetzung des zweiten Leitungsorgans der BDA — ihres Vorstandes. Satzungsgemäß gehören dem Vorstand alle Vorsitzenden der Mitgliedsverbände der BDA an, wobei jeder Verband auch noch einen Stellvertreter seines Hauptvertreters einsetzt. Da in der Praxis alle Präsidialmitglieder der BDA gleichzeitig Mitglieder des Vorstandes sind, erweist sich dieses letztere Organ als das repräsentativste, so wie dies auch im Bundesverband der Fall ist.

Da alle Mitgliedsverbände der BDA dem Vorstand angehören, wollen wir uns zuerst deren Zusammensetzung (siehe Tabelle 11) genauer betrachten.

Die offizielle Liste der Bundesvereinigung, wie es aus Tabelle 11 hervorgeht, gliedert die Verbände branchenmäßig und regional. Aber die Branchenkategorie selbst besteht aus zwei verschiedenen Verbandsgruppen. Der ersteren Gruppe (Ordnungsnummern von 1 bis 30) gehören die BDA-Mitglieder aus verschiedenen Branchen des Industriekapitals an. Die zweite Gruppe (Ordnungsnummern von 31 bis 44)

Tabelle 11

Mitglieder der Bundesvereinigung der Deutschen Arbeitgeberverbände
(nach Angaben 1972)

Vereinsverbände	Zahl der Mitgliedsverbände
Fachspitzenverbände:	
1. Hauptverband der Deutschen Bauindustrie e. V.	16
2. Bundesvereinigung der Arbeitgeber im Bundesverband Bekleidungsindustrie e. V.	12
3. Wirtschaftsvereinigung Bergbau e. V.	15
4. Deutscher Braunkohlen-Industrie-Verein e. V.	—
5. Arbeitsring der Arbeitgeberverbände der Deutschen Chemischen Industrie e. V.	12
6. Arbeitgeberverband der Cigarettenindustrie	—
7. Bundesverband Druck e. V. Sozialpolitischer Ausschuß	11
8. Unternehmensverband Eisenerzbergbau e. V.	—
9. Wirtschaftsverband Erdöl- und Erdgasgewinnung e. V.	—
10. Bundesverband Glasindustrie e. V.	5
11. Hauptverband der Deutschen Holzindustrie und verwandter Industriezweige e. V.	37
12. Kaliverein e. V.	—
13. Bundesverband der Deutschen Kalkindustrie e. V.	4
14. Arbeitgeberverband der Deutschen Kautschukindustrie e. V.*	3
15. Arbeitsgemeinschaft Keramische Industrie e. V.	6
16. Verband der Deutschen Lederindustrie e. V.	—
17. Gesamtverband der metallindustriellen Arbeitgeberverbände e. V.	14
18. Arbeitgeberring Nahrung und Genuß	7
19. Verband Deutschen Ölmühlen e. V.	—
20. Vereinigung der Arbeitgeberverbände der Deutschen Papierindustrie e. V.	9
21. Hauptverband der Papier, Pappe und Kunststoffe verarbeitenden Industrie e. V. Sozialpolitischer Hauptausschuß	13
22. Unternehmensverband Ruhrbergbau	—
23. Unternehmensverband Saarbergbau	—
24. Vereinigung Deutscher Sägewerksverbände e. V.	13
25. Hauptverband der Deutschen Schuhindustrie e. V.	6
26. Sozialpolitische Arbeitsgemeinschaft Steine und Erden	27
27. Gesamtverband des Deutschen Steinkohlenbergbaus	4

Fortsetzung

Vereinsverbände	Zahl der Mitgliedsverbände
28. Arbeitgeberkreis Gesamttextil im Gesamtverband der Textilindustrie in der Bundesrepublik Deutschland e. V.	10
29. Bundesverband der Zigarrenindustrie e. V.	1
30. Verein der Zuckerindustrie	2
31. Arbeitgeberverband des privaten Bankgewerbes e. V.	—
32. Zentralverband des Deutschen Baugewerbes	22
33. Hauptgemeinschaft des Deutschen Einzelhandels e. V.	12
34. Bundesarbeitsgemeinschaft der Mittel- und Großbetriebe des Einzelhandels	12
35. Arbeitgeberverband Deutscher Eisenbahnen e. V. — Eisenbahnen, Berg- und Seilbahnen, Kraftverkehrsbetriebe	—
36. Bundesverband des Deutschen Groß- und Außenhandels e. V.	—
37. Zentralverband der genossenschaftlichen Großhandels- und Dienstleistungsunternehmen e. V.	6
38. Bundesvereinigung der Fachverbände des Deutschen Handwerks	52
39. Gesamtverband der Deutschen Land- und Forstwirtschaftlichen Arbeitgeberverbände e. V.	15
40. Verband Deutscher Reeder e. V.	—
41. Allgemeiner Arbeitgeberverband für die Rheinschifffahrt e. V.	—
42. Arbeitgeberverband der Versicherungsunternehmungen in Deutschland	—
43. Bundesverband Deutscher Zeitungsverleger e. V. (Herausgeber der deutschen Tageszeitungen)	9
44. Vereinigung der Arbeitgeberverbände energie- und versorgungswirtschaftlicher Unternehmungen (Gastmitglied)	6

Insgesamt 44 Vereinsverbände mit 372 Mitgliedsverbänden

* Im Jahre 1965 — Sozialpolitische Vereinigung...

Landesverbände:

45. Vereinigung der Arbeitgeberverbände in Bayern	95
46. Zentralvereinigung Berliner Arbeitgeberverbände	55
47. Vereinigung der Arbeitgeberverbände im Lande Bremen	12
48. Landesvereinigung der Arbeitgeberverbände in Hamburg e. V.	19

Fortsetzung

Vereinsverbände	Zahl der Mitgliedsverbände
49. Vereinigung der Hessischen Arbeitgeberverbände e. V.	44
50. Landesvereinigung der Niedersächsischen Arbeitgeber- und Wirtschaftsverbände e. V.	47
51. Landesvereinigung der industriellen Arbeitgeberverbände Nordrhein-Westfalens e. V.	78
52. Landesvereinigung der Rheinland-Pfälzischen Unternehmerverbände e. V.	18
53. Vereinigung der Arbeitgeberverbände des Saarlandes e. V.	17
54. Landesvereinigung der Schleswig-Holsteinischen Arbeitgeberverbände e. V.	32
55. Verband der Südbadischen Industrie e. V.	18
56. Sozialrechtlicher Landesverband der Industrie für Württemberg-Baden	25
57. Landesgemeinschaft der Industrie in Württemberg-Hohenzollern	9

Insgesamt 13 Vereinsverbände mit 499 Mitgliedsverbänden

Summa summarium 57 Vereinsverbände mit 871 Mitgliedsverbänden

Quellen: Arbeitgeber. Jahresbericht der Bundesvereinigung der Deutschen Arbeitgeberverbände 1972, S. 183—185.

erfaßt die Organisationen des Finanz- und Handelskapitals.

Die Gegenüberstellung dieser 30 Mitgliedsverbände der BDA mit der Mitgliederliste des BDI fördert eine erstaunliche Tatsache zutage: 19 davon sind sogar keine echten Arbeitgeberverbände — dies sind die gleichen Fachverbände, die dem BDI angehören!

Die parallele Mitgliedschaft wird in dreifacher Form realisiert. Die erste Form schließt 10 Verbände ein, die zu 39 BDI-Mitgliedsverbänden zählen, aber gleichzeitig auch der BDA angehören; ihre Ordnungsnummern in der BDA-Mitgliederliste sind — 2, 4, 12, 17, 18, 21, 23, 31, 33, 39 (siehe Tabelle 4), in der Liste der BDA-Mitglieder — 1, 3, 9, 10, 11, 15, 16, 24, 25, 30 (siehe Tabelle 11).

Die zweite Form der zweifachen Mitgliedschaft besteht darin, daß die Verbände in der BDI-Liste ihrem Namen „Sozialpolitischer Ausschuß" oder irgend etwas ähnliches beifügen. Davon machen zwei Spitzenverbände Gebrauch (BDI-Liste — 29, 39; BDA-Liste — 21, 26).

Schließlich nutzt die dritte Form der parallelen Beteiligung die Möglichkeit aus, als BDA-Mitglieder nicht die BDI-Spitzenverbände, sondern die ihnen angeschlossenen Verbände aufzustellen. Darauf kam die Wirtschaftsvereinigung Bergbau, deren sechs Mitgliederverbände BDA-Mitglieder sind, und die Bundesvereinigung der Deutschen Nahrungsindustrie, die dazu einen ihrer Mitgliederverbände delegierte.

Der Vergleich der Mitgliederlisten berechtigt uns zu der Behauptung, daß 33 Prozent aller BDA-Mitglieder direkte Vertreter des BDI sind, die ihre Abstammung vom Bundesverband nicht einmal verbergen. Noch frappierender erscheint uns der BDI-Vorstoß in die Bundesvereinigung, wenn man die Zahl der Sitze, die dem Industriekapital in der BDA zukommen (30), mit der Zahl erklärter BDI-Leute auf diesen Sitzen (19) vergleicht. Es ergibt sich, daß 63,3 Prozent aller Vertretungen des Industriekapitals in der BDA-Mitgliederversammlung der Bundesverband übernommen hat.

Hier werden die unbestreitbaren Tatsachen behandelt. Indes sollte man mindestens zwei Fachspitzenverbände zu den vom BDI völlig abhängigen zählen — aus den Namen geht hervor, daß diese als Arbeitgeberverbände innerhalb der entsprechenden Spitzenverbände des Bundesverbandes auftreten, d. h. eine Art Ausschüsse und keine selbständigen Organisationen sind. Es handelt sich hier um die Nummern 2 und 28 in der BDA-Liste.

Gemeinsam mit ihnen verfügt der BDI über 21 Sitze in der Mitgliederversammlung der BDA bzw. 30 Prozent aller Stimmen, und das Industriekapital ist in der Bundesvereinigung zu 70 Prozent durch Spitzenverbände und Verbände des BDI vertreten. Es ist sehr wahrscheinlich, daß praktisch alle Arbeitgeberorganisationen des Industriekapitals vom Bundesverband beeinflußt werden, allerdings kann man das nur aufgrund der Analyse der Zusammensetzung beider Zentralorganisationen nicht beweisen.

)Wie dem auch sei, zeigen schon die angeführten Einzelheiten, daß ein Drittel des Präsidiums und ein Drittel der Mitgliederversammlung der BDA direkte Repräsentanten des Bundesverbandes sind; wenn man das damit vergleicht, daß die BDA-Vertretung im BDI nicht einmal entfernt solche Ausmaße erreicht, so tritt hier nicht nur die Verbindung zwischen der Organisation des Monopolkapitals, wie es auf den ersten Blick scheinen will, sondern eine Unterordnung einer minder wichtigen unter eine andere, offensichtlich bedeutendere Organisation zutage.

Aus der Gegenüberstellung der Mitgliederlisten geht weiterhin hervor, daß das Ineinandergreifen beider Zentralorganisationen bei weitem nicht gleichwertig ist. Wie bereits gezeigt, sind 16 BDI-Mitgliedsspitzenverbände und fünf angeschlossene Verbände in die Bundesvereinigung „eingedrungen". Daß dies keine Arbeitgeberverbände sind, ist eindeutig — dies geht aus ihrem Namen hervor. Fünf Arbeitgeberverbände gehören ihrerseits dem BDI an; es ist aber eine ganz andere Ebene — sie sind keine Mitglieder des Bundesverbandes selbst, sie zählen nicht zu den 39 Spitzenverbänden, von denen der BDI getragen wird. Diese fünf Arbeitgeberverbände gehören zum Heer von Mitgliedern der Fachverbände, die über 500 Einheiten aufzuweisen haben, so daß der Mitgliedschaft solcher Art keine Bedeutung beizumessen ist. Diese Fakten bestätigen, daß die Bundesvereinigung in einem bestimmten Maße wirklich dem Bundesverband untergeordnet ist.

Bevor wir kurz die Zusammensetzung des BDA-Vorstandes untersuchen, muß man noch auf einige Besonderheiten hinweisen, die aus der Mitgliederliste der Bundesvereinigung resultieren. Von allen Branchen des Industriekapitals sind die Bergbau- und die Leichtindustrie in der BDA relativ stark vertreten, während alle Metallbranchen eine einzige Vertretung haben, und zwar den Gesamtverband der metallindustriellen Arbeitgeberverbände e. V. Zum Vergleich sei kurz daran erinnert, daß die Interessen dieser Wirtschaftszweige im BDI durch 13 Fachspitzenverbände wahrgenommen werden. Soll das etwa bedeuten, daß die BDA auf die Unternehmer des Bergbaus und der Leichtindustrie mehr orientiert ist?

Bei dem ermittelten Grad der Abhängigkeit der BDA vom Bundesverband, in dem gerade die metallproduzierenden und metallverarbeitenden Monopole das große Wort führen, wäre das kaum anzunehmen. Folglich erklärt sich diese Besonderheit aus etwas anderem. Man könnte annehmen, daß dies eine Tarnung ist, und die Interessen der Monopole der Schwerindustrie z. B. über Landesverbände durchgesetzt werden, wo sie anonym bleibt. Es ist auch nicht auszuschließen, daß zum Zweck der politischen Demagogie — die Arbeiter dieser Wirtschaftszweige sind in der größten Gewerkschaft der BRD, der IG Metall, mit ihren 2 Millionen Mitgliedern organisiert — es die Monopole für

Tabelle 12

Vertretung verschiedener Kapitalkategorien im BDA-Vorstand

(Gegen Ende 1972 gehörten ihm zusammen
mit Stellvertretern 109 Mann an)

Kategorie	Vertreterzahl		Entsprechend in %	
	Monopol-kapital	Selbständiges Kapital	Monopol-kapital	Selbständiges Kapital
I. Industriekapital:				
1. Großmonopole	27		24,8	
2. Mittlere Monopole	26		23,9	
3. Selbständiges Kapital		30		27,8
Zusammen	53	30	48,7	27,8
II. Finanzkapital	4	1	3,6	0,9
III. Handelskapital:				
1. Großhandel		2		1,8
2. Einzelhandel	2	1	1,8	0,9
Zusammen	6	4	5,4	3,6
IV. Dienstleistungen:				
1. Verkehr	2	2	1,8	1,8
2. Energieversorgung		2		1,8
3. Verlagswesen		2		1,8
Zusammen	2	6	1,8	5,4
V. Landwirtschaftskapital		1		0,9
Ungeklärt	7		6,4	
Insgesamt	109 = 61 + 7 + 41		100 = 55,9 + 6,4 + 37,7	

besser halten, ihre vermeintliche Schwäche zu bescheinigen und in Wirklichkeit in einem Spitzenverband ihre Kräfte zu konzentrieren: Denn die Aufgabe der Arbeitgeberorganisationen besteht nicht umsonst in der Bekämpfung der Arbeiterschaft.

Aus Tabelle 12 wird deutlich, daß das BRD-Monopolkapital mit 55,9 Prozent der Sitze über eine absolute Mehrheit im BDA-Vorstand verfügt. Allein die Industriemonopole besitzen 48,7 Prozent aller Sitze im Vorstand der Bundesvereinigung. Somit ist der monopolistische Charakter der zentralen Arbeitgeberorganisation auf keinen Fall zu bestreiten, wie auch die Übermacht der Vertreter des industriellen Monopolkapitals. Wenn man berücksichtigt, daß die Stimmen der BDA-Mitgliedsfachverbände von der Zahl der in ihren Betrieben Beschäftigten abhängen (§ 11, (2), (3) und (4) der Satzung)[15] — eine Stimme für je 100 000 Beschäftigte —, so sind die hochmonopolisierten Wirtschaftszweige mit großer Zahl von Arbeitern und Angestellten besser dran, als dies aus den Prozentberechnungen hervorgeht.

Freilich haben die auf den Personalien basierenden Berechnungen einen relativen Charakter, da hier ein Element des Zufalls nicht zu vermeiden ist. Dennoch vermitteln sie insgesamt ein richtiges Bild. Das ergibt sich beispielsweise aus dem Vergleich der Zusammensetzung des BDA-Vorstandes 1972 mit dem, wie er 1965 aussah. Damals verfügte das Monopolkapital über 54,9 Prozent aller Sitze gegenüber mehr als 42,5 Prozent der selbständigen Unternehmer; jetzt sieht dieses Kräfteverhältnis praktisch genauso aus — 55,9 Prozent zu 37,7 Prozent.

Arbeitsorgane der BDA. Ziele der Organisation

Im Unterschied zum BDI, dessen Aufgaben einen umfassenden Charakter haben und sich praktisch über alle Lebensbereiche des Staates, der Gesellschaft und der Wirtschaft erstrecken, ist die Bundesvereinigung der Deutschen Arbeitgeberverbände eine spezialisierte Einrichtung. In Paragraph 2 der BDA-Satzung werden ihre Ziele folgendermaßen festgelegt: „Die Bundesvereinigung hat die Aufgabe, solche gemeinschaftlichen sozialpolitischen Belange zu wahren, die über den Bereich eines Landes oder den Bereich eines Wirtschaftszweiges hinausgehen und die von grundsätzlicher Bedeutung sind."[16] Hinter dieser verschwommenen Formulierung verbirgt sich das Bestreben, gegen die Interessen der Arbeiterklasse und der Gewerkschaften der BRD zu kämpfen, sich dem Wirken der Werktätigen um größere Rechte in den Betrieben entgegenzustellen, die Gewerkschaften zu „zähmen" und für die Monopole die Verhältnisse des sozialen Friedens zu schaffen, der durch keine Forderungen und Aktio-

Tabelle 13

Ausschüsse der Bundesvereinigung der Deutschen Arbeitgeberverbände

Ausschüsse	Vorsitzender	Konzerne
1. Haushaltsausschuß	W. Schwarz	Schatzmeister der BDA
2. Ausschuß zur Reform des Lohnabzugsverfahrens	W. R. Habbel	—
3. Arbeitsrechtsausschuß	H.-M. Schleyer	Daimler-Benz
3a. Unterausschuß Arbeitskampfrecht	H.-M. Schleyer	Daimler-Benz
3b. Unterausschuß Betriebsverfassungsrecht	B. Walter	—
4. Ausschuß für Arbeitnehmer-Erfindungsrecht	W. Dehmer	Fried. Krupp
5. Arbeitskreis Mitbestimmung	H.-M. Schleyer	Daimler-Benz
6. Ausschuß Eigentumsbildung	F. Greiß	Vorsitzender d. Bundeskatholischer Unternehmer
7. Ausschuß zur Koordinierung der Lohn- und Tarifpolitik	O. A. Friedrich	Friedrich Flick
8. Lohn- und Tarifpolitischer Ausschuß	H. Knapp	Bergmann Electro (Siemens)
9. Ausschuß Leistungslohn	A. Roth	—
10. Ausschuß für Heimarbeitsfragen	G. Pape	—
11. Ausschuß für Volkswirtschaftliche Fragen der Einkommensverteilung	F. Hellwig	—
12. Ausschuß für Arbeitsmarktfragen	H.-H. von Frankenberg	—
13. Ausschuß für Rehabilitation und Schwerbeschädigtenfragen	H. Ewertz	—
14. Ausschuß für Ausländische Arbeitskräfte	U. Frhr. v. Gienanth	—
15. Ausschuß für Berufsausbildung und Fortbildung	P. Gert v. Beckerath	Farbenfabriken Bayer

Fortsetzung

Ausschüsse	Vorsitzender	Konzerne
16. Jugend- und Bildungsausschuß	E. Hedrich	—
17. Ausschuß Soziale Sicherung	W. Dräger	—
18. Ausschuß Arbeitssicherheit	H. Bergmann	—
19. Ausschuß für betriebliche Altersversorgung	G. Lohauß	—
20. Ausschuß für Soziale Betriebsgestaltung	H. Manthey	Reemtsma Cigarettenfabriken
21. Ausschuß Technischer Fortschritt und Strukturwandel	G. Zaar	Siemens
22. Ausschuß für Presse- und Öffentlichkeitsarbeit	D. Fertsch-Röver	—
23. Ausschuß für Sozialpolitik in der Europäischen Wirtschaftsgemeinschaft	G. Kley	Siemens

nen der Ausgebeuteten und deren Organisationen gestört würde. Eine gesonderte Festlegung der Satzung schließt die Möglichkeit für die mit den Gewerkschaften verbundenen Personen aus, sich an der Arbeit der BDA zu beteiligen: Paragraph 10 (2) lautet: „In die Organe der Bundesvereinigung können nur Personen entsandt oder berufen werden, die von Arbeitnehmerorganisationen unabhängig sind."

Über detaillierte Stoßrichtungen der BDA kann man nach dem Charakter ihrer Ausschüsse und nach der Struktur ihrer Geschäftsführung urteilen. Ende 1972 gab es in der Bundesvereinigung die Ausschüsse, die in Tabelle 13 aufgeführt sind.

Der Name vieler Ausschüsse der BDA (Tabelle 13) soll nicht täuschen. Ähnlich, wie sich in Georg Orwells Roman „1984" das Ministerium für Wahrheit mit der Erzeugung von Fälschungen und das Ministerium für Liebe mit bestialischen Folterungen von Menschen befaßt, so ist der Ausschuß „Streikrecht" darauf aus, dieses Recht zu beschneiden; der Arbeitskreis „Mitbestimmung" will beweisen, daß die Idee der Mitbestimmung der Werktätigen schädlich ist. Es sei hier ein Beispiel zur Untermauerung des Gesagten angeführt. Der erwähnte Arbeitskreis, der vom Präsidium 1964 eingesetzt wurde, (damit liegt übrigens ein Verstoß gegen die BDA-Satzung vor, wonach nicht das Präsidium, sondern der Vorstand zuständig ist, Ausschüsse und Arbeitskreise zu berufen), hat „in einer Reihe jeweils sorgsam vorbereiteter Sitzungen die Mitbestimmungsfrage sehr eingehend behandelt"[17]. Der Arbeitskreis erarbeitete eine Dokumentation, die die Behauptung enthielt: „Demokratisierte Wirtschaft und soziale Marktwirtschaft schließen sich gegenseitig aus."[18] Bei der Veröffentlichung dieser Dokumentation brachte der damalige Präsident Balke ihr politisches Wesen zum Ausdruck, indem er die Forderungen der Gewerkschaften nach einer Demokratisierung der Produktionsleitung scharf zurückwies und erklärte, daß die Haltung der Unternehmer in dieser Frage eine kompromißlos negative sei.

Die BDA-Geschäftsführung sichert die Tätigkeit der Leitungsorgane und der Ausschüsse der Arbeitgeberzentrale. Ihre Gliederung stimmt — zwar nicht buchstäblich — mit den Themenkreisen der Ausschüsse überein (Tabelle 14).

Ausgehend von der Zusammensetzung der Ausschüsse und der Struktur der Geschäftsführung, kann man zwei Hauptstoßrichtungen in der Arbeit der BDA bestimmen. Die erste umfaßt sämtliche sozialpolitischen Interessen der Monopole, die darauf gerichtet sind, die Rechte und Kampfmöglichkeiten der Werktätigen zu beschneiden und gegen solche Punkte in der Gewerkschaftspolitik anzukämpfen, durch die das monopolistische Kapital sich bedroht fühlt. Die zweite Richtung enthält eine Palette von paternalistischen Maßnahmen, die auf die Eindämmung des Klassenkampfes durch ein System von sozialen Zugeständnissen und somit auf die Stabilisierung der kapitalistischen Gesellschaftsordnung abzielen. Diese Richtung schließt auch die Zusammenarbeit mit opportunistischen Elementen in der Gewerkschaftsführung ein, deren Politik mit den Interessen der Monopole objektiv übereinstimmt.

In beiden Fällen setzt sich die Bundesvereinigung zum Ziel, für die westdeutschen Kapitalisten solche Direktiven zu erarbeiten, die ein Zusammengehen der gesamten Kapitalistenklasse sichern; notfalls schreckt die BDA vor Maßregelungen gegen jene Unternehmer nicht zurück, deren Vorge-

Tabelle 14

Geschäftsführung der BDA

Hauptgeschäftsführer und Präsidialmitglied	Wolfgang Eichler
Stellv. Hauptgeschäftsführer	Ernest-Gerhard Erdmann Fritz-Heinz Himmelreich

Abteilungen:
1. Innere Verwaltung, Organisations- und Verbandsfragen
2. Arbeitsrecht und arbeitsrechtliche Gesetzgebung
2a. Wirtschafts- und Sozialverfassung
3. Lohn- und Tarifpolitik
3a. Volkswirtschaftliche und statistische Grundsatzfragen
4. Arbeitsmarkt, Berufsberatung, Arbeitsvermittlung, Arbeitslosenversicherung, Arbeitslosenhilfe, Frauenarbeit, Berufsfortbildung, Umschulung, Rehabilitation
5. Gesellschaftspolitische Bildungs- und Jugendarbeit
6. Soziale Sicherung
7. Soziale Betriebsgestaltung
8. Nachrichtenorgane, Presse, Öffentlichkeitsarbeit
9. Internationale Sozialpolitik
   Walter-Raymond-Stiftung

Quellen: „Arbeitgeber Jahresbericht der BDA, 1972", S. 195—206.

hen die einheitliche Front des Kapitals stört. Es erübrigt sich hier zu betonen, daß konkrete sozialpolitische Interessen der Monopole des öfteren die gesamte BDA-Politik bestimmen und in diesem Moment der Zwangsmechanismus ausschließlich zugunsten des Monopolkapitals in Kraft tritt.

Dies sind keine Spekulationen. Die Praktiken der BDA lassen Beispiele von Disziplinarverfahren gegen die „Unbotmäßigkeit" von Firmen und ganzen Verbänden, die der Bundesvereinigung angehörten, anführen. Im Frühjahr 1963 wurden aus dem Verband baden-württembergischer Metallindustrieller dreizehn Firmen verbannt, die sich dem Beschluß über die Aussperrung nicht beugten. Dadurch büßten sie ihre Mitgliedschaft im Gesamtverband der metallindustriellen Arbeitgeberverbände (siehe Nr. 17 in der Tabelle 11) ein und schieden aus der BDA aus. Über ihren Ausschluß wurden alle Verbandsmitglieder informiert, was praktisch eine Aufforderung zum Boykott bedeutete. Im Dezember desselben Jahres legte die BDA der Vereinigung der Arbeitgeberverbände des Saarlandes (Nr. 53 in der Tabelle 11) nahe, den Verband der Textil- und Lederindustriellen auszuschließen, weil er die Stirn gehabt hatte, mit der Gewerkschaft der Textilarbeiter auf eigene Faust zu vereinbaren, Gewerkschaftsmitgliedern ein Urlaubsgeld zu gewähren.

1967 erteilte die BDA dem Hamburger Gummifabrikanten Ewald Merkel eine scharfe Rüge. Während der Verhandlungen mit der Industriegewerkschaft Chemie, Papier, Keramik in Hamburg mußte er angesichts der Streikdrohung versprechen, daß 12 000 Hamburger Chemiearbeiter, falls sie ihre Arbeitsplätze verlieren, entschädigt werden. Somit verstieß Merkel gegen ein altes Prinzip der Arbeitgeberverbände, nach dem den Werktätigen das Recht auf den Arbeitsplatz bzw. auf Entschädigung bei seinem Verlust abgesprochen wird. Der BDA-Präsident kennzeichnete das Vorgehen Merkels als „Betriebsunfall auf Arbeitgeberseite, der sich nicht wiederholen darf" [19]. Schließlich wurden im November 1971 die Firmen, Carl Zeiss und Kodak, aus dem Arbeitgeberverband ausgeschlossen, weil sie sich weigerten, an der gegen die Metallarbeiter Baden-Württembergs gerichteten Aussperrung teilzunehmen.

Fassen wir kurz zusammen. Die Bundesvereinigung der Deutschen Arbeitgeberverbände ist eine zentrale Organisation der Kapitalistenklasse der BRD, um den Klassenkampf gegen die Werktätigen zu führen. Angesichts fehlender Angaben läßt sich schwer sagen, in welchem Maße die BDA die gesamte bürgerliche Klasse erfaßt, denn solche Daten wurden niemals publiziert. Nach Schätzungen der westdeutschen Presse gehören rund 80 Prozent aller Kapitalisten der Bundesvereinigung an[20]. Dies entspricht übrigens auch den Schätzungen über die Mitgliedschaft im Bundesverband. Die Vormachtstellung der Monopole in der BDA führt dazu, daß die ganze Masse der BRD-Kapitalisten an die monopolistischen Interessen gebunden werden, die nicht immer mit ihren eigenen Belangen übereinstimmen. Bei dem selbständigen Aktionsbereich im Rahmen allgemeiner politischer Aufgaben der Monopololigarchie befindet sich die BDA dennoch in einer bestimmten Abhängigkeit vom Bundesverband. Diese Abhängigkeit ist freilich nirgends fixiert, aber sie wird durch den Charakter der Arbeitsteilung zwischen ihnen bestimmt, indem sie die Beziehungen zwischen einer Organisation der Monopole widerspiegelt, die dazu dient, die Gesamtheit allgemeiner wirtschaftlicher, politischer und gesellschaftlicher Interessen der Monopololigarchie durchzusetzen, und der anderen, deren Funktionen auf dem Gebiet der Sozialpolitik liegen.

3. Andere zentrale Unternehmerverbände

Deutscher Industrie- und Handelstag (DIHT) — eine Organisation, die regionale Belange der Kapitalistenklasse und deren Monopolspitze vertritt

Deutscher Industrie- und Handelstag ist eine Dachorganisation aller Industrie- und Handelskammern des Landes, für die Mitgliedszwang besteht. Im DIHT sind also alle Fraktionen der Kapitalistenklasse der BRD vertreten.

Die Organisationsstruktur des DIHT ist viel einfacher, als die der oben untersuchten Zentralverbände. Jeder Unternehmer, ob Industrieller, Kaufmann oder Manager in Vertretung seiner Industrie- bzw. Handelsfirma, gehört der Industrie- und Handelskammer der Stadt an, wo sein Betrieb liegt. Gibt es in der Ortschaft keine Kammer, so schließt sich die Firma der Industrie- und Handelskammer an, der dieses Territorium untersteht. In Westdeutschland gibt es insgesamt 81 Kammern. Deren Präsidenten und Bevollmächtigte fungieren gerade als Mitglieder des Deutschen Industrie- und Handelstags. Zugleich sind die Kammern zu Landesvereinigungen zusammengefaßt. Darüber hinaus gehören dem DIHT 27 Außenhandelskammern an, die die Interessen der Wirtschaft im Ausland vertreten. Den BRD-Presseberichten zufolge bekleideten die Monopolvertreter 1970 rund 35 Prozent aller Präsidentenposten in den Industrie- und Handelskammern. Im DIHT-Vorstand wurden alle Sitze zu gleichen Teilen zwischen den Delegierten der Großunternehmen und des Mittelstandes geteilt.

Die DIHT-Publikationen enthalten wenig Angaben, die der Untersuchung uns interessierender Seiten seiner Tätigkeit dienen könnten. Der DIHT hat keine anderen Organe außer dem Vorstand, der Mitgliederversammlung und der Geschäftsführung. Betrachten wir die Zusammensetzung des Vorstands, wie er 1972 war (siehe Tabelle 15).

Angesichts der erwiesenen Fakten der Massenunterwanderung der Organe der Bundesvereinigung durch führende

Tabelle 15

Vorstand des DIHT, Verbindungen seiner Mitglieder mit den anderen Unternehmerverbänden und Firmen, die sie vertreten

Name	Posten im DIHT	Posten in anderen Verbänden	Firma
1. Otto Wolf von Amerongen	Präsident, Präsident der IHK Köln	Vors. des Ausschusses für Osthandel	Otto Wolff
2. Karl Schreiber	stellv. Präsident, Präsident der IHK Stuttgart	—	...
3. Herbert Westerich	stellv. Präsident, Präs. der HK Hamburg	Hauptgemeinschaft des Dt. Einzelhandels	...
4. Almin Münchmeyer	Ehrenmitglied	—	Mitinhaber des Bankhauses Schröder
5. Ernst Schneider	Ehrenmitglied, Vizepräsident der IHK zu Düsseldorf	—	Kohlensäure-Industrie
6. Hermann Wenhold	Ehrenmitglied		
7. Hendrik Apetz	Mitglied, Präsident der IHK in Emden	Zentralverband der Dt. Seehafenbetriebe	Westfälischer Transport AG
8. Otto Braun	Mitglied, Präsident der IHK Kassel	—	Fa. B. Braun Pharmazeutische Fabr. Melsungen
9. Walter Braun	Mitglied, Präsident der IHK Nürnberg	Präsident, Mitglied des Bundesverbandes des Dt. Groß- und Außenhandels (BGA)	Fa. Walter Braun
10. Walter W. Cobler	Mitglied, Präsident der IHK zu (West-) Berlin	Präs., Mitglied des BDI, Vors. d. Landesverbandes d. BDI	Turbon
11. Friedrich Conzen	Mitglied, Präsident der IHK zu Düsseldorf	Stellv. Mitglied des Vorstandes der BDA	...

Fortsetzung

Name	Posten im DIHT	Posten in anderen Verbänden	Firma
12. Fritz Dietz	Mitglied, Präsident der IHK Frankfurt/Main	Präs. des Bundesverbandes des Dt. Groß- und Außenhandels (BGA)	Gebr. Dietz
13. Hubert Dohmen	Mitglied, Präsident der IHK des Saarlandes	—	Landesbank u. Girozentrale Saar
14. Hans Joachim Evers	Mitglied, Präs. der IHK zu Lübeck	—	Possehl & Co.
15. Ernst Hermann Fernholz	Mitglied, Präsident der IHK für die Pfalz in Ludwigshafen	—	Grünzweig & Hartmann
16. Hans-Joachim Götz	Mitglied, Präsident der IHK zu Hannover	—	...
17. Hans Hartwig	Mitglied, Vizepräsident der IHK zu Dortmund	1. Vizepräs. BGA	Fritz Hartwig
18. Dietrich Wilhelm von Menges	Mitglied, Präsident der IHK zu Essen	—	Gutehoffnungshütte
19. Heinz Quester	Mitglied, Präsident der IHK zu Freiburg in Breisgau	—	Deutsche Bank
20. Hans J. Reuther	Mitglied, Präsident der IHK Mannheim	—	Bopp & Reuther
21. Rolf Rodenstock	Mitglied, Präsident der IHK für München	Präs., Mitglied des BDI, Präs. Mitglied der BDA	Optische Werke Rodenstock
22. Hans Rudolph Freiherr von Schröder	Mitglied, Vollversammlungsmitglied der HK Hamburg	—	...
23. Rolf Stödter	Mitglied, Vizepräsident der HK Hamburg	Präsident d. Verbandes Deutscher Reeder	John T. Essberger

Fortsetzung

Name	Posten im DIHT	Posten in anderen Verbänden	Firma
24. Herbert Waldthausen	Mitglied, Präs. der HK Bremen	—	...
25. Bernhard Weiss	Mitglied, Präsident der IHK Siegen	Vors. einiger Unterverbände in BDI	Siemag Siegner Maschinenbau

ANMERKUNG: IHK – Industrie- und Handelskammer
HK – Handelskammer

Quellen: „Bericht 1972. Deutscher Industrie- und Handelstag". S. 178–179; Verbände, Behörden, Organisationen der Wirtschaft, a. a. O.

Funktionäre des Bundesverbandes soll uns die Präsenz von Vertretern der beiden Organisationen im DIHT-Vorstand nicht verwundern.

Zugleich zeigt eine Gegenüberstellung der DIHT-Leitung unter Präsident Schneider (z. B. im Jahre 1966) mit der heutigen, daß die Verbindungen der Vorstandsmitglieder mit dem BDI und der BDA nicht ein für allemal gegeben sind. Sollten zuvor 13 von 24 DIHT-Vorstandsmitgliedern auf diese oder jene Weise mit den genannten Organisationen verbunden sein, so sind 1969, nach der Übernahme der Präsidentschaftsgeschäfte durch Otto v. Amerongen, lediglich vier solcher Leute geblieben; übrigens bekleiden sie sechs Posten im BDI und zwei in der BDA. Diese Veränderung widerspiegelt ohne Zweifel das Bestreben v. Amerongens — eines hundertfachen Millionärs und einer prominenten Persönlichkeit — seiner Organisation mehr Gewicht und größere Eigenständigkeit zu sichern.

Die Stoßrichtungen des Deutschen Industrie- und Handelstages werden durch die Struktur seiner Geschäftsführung, die aus der Tabelle 16 ersichtlich ist, umrissen.

Auffallend ist hier eine relativ geringe Politisierung der DIHT-Tätigkeit im Vergleich zu den aggressiv formulierten Interessen der beiden uns bereits bekannten Kapitalistenorganisationen, das Fehlen von zugespitzt scharfen politischen Themen sowie ein sachlicheres und reserviarteres Herangehen an die anderen Bereiche. Freilich läßt das den DIHT nicht als eine prinzipiell andere Einrichtung erscheinen — eher dient sie, genauso wie die ersten

Tabelle 16

Geschäftsführung des Deutschen Industrie- und Handelstags

Hauptgeschäftsführer	P. Broicher
Stellv. Hauptgeschäftsführer	R. Altmann
	W. Hipp
	(ab 1. April 1972 W. Junge)

Referate:
Verbindungsreferat zum Präsidenten
Gesetzgebung und Koordination
Betreuung der Auslandshandelskammern
Organisation, Grundstückverwaltung

Fachabteilungen:
Absatzwirtschaft
Außenwirtschaft und Europäische Wirtschaftsintegration
Verkehr
Finanzen und Steuern
Recht
Berufsbildung
Allgemeine Wirtschaftspolitik
Information
Öffentliches Auftragswesen, Sichercheitsfragen der gewerblichen Wirtschaft, Spendenwesen
Strukturpolitik, Raumordnung und Umweltschutz
Unterabteilung Bildungspolitik

Quellen: „Bericht 1972. Deutscher Industrie- und Handelstag", S. 179–180.

zwei, den Klasseninteressen der Bourgeoisie. Jedoch zum Unterschied von der BDA und dem BDI, die auf dem Prinzip einer freiwilligen Mitgliedschaft basieren und deshalb das Recht besitzen, die mit ihrer Politik unzufriedenen Kapitalisten auszuschließen — das Recht, von dem sie, wie bereits ausgeführt, ohne Hemmungen Gebrauch machen — erfaßt der Deutsche Industrie- und Handelstag alle Bourgeois der Bundesrepublik. Darin liegt die Stärke und die Schwäche des DIHT. Allein der Mitgliedszwang und die hundertprozentige Erfassung der gesamten Ausbeuterklasse geben der DIHT Existenzberechtigung — im umgekehrten Falle wäre es eine Organisation, die mit dem BDI konkurrieren müßte. Die breite Massenbasis aber läßt die DIHT-Leitung das ganze Interessensspektrum der Kapitalistenklasse — und nicht nur die Belange deren politisch aktiven Teils — berücksichtigen sowie größere Vorsicht für geboten erscheinen. Sicherlich kontrolliert die Monopolbourgeoisie auch den DIHT, aber angesichts der beiden anderen ihr zur Verfügung stehenden Organisationen kann sie ihre Interessen über diese durchsetzen — übrigens ist ihr politisches Gewicht viel bedeutender — weshalb sie darauf verzichten darf, dem DIHT ihre Präsenz zu auffällig aufzuzwingen. Das schließt auf keinen Fall aus, daß in wichtigen Angelegenheiten, die eine Manifestierung der Einheit aller drei Zentralen der Kapitalistenverbände notwendig machen, der DIHT-Präsident gemeinsam mit Sohl und Friedrich vorgeht. In solchen Fällen genügt eine Absprache auf Leitungsebene, und es erübrigt sich, auf die ganze DIHT-Organisation einzuwirken.

Die Stoßrichtungen des DIHT stimmen äußerlich mit vielen Zielen des BDI überein — die beiden Zentralverbände der Kapitalisten nehmen die Interessen ihrer Klasse vorwiegend auf dem Gebiet der Wirtschaftspolitik wahr, und aufgrund einer engen Verflechtung der Wirtschaft mit der eigentlichen Politik stoßen sie heute unausweichlich zu den Problemen der „reinsten" Außen- und Innenpolitik vor. Worin besteht jedoch der Unterschied zwischen dem DIHT und dem BDI?

Der wichtigste Unterschied zwischen ihnen geht aus dem bereits erwähnten Umstand hervor: Als Organisation der ganzen Kapitalistenklasse, darunter der Klein- und Zwergunternehmer, ist der DIHT gewissermaßen gezwungen, an alle Probleme mehr aus der Sicht der regionalen und lokalen Interessen der Bourgeoisie heranzugehen. Deshalb gehören zu seinem Aufgabenkreis solche Fragen wie die künftige Entwicklung einzelner Kreise und die regionale Wirtschaftsförderung. Das territoriale Aufbauprinzip des DIHT trägt auch dazu bei, daß sich in der konkreten Praxis des DIHT nicht sosehr die fach- bzw. schichtbezogenen Interessen der Bourgeoisie wie deren lokale und regionale Belange widerspiegeln. Somit ergänzt der DIHT die Repräsentierung der Interessen des Kapitals im Rahmen des ganzen Staates, welche durch die beiden ersten Organisationen erfolgt. Er trägt zur Festigung der Vormachtstellung der Bourgeoisie in Staat und Gesellschaft der BRD bei, indem diese Stellung auf jener lokalen Ebene gesichert wird, die der BDI und die BDA aufgrund ihrer Spezifik nicht ohne weiteres beeinflussen könnten. Zugleich aber zeugt das Bestehen des DIHT in noch stärkerem Maße als die Existenz der BDA von Widersprüchen innerhalb der Kapitalistenklasse, die es notwendig machen, drei zentrale Organisationen des Kapitals zu unterhalten. Dies wird unten ausführlicher behandelt werden. Jetzt muß man jedoch noch einen Unterschied des DIHT zum Bundesverband hervorheben. Sogar rein äußerliche Merkmale lassen die Annahme zu, daß die Bedeutung des DIHT nicht so groß ist wie das Gewicht und Ansehen des BDI sind. Nehmen wir die Struktur der beiden Organisationen, deren Geschäftsführung oder die Vertretung der größten Monopole in ihren Leitungsorganen: All diese Einzelheiten zeugen von einer unverkennbaren Rangdifferenz, die nicht zugunsten des DIHT ausfällt.

Das ließe sich vielleicht am besten durch folgende Vergleiche verdeutlichen. Der Bundesverband richtete an den Bundeskanzler und Minister innerhalb von 15 Monaten — seit Januar 1971 bis April 1972 — 167 Denkschriften, Empfehlungen, Entwürfe und Berichte. Ungefähr im gleichen Zeitraum übersandte der DIHT an die Bundesregierung 70 Dokumente, ein Fünftel davon in Zusammenarbeit mit anderen zentralen Unternehmerverbänden. Nur zwei Denkschriften übersandte der DIHT 1972 unmittelbar an den Bundeskanzler, während der BDI an den Regierungschef 6 Dokumente schrieb.

Bezeichnend ist auch, daß die Ministerien, die sich mit großer Politik befassen, mit dem DIHT fast nichts zu tun haben. Unter den Empfängern des DIHT findet man nicht das Außenministerium, und nur eine Denkschrift ging an den Verteidigungsminister; indes sandte der Bundesverband seine Stellungnahmen dem Außenministerium 14mal und dem Verteidigungsministerium 3mal zu (abgesehen von den Denkschriften an die Abteilungen des Ministeriums).

Diese Gegenüberstellung könnte man fortsetzen. Aber die angeführten Tatsachen machen in genügendem Maße deutlich, daß trotz der scheinbar überlappenden Interessenbereiche des DIHT und des BDI der erstere bei weitem keine Konkurrenz des zentralen Unternehmerverbandes darstellt und seine Rolle bei der Wahrnehmung großer politischer Interessen der Kapitalistenklasse viel bescheidener ist. Im Rahmen einer Arbeitsteilung zwischen den Klassenorganisationen der Bourgeoisie erfüllt der DIHT allerdings wichtige Funktionen, indem er die lokalen Interessen der gesamten Ausbeuterklasse auf dem Gebiet der Wirtschaftspolitik sichert, zur Schlichtung von Konflikten zwischen einzelnen

Gruppen dieser Klasse beiträgt und den Anforderungen der Kapitalistenklasse gerecht wird, deren ökonomische Existenz mit der Möglichkeit zur Ausbeutung und Aneignung des Mehrwertes steht und fällt.

Bundesverband des privaten Bankgewerbes — Organisation der Finanzoligarchie Westdeutschlands

In den bereits untersuchten Hauptverbänden der Unternehmer erschöpft sich die Liste der Klassenorganisationen der BRD-Kapitalisten nicht. Zugleich bestehen folgende Bundesvereinigungen: 1. Bundesverband des privaten Bankgewerbes, 2. Deutscher Sparkassen- und Giroverband, 3. Gesamtverband der Versicherungswirtschaft, 4. Centralvereinigung Deutscher Handelsvertreter- und Handelsmaklerverbände, 5. Gesamtverband des Deutschen Groß- und Außenhandels, 6. Hauptgemeinschaft des Deutschen Einzelhandels, 7. Der Deutsche Hotel- und Gaststättenverband, 8. Zentralarbeitsgemeinschaft des Straßen-Verkehrsgewerbes, 9. Verband Deutscher Reeder, 10. Bundesverband der Deutschen Binnenschiffahrt, 11. Zentralverband des Deutschen Handwerks.

Es ist hier nicht möglich, jede dieser Organisationen ausführlich zu behandeln, zumal zu den bereits aufgedeckten Momenten keine grundsätzlich neuen hinzukommen würden. Außerdem entspricht es den Zielen der vorliegenden Arbeit, die wichtigsten Unternehmerverbände zu untersuchen, deren Einfluß die Machtstellung der Monopole im Staat sichert. 10 von den erwähnten 11 zentralen Verbänden sind nicht von so großer Bedeutung.

Die Ausnahme bildet hier der Bundesverband des privaten Bankgewerbes (BdpB) — die Organisation der Finanzoligarchie der BRD. Dieser Verband ist schon deshalb zur Gruppe der wichtigsten und einflußreichsten zu zählen, weil er die Belange des Finanzkapitals vereint, die bei der Festlegung der realen Politik des westdeutschen Staates eine maßgebliche Rolle spielen. Zwar wird die Bedeutung des Verbandes durch den unmittelbaren persönlichen und den außerhalb der Verbandsebene liegenden Einfluß von Großbankiers auf den gesamten Staatskurs etwas geschmälert. Bekanntlich hat Adenauer ohne Rücksprache mit Robert Pferdmenges keine schwerwiegenden Beschlüsse gefaßt. Bekannt ist die Rolle von Abs, eines der einflußreichsten Bankiers Westeuropas, der auch als geheimer Berater der BRD-Regierung fungierte. Nichtsdestotrotz muß man unter den bedeutendsten BRD-Zentralverbänden des Monopolkapitals dem BdpB die vierte Stelle einräumen.

Der Bundesverband des privaten Bankgewerbes entstand 1951 auf Grundlage der 1949 geschaffenen Gemeinschaft von Privatbanken. Dem Bundesverband gehören an: Drei Monopolbanken — Deutsche Bank, Dresdner Bank und Commerzbank — einschließlich ihrer Niederlassungen in Westberlin; 66 regionale und lokale Banken; 172 private Bankfirmen; 29 spezialisierte Banken; 6 westdeutsche Filialen ausländischer Banken.

Diese Banken bilden 11 Landesverbände der privaten Bankwirtschaft, die Mitglieder des Bundesverbandes sind. Zu seinen Mitgliedern zählen darüber hinaus zwei Fachverbände, die nicht den Landesvereinigungen angehören — Verband privater Hypothekenbanken und Arbeitsgemeinschaft privater Schiffsbanken (im ersten Fachverband sind 23 private Hypothekenbanken und im zweiten fünf private Schiffsbanken zusammengeschlossen).

Insgesamt sind also im Bundesverband 304 Banken vertreten. Zu den Verbandsorganen gehören der Vorstand (mit Funktionen des Präsidiums), der Hauptausschuß (vergleichbar den Vorständen im BDI und der BDA), 14 Ausschüsse, mehrere Arbeitskreise und der volkswirtschaftliche Sachverständigenrat.

Eine dominierende Rolle spielt im Bundesverband das monopolistische Finanzkapital. Die fünf größten Privatbanken der BRD herrschen in den Leitungsorganen des Verbandes — von 33 Sitzen im Hauptausschuß sind 20 durch ihre Vertreter besetzt.

Somit gehören den fünf größten BRD-Banken 60,6 Prozent aller Sitze in den Leitungsorganen, während die restlichen 296 (mit Ausnahme von drei Tochterbanken) lediglich über 39,4 Prozent verfügen. Bezeichnenderweise ist dieses Verhältnis bedeutend höher als das zwischen der realen Finanzmacht der fünf größten Banken und der Hauptmasse der Verbandsmitglieder: Die Gesamtbilanz dieser Banken beträgt rund 35 Prozent der Gesamtbilanz aller Privatbanken der Bundesrepublik. Unter diesen Bedingungen kann kein Zweifel darüber entstehen, daß die Verbandspolitik durch Finanzoligarchie und deren Interessen diktiert wird.

Die Interessenbereiche werden durch die Zielrichtungen der BdpB-Ausschüsse — seine Planungs- und Koordinationsorgane — bestimmt. Kennzeichnend ist, daß der Repräsentationsgrad der fünf Mammutbanken in diesen Ausschüssen noch höher ist als im Leitungsorgan des Bundesverbandes des privaten Bankgewerbes. So sind in dem aus 13 Mann bestehenden Ausschuß für Öffentlichkeitsarbeit 10 Personen Generalbevollmächtigte, Vorstandsmitglieder, Direktoren und stellvertretende Direktoren dieser fünf Banken. Die Sitze im Ausschuß wurden folgendermaßen verteilt: Drei Vertreter entsandte die Deutsche Bank, drei die Dresdner Bank, zwei die Commerzbank und je einen die Bayrische Hypotheken- und Wechselbank sowie die Bayrische Vereinsbank. Somit konzentriert die Finanzoligarchie über drei Viertel aller Sitze in dem Ausschuß in ihren Händen.

Die acht wichtigsten Ausschüsse befassen sich mit folgenden Problemen: Kreditpolitik, Kapitalmarkt, Fragen des gemeinsamen Marktes, Wertpapiere und Börsen, außenwirtschaftliche Beziehungen, Steuerrecht, Organisation und Rationalisierung, Öffentlichkeitsarbeit.

Die Lösung der Fragen, die mit diesen Problemen zusammenhängen, erfordert einen aktiven Eingriff in die Staatspolitik. In dieser Hinsicht unterscheidet sich der Bundesverband des privaten Bankgewerbes von den bereits untersuchten Organisationen der Monopole in keiner Weise. Die uns zur Verfügung stehenden spärlichen Angaben über seine Tätigkeit (unter den Unternehmerverbänden, die sich vom Prinzip äußerster Geheimhaltung leiten lassen, zeichnet sich die Organisation der Finanzleute durch besondere Verschwiegenheit aus) zeugen davon, daß der Bundesverband es bevorzugt, seine Ziele gemeinsam mit den größeren Monopolverbänden und in erster Linie in Übereinstimmung mit dem BDI anzusteuern.

4. Widersprüche der Unternehmerverbände und der Mechanismus zu deren Überwindung

Gegensätze innerhalb der Verbände

Der bei der Untersuchung der vier wichtigsten Unternehmerverbände ermittelte Grad ihrer Unterordnung unter das Monopolkapital ist dermaßen hoch, daß die Monopole in den Verbänden schalten und walten können, als gehöre außer ihnen und einer geringen Anzahl mittelständischen Unternehmer niemand mehr diesen Organisationen an. Indes wird die Hauptmasse von Firmen, die in den Unternehmerverbänden organisiert sind, aus der nichtmonopolistischen Schicht der Kapitalistenklasse rekrutiert, deren objektive Interessen nicht immer mit den Belangen der Großkonzerne übereinstimmen. Es liegt die Annahme nahe, daß diese Differenzen zwangsläufig zu Widersprüchen innerhalb der Verbände führten.

Offizielle Materialien der Verbände enthalten keine direkten Zeugnisse davon, weil die gesamte Information über das interne Verbandsleben in Form von frisierten Berichten herauskommt, in denen man nicht einmal Tatsachen über Streitigkeiten und Mißstimmigkeiten finden kann, die ja in jeder Arbeit natürlich sind. Dennoch gibt es in den Verbänden interne Klassenwidersprüche.

Wenn die internen Verbandsgegensätze selten ans Tageslicht treten, so geschieht das nur deshalb, weil es gerade eine der Funktionen der Unternehmerorganisationen ist, die in der Kapitalistenklasse bestehenden Spannungen abzubauen, die zwischen den Monopolen und den nichtmonopolistischen Bourgeois existierenden Widersprüche durch gemeinsame Interessen zu überbrücken, die Bourgeois sowohl angesichts ihres Klassengegners innerhalb des Landes als auch in der allgemeinen ideologischen und politischen Auseinandersetzung zwischen dem Kapitalismus und dem Sozialismus zusammenzuschließen.

Und in der Tat, selbst in der Struktur der Unternehmerorganisationen entdecken wir Einrichtungen, deren Tätigkeit darauf gerichtet ist, in dieser oder jener Form, die Widersprüche sowohl in den Verbänden selbst als auch in der Kapitalistenklasse insgesamt zu schlichten. Im Bundesverband der Deutschen Industrie befassen sich mit diesen Problemen unmittelbar der Mittelstandausschuß und der Ausschuß Wettbewerbsordnung, die Referate der Hauptgeschäftsführung „Einigungsstelle für Strukturfragen der Industrie", „Mittelstand" sowie die Abteilung „Wettbewerbsordnung". In der BDA ist für solche Fragen die erste Abteilung der Geschäftsführung zuständig, die sich mit der inneren Verwaltung, Organisations- und Verbandsfragen beschäftigt. Welche Ergebnisse die Tätigkeit dieser Abteilungen bringt, ist aus den obenerwähnten Beispielen des Ausschlusses aus der Bundesvereinigung mehrerer Firmen und des ganzen Verbandes zu ersehen. Der DIHT ist bestrebt, die zwischen den Monopolen und den nichtmonopolistischen Kreisen aufflackernden Differenzen nach dem BDI-Beispiel zu dämpfen — in seiner Geschäftsführung gibt es eine Abteilung für Strukturpolitik und Raumordnung, die die Fragen des Mittelstandes, regionaler Wirtschaftsförderung usw. bearbeitet.

Somit ist das System von milden Gaben an den nichtmonopolistischen Teil der Kapitalistenklasse — die Bekundung des Interesses für seine Probleme und einige Maßnahmen zu seiner Besserstellung — als eine der Methoden, die zur Schlichtung der internen Klassenwidersprüche beitragen. Der Hauptgeschäftsführer des Bundesverbandes der Deutschen Industrie, Gustav Stein, erklärte unumwunden im Beitrag „Entwicklungstendenzen der Zulieferertätigkeit" (Industriekurier, 9. Dezember 1965): „Aus politischen, sozialen und wirtschaftlichen Erwägungen betrachte ich es als eine der Hauptaufgaben des Bundesverbandes der Deutschen Industrie (BDI), auf Erhaltung und Förderung lebensfähiger und leistungsstarker mittlerer und kleiner selbständiger Unternehmen hinzuarbeiten."

Dabei spielt die Gewährung einer Anzahl von Sitzen in den Verbandsorganen an mittlere Unternehmer keine geringe Rolle. Und hier werden wir mit einem Phänomen konfrontiert, dessen Erklärung offensichtlich in der Psychologie der Kapitalisten begründet ist: Oftmals erweisen sich mittlere Unternehmer als die besten Interessenvertreter der Monopole, indem sie sich mit diesen völlig identifizieren und den Standpunkt der Monopololigarchie hundertprozentig übernehmen, selbst wenn er den Bedürfnissen ihrer Schicht zuwiderläuft. Mittlere Unternehmer verwandeln sich oftmals in wirkliche Verbandsmanager, deren Politik hauptsächlich die Interessen des Monopolkapitals wahrnimmt. Freilich wäre es eine Versimpelung, zu behaupten, daß jeder Vertreter des nichtmonopolistischen Kapitals sich automatisch umwandelt, sobald er einen Posten in den Unternehmerverbänden angetreten hat. Für viele aber bleibt die Tatsache, daß sie an einem Tisch mit Milliardären sitzen dürfen, nicht ohne Folgen; das Anbeten des Reichtums, das zum Gesetz des Kapitalismus geworden ist, tut das Seinige.

Einige Forscher weisen auf diese Prozesse hin, ohne sie klassenmäßig zu charakterisieren. G. Brandt schreibt beispielsweise darüber: „Die Tendenz der Verbandspolitik, von ihrer Basis sich abzulösen, um die Interessen der Mitglieder, anstatt von ihnen bestimmt zu werden, zum Gegenstand und Material werden zu lassen, ist dabei in der Funktion der

Interessenvertretung selbst angelegt."²¹ Dies ist jedoch nur die halbe Wahrheit. Die Entfremdung der Politik der Unternehmerorganisationen von der Massenbasis und Manipulierung der Interessen der Hauptmasse der Kapitalistenklasse widerspiegelt nicht irgendein soziologisches Gesetz, sondern sie resultiert objektiv aus der Unterordnung der Verbandstätigkeit unter die Belange des Monopolkapitals, die auf Schritt und Tritt den Zielen der übrigen Bourgeoisie widersprechen, ihr aber dank der gigantischen Wirtschaftsmacht der Monopole und ihrem eindeutigen Übergewicht in den Klassenorganisationen der Kapitalisten selbst aufgezwungen werden können.

Eine weitere Methode zur Entschärfung der Konflikte zwischen verschiedenen Schichten der Kapitalistenklasse im internen Verbandsleben besteht darin, daß manifeste oder potentielle Träger dieser Konflikte den Verbänden kurzerhand ferngehalten bzw. ausgeschlossen werden. „Die Verbände bringen eine Übereinstimmung zustande, sie belehren und erziehen ihre Mitglieder, sie schalten in aller Regel die Einflüsse der Außenseiter, die Uneinsichtigen, Einsichtigen und Radikalen aus, soweit diese nicht belehrbar sind."²² Nur der DIHT ist außerstande, von dieser Möglichkeit Gebrauch zu machen und oben wurde bereits auf die Folgen hingewiesen, die sich daraus ergeben.

Angesichts der Übermacht der Monopole in den wichtigsten Unternehmerverbänden bleiben einige mittlere Unternehmer, die die Spezifik ihrer Interessen als die nichtmonopolistischen erkannt haben, nicht nur diesen Verbänden fern, sondern kämpfen gegen sie an. Ein Beweis dafür ist die Tätigkeit der 1949 gegründeten Arbeitsgemeinschaft selbständiger Unternehmer (ASU). Obwohl diese Organisation nicht groß ist und keine besondere Bedeutung hat, ist es zweckmäßig, sie näher kennenzulernen — ist sie jedoch der einzige Unternehmerverband der BRD, der nicht nur nichtmonopolistische, sondern nicht selten auch antimonopolistische Positionen bezieht. Somit bietet sich die Möglichkeit, etwas Licht in das Wesen der internen Gegensätze zwischen dem Monopol- und dem mittleren Kapital zu bringen.

Die ASU erhebt die Forderung nach einschränkenden Maßnahmen gegen die wachsende Wirtschaftsmacht der Monopole. Die Arbeitsgemeinschaft hatte nach einer geraumen Zeit eine Kampagne für ein solches Kartellgesetz geführt, das „die Gefährdung der Grundfreiheiten" von seiten der auf dem Markt vorherrschenden Konzerne verhindern sollte. In der Denkschrift anläßlich seines zehnjährigen Bestehens protestierte die ASU gegen zu große Konzentration der Produktion und erklärte, Eingriffe des Staates zwecks Verhinderung der Bildung marktbeherrschender Monopolunternehmen seien auch in der „freien Marktwirtschaft" unerläßlich.[23] Auf der Jahresversammlung 1960 stellte der damalige ASU-Vorsitzende Flender folgende antimonopolistische These auf: „Marktmacht und Finanzkraft müssen in der sozialen Marktwirtschaft gebunden sein. Freie Wirtschaft ist kein Freibrief für hemmungslose Expansion, mißbräuchliche Marktbeherrschung, Konzernkopplungsgeschäfte oder übermäßige Vermögens- und Unternehmenskonzentration."[24] Sein Stellvertreter und späterer Vorsitzender Fertsch-Röver warnte 1963 vor der Gefahr, daß Konzerne „allein auf Grund ihrer ständig wachsenden Finanzmacht Einfluß ausüben. Auf diese Weise wurden finanzschwächere, aber leistungsfähige Betriebe einfach vom Markt verdrängt, und der Konzentrationsprozeß setze sich weiter fort."[25]

Die politisch aktiven Vertreter der mittleren Bourgeoisie wollen in ihrem Widerstand gegen die Konzentration der Produktion aus der Besorgtheit des Monopolkapitals um die Aufrechterhaltung einer einigermaßen breiten Basis der Kapitalisten Kapital schlagen. Derselbe Fertsch-Röver schrieb beispielsweise, daß die kapitalistische Elite bestrebt sein sollte, „die Zahl der Eigentümer in unserer Gesellschaft zu vermehren; denn Eigentümer, die schließlich auch Eigentümer an Produktionsmitteln werden können, werden unsere Verbündeten sein, wenn es darum geht, die Institution des Privateigentums an den Produktionsmitteln als eine tragende Institution unserer Gesellschaftsordnung zu bewahren und zu fördern."[26] Freilich sind die Hoffnungen auf das zahlenmäßige Wachstum der kleinen und mittleren Bourgeoisie illusorisch. In Wirklichkeit geht der Trend in entgegengesetzter Richtung: Von 1950 bis 1964 ist der Anteil von Personen, die keine Arbeitnehmer sind, an der Gesamtzahl der selbsttätigen Bevölkerung von 32 auf 20 Prozent gesunken.

Aber die politische Aktivität der Organisation selbständiger Unternehmer beunruhigt dennoch die Monopolverbände. Die Versuche, diese Tätigkeit unter Kontrolle zu bringen, halten an. So erhielt Fertsch-Röver* das An-

---

* ASU-Vorsitzender ist in der letzten Zeit Wolfgang Herion geworden.

gebot für den Posten des Vorsitzenden des BDA-Ausschusses für Presse- und Öffentlichkeitsarbeit (1972 war er bereits Vorstandsmitglied). Angesichts solcher Schritte waren einige Wissenschaftler der Meinung, daß unter Einwirkung des BDI und der BDA die Arbeitsgemeinschaft mehr und mehr den Charakter ihrer ursprünglichen Zweckbestimmung verliert. Dies stimmt übrigens nicht ganz. 1965 startete die ASU eine breitangelegte Kampagne zur Popularisierung ihrer Ziele. Die Zeitschrift „Der Volkswirt" berichtete damals über die Reaktion der Mammutverbände auf diese ASU-Aktivitäten: „In den Wirtschaftsverbänden fürchten jedoch manche Leute, die ASU würde sich mit ihrer Aktion ungebührlich in den Vordergrund spielen, indem sie so tue, als sei sie die wichtigste Repräsentanz der Wirtschaft, während sie doch in Wirklichkeit nur ein recht lockerer Zusammenschluß ist und gegenüber Regierung und Öffentlichkeit keine verbindlichen Erklärungen im Namen ‚der Unternehmer' abgeben kann."[27]

Solche Aktionen entwickelte die Organisation Fertsch-Rövers auch in der Folgezeit. So appellierte sie 1966 an das breite Publikum in einem „Spiegel"-Inserat, wobei es um „selbständige Unternehmer" ging und die Idee der Unabhängigkeit des freien Kapitalisten propagiert wurde.[28]

Das Ringen des mittelständischen David gegen die monopolistischen Goliaths ist jedoch keinesfalls ein Ausdruck der Fortschrittlichkeit selbständiger Unternehmer. Die ASU bezieht gegenüber der Arbeiterklasse eine äußerst harte Position und wehrt sich gegen alle Maßnahmen zur Besserstellung der Werktätigen. Ideologisch gehört die ASU in das vorige Jahrhundert, da sie den „freien Kampf aller gegen alle" für den einzig richtigen hält. Um sich jedoch in den vormonopolistischen Zustand zurückversetzen zu lassen, verlangt die Organisation den Eingriff des Staates zur Einschränkung der Monopole. Es liegt also ein ziemlich verworrenes und bizarres Programm zur Wiederherstellung des „goldenen Zeitalters" des Kapitalismus vor, das keine Erfolgschancen hat.

Dieser Ideenwirrwarr macht es auch möglich, die Ursachen für die Schwäche des mittleren und kleinen Kapitals in den wichtigsten zentralen Unternehmerverbänden zu erkennen. Die Monopole können darin nicht nur aufgrund ihrer Finanz- und Wirtschaftsmacht schalten und walten, sondern auch deshalb, weil der moderne Kapitalismus, eben der ihrige, der staatsmonopolistische Kapitalismus ist, wo die

Monopole die Schlüsselpositionen dank ihrer historischen Übereinstimmung mit den politischen, ökonomischen und gesellschaftlichen Bedingungen des heutigen Stadiums der Ausbeuterordnung einnehmen. Was das nichtmonopolistische Kapital betrifft, wird es trotz seiner Überzahl stiefmütterlich behandelt, was sich auch auf seine Lage innerhalb der größten Unternehmerverbände unweigerlich auswirken muß. Heutzutage können die mittleren und kleinen Kapitalisten ihre spezifischen Interessen im Rahmen der Unternehmerorganisationen nur dank der Mildtätigkeit der Monopole, nicht aber im Kampf gegen sie durchsetzen.

Widersprüche zwischen den Verbänden. Koordination als Mittel zur Überbrückung der Gegensätze

Die bestehende Arbeitsteilung zwischen den bedeutendsten zentralen Unternehmerverbänden schützt sie nicht vor ständig aufflackernden Konflikten.

Der den Chemiekonzernen nahestehende „Volkswirt" kennzeichnete diese Situation vor einigen Jahren mit folgenden Worten: „Man könnte über diese internen Differenzen zur Tagesordnung übergehen, wären sie nicht typisch für die Situation der Verbände in der Bundesrepublik. Die kaum noch zu übersehende regionale und fachliche Zersplitterung der Organisationen erschwert eine wirkungsvolle Interessenvertretung der Wirtschaft gegenüber Parlament, Regierung und anderen Institutionen vielfach über Gebühr. Die Spitzenverbände sind keineswegs so mächtig wie ihre Kritiker und manche ihrer eigenen Funktionäre. Das jüngste Beispiel... Ähnlich wie im Fall der ASU-Anzeigenserie wäre auch hier etwas mehr Koordination und Rücksichtnahme besser gewesen als eine Verbandskonkurrenz, die manchmal in die Nähe eines ‚ruinösen Wettbewerbs' gerät."[29]

Freilich spiegelt diese Standpauke des „Volkswirts" die Realität nicht ganz genau wider: Sie ist in zu finsteren Tönen gehalten, und dies nicht zuletzt deshalb, weil die Verbände ihre Rolle und Stellung absichtlich bagatellisieren und die Schwierigkeiten übertreiben. Aber es bleibt eine Tatsache — die Zusammenarbeit der Verbände soll man sich nicht als einen absolut reibungs- und konfliktlosen Prozeß vorstellen.

Man muß es von vornherein aussprechen: Die Widersprüche zwischen den führenden Unternehmerverbänden haben niemals einen prinzipiellen und erst recht antagonistischen Charakter angenommen. Das kann auch nicht anders sein, denn diese Verbände reflektieren die Belange nicht nur ein und derselben Klasse, sondern auch ein und derselben Schicht dieser Klasse. Dennoch werden die Widersprüche, die angesichts der in der Monopolschicht bestehenden unterschiedlichen Auffassungen hinsichtlich der konkreten Politik entstehen, auch auf die Verbandspraxis übertragen. Es ist kein Geheimnis, daß der BDI und die BDA sich zu Ludwig Erhardt in dessen Eigenschaft als Bundeskanzler skeptisch verhielten und auf seinen Rücktritt hinarbeiteten, während der DIHT ihn selbst in den kritischsten Augenblicken unterstützte. Eine gewisse Rolle hat hier sicherlich der Umstand gespielt, daß der stellvertretende DIHT-Hauptgeschäftsführer Altmann mit Erhardt eng liiert war — er entwickelte für den „Volkskanzler" die Doktrin der „formierten Gesellschaft". Das unterstreicht allerdings nur die Bedeutung der personellen Besetzung in der Verbandsleitung und die Breite möglicher Varianten in der Politik der Klasseneinrichtungen der Bourgeoisie.

Als Ausdruck der Widersprüche zwischen den beiden wichtigsten zentralen Verbänden ist auch die ständig wiederkehrende Idee des Zusammenschlusses des Bundesverbandes und der Bundesvereinigung oder zumindest die Schaffung der Personalunion zwischen ihnen zu werten. Die Anhänger eines harten Kurses in der BDA diskutierten die Möglichkeit (beispielsweise Anfang 1964), Fritz Berg auch als Präsidenten der Vereinigung der Arbeitgeber einzusetzen, als bekannt wurde, daß der damalige BDA-Präsident Paulßen sich nicht mehr kandidieren wollte. Besonders ereiferte sich der Generaldirektor der Gutehoffnungshütte, Herrmann Reusch, der damals seinem Posten in den BDI-Leitungsorganen den Vorsitz der Landesorganisation der Arbeitgeber in Nordrhein-Westfalen beifügte und dort der BDI- und der BDA-Vertretung vorstand. Reusch meinte, Paulßen sei zu liberal gewesen: „Während Paulßen die Gewerkschaften als Ordnungsfaktor anerkennt und die soziale Partnerschaft für möglich hält, bezeichnet Berg eine solche Einstellung rundweg als Quatsch."[30] Reusch gewann ziemlich viele Anhänger, da die Idee, beiden Organisationen einheitliche Führung zu geben, angesichts der zu erwartenden wirtschaftlichen und sozialen Schwierigkeiten eine klare Linie der Monopole zu gewährleisten versprach.

Wenn Berg nicht Präsident von gleichzeitig zwei Zentralverbänden geworden ist, so nur deshalb, da die Fusion dieser Hauptorganisationen den Monopolen wesentliche Einbußen gebracht hätte. M. Banaschak schreibt dazu: „Die relative Selbständigkeit der BDA gegenüber dem BDI durch den Zusammenschluß beider Spitzengremien aufzuheben, würde jedoch praktisch bedeuten, die Bundesvereinigung in ihrer jetzigen Form aufzulösen; denn eine Fusion mit den Industriellenverbänden käme nur für die industriellen ‚Arbeitgeber'-Verbände in Frage. Die nichtindustriellen ‚Arbeitgeber'-Verbände wären veranlaßt, sich erneut zusammenzuschließen. Die einheitlichen ‚Arbeitgeber'-Verbände aller Wirtschaftszweige umfassende Vereinigung wäre gesprengt. Wäre den Monopolen damit gedient?"[31]

Die Widersprüche zwischen den Verbänden traten im Frühjahr 1969 auf politischer Ebene mit aller Deutlichkeit hervor. Der BDI richtete sich damals in äußerst scharfer Form gegen die Markaufwertung; der DIHT sprach sich eindeutig für diese Maßnahme aus. Solange Kiesinger Bundeskanzler blieb, konnte die Regierung durch den Bundesverband noch hingehalten werden, aber mit dem Amtsantritt des Brandt-Scheel-Kabinetts wurde die Aufwertung doch vollzogen. Die DIHT-Politik offenbarte sich somit als eine weitsichtigere, sie entsprach besser den sich wandelnden Bedingungen der imperialistischen Konkurrenz. Die im selben Jahr 1969 erfolgte Wahl des Vorsitzenden des Ostausschusses für deutsche Wirtschaft, Otto Wolff v. Amerongen, zum DIHT-Präsidenten, der den neuen Kurs der Brandt-Regierung auf internationaler Ebene unterstützte, ist als Zeichen für eine weitere Stärkung der realistischen Tendenzen in der DIHT-Politik zu betrachten.

Ähnlichen Charakter nahmen auch die Ereignisse um die Ernennung des BDA-Präsidenten an. Durch die Arbeitsniederlegungen im Herbst 1969 kamen bestimmte Fraktionen der Kapitalistenklasse zu der Einsicht, daß ein neuerlicher Druck auf die Werktätigen schwere Folgen für die soziale Lage in der BRD haben würde. In unmittelbarer Verbindung damit steht auch die Tatsache, daß kurz vor der Wahl des BDA-Präsidenten die Kandidatur von Hans Martin Schleyer, eines Managers des Daimler-Benz-Konzerns, gestrichen werden mußte, der den Ruf eines harten Arbeitergegners genoß. Bezeichnenderweise geschah dies auf Betreiben von Flick, der einen anderen Vertreter seines Reiches — Otto A. Friedrich — bevorzugte, der als etwas liberalerer und diplomatischerer Mann bekannt war. Ende 1969 trat Friedrich den Posten des BDA-Präsidenten an.

Übrigens war es Otto Friedrich nicht vergönnt, lange Präsident zu bleiben. Im Dezember 1973 stellte er sein Amt zur Verfügung, und Hans-Martin Schleyer wurde sein Nachfolger. „Die Zeit" leuchtete hinter die Gründe der Veränderungen im BDA-Vorstand und verwies dabei auf Friedrichs „Handels-Blatt"-Interview, in dem er die Schuld der sozialliberalen Koalition an der inflationären Entwicklung anzweifelte und sagte, die Christlichdemokraten hätten auch keine akzeptablere wirtschaftspolitische Konzeption auszuweisen: „... der Versuch, das Verhältnis der Arbeitgeber zur Regierung zu entkrampfen, war mißglückt. Ein energisches Dementi beendete die Affäre, gleichzeitig aber auch weitgehend das öffentliche Wirken des BDA-Präsidenten."

Offensichtlich stimmt das zu einem gewissen Teil, obwohl ein mißlungenes Interview meist noch kein Grund für das Scheitern des Leiters solch einer großen Organisation der Kapitalistenklasse ist. Eher wäre anzunehmen, daß die verhältnismäßig objektive Haltung Friedrichs zur Brandt-Regierung dem konservativen Teil des Monopolkapitals seit langem mißfiel; das Interview wurde dazu ausgenutzt, den liberalisierenden Präsidenten loszuwerden.

Was Schleyer betrifft, so weist ihm die westdeutsche Presse einhellig Härte nach. Diesen Ruf hatte der namhafte Manager des Flick-Konzerns noch als Vorsitzender des Verbandes württemberg-badischer Metallindustrieller erworben. „Während des Streiks 1963 gab er Anstoß zur Aussperrung von 300 000 Metallarbeitern. Die Auseinandersetzung mit den Gewerkschaften scheint bei ihm sportlichen Ehrgeiz zu wecken", meint dazu die „Zeit". Ein Sport für Reiche, wahrhaftig.

Das politische Gesicht Schleyers wird durch die Tatsache verdeutlicht, daß er lange Zeit zwischen den Freien Demokraten und der CDU schwankte. Als die Christdemokraten auf die Oppositionsbänke gewandert waren, trat Schleyer der CDU bei und hielt es offensichtlich für seine Pflicht, ihr zu den Regierungssesseln zu verhelfen. In seinem ersten Interview als BDA-Vorsitzender gab er sein Bestreben eindeutig zu erkennen, auf die Politik aktiv einwirken zu wollen: „Ich bin der Meinung, daß eine Bundesregierung, ganz gleich, wie sie zusammengesetzt ist, aber auch eine politische Partei, bei der Gestaltung der Gesellschaftspolitik auf den Rat einer so wichtigen Gruppe wie der des Unternehmertums nicht verzichten kann." Die Erfahrungen und die Geschichte der Unternehmerverbände besagen: Die an der Spitze der mächtigen Organisation der Kapitalistenklasse stehende Persönlichkeit hat große Möglichkeiten, die Politik der gesamten Institution zu beeinflussen. Freilich ist die Handlungsfreiheit des Präsidenten nicht unbegrenzt, er muß sich auf die real bestehenden Interessen und Ansichten stützen, deren Spektrum übrigens breit genug ist — von den liberal-bürgerlichen bis zu den extrem konservativen. Im Hinblick auf die Umstände von Friedrichs Rücktritt kann man von der Wahrscheinlichkeit ausgehen, daß die nun von Schleyer geführte Bundesvereinigung ihre politische Stellung am extrem rechten Flügel halten wird.

Was den BDI betrifft, so wurde hier auch bei personellen Veränderungen die konservative Ausrichtung beibehalten. Im Januar 1972 ist Vorstandsvorsitzender der August-Thyssen-Hütte AG, Hans-Günter Sohl, Präsident des Bundesverbandes geworden. Die „Deutsche Volkszeitung" schrieb über ihn (24. 6. 1971): „Hans-Günter Sohl repräsentiert wie kaum ein anderer Spitzenmanager der Wirtschaft die Kontinuität des alten kompromittierten Reichsverbands der Deutschen Industrie zum heutigen Bundesverband der Deutschen Industrie." Die Meinungsverschiedenheiten zu Kardinalfragen zwischen den drei Monopolverbänden haben sich vielfach auf die Positionen des neuen Präsidenten abgefärbt.

Wie werden Differenzen und Widersprüche unter den Hauptverbänden des Monopolkapitals von ihnen überbrückt und beseitigt?

Eine der Methoden ist uns schon bekannt — sie besteht in der Schaffung enger Bindungen zwischen den oligarchischen Führungsgruppierungen dieser Verbände. Diese wird selbst von den Verbänden anerkannt. So hieß es z. B. im BDA-Jahresbericht 1965: „Nicht zuletzt haben sich, wie in den vergangenen Jahren, die gleichzeitige Mitgliedschaft von maßgeblichen Persönlichkeiten in den Präsidien der Bundesvereinigung der Deutschen Arbeitgeberverbände und des Bundesverbandes der Deutschen Industrie sowie die gegenseitigen Einladungen zu Gastteilnahme an Präsidial- und Vorstandssitzungen und der regelmäßige Gedankenaustausch der Hauptgeschäftsführer beider Verbände weiterhin gut bewährt." Der BDI-Jahresbericht 1966/67 wiederholt dieses Geständnis fast wörtlich: „Der enge Kontakt zwischen dem BDI und der Bundesvereinigung ist unter anderem dadurch gesichert, daß mehrere industrielle Unternehmer den Präsidien beider Organisationen angehören."

/Die Besetzung von Leitungsposten in den verschiedenen Verbänden durch die gleichen Personen, wie dies oben bereits erwähnt wurde, führt auch dazu, daß dabei Beziehungen gewisser Unterordnung der einen Organisation unter die anderen hergestellt werden. Aber eine gewisse Abhängigkeit ist noch keine absolute, und jede der genannten wichtigsten Organisationen des Monopolkapitals bleibt dennoch eine selbständige Einrichtung im Rahmen ihrer Aufgaben. Deshalb wurde neben den persönlichen Beziehungen ein umfassendes System der Koordinierung der Verbandstätigkeit geschaffen, um die Politik der Verbände miteinander in Einklang zu bringen und somit die entbrannten Widersprüche zu schlichten.

Die Instrumente zur Koordinierung sind gemeinsame Ausschüsse verschiedenster Ebenen und Aufgaben.

Das repräsentativste gemeinsame Organ der Unternehmerverbände ist zweifelsohne der Gemeinschaftsausschuß der deutschen gewerblichen Wirtschaft. Ihm sind praktisch alle zentralen Kapitalistenverbände im Maßstab des ganzen Staates angeschlossen: der Bundesverband der Deutschen Industrie, die Bundesvereinigung der Deutschen Arbeitgeberverbände, der Deutsche Industrie- und Handelstag, der Bundesverband des privaten Bankgewerbes, Deutscher Sparkassen- und Giroverband, der Gesamtverband der Versicherungswirtschaft, die Centralvereinigung Deutscher Handelsvertreter- und Handelsmaklerverbände, der Gesamtverband des Deutschen Groß- und Außenhandels, die Hauptgemeinschaft des Deutschen Einzelhandels, der Deutsche Hotel- und Gaststättenverband, die Zentralarbeitsgemeinschaft des Straßen-Verkehrsgewerbes, der Verband Deutscher Reeder, der Bundesverband der Deutschen Binnenschiffahrt, der Zentralverband des Deutschen Handwerks.

/Man muß sagen, daß die Existenz des Gemeinschaftsausschusses seinerzeit viel Verwirrung bei den Wissenschaftlern auslöste, die sich mit dem Problem der Unternehmerverbände befaßten. Die Vielzahl der dort vertretenen Verbände ließ vermuten, daß es sich hierbei um die „Kommandostelle" handele. 1953 wurde in der Abhandlung von G. Baumann „Eine Handvoll Konzernherren" behauptet, „daß dieser ‚Gemeinschaftsausschuß' in Wirklichkeit die zentrale Koordinierung- und Kommandostelle der westdeutschen Wirtschaft bildet, was sich aus der Anzahl und

Bedeutung der angeschlossenen Verbände ergibt"[32]. Herbert Bertsch führte 1961 aus: „... In Westdeutschland stelle heute der ‚Gemeinschaftsausschuß der Deutschen gewerblichen Wirtschaft' den höchsten Spitzenverband der Unternehmer dar."[33] In der 1961 erschienenen Schrift des Instituts für Politische Ökonomie der Karl-Marx-Universität Leipzig wurde unterstrichen: „An der Spitze der Unternehmerverbände Westdeutschlands steht der ‚Gemeinschaftsausschuß der Deutschen gewerblichen Wirtschaft'... Der Bundesverband der Deutschen Industrie (BDI) und die Bundesvereinigung der Deutschen Arbeitgeberverbände sind dieser Dachorganisation untergliedert."[34] Diese Fehleinschätzung ist in verschiedener Form auch bei den westdeutschen Verfassern zu finden. R. Breitling maß beispielsweise dem Gemeinschaftsausschuß eine beinahe mystische Bedeutung bei: „Hier zeigt sich gewissermaßen der Mantel, der das System umhüllt und seine eigengesetzliche Dynamik, seine gesinnungsfreie Zweckmäßigkeit vor Störungen schützt."[35] In einer Reihe von sowjetischen Abhandlungen wird der Gemeinschaftsausschuß auch falsch gewertet. In dem 1963 herausgebrachten Aufsatz „Der imperialistische Staat und die kapitalistische Wirtschaft" wird der Ausschuß in einen „Gehirntrust" verwandelt, in dem „die Interessen der 13 wichtigsten Monopolverbände konzentriert sind"[36]. Eine Ungenauigkeit könnte man leicht übersehen — dem Ausschuß sind 14 Verbände angeschlossen —, man kann aber nicht akzeptieren, wenn auf spekulativer Grundlage weitgehende Charakteristika gegeben werden.

Es hat genauso wenig Sinn, über die führende Rolle des Gemeinschaftsausschusses bzw. über die Unterordnung des BDI und der BDA unter den Gemeinschaftsausschuß zu sprechen wie beispielsweise zu behaupten, daß die Parlamente souveräner Staaten der interparlamentarischen Kommission unterstellt sind. Der Gemeinschaftsausschuß verfügt eben über keine direktiven Vollmachten, seine Funktionen bestehen vor allen Dingen in der Koordination. Ihm gehören die Präsidenten 14 erwähnten Verbände an, die im Jahresturnus den Vorsitz führen; als Geschäftsführer fungiert meistens der Geschäftsführer des Verbandes, dessen Präsident jeweils in der Rolle des Vorsitzenden agiert.

In letzter Zeit wurde auf die falschen Vorstellungen über den Gemeinschaftsausschuß in einer Reihe von Aufsätzen verwiesen. Als einer der ersten DDR-Wissenschaftler tat dies M. Banaschak, dessen Buch 1964 erschien. In der

Schrift „Der Imperialismus heute" wurde hervorgehoben: „Im Unterschied zu den oben genannten Organisationen trägt die Tätigkeit des Gemeinschaftsausschusses empfehlenden Charakter. Er faßt keine für die Mitgliederverbände bindenden Beschlüsse. Man darf in ihm deshalb nicht die Führungsspitze der Verbandspyramide sehen, sondern lediglich ein Koordinierungsorgan."[37] Mehr noch, man kann annehmen, daß der Gemeinschaftsausschuß bei weitem nicht der wichtigste der bestehenden Koordinierungsausschüsse ist. Seine Bedeutung wäre nur in dem Falle groß, wenn alle seine Mitglieder einen eigenen erheblichen Einfluß hätten und deshalb die Notwendigkeit stets gegeben wäre, ihre Politik abzustimmen, was, wie bereits ausgeführt, der Wirklichkeit nicht entspricht. Deshalb ist zu erwarten, daß die Koordinierung der Tätigkeit zwischen dem BDI, der BDA, dem DIHT, dem Bundesverband des privaten Bankgewerbes, und insbesondere zwischen den ersten zwei Vereinigungen, für die Monopole viel wichtiger ist. Und in der Tat: Eine besondere Art der Zusammenarbeit beider Mammutverbände wird dadurch hervogehoben, daß es mehrere Ausschüsse sind, zu deren Mitgliedern ausschließlich der BDI und die BDA gehören.

In erster Linie ist dies der Kontaktausschuß. Er setzt sich aus 11 BDI- und 9 BDA-Vertretern zusammen: Alles hochgestellte Persönlichkeiten, Präsidenten, Vizepräsidenten, Präsidialmitglieder und Vorstandsmitglieder beider Verbände.

Der Kontaktausschuß dient als die Stelle, wo die gesamte Politik beider wichtigsten Zentralverbände des Monopolkapitals koordiniert wird. Da hier die Vertreter des Bundesverbandes vorherrschen, ist mit größerer Wahrscheinlichkeit anzunehmen, daß er als Instrument zu einer bestimmten Kontrolle über die Bundesvereinigung dient. Tatsächlich, obwohl die Tätigkeitsbereiche der beiden Verbände formell abgegrenzt sind, bringt der BDI in seinem Jahresbericht unmißverständlich seine Auffassung über die Sozialpolitik zum Ausdruck, und diese Auffassung wird ohne Zweifel der BDA-Leitung mitgeteilt, darunter auch durch Vermittlung des Kontaktausschusses. Dies bestätigen jene spärlichen Informationen über die Tätigkeit des Kontaktausschusses, die der Öffentlichkeit bekannt werden.

Im BDA-Jahresbericht 1965 heißt es: „Die rege Zusammenarbeit mit dem BDI vollzog sich zum einen im Kontaktausschuß, der am 30. September 1965 in Köln zusammentrat.

Das Hauptthema bildete die Mitbestimmungsproblematik. Es zeigten sich in allen wesentlichen damit verbundenen Fragen übereinstimmende Ansichten beider Verbände." Im BDI-Jahresbericht 1966/67 wird festgestellt: „Der Kontaktausschuß BDI/BDA, der sich aus Präsidialmitgliedern beider Verbände zusammensetzt (was übrigens nicht ganz stimmt — *der Verf.*), sorgte für eine Abstimmung der Auffassungen, insbesondere zum dritten Jahresgutachten des Sachverständigenrates und zur Mitbestimmung."

Die Themen beziehen sich auf den Problemkreis, mit dem sich die Arbeitgeberorganisation zu beschäftigen hat, und offensichtlich wird in erster Linie nur dieser Fragenkomplex im Kontaktausschuß beraten. Jedenfalls liegen keine Angaben darüber vor, daß auf seinen Sitzungen Probleme erörtert werden, die ausschließlich in den Kompetenzbereich des BDI fallen.

Der Kontaktausschuß ist nicht das einzige gemeinsame Organ der beiden wichtigsten Unternehmerverbände. Außer ihm bestehen: Arbeitskreis für Fragen der Eigentumsförderung; Gesprächskreis Wissenschaft und Wirtschaft; gemeinsamer Arbeitskreis für Bau-, Boden- und Wohnungsrecht.

Zwei gemeinsame Ausschüsse dienen der Koordinierung der konkreten Politik des BDI und des DIHT: Arbeitskreis für Fragen des GmbH-Rechts; Arbeitskreis für industrielle Formgebung.

Die nächste Gruppe von Ausschüssen stützt sich schon nicht auf bilaterale, sondern auf multilaterale Grundlage. Die Ausschüsse dieser Gruppe koordinieren den Kurs der drei bzw. vier größten Unternehmerverbände. Dazu gehören: Arbeitskreis für Berufsausbildung (BDI, BDA, DIHT); Arbeitsstelle für betriebliche Berufsausbildung (BDI, BDA, DIHT); Gemeinsamer Arbeitsausschuß für Fragen des Unternehmerrechts (BDI, BDA, DIHT, Bundesverband des privaten Bankgewerbes).

Eine Reihe von Ausschüssen haben schließlich eine noch breitere Basis: Arbeitsgemeinschaft Außenhandel der deutschen Wirtschaft (BDI, DIHT, Bundesverband des privaten Bankgewerbes, Arbeitsgemeinschaft der deutschen Exporteurvereine, Importausschuß des Gesamtverbandes des deutschen Groß- und Außenhandels); Arbeitsgemeinschaft Entwicklungsländer (BDI, DIHT, Bundesverband des privaten Bankgewerbes, Gesamtverband des Deutschen Groß- und Außenhandels); Arbeitsgemeinschaft Zivilschutz der Spitzenverbände der gewerblichen Wirtschaft (BDI, BDA,

DIHT, Bundesverband des privaten Bankgewerbes und noch 13 Spitzenverbände); Arbeitskreis Spendenwesen der deutschen gewerblichen Wirtschaft (BDI, BDA, DIHT, Vertreter der Spitzenorganisationen für Wirtschaft, Wissenschaft und Wohlfahrt); Arbeitsring für kulturelle Aufgaben im Ausland (BDI, BDA, DIHT, viele Vereinigungen und ausländische Handelskammern).

Neben den erwähnten gibt es auch weniger bedeutsame Gemeinschaftsarbeitskreise, die sich mit Fragen der Kultur, der Werbung im Ausland, des innerbetrieblichen Transports und der Förderung der westdeutschen Schulen im Ausland beschäftigen.

Die Gesamtzahl von Ausschüssen und Arbeitskreisen, die für die Koordinierung der konkreten Politik der zentralen Unternehmerverbände verschiedenster Fachrichtungen der BRD-Wirtschaft zuständig sind, erreicht knapp zwei Dutzend. Die Beteiligung verschiedener Verbände variiert je nach Problematik, unverändert bleibt jedoch die Präsenz des Bundesverbandes der Deutschen Industrie in jedem Ausschuß und Arbeitskreis. Das zeugt davon, daß die gemeinsamen Ausschüsse zum großen Teil nicht nur Instrumente der Koordinierung sind, sondern auch jene Kanäle bilden, durch die der BDI als Hauptorganisation des Monopolkapitals seinen Einfluß auf die Politik anderer Verbände ausübt.

* * *

Wir versuchten, die inneren Vorgänge in den vier wichtigsten Organisationen der Kapitalistenklasse der BRD aufzudecken, ihre Struktur zu zeigen und den Grad der Unterwerfung dieser Verbände unter die Monopole zu ermitteln. Eine Auswertung dieser Materialien berechtigt zu der Behauptung, daß die mächtigsten nationalen BRD-Monopole über Schlüsselstellungen in jedem dieser vier wichtigsten Zentralverbände verfügen. Was die Hauptmasse der Unternehmer betrifft, die die Basis von Klassenorganisationen des Kapitals darstellen, so gewährleistet zunächst einmal der antidemokratische Charakter der Verbandsgliederung eine minimale Beteiligung von mittleren und kleinen Bourgeois an der Festlegung der Politik dieser Zentralen, und zum anderen sichert die Taktik gewisser Zugeständnisse — als Bestandteil des Gesamtkurses der Verbände — eine Bindung von nichtmonopolistischen Schichten der kapitalistischen Klasse an die Interessen der Monopole und ihrer Beibehaltung im Gespann des Großkapitals. Somit — obwohl innerhalb der Unternehmerorganisationen Gegensätze zwischen den Interessen der monopolistischen und nichtmonopolistischen Schichten der Kapitalistenklasse bestehen — gestattet die Vormachtstellung der Monopole in diesen Einrichtungen, die gesamte Politik dieser Verbände zu erarbeiten, indem vorwiegend die Belange der Monopololigarchie berücksichtigt werden.

Die Existenz einer Vielzahl von Spitzenverbänden, die verschiedene Fraktionen des Monopolkapitals in diversen Kombinationen repräsentieren, widerspiegelt gewissermaßen das Fehlen einer vollen und stetigen Einheit der Monopololigarchie der Bundesrepublik sowie die Interessendifferenzierung zwischen dem Industrie-, Handels- und Finanzkapital wie auch dem Kapital in der Dienstleistungssphäre usw.

Die Vielfalt der Zentralverbände führt zu positiven wie negativen Resultaten hinsichtlich der Interessenvertretung der Monopole. Einerseits läßt sie eine Arbeitsteilung bei der Durchsetzung dieser Interessen zu, erschwert aber andererseits die Ausdehnung des Einflusses von Monopolen, da die Mannigfaltigkeit von Verbänden die Widersprüche zwischen den Monopolen hervortreten läßt.

Die Gegensätze zwischen den Verbänden haben ihre ganze Entwicklungsgeschichte begleitet, deshalb konnten die Unternehmerorganisationen einige Methoden zur Überbrückung dieser Widersprüche erarbeiten. Als Hauptmethode zur Bekämpfung von Differenzen diente zuvor die Zentralisierung von Verbänden. Gegenwärtig hat der Grad der Zentralisation eine gewisse Stabilität erreicht, obwohl alle heutigen zentralen Unternehmerverbände theoretisch zu einem Superverband zusammengefaßt werden könnten (diesen Weg gingen beispielsweise die Kapitalistenorganisationen Großbritanniens, die erst vor einigen Jahren nach dem Schema aufgebaut wurden, das dem bundesdeutschen ähnlich ist). Seit 1949 hat sich an dem Grad der Zentralisation nichts verändert. Angesichts dieser Situation haben die Zentralverbände andere Mittel zur Beseitigung von Widersprüchen in ihrer Politik entwickelt.

Die vergleichende Analyse der vier wichtigsten Zentralverbände gestattete es, diese Methoden aufzudecken. Es stellte sich heraus, daß bei aller Eigenständigkeit selbst diese vier größten Verbände nicht gleichberechtigt sind: Die Spitzenposition in der Verbandshierarchie nimmt der Bundesverband der Deutschen Industrie ein — die Organisation, die die allgemeinsten ökonomischen, politischen und sozialen Interessen der Industriemonopole wahrnimmt. Die Vormachtstellung des BDI erleichtert ohne Zweifel der Monopololigarchie, ihre einheitliche Linie festzulegen, da sich der Meinungskampf verschiedener Verbände dadurch bereits auf ungleichen Ebenen vollzieht. Neben alldem wäre es falsch, zu übersehen, daß solche Situationen Konflikte in sich bergen: Das Industriekapital kann seinen entscheidenden Einfluß einbüßen — entweder wegen der Schwächung allgemeiner Positionen des Industriekapitals gegenüber den Positionen anderer Formen des Kapitals oder aufgrund der Interessendivergenz zwischen den alten und neuen Industriezweigen. Solange aber dies nicht der Fall ist, trägt die Übermacht des BDI zur Schlichtung von Widersprüchen sowohl mittels des Diktats als auch durch Kompromisse bei.

Deshalb funktioniert das ganze umfangreiche und listenreich geknüpfte Netz von Unternehmerorganisationen trotz zeitweilig aufflackernder Differenzen wie ein einheitlicher Mechanismus, der es den Monopolen ermöglicht, einen enormen und mitunter schwer zu berechnenden Einfluß auf das ökonomische, soziale und politische Leben des Landes zu nehmen.

Kapitel III

UNTERNEHMERVERBÄNDE IM POLITISCHEN HERRSCHAFTSSYSTEM DES STAATSMONOPOLISTISCHEN KAPITALISMUS

DIE KLASSENORGANISATIONEN DER MONOPOLE

Die Geschichte der Unternehmerverbände, das Studium der gegenwärtigen Organisationsstruktur und der Hauptstoßrichtungen dieser Organisationen des Monopolkapitals lassen die Schlußfolgerung zu, daß es zu ihrem Hauptanliegen gehört, den klassenmäßigen, politischen Einfluß auf Staat und Gesellschaft auszuüben. Somit erfüllen die Verbände ihre Hauptaufgaben eben in der Politik. In diesem Zusammenhang muß man auf die Frage ihrer konkreten Wirtschaftsfunktionen eingehen. Das Problem besteht darin, daß in der wissenschaftlichen Literatur eine Zeitlang die Vorstellung verbreitet war, die Unternehmerorganisationen so gut wie eine Abart von Kartellen und ihre Ziele vorwiegend als konkret-ökonomische zu werten. So wurden in J. Kuczynskis „Studien zur Geschichte des deutschen Imperialismus" die Unternehmerverbände neben Kartellen und Syndikaten eingestuft. J. L. Chmelnizkaja hob im Buch „Der Monopolkapitalismus in Westdeutschland" neben der Darstellung der politischen Rolle der Verbände hervor, daß „die Kartellfunktionen in diesem oder jenem Maße allen Unternehmerverbänden eigen sind."[1]

Bei der Untersuchung der wirtschaftlichen Rolle der Unternehmerverbände sind zwei Seiten dieser Frage zu unterscheiden. Die Monopolverbände spielen ohne Zweifel eine große Rolle bei der Herausbildung der Wirtschaftspolitik des Staates im breitesten Sinn dieses Wortes. Die Klassenaufgabe der Organisationen des Monopolkapitals besteht gerade darin, bei der Lösung jeder konkreten Frage der Staatspolitik alle und vornehmlich die ökonomischen Grundinteressen des Monopolkapitals maximal durchzusetzen. Bei der umfassenden Verfilzung der Bereiche der Wirtschaft und der Politik im modernen hochentwickelten kapitalistischen Staat betrachtet das Monopolkapital jedes politische Problem im Hinblick auf seine sozialökonomischen Folgen und ist dementsprechend bestrebt, durch seine Verbände auf seine endgültige Gestaltung in den gesetzgebenden Akten und auf seine praktische Umsetzung Einfluß zu nehmen. Somit gehört die Einwirkung auf die Wirtschaftspolitik des Staates zur politischen Funktion der Verbände.

Viel mehr werden die Möglichkeiten der Unternehmerverbände auf dem Gebiet der konkreten Wirtschaft eingeengt, d. h. im Bereich der Durchsetzung unmittelbarer Wirtschaftsinteressen einzelner Konzerne bei der Sicherung konkreter Staatsaufträge bzw. gesonderter, auf einzelne Monopole orientierten Maßnahmen des Staates. Da die Existenz der Verbände selbst mit der Wahrnehmung der allgemeinsten Interessen der Monopolbourgeoisie verbunden ist, würde die Ausnutzung dieser Einrichtungen zur Durchsetzung privater Ansprüche einzelner Konzerne jenen Unterbau aushöhlen, auf dem die Macht der Verbände basiert — das allgemeine Klasseninteresse, das nach Möglichkeit aus dem Konkurrenzkampf ausgeklammert wird. Deshalb sehen die zentralen Unternehmerverbände in der Regel von einer Einmischung in Fragen der konkreten Wirtschaft ab.

Das Gesagte aber bezieht sich lediglich auf die zentralen Unternehmerverbände. Im Unterschied zu ihnen sind die Fachverbände durchaus in der Lage, ihre konkreten wirtschaftlichen Aufgaben zu erfüllen, insbesondere wenn gemeinsame Brancheninteressen bestehen. In diesem Falle sind die Fachverbände imstande, als Kartelle bzw. Syndikate zu fungieren. In der Schrift von J. Chmelnizkaja werden die Wirtschaftsfunktionen der monopolistischen Unternehmereinrichtungen gerade im Zusammenhang mit den Fachverbänden erwähnt. Man könnte auch auf den Aufsatz von Breitling verweisen, wo es heißt: „Während die wirtschaftlichen Regionalverbände viele verschiedenartige Firmen vereinigen, sind die Mitglieder der wirtschaftlichen Fachverbände gleichartige Firmen, unter Umständen schärfste Konkurrenten, die sich auf dem Markt erbittert bekämpfen. Das hindert sie aber nicht, zur wirksameren Durchsetzung gemeinsamer Interessen zusammenzuarbeiten. Die Zusammenarbeit mag sich auf spezielle Normierungsfragen, Zoll- und Steuerangelegenheiten beschränken, sie kann aber auch von Preisabreden bis zur Kartellierung einer ganzen Branche führen." Und weiter: „Jeder Kenner der deutschen Verhältnisse weiß, wie häufig wirtschaftliche Fachverbände durch Preisbindungen der 2. Hand, Aufteilung der Auslandsmärkte und sonstige Abreden aller Art kartellähnliche Verhältnisse herbeigeführt haben, die den Beteiligten eine Monopolrente sichern, ohne daß dies immer nachzuweisen wäre."[2]

Das Strukturstudium der Fachverbände liefert den Beweis dafür, daß sie als Kartelle fungieren können. Viele von ihnen gliedern sich, wie bereits ausgeführt, aufgrund der konkreten Spezialisierung der Betriebe. Allerdings sollte man nach unserer Meinung die Kartellfunktionen der Fachverbände nicht überschätzen, da diese Funktionen von den Verbänden hauptsächlich nur dann erfüllt werden, wenn die Kartellbildung aus diesen oder jenen Gründen erschwert ist. Eine Bestätigung dafür geht zumindest aus der Tatsache hervor, daß Stahlindustrielle der BRD, deren Fachverband kartellähnlich aufgebaut ist, 1967 dennoch besondere Kartellbüros geschaffen haben, die die 30 größten stahlproduzierenden Firmen vereinigen. Dies wäre nicht nötig gewesen, hätte der Fachverband der Stahlindustrie den an das Kartell gestellten Forderungen völlig entsprochen.

Man braucht den Kartellcharakter von Fachverbänden nicht hervorzuheben, und zwar aus folgenden Gründen. Unter den heutigen Bedingungen, da die Kartellbildung möglich und vielen BRD-Wirtschaftsexperten zufolge lediglich mündliche Absprachen ausreichend sind, um ein „Kartell ohne Kartell" entstehen zu lassen — unter diesen Bedingungen hätten die Fachverbände praktisch kein Betätigungsfeld, wären sie faktisch getarnte Kartelle. Mehr noch, angesichts der heutigen Konzentration der Produktion und des Monopolisierungsgrades mehrerer Wirtschaftszweige besteht mancherorts überhaupt kein Bedarf an Kartellen. K.-H. Stanzick schreibt, die Preise für Waren und Dienstleistungen würden jetzt nicht mehr als Folge von Angebot und Nachfrage anonym gebildet, sondern durch Konzerne manipuliert, die nun in der Lage sind, Preisbewegungen auch ohne Kartellabsprachen zu lenken.[3] Dennoch erfahren die Fachverbände eine erhebliche Entwicklung. Daraus kann nur eins resultieren: Obwohl das mittlere Glied der Unternehmerorganisationen imstande ist, Kartellfunktionen unter den außerordentlichen Bedingungen zu erfüllen und den Monopolen die Möglichkeit zur Umgehung der Gesetze zu geben, es bedeutete jedoch eine Bagatellisierung, wollte man darin den hauptsächlichsten Sinn der Verbände erblicken oder sie sogar den Kartellen gleichsetzen. In Wirklichkeit ist ihr Betätigungsfeld viel größer. Es erstreckt sich vom Einfluß auf die Landesbehörden bis zum Eingriff in die Politik des gesamten Staates, hat aber — zum Unterschied von den zentralen Verbänden — das Ziel, nicht die allgemeinen Interessen des Monopolkapitals, sondern einzelne Belange der Monopole jeweiliger Industriezweige durchzusetzen.

Unter diesem Aspekt muß man betonen, daß solche scheinbar konkreten Funktionen der Fachverbände, wie die gegenseitige Information und Koordinierung von Investitionen zwischen den Monopolen, letzten Endes eher die Bedeutung einer gesamtstaatlichen Wirtschaftspolitik erhalten. Die Rolle der Fachverbände als Faktoren, die zur Kooperation und Konzentration der Produktion beitragen, ist tatsächlich recht groß. Das geht zumindest aus folgendem Zitat hervor: „Vor der Ausführung neuer Investitionsvorhaben nehme man nun mit anderen Stahlunternehmen Fühlung auf, und die Wirtschaftsvereinigung Eisen- und Stahlindustrie unterrichte alle Mitgliedsfirmen über die ihr bekannt werdenden Investitionspläne."[4] Bezeichnenderweise beginnen auf diesem Gebiet auch die zentralen Unternehmerorganisationen aktiv zu werden. Der „Volkswirt" teilte mit, der Deutsche Industrie- und Handelstag betätige sich jetzt auch als Kooperationshelfer. Kooperationswünsche von Mitgliedsfirmen, für die sich im zuständigen Kammerbezirk keine Partner finden, werden von DIHT zentral erfaßt und an alle Kammern weitergeleitet. Die Angebote sollen in den Kammerzeitschriften veröffentlicht werden.[5]

Sind die Fachverbände manchmal in der Lage, sich den konkreten Wirtschaftsaufgaben zuzuwenden, so erfüllen die zentralen Verbände diese Funktionen heute fast gar nicht: Ihr Hauptanliegen besteht darin, die Lösung allgemeiner Fragen der Wirtschaft, Innen- und Außenpolitik im Maßstab des gesamten Staates zu beeinflussen. Deshalb erscheint die Klärung der politischen Rolle der Monopolverbände unter den Bedingungen der heutigen staatsmonopolistischen Realitäten der Bundesrepublik wichtiger als die Schilderung ihrer konkreten Wirtschaftsaufgaben, die einer gesonderten Untersuchung bedürfen.

Da wir im weiteren vom Tatsachenmaterial und einigen Schlußfolgerungen der bürgerlichen Politologie Gebrauch machen müssen, erscheint es notwendig, zuerst deren

Einstellung zum Phänomen der Unternehmerverbände und ihrer Einwirkung auf die Politik kritisch zu untersuchen sowie sich mit der Terminologie und den Klassifikationsversuchen der bürgerlichen Soziologen und Politologen auseinanderzusetzen.

[Um den Mechanismus der Beschlußfassung und der Realisierung der Staatsmacht unter den Bedingungen des heutigen staatsmonopolistischen Kapitalismus zu erklären, hat die bürgerliche Soziologie die Theorie der „pluralistischen Gesellschaft" hervorgebracht. Die Pluralisten aller Schattierungen stimmen darin überein, daß der bürgerliche Staat und die Gesellschaft gegenwärtig ein Spielfeld mannigfaltiger Kräfte darstellen, die in ihren egoistischen Interessen auf die Staatsmacht einwirken wollen, sich dabei in bedeutendem Maße gegenseitig neutralisieren und in der Endkonsequenz von der über ihnen stehenden Staatsmacht als letzte Instanz reguliert werden.

Obwohl das von Pluralisten gesammelte Faktenmaterial über die Einflußnahme verschiedenartiger Kräfte auf die politischen Machtorgane aufschlußreich ist, kann ihre Theorie nicht als wissenschaftlich begründet akzeptiert werden, da sie zumindest in zwei grundsätzlichen Punkten die Realität ernsthaft verzerrt. Zum ersten: Trotz des offensichtlichen Klassencharakters sowohl des heutigen kapitalistischen Staates und der Gesellschaft als auch der „mannigfaltigen Kräfte" selbst finden die Klassen im Rahmen der Pluralistentheorie einfach keinen Raum. Deshalb werden der Staat und auch die auf ihn einwirkenden Gesellschaftsgruppen als abstrakte Kräfte dargestellt, die mit den Klassen oder mit den Klasseninteressen auf keine Weise verbunden sind. Zum anderen: Der Verzicht auf das klassenmäßige Herangehen beim Studium von gesellschaftlichen Problemen führt zu einer undifferenzierten Schilderung dieser gesellschaftlichen Gruppen hinsichtlich ihrer tatsächlichen Macht, wodurch die pluralistischen Ansichten die letzte Spur von Objektivität verlieren.

Freilich kann sich die bürgerliche Wissenschaft über die These nicht hinwegsetzen, daß die wirtschaftliche Macht die politische hervorbringt und daß die Monopole in Gestalt von Unternehmerorganisationen über wirksame Hebel zur Durchsetzung ihrer egoistischen Interessen verfügen. Dieser Gedanke wird meist recht schemenhaft geäußert. Jedoch sobald man auf das Wesen der Politik der Unternehmerverbände und die sozialpolitische Charakterisierung der konkreten zentralen Organisationen des Monopolkapitals zu sprechen kommt, erweist sich die bürgerliche politische Literatur als hilflos.

Wollen wir das Gesagte an der scheinbar einfachen Sache wie die wissenschaftliche Definition der Unternehmerverbände verdeutlichen. Die bürgerliche Soziologie weicht von diesem Problem ab, indem sie es durch Fragen der Typologie von „Verbänden", „Organisationen", „Interessengruppen", „pressure groups„ schlechthin ersetzt. Breitling, der 1955 ein Buch über die Verbände in der Bundesrepublik herausbrachte, leitet folgende Typen von „Interessenverbänden" ab:

1. Wirtschaftliche Interessenvereinigungen im engeren Sinne (Unternehmer- und Arbeitgeberverbände).
2. Verbände der Erwerbsständigen (Gewerkschaften, Gewerbekammern, Angestelltenverbände, Verbände von Anwälten usw.).
3. Interessenverbände ohne gemeinsame wirtschaftliche Grundlage (Glaubensgemeinschaften, Verbände kriegsgeschädigter Staatsbürger usw.).
4. Verbände bestimmter Bevölkerungsgruppen (der Jugend, Hausfrauen).
5. Staatsbürgerverbände.
6. Wohlfahrtgesellschaften (z. B. das Deutsche Rote Kreuz).
7. Verbände mit politischem Tätigkeitsziel (Verbände der Heimatvertriebenen, Flüchtlingsverbände, Deutsche Wählergesellschaft).
8. Kulturorganisationen.
9. Kirchen.

Man könnte eine Vielzahl von solchen Typologien anführen: Ein ähnliches Schema ist beispielsweise in der Schrift des englischen Wissenschaftlers S. Finer[6] zu finden; grundsätzlich analog ist die Haltung der westdeutschen Soziologin R. Mayntz.[7] Es besteht keine Veranlassung, auf sie genau einzugehen: Ihr Sinn liegt auf der Hand. Anstatt die Charakteristika genau zu untersuchen, die es ermöglichen, aus der ganzen Masse von Gesellschaften, Verbänden, Vereinigungen und Assoziationen tatsächlich mächtige Interessengruppen auszusondern, werden sie durch die bestehenden Typologien in dieser Masse aufgelöst.

Bei der Zusammenfassung einiger typologischer Recherchen mußte der Soziologe Thomas Ellwein nach der Untersuchung des BRD-Regierungssystems ratlos feststellen:

Für eine Typologie fehlen ihm jegliche wissenschaftlichen Voraussetzungen, weil die Unterscheidungsmerkmale ebenso ineinandergreifen wie die Verbandszugehörigkeit vieler Bürger des Landes und insbesondere vieler Firmen. Es mußte Ellwein immerhin angerechnet werden, daß er als erster der uns bekannten westlichen Forscher, die sich mit den Unternehmerverbänden beschäftigen, die Aussichtslosigkeit der typologischen Bemühungen erkannte und den Einflußbereich jeweiliger Gruppen als einen der wichtigsten Gradmesser setzte, mit dessen Hilfe sich wirkliche Interessengruppen von der ganzen Masse übriger Organisationen unterscheiden lassen. Übrigens blieb die Gültigkeit dieses Kriteriums nur auf die Parlamentswahlen beschränkt: „Für beide Formen der Einflußnahme und der Beteiligung sind gewisse Voraussetzungen erforderlich. Soweit diese präzise zu klären sind, ergibt sich auch die Unterscheidung zwischen den für die politische Willensbildung wesentlichen und den unwesentlichen Verbänden oder Organisationen. Die Voraussetzungen für eine erfolgreiche Einwirkung auf die Wahl sind: a) unmittelbare Verfügung über größere Stimmenzahlen, b) erheblicher Einfluß auf die Meinungsäußerungen in der Öffentlichkeit, c) Geld, mit dessen Hilfe einschlägige Propaganda betrieben werden kann und d) enge Verbindung mit einer Partei."[8] Nach der Wahl sind laut Ellwein folgende Voraussetzungen nötig: Enge Verbindungen zu einer Partei; enge Beziehungen zu Abgeordneten, Kontakte mit der Regierung und der Bürokratie und notfalls die Möglichkeit, die öffentliche Meinung zu mobilisieren.

Untersucht man die Vielzahl von Gesellschaften und Verbänden der Bundesrepublik unter dem Aspekt der von Ellwein erarbeiteten Kriterien, so ergibt sich, daß die Zahl derer, für die der Begriff „Interessengruppen" in seiner Interpretation zutreffen würde, nicht übermäßig groß ist. Dies wird vom Verfasser auf folgende Weise resümiert: „Geht man dann einen Schritt weiter, läßt sich im Groben zwischen den Wirtschaftsorganisationen, den staatsbürgerlichen Vereinigungen und einigen Zwischenformen unterscheiden. Nur die ersteren wären dann Interessenverbände im engeren Sinne. Sie zerfallen vor allem in die großen Massenorganisationen der Arbeitnehmerschaft, also die Gewerkschaften, Konsumgenossenschaften usw., in die recht zahlreichen ‚mittelständischen' Verbände der Landwirtschaft, des Handwerks, der freien Berufe, der Beamtenschaft und schließlich in die zahlenmäßig geringen, aber sehr kapitalkräftigen Organisationen der Industrie, der Banken, des Großhandels, kurz dessen, was man gern unter der Bezeichnung ‚Wirtschafts-‘ oder ‚Geschäftswelt‘ (‚business‘) zusammenfaßt."[9]

Die Schlußfolgerungen Ellweins sind denen von Anhängern des typologischen Herangehens an die Soziologie der Verbände gewiß überlegen. Jedoch auch er vermochte nicht, den entscheidenden Schritt zu machen. In den von ihm vorgeschlagenen Kriterien oder Voraussetzungen wird das wichtigste Element — das Verhältnis zur Klassenmacht — übersehen. Naturgemäß gewinnen unter gleichen Bedingungen nur solche Interessenverbände einen entscheidenden Einfluß auf die Staatsmacht und die Gesellschaft, die sich aus den Repräsentanten der herrschenden und der die Gesellschaftsordnung des Landes bestimmenden Klasse zusammensetzen. Sollte man also den Begriff „Interessenverbände" sehr streng nehmen, so kann er unter den Bedingungen eines kapitalistischen Landes lediglich auf „die zahlenmäßig geringen, aber sehr kapitalkräftigen Organisationen" der Geschäftswelt — auf die den Monopolen untergeordneten Unternehmerverbände — bezogen werden.

Von den obenangeführten Begriffen bürgerlicher Forscher ist die vielgebrauchte Formel „pressure group" besonders interessant, die einige Wirtschaftswissenschaftler als Synonym für „Interessengruppe" oder „interessierte Gruppen" bzw. zur Bezeichnung einiger Abarten der Einflußnahme dieser Organisationen je nach Charakter der Intervention in die Staatspolitik verwenden. Mit der Formel „pressure group" hängt einer der wenigen Versuche zusammen, einen Gradmesser für deren Definition außerhalb des typologischen Rahmens herauszufinden.

Prof. J. Meynaud, Universität Lausanne, hat drei Faktoren ermittelt, die nach seiner Auffassung in ihrer Gesamtheit die Definition für die „Druckgruppe" ergeben. Dies seien beständige, sich nach einem gültigen Modell entwickelnde Bindungen bzw. Überlieferungen in den Beziehungen zwischen den Mitgliedern; das Gefühl für das Kollektive, das die Mitglieder von den Außenseitern unterscheidet; das gemeinsame Ziel, das meistens als stabilisierendes Element fungiert.[10]

Es läßt sich unschwer eine Menschengemeinschaft finden, die einer harmlosen Beschäftigung nachgeht (beispielsweise ein Freundeskreis zur Züchtung von Aquariumfischen), auf die die Definition Meynauds zutreffen könnte. Ist sie dann als „Druckgruppe" anzusehen? Leider weist das Drei-Faktoren-Prinzip des Herren Professors so große Lücken auf, und in das Gefäß mit dem „Druckgruppen"-Etikett schlüpfen viele verschiedenartigste Vereinigungen hindurch, so daß ein vorbehaltloser Gebrauch dieses Begriffs zur Bezeichnung der Unternehmerverbände bedeuten würde, deren wahren Charakter zu verschleiern.

Aus dem oben Gesagten resultiert, daß die in der bürgerlichen Soziologie gebrauchten Begriffe und Formeln für die Definition der Unternehmerverbände und deren sozialen Funktionen einer zusätzlichen Charakterisierung bedürfen, wobei zwei Faktoren berücksichtigt werden müssen: der Grad der Einflußnahme und das klassenmäßige Verhältnis zur herrschenden Gesellschaftsformation. Eine solche zusätzliche Charakterisierung, die eine wissenschaftswidrige und nicht klassengebundene Ausdehnbarkeit der bürgerlichen Terminologie völlig ausschließen würde, könnte der Hinweis auf die Zugehörigkeit der jeweiligen Gruppe, einer Vereinigung bzw. eines Verbandes zum Monopolkapital sein — das im 2. Kapitel der vorliegenden Arbeit enthaltene Material gibt allen Grund zu dieser Annahme. Somit könnte man die Formeln „monopolistische Druckgruppen", „monopolistische Interessengruppen" usw. neben dem genauen Begriff „Unternehmerverbände" gebrauchen, wenn man dabei aber in Betracht zieht, daß die genannten Formulierungen einen weiteren Kreis von sozialen Erscheinungen, z. B. Finanzgruppen, umfassen, die außerhalb des Rahmens der eingetragenen Vereinigungen agieren.

Die Terminologie der bürgerlichen Politologie gibt uns selbst nach deren Präzisierung keine wissenschaftliche Definition der Unternehmerverbände, weil sie ihrem Charakter nach umschreibend und nicht analytisch ist. Für unsere Arbeit ist es jedoch erforderlich, eine solche Definition zu finden, die das klassenmäßige und politische Wesen der Unternehmerverbände, Ziele und Charakter ihrer Tätigkeit aufdecken würde.

Als Diskussionsbeitrag, der keinen Anspruch auf Vollständigkeit erhebt, könnte man folgende Variante der Definition vorschlagen: Die gegenwärtigen Unternehmerverbände sind außerparteiliche kapitalistische Klassenorganisationen, die unter Kontrolle der Monopolbourgeoisie stehen und in ihrem Interesse handeln, zu deren Hauptanliegen es gehört, den Klassenkampf für die Aufrechterhaltung und die Festigung der eigentlichen Möglichkeit, der Profitgewinnung, zu führen, und deren Methoden es sind, aufgrund ihrer Finanzmacht alle Bereiche der Wirtschaft, der Politik, der Ideologie, der Gesellschaft und des Staates vorrangig zu beeinflussen, was unter den Bedingungen des staatsmonopolistischen Kapitalismus diese Organisationen zu einem der wichtigsten Machtapparate werden läßt, wo sich die konkrete Verfilzung der Macht des Staates mit der der Monopole zu einem einheitlichen Herrschafts- und Unterdrückungsmechanismus vollzieht.

1. Die Formen des Klassenkampfes der Unternehmerverbände

Die Unternehmer- und Arbeitgeberverbände sind Organisationen der Monopole, klassenmäßig dazu bestimmt, den Klassenkampf zu führen — darin besteht der ganze Sinn ihrer Existenz und Tätigkeit. Im Hinblick auf die Stoßrichtungen, Ziele und Formen zerfällt der Klassenkampf der Unternehmerverbände in drei Hauptrichtungen:

Arbeiterfeindlicher Klassenkampf, dessen Aufgabe in politischer Hinsicht darin besteht, die Werktätigen auf den Positionen der Anerkennung der kapitalistischen Ordnung zu behalten und — in wirtschaftlicher Hinsicht — die Bedingungen zur Gewinnung des Monopolprofits durch die Ausbeutung von Arbeitern und Angestellten zu sichern;

politischer Kampf innerhalb der Klasse, der sich in einem ständigen Druck auf die Organe der Staatsmacht und das in diese Staatsordnung integrierte Parteiensystem äußert, um die Herrschaftsstellung des Monopolkapitals im politischen und wirtschaftlichen System des staatsmonopolistischen Kapitalismus zu verankern;

ideologischer Klassenkampf, der die gesellschaftlichen Prozesse des Landes insgesamt und insbesondere die öffentliche Meinung im Interesse der Monopole beeinflußt und somit Voraussetzungen für ein wirksames Vorgehen der Unternehmerverbände auf allen Linien schafft.

Wie selbst aus diesen kurzen Charakteristiken hervorgeht, ergänzt sich gegenseitig jede der drei Klassenkampfrichtungen der Unternehmerverbände trotz ihrer spezifischen Besonderheiten, indem sie zu einem einheitlichen System der Regulierung der Staatspolitik und der gesellschaftlichen Prozesse verschmelzen, was das Funktionieren der politischen Macht des staatsmonopolistischen Kapitalismus mitbedingt.

Der Kampf der Unternehmerverbände gegen die Arbeiterklasse

Der Klassenkampf der BRD-Monopolverbände gegen die Werktätigen wird erzwungenermaßen von dem Bestreben des Großkapitals bestimmt, den Grundinhalt unserer Epoche — den weltweiten Übergang vom Kapitalismus zum Sozialismus — zu berücksichtigen. Die Existenz und Entwicklung des sozialistischen Weltsystems stellt für die kapitalistische Gesellschaftsordnung der BRD eine Herausforderung dar, insbesondere durch die augenfälligen Erfolge des sozialistischen Aufbaus in der Deutschen Demokratischen Republik. Der Sozialismus wirkt auf den Klassenkampf in der BRD dadurch, weil er den Spielraum der Monopole bei der Unterdrückung der Arbeiterklasse wesentlich einengt, denn drakonische Maßnahmen im Kampf gegen die Werktätigen würden zu große politische Risiken für die Herrschaft des Monopolkapitals mit sich bringen.

Die Führungsspitze der Verbände zieht das in vollem Maße ins Kalkül. Bereits 1951 erklärte W. Raymond, der erste Präsident der Bundesvereinigung der Deutschen Arbeitgeberverbände in der Nachkriegszeit, die Arbeitgeberschaft fühle sich „getrieben von der ständig größer werdenen Sorge um die Erhaltung ihrer Rechte, insbesondere des Rechts der freien unternehmerischen Initiative. Sie weiß, und sie verkündet es immer eindringlicher, daß die Erhaltung gerade dieses ihres Rechtes gleichbedeutend ist mit der Erhaltung der Bundesrepublik als eines Gliedes des westlichen Kulturkreises... Sehr hohe Gefahr ist im Anzug... Den ‚Ratgebern‘ die mir immer wieder ‚empfehlen‘, ‚hin und wieder mit der Faust auf den Tisch zu schlagen‘, möchte ich doch sagen, daß ich diese ausgezeichnete Leibesübung zur Zeit für politisch unwirksam halte."[11]

Neben der Berücksichtigung politischer Notwendigkeiten werden jedoch die Strategie und Taktik des arbeiterfeindlichen Kampfes der Unternehmerverbände der BRD auch von wirtschaftlichen Interessen der Monopole diktiert, die sie dazu zwingen, relative Produktionsaufwendungen durch Arbeitslohneinsparungen zu senken und die Hauptlast der infolge der wissenschaftlich-technischen Revolution rapide steigenden Kosten des Produktionsprozesses auf die Arbeiter abzuwälzen. Der Kampf der Unternehmerorganisationen gegen die Arbeiter steht somit im Zeichen eines unlösbaren Gegensatzes zwischen der gegenwärtigen sozialpolitischen

Grundaufgabe der Monopolbourgeoisie als Klasse und dem wirtschaftlichen Hauptanliegen jedes einzelnen Monopolisten — der Profitmaximierung. Um der Verewigung der kapitalistischen Gesellschaft willen, d. h. der eigentlichen Möglichkeit, durch Ausbeutung Profite zu ziehen, macht es die Politik notwendig, den sozialen Frieden zu erhalten. Das ökonomische Interesse an den Maximalprofiten aber zwingt die Monopolherren, die Einkommen der Lohnabhängigen zu schmälern und diesen viel zitierten sozialen Frieden ständig zu verletzen.

Einige Wissenschaftler sind der Ansicht, daß für die Unternehmerverbände aus diesem Widerspruch der Vorrang der Politik vor der Wirtschaft resultiert. Obzwar diese Schlußfolgerung mit der gesamten Entwicklung des sozialpolitischen Kurses der BRD-Verbände bis in die Jahre 1966/67 übereinstimmt, scheint es uns jedoch falsch, diesem Standpunkt vorbehaltlos zuzustimmen. Die arbeiterfeindliche Politik der Unternehmerverbände ist eher als ein sich konkret herausbildender Kompromiß zu betrachten, in dem jeweils ein Pol des in Wirklichkeit unlösbaren Widerspruchs zwischen der politischen Notwendigkeit und dem ökonomischen Interesse zeitweilig überwiegt. Ebendieser Widerspruch findet seinen Niederschlag im Bestehen zweier Grundtendenzen innerhalb des Unternehmertums, die sich in der obenangeführten Erklärung Raymonds erkennen lassen.

In den Schriften bürgerlicher Ideologen ist häufig die Behauptung anzutreffen, die „soziale Politik" der Bundesvereinigung der Deutschen Arbeitgeberverbände habe angesichts der Ansprüche der Gewerkschaften einen rein defensiven Charakter. Zur Bekräftigung dieser These verweist man oft auf die Tatsache, daß die Arbeitgeberverbände in Deutschland nach den Gewerkschaften entstanden sind. In seiner Eigenschaft als BDA-Präsident schrieb Paulßen: „Die naturgegebenen Partner der Gewerkschaften, die Arbeitgeberverbände, entwickelten sich vor 1914 aus der Defensive gegen die überbetrieblichen Ansprüche der Gewerkschaften."[12]

Der Mythos über den defensiven Charakter der Arbeitgeberverbände ist genauso wirklichkeitsfremd wie seine geschichtliche Begründung. Die Etablierung dieser Verbände war ein einfacher Organisationsakt, durch den sie, wie bereits oben ausgeführt, aus den Unternehmerverbänden ausgesondert wurden, welche anfänglich unter anderem auch den Kampf gegen die Arbeiter führten, und sie waren eben eine geraume Zeit vor den Organisationen der Werktätigen entstanden. Es geht hier sicherlich nicht darum, daß die Apologeten der Unternehmerverbände mit der Geschichte dieser Organisationen nicht vertraut sind. Die These über den „defensiven" Charakter der Arbeitgeberverbände dient nur dazu, die allgemeine ideologische Konzeption zu bekräftigen, nach der es in der BRD-Gesellschaft den Klassenkampf überhaupt nicht gibt: Die Gewerkschaften erheben einfach unbegründete Ansprüche, und die Arbeitgeber müssen sich „zur Wehr" setzen.

Die Verlogenheit dieser Konzeption resultiert aus den Hauptstoßrichtungen des arbeiterfeindlichen Kampfes der Unternehmerverbände. Solche Stoßrichtungen sind gegenwärtig: Die Verbreitung der Ideologie des Antikommunismus und das Eindringen der bürgerlichen Ideologie in die Arbeiterklasse; der Kampf gegen die Gewerkschaften unter seinem politischen Aspekt; Maßregelungen der Werktätigen als Ausdruck des ökonomischen Kampfes gegen sie.

Das Hauptanliegen der Unternehmerverbände auf dem Gebiet der Sozialpolitik ist selbstverständlich nicht die vielgerühmte „Sozialpartnerschaft", sondern der unzweideutige Klassenkampf. Dabei muß man vermerken, daß er unter den Bedingungen eines relativen ökonomischen Wohlstandes und der staatsmonopolistischen Regulierung der gesellschaftlichen Prozesse einige spezifische Formen angenommen hat, die es den Monopolen ermöglichten, die Fiktion der „sozialen Partnerschaft" eine Zeitlang aufrechtzuerhalten. Ein Großteil der Schuld trägt sicher auch die opportunistische Politik der Gewerkschaften, deren Führung sich zum Glauben an sozialen Frieden und zur Partnerschaft mit den Arbeitgebern bekennt.

Die Ideologie des Antikommunismus stellt den Unterbau der gesamten arbeiterfeindlichen Politik der Monopolverbände dar. Im Bestreben, diese Ideologie in die Arbeiterklasse hineinzutragen, glauben die Unternehmerorganisationen, die Werktätigen gegen die „kommunistische Pest" immunisieren zu können und ihnen keine Möglichkeit zu geben, sich ihrer Lage in der kapitalistischen Gesellschaft von den Klassenpositionen bewußt zu werden, die Ausbeutung sowie die wirtschaftliche und politische Unterdrückung zu erkennen, wozu sie im Kapitalismus verdammt sind.

Vom Antikommunismus ist die gesamte praktische Tätigkeit der Unternehmerverbände durchdrungen. Dabei muß man jedoch hervorheben, daß sich die Verbände selbst mit der Ausarbeitung der ideologischen Fragen des Antikommunismus grundsätzlich nicht befassen. Sie bevorzugen es, Nutznießer der Arbeit einer Vielzahl von Einrichtungen zum Studium der Probleme des Kampfes gegen die marxistisch-leninistische Lehre zu sein. Läßt man die vom Antikommunismus triefenden Publikationen der Unternehmerverbände außer acht, so verfügen die Verbände über keinen gesonderten Apparat zur Agitation solcher Art — man rechnet dabei mit der Ausnutzung von mittleren Leitungskadern in Betrieben sowie mit Betriebszeitungen. Zu diesem Zweck bringt das vom BDI und der BDA getragene Deutsche Industrieinstitut ein Bulletin mit praktischen Empfehlungen heraus, wie man den Arbeitern die Vorzüge der „freien Marktwirtschaft" und die Abneigung gegen die „Misere und Unterdrückung im Kommunismus" suggerieren soll. Der von den Monopolverbänden verbreitete Antikommunismus zeichnet sich also durch eine ziemliche Primitivität aus. Eine Zeitlang konnte diese Primitivität unter den Bedingungen der in der BRD herrschenden allgemeinen antikommunistischen Hysterie gewisse Erfolge zeitigen. Aber die Lage wandelt sich, und in dieser Hinsicht werden sich für die Unternehmerverbände wohl neue und kompliziertere Probleme ergeben.

Mit der antikommunistischen Propaganda ist — als wichtiger Bestandteil der Beeinflussung der öffentlichen Meinung — das Hineintragen der bürgerlichen Ideologie in die Arbeiterklasse und die Manipulierung des geistigen Lebens der Gesellschaft eng verknüpft. Aber im Unterschied zur Primitivität ihrer antikommunistischen Agitation haben die Unternehmerverbände bei der ideologischen Vergiftung des Bewußtseins der Arbeiter einen hohen Grad an Wirksamkeit erreicht. Die Verbände machen aus diesen Aufgaben keinen Hehl: „... zuverlässige Informationen über eigene Absichten zu geben und den eigenen Standpunkt so plausibel wie möglich darzustellen. Ziel ist natürlich die Gewinnung der öffentlichen Meinung für die eigene Auffassung."[13] Es geht folglich um die Erscheinung, die die Begründer des Marxismus in einer präzisen Formel zum Ausdruck brachten: Die Gedanken der Herrschenden sollen herrschende Gedanken sein. Angesichts der historischen Bedrohung für die kapitalistische Ordnung kann es das Monopolkapital weniger denn je zulassen, daß die Arbeiterklasse eigene Gedanken hat.

Die Manipulierung der Meinungsbildung der Werktätigen gewinnt deshalb im Rahmen des durch die Unternehmerverbände geführten arbeiterfeindlichen Kampfes immense Bedeutung und stellt ein wesentliches Charakteristikum des politischen Machtsystems des staatsmonopolistischen Kapitalismus dar. Zur Erfüllung dieser Aufgabe verfügt die Bundesvereinigung der Deutschen Arbeitgeberverbände über einen gesonderten Propagandaapparat, der eine beträchtliche Zahl von Publikationen [14] mit einer Gesamtauflage von vielen Millionen Exemplaren im Jahr herausbringt.

„Pressedienst der Bundesvereinigung", der einmal wöchentlich erscheint, wird an die Redaktionen großer Zeitungen versandt. Er enthält eine Art Dispositionen der BDA von sozialpolitischen Problemen und eine Argumentation der Verbandsansichten dazu.

„Kurznachrichtendienst der Bundesvereinigung", der Zeitungsredaktionen zweimal wöchentlich zur Verfügung gestellt wird, dient zur Verbreitung von Mitteilungen, an deren Veröffentlichung die BDA interessiert ist.

„Mitteilungen der Bundesvereinigung" kommen einmal im Monat heraus und sind für die Information von der Vereinigung der angeschlossenen Verbände vorgesehen, um eine gemeinsame Linie der Arbeitgeber auf lokaler Ebene zu sichern.

„Internationales Arbeitgeber-Bulletin" in deutscher, englischer und französischer Sprache verfolgt das Ziel, die Anstrengungen der Arbeitgeberverbände im internationalen Maßstab zu koordinieren.

/Neben Informationsdiensten, zum Abdruck in der In- und Auslandspresse bestimmt, bringt die BDA zweimal monatlich ihre eigene Zeitschrift „Arbeitgeber" heraus. Wegen ihrer verhältnismäßig kleinen Auflage spielt sie allerdings als unmittelbares Organ zur Beeinflussung der Werktätigen keine wesentliche Rolle.

Gleichzeitig ist die BDA bestrebt, auf die Zentren der Meinungsbildung und der Beschlußfassung einzuwirken, um sie den Interessen der Arbeitgeberorganisationen noch dienstbarer zu machen, indem an Behörden, Einrichtungen, Universitäten, Pressezentren usw. folgende Publikationen ergehen:

„Schriftenreihe der Bundesvereinigung" — Bücher und Broschüren über die sozialpolitischen Probleme aus der Sicht des Monopolkapitals.

„Sammlung arbeitsrechtlicher Entscheidungen" wird einmal im Monat an Behörden, Gerichte, Richter, Anwälte usw. mit dem Ziel verschickt, den Arbeitgebern günstige Gerichtsurteile zu sichern.

„Volkswirtschaftlicher Argumentationsdienst zur Lohnpolitik", „Leistung und Lohn" — unregelmäßige Publikationen zur Begründung der Politik der Monopole auf dem Gebiet des Arbeitslohns, um die Öffentlichkeit von ihrer Gerechtigkeit zu überzeugen.

„Internationale Sozialpolitik" — eine Monatsschrift mit Nachrichten, Zahlen und Mitteilungen über die Sozialpolitik anderer kapitalistischer Länder zur Orientierung der Funktionäre der Arbeitgeberverbände und deren Apparate.

„Informationsdienste für Verbandspublizistik" — 12 bis 15 Hefte im Jahr, die für Verfasser bestimmt sind, welche mit den monopolistischen Verbänden zusammenarbeiten.

Der Hauptakzent wird offensichtlich auf das Eindringen in die Massenpresse gelegt, um mit deren Hilfe die Ansichten der Arbeitgeberverbände zu verbreiten. Dem gleichen Zweck dienen Radio, Fernsehen und Film. Bei aller Reichweite der propagandistischen Arbeit der Verbände soll jedoch nicht der Eindruck erweckt werden, als seien die antikommunistische Propaganda und die Infiltration der bürgerlichen Ideologie in die Arbeiterklasse das Werk lediglich der Arbeit- bzw. Unternehmerverbände. Im bürgerlichen Staat und bei zunehmender Monopolisierung der Massenmedien geht die Meinungsmanipulierung in bedeutendem Maße als quasi natürlicher Prozeß vor sich, und dort, wo er gesteuert werden muß, beschäftigen sich damit auch die Staatsmacht und die bürgerlichen Parteien. Die Funktion der Verbände bei der Verbreitung ihrer Ideologie unter den Werktätigen durch die Massenmedien läuft somit auf bestimmte Kontrolle über Berichterstattung in der Presse zu sozialpolitischen Problemen, die Bekämpfung von zuwiderlaufenden Presseaussagen sowie auf eine aktive Intervention hinaus, falls durch konkrete Äußerungen der bürgerlichen Massenmedien die Verbandsinteressen gestört bzw. nicht vollständig durchgesetzt werden. So wie in der modernen Schalttechnik nur wenig Anstrengungen notwendig sind, um riesige Energieströme umzuleiten, so ermöglichen die Schlüsselpositionen der den Klassenkampf führenden Monopolorganisationen nicht nur auf dem Wege direkter Eingriffe, sondern auch durch einen Druck auf die Staatspolitik, die Massenmedien relativ leicht zu beeinflussen.

Breiteste Möglichkeiten der gegenwärtigen Methoden zur Informationsvermittlung werden von den Klassenorganisationen der Bourgeoisie mannigfaltig genutzt. Außer der gewöhnlichen Propagierung ihrer Stellungnahmen zu sozialpolitischen Problemen organisieren sie gezielte, manchmal jahrelang anhaltende Kampagnen, in deren Verlauf entweder bestimmte Kategorien der Werktätigen oder die ganze Arbeiterklasse psychologisch beeinflußt werden, um die Positionen der Gewerkschaften zu untergraben. Als beredtes Beispiel dafür kann die Kampagne gegen die Forderungen der Gewerkschaften nach dem Ausbau des Mitbestimmungsrechts dienen. Schließlich führen die Verbände Operationen mit weitgesteckten ideologischen Zielen durch, um auf das Bewußtsein der Arbeiter einzuwirken. In dieser Hinsicht sind vielfältige Versuche kennzeichnend, den Werktätigen die Psychologie der Eigentümer aufzuzwingen.

Der Kampf der Arbeitgeberverbände gegen die Gewerkschaften wurde in Dr. M. Banaschaks Buch „Die Macht der Verbände" ausführlich behandelt. Deshalb erscheint es möglich, sich lediglich auf die Betrachtung der Hauptrichtungen im Klassenkampf der monopolistischen Arbeitgeberverbände gegen die Organisationen der Werktätigen zu beschränken.

Das Hauptanliegen der gewerkschaftsfeindlichen Politik der Arbeitgeberzentren bleibt das Bestreben, die Organisationen der Werktätigen über den gleichen Kamm zu scheren und sie ihrer Eigenständigkeit und Unabhängigkeit zu berauben. Die Zeiten, als die Arbeitgeberverbände offen um die Liquidierung der Gewerkschaftsbewegung kämpften und ihre „gelben Gewerkschaften" schufen, sind der Vergessenheit verfallen. Die den modernen Bedingungen angepaßte Taktik besteht eher darin, die Gewerkschaften in eigenen Umarmungen zu erwürgen und sie an die kapitalistische Ordnung festzubinden — eben das wird von den Arbeitgebern mit dem Slogan der „Partnerschaft" gemeint.

Aus diesem Grunde treten die Arbeitgeberverbände entschieden gegen alles in der Gewerkschaftspraxis auf, was den Vorstellungen der Monopole von der Sozialpartnerschaft zuwiderläuft. Durch die Einflußnahme sowohl von außen — mittels Gesetze und Anordnungen der Regierung — als auch von innen — vornehmlich durch Korrumpierung mancher Gewerkschaftsführer — wollen sie solchen Kurs der Organisation der Werktätigen erwirken, der die heutige Gesellschaftsordnung der BRD auf keine Weise gefährden und eine ungehinderte Ausbeutung des schaffenden Volkes ermöglichen würde.

Unter den Bedingungen hoher Wirtschaftskonjunktur und einer begrenzten Auswahl auf dem Arbeitsmarkt bis zu den Jahren 1966/67 wurde diese Politik durch das System „freiwilliger Sozialleistungen" ergänzt: z. B. Stundenlohn- und Urlaubsgeldzulagen, Weihnachtsgratifikationen usw. Kennzeichnend ist allerdings, daß sich die Arbeitgeberverbände entschieden weigerten, diese zusätzlichen Zahlungsleistungen in Arbeitsverträgen festzuhalten, was die Gewerkschaften vergebens durchsetzen wollten. Die Wirtschaftsrezession in der BRD zeigte, welchen Sinn diese Weigerung hatte — in erster Linie wurden gerade diese „freiwilligen Sozialleistungen" abgebaut und die Gewerkschaften hatten keine Dokumentarbelege, um gegen die Willkür der Arbeitgeber auf dem Gerichtswege vorzugehen. „Das Weißbuch" der IG Metall richtete sich gegen die Beschneidung der Einkommen der Werktätigen und löste gerade deshalb einen Sturm von Ausfällen seitens der Arbeitgeberverbände aus, wobei letztere wiederholt die Anschuldigung vorbrachten, man versuche, den Klassenkampf zu entfesseln. Der Vorsitzende der IG Metall, Otto Brenner, schrieb aus diesem Anlaß: „Nach dieser merkwürdigen Logik ist es nicht klassenkämpferisch, den Arbeitern und Angestellten Teile ihres Einkommens wegzunehmen, sondern die soziale Demontage in aller Öffentlichkeit anzuprangern. Nicht der Täter, sondern das Opfer soll also schuldig sein."[15] Freilich handelt es sich in beiden Fällen um den Klassenkampf. Aber wie verbreitet müßten die Illusionen über den sozialen Frieden und wie tief die Vergiftung des Bewußtseins der Werktätigen durch die bürgerliche Ideologie sein, wenn der Gewerkschaftsleiter als politische Diffamierung den Arbeitgebern entgegenhält, sie führten den Klassenkampf! Gleichzeitig mit der Verfemung der Gewerkschaften starteten die Arbeitgeberverbände eine breitangelegte Kampagne und wollten alle glauben machen, unter Rezession hätten am meisten die Unternehmer zu leiden. Das die psychologische Beeinflussung der Arbeiter bezweckende Bulletin des Deutschen Industrieinstituts führte aus: „Wenn einer nachholen muß, dann sind es eher die Unternehmer. Denn solange sie keine Gewinne haben, können sie nicht investieren. Solange sie keine Gewinne erwarten, werden sie nicht investieren."[16]

Die Kehrwende der Arbeitgeberorganisationen vom Vorrang der Politik vor der Wirtschaft in der Periode des Konjunkturabfalls zur Praxis der Offensive auf die Interessen der Arbeiterklasse hat gleichzeitig gezeigt, daß die

Taktik der Bestechung der Werktätigen wie auch die Idee der Partnerschaft ihre Grenzen in den ökonomischen Gesetzen des Kapitalismus haben. Es ist anzunehmen, daß in den Arbeitgeberverbänden selbst grundsätzlich keine Illusionen über die Ewigkeit des „sozialen Friedens" und die Endgültigkeit „der Überwindung des Klassenkampfes" genährt werden. Auf jeden Fall hatten sie sich lange vor den Krisenerscheinungen in der BRD dafür eingesetzt, in die Notstandsgesetze auch antigewerkschaftliche Bestimmungen einzubauen. Nun sind diese Gesetze verabschiedet worden und können in einer akuten Lage in Aktion treten, was einer faktischen Liquidierung der Gewerkschaften für die Zeit des Notstands gleichkäme. Das Kompromißlertum der rechten Gewerkschaftsführer, die seit der Bildung der Bundesrepublik ihre politischen Positionen gegen wirtschaftliche Konzessionen an die Monopole abtraten, fand in einer schweren politischen Niederlage der Gewerkschaften seinen logischen Abschluß. Die Entwicklung hat Otto Brenner recht gegeben, der sich übrigens neben anderen fortschrittlichen Persönlichkeiten der BRD gegen die Notstandsgesetzgebung zur Wehr setzte: „Wer die Aufgabe der Gewerkschaften lediglich darin sieht, sich den bestehenden Verhältnissen kritiklos anzupassen, der will aus ihnen nichts anderes machen als willfährige Instrumente der jeweiligen Regierung und der hinter ihr stehenden Kreise. Das aber würde nicht Stärkung, sondern Aushöhlung der Demokratie bedeuten."[17]

Die objektive Entwicklung der sozialen Situation in der Bundesrepublik verstärkt in letzter Zeit den Trend zum Abbau der „Partnerschaftsbeziehungen" zwischen den Gewerkschaften und den Arbeitgeberorganisationen. Ohne auf alle Ursachen dieser Entwicklung einzugehen, sei im Hinblick auf das uns interessierende Problem betont, daß ein ernsthafter Schlag gegen die sogenannte Partnerschaft durch die Arbeitgeberverbände selbst versetzt worden war. Letztere haben in der Praxis vor Augen geführt, daß sie die Politik des „sozialen Friedens" als Einbahnstraße ansehen, wo sich alle Zugeständnisse von den Gewerkschaften zu den Arbeitgebern und nicht umgekehrt zu bewegen haben.

Ausdruck einer neuen Etappe im Klassenkampf der Unternehmerverbände gegen die Werktätigen ist die Zuspitzung des Konfliktes um das Problem des Mitbestimmungsrechtes. Dieses Problem war von den Gewerkschaften bereits in den ersten Nachkriegsjahren aufgeworfen worden. Bei dem damaligen Kräfteverhältnis war es den Gewerkschaften gelungen, das Prinzip der Mitbestimmung lediglich für die Großbetriebe der Schwerindustrie durchzusetzen. In der Folgezeit aber vermochten die Monopole, durch eine Reihe von Maßnahmen auch dieses ihnen abgetrotzte Zugeständnis in bedeutendem Maße auszuhöhlen, so daß die Arbeiter in den sechziger Jahren, als sich in der Bundesrepublik die Folgen der wissenschaftlich-technischen Revolution auf die Produktion auszuwirken begannen, in keinem Industriezweig die Möglichkeit hatten, in den Betriebsangelegenheiten mitzubestimmen, welche im Verlaufe der Zeit immer mehr ihre Lebensinteressen berührten. Gerade in diesem Zusammenhang wurde die Forderung nach dem Ausbau des Mitbestimmungsrechts 1962 erneut in Gespräch gebracht und dann in das DGB-Grundsatzprogramm aufgenommen. Seit 1964 gewinnt es in zunehmendem Maße die Bedeutung eines zentralen Punktes im Kampf der Arbeit gegen das Kapital in der Bundesrepublik.

Die Gewerkschaften werten dabei die Situation unter drei Aspekten:

Die wissenschaftlich-technische Revolution bringt solche Industrieprozesse hervor, die in das Leben der Werktätigen tief eingreifen und es notwendig machen, Arbeitsplätze und Beruf häufig zu wechseln, was eine Verschlechterung der materiellen Lage der Arbeiterschaft zur Folge hat: nur die Mitbestimmung ist eine Gewähr dafür, daß die wissenschaftlich-technische Revolution von den Arbeitgebern nicht zum Nachteil der sozialen Interessen der Werktätigen genutzt wird;

die wissenschaftlich-technische Revolution hat die Konzentration der Produktionen und des Kapitals drastisch beschleunigt, was „zu einer Machtzusammenballung ungewöhnlichen Ausmaßes führt. Damit wächst die Gefahr des Mißbrauchs wirtschaftlicher Macht — zu wirtschaftlichen, aber auch zu politischen Zwecken — ständig", heißt es im Grundsatzprogramm des DGB. Ein wichtiges Instrument zur Kontrolle über diese Macht soll die Mitbestimmung werden;

die Arbeiterklasse spielt die wichtigste Rolle bei der Produktion von materiellen Gütern; die Arbeitnehmer haben darum ein! natürliches Recht auf Mitbestimmung.

Unter gegenwärtigen Bedingungen hielten die Monopolverbände es für angebracht, die Forderungen der Gewerkschaften als Aushöhlung des ureigenen Herr-im-Haus-Prinzips zu werten und dementsprechend den Klassenkampf anzuheizen.

Die BDA stellte in ihrem Jahresbericht 1964/65 fest: „Die größte Gefahr für die Existenz unserer freiheitlichen Wirtschafts- und Gesellschaftsordnung geht jedoch von den gewerkschaftlichen Mitbestimmungsforderungen aus... die die privatwirtschaftliche Struktur unserer Unternehmen und damit auch die privatwirtschaftliche Ordnung unserer Wirtschaft schlechthin beseitigen würde." Der für dieses Problem eingesetzte BDA-Arbeitskreis erklärte, damit würde man „die Schwelle zu sozialistischen Ordnungsformen ... überschreiten". Der „Industriekurier" gab einen Slogan aus, der übrigens der Bourgeoisie mehr Schaden als Nutzen brachte: „Die Demokratisierung der Wirtschaft ist so unsinnig, wie eine Demokratisierung der Schulen, der Kasernen und der Zuchthäuser."[18]

Wie aus den angeführten Zitaten hervorgeht, wollten die „pressure groups" die Öffentlichkeit von der Unannehmbarkeit der Mitbestimmung in zweifacher Weise überzeugen: Einerseits redeten sie ein, solches Recht würde in den Händen der Werktätigen den Kapitalismus in den Sozialismus umwandeln, und andererseits — die Übernahme der demokratischen Prinzipien aus dem Bereich der Staatslenkung in den Bereich der Wirtschaftsleitung sei absolut unmöglich. In den vergangenen Jahren hat sich die verbale Gestaltung dieser Beweisführung tausendfach gewandelt, sie ist aber im wesentlichen unverändert geblieben. Hier seien zwei Beispiele angeführt. H.-M. Schleyer, damals noch BDA-Vizepräsident: „Wenn man der Meinung ist, daß unsere derzeitige Ordnung im wesentlichen auf dem Eigentum basiert und das Eigentum eines der entscheidenden Ordnungselemente ist, dann ist die Mitbestimmung ein Angriff auf diese Ordnung, denn sie ist zweifellos ein Angriff auf die Funktion des Eigentums."[19] K. Scheufelen, ein nicht minder bedeutender BDI-Funktionär: „Die staatspolitische Gleichberechtigung der Bürger in der Seinssphäre der politischen Demokratie auf die Seinssphäre der Arbeitswelt übertragen zu wollen, ist die fundamentale Verkennung der eigentlichen Sachverhalte."[20]

Das Jahr 1968 brachte eine weitere Verschärfung des Klassenkampfes, der von den Monopolverbänden um das Mitbestimmungsrecht entfesselt wurde. Im Herbst desselben Jahres trat die BDA mit einer Erklärung zur weiteren sozialpolitischen Entwicklung auf, in der die harten Positionen der Arbeitgeber aufs neue bekräftigt wurden. Darüber hinaus brachten die Unternehmerverbände binnen weniger Wochen zwei Millionen Mark zusammen, um die Verbreitung ihrer antigewerkschaftlichen Broschüre, die Werbungskampagne in 30 größten BRD-Zeitungen und unzählige Referenten im ganzen Land zu finanzieren. Bei der Propagierung der Nutzlosigkeit und Gefährlichkeit der Mitbestimmung greifen die Unternehmerverbände gegenwärtig zu Argumenten, die ungewollt die Verlogenheit der vorherigen sozialen Demagogie bloßlegten. In dieser Hinsicht ist der Ende 1968 im „Volkswirt" erschienene Beitrag des damaligen DIHT-Präsidenten E. Schneider kennzeichnend. Darin sprach er sich eindeutig gegen den „sozialen Frieden" und „stabiles Gleichgewicht" aus, die den Unternehmerverbänden jahrzehntelang zum Betrug der Arbeiter dienten: „Nun erweist sich die Mitbestimmungsforderung nicht als Ausdruck eines sozialen Konflikts, sondern im Gegenteil als Ausdruck seiner Abschwächung. Insofern brauche ich wohl nicht besonders zu betonen, daß ich nicht für ein Wiederaufleben oder für eine Konservierung des Klassenkampfes eintrete, wenn ich sage, daß dieses Harmonisieren und Wegintegrieren von Gegensätzen für das Großunternehmen wie für unsere Gesellschaft insgesamt gefährlich wird. Jüngst hat ein bekannter Soziologe (Dahrendorf) darauf hingewiesen, welche Gefahren damit verbunden sind, wenn wir nicht mehr den Mut haben, die Rolle des Konflikts innerhalb unserer gesellschaftlichen Ordnung zu bejahen... Das sogenannte stabile Gleichgewicht bedeutet vielmehr die Schwächung der Elastizität und Leistungsfähigkeit. Es bedeutet Erstarrung."

Für die Position der Monopolverbände ist es charakteristisch, daß sie den Eindruck erwecken wollen, als befänden sie sich gegenüber den Forderungen der Gewerkschaften in defensiver Haltung. Das Eintreten Schneiders für einen Klassenkonflikt demaskiert zwangsläufig diese Haltung der Verbände. In Wirklichkeit benutzen sie die Forderungen nach dem Mitbestimmungsrecht als Vorwand zur Entfesselung der Klassenauseinandersetzungen. Die wahren Ursachen für die scharfe Reaktion der Monopolverbände wurde von O. Negt aufgedeckt: „Die gegenwärtige Verschärfung des Klassenkampfes von oben, die sich mit der Ausdehnung der Montan-Mitbestimmung auf andere Wirtschaftsbereiche kaum zureichend erklären ließe, hat neben der Integration im Unternehmerlager vor allem die Funktion, im Zeichen der nachlassenden Wirksamkeit der antikommunistischen

Propaganda den ‚öffentlichen Feind' zu vergegenwärtigen; auf ihn sollen die erwarteten Krisen der Gesellschaft, die der offenen Spirale der Lohnforderungen und der Übertragung der ‚egalitären Demokratie' auf sämtliche ‚Leistungsgebiete' zugeschrieben werden, rechtzeitig projiziert werden."²¹

Der Kampf um den Ausbau des Mitbestimmungsrechts hält an, aber bereits in der heutigen Phase kann man sagen, daß im Verlaufe dieses Kampfes einer der Grundpfeiler zusammenstürzt, auf dem die gesamte antigewerkschaftliche Politik der Unternehmerverbände fußt: der Mythos vom sozialen Frieden und das Wegleugnen des sozialen Konflikts zwischen Arbeit und Kapital. Neben der zunehmenden Politisierung der Arbeiter- und Gewerkschaftsbewegung wird sich diese Tatsache auf die weitere Entwicklung des Klassenkampfes im Lande ernsthaft auswirken.

Mit ökonomischen Repressivmaßnahmen gegen die Werktätigen hörten die Unternehmerverbände auch dann nicht auf, als sie ideologisch und politisch bestrebt waren, die Illusionen des Klassenfriedens aufrechtzuerhalten; somit praktizierten sie unverbrämt den Klassenkampf. Zu solchen Repressalien gehören ungesetzliche Entlassungen der Arbeiter, ihre Versetzung auf schlechter bezahlte Arbeitsplätze bzw. auf Kurzarbeit, Verstöße gegen Grundrechte der Arbeiterkollektive, Kürzung tariflicher und außertariflicher Zahlungen, Abbau des Stunden- bzw. Akkordlohnes, ungesetzliche Entlassungen erkrankter Arbeiter.

Neben den ökonomischen Repressalien, die keine andere Intervention seitens der Arbeitgeberverbände außer ihrer propagandistischen Rechtfertigung erforderten, trafen die Verbände breitangelegte Koordinationsmaßnahmen zur Organisierung des Klassenterrors. Schon 1954 richteten der BDI, die BDA und der DIHT gemeinsam den „Industriewarendienst zur Abwehr wirtschaftsschädigende Tätigkeit" (IWD) ein, der streng vertraulich dreimal monatlich an Industrielle einen „Informationsdienst" versandte. Darin wurden „Warnmeldungen für besonders bedrohte Betriebe und Branchen" gegeben, schwarze Listen der unter Verdacht kommunistischer Tätigkeit stehenden Arbeiter veröffentlicht und Ratschläge erteilt, wie die Konzerne politisch unerwünschte Elemente maßregeln können, um eine mögliche Gerichtsklage auszuschalten.

Schwarze Listen werden auch für Arbeiter mit angegriffener Gesundheit angelegt — dies hat z. B. die Vereinigung der Arbeitgeberverbände in Bayern 1958 offen zugegeben. So wurde in der ganzen Bundesrepublik tausendfach bestätigt und bezeugt, daß die Arbeitgeberverbände die Unternehmer im ganzen Lande über die Werktätigen unterrichten, die „übermäßig oft krank sind"; letztere werden entweder überhaupt nicht angestellt oder gleich nach eingezogenen Erkundigungen entlassen.

Der ideologische, politische und ökonomische Kampf der Arbeitgeber und Unternehmerverbände gegen die Werktätigen und deren Organisationen sicherte eine längere Zeit den Monopolen eine relativ ruhige Lage an der sozialen Front, weil es ihnen gelang, die politischen Fragen in den Hintergrund zu drängen und die ökonomische Offensive auf die Interessen der Werktätigen durch psychologische Beeinflussung der Arbeiterklasse im Geiste der „sozialen Partnerschaft", des „Klassenfriedens" usw. zu verdecken. Hinsichtlich der sozialen Ruhe hatte die kapitalistische Ordnung der Bundesrepublik einen Vorsprung gegenüber den führenden Industrieländern des Westens: Von 1962 bis 1966 gingen in der BRD durch Streiks und Aussperrungen pro Hundert Mann im Schnitt nur zwei Arbeitsstunden im Jahr verloren, während in Belgien dieser Verlust in den selben Jahren durchschnittlich 16 Stunden, in Frankreich 23, in England 28, in den USA 54 und in Italien 139 Arbeitsstunden betrug. Zur Auswirkung der hinterlistigen Verbandspolitik an der sozialen Front bis Mitte der sechziger Jahre — was durch das Kompromißlertum der meisten führenden Gewerkschaftsleiter ergänzt wurde — gehörte unter anderem die Rechtlosigkeit der Werktätigen, was sich ökonomisch beispielsweise darin ausdrückte, daß das BRD-Nationaleinkommen zugunsten der Kapitalistenklasse unproportionell verzerrt war. 1964 kassierten 10 Prozent der BRD-Bevölkerung 41,4 Prozent des Nationaleinkommens, während in England die gleichen 10 Prozent, d. h. die Bourgeoisie, im selben Jahr 1964 nur 29,3 Prozent einstrichen.

Jetzt wandelt sich die Lage. Der Klassenkonflikt nimmt schärfere Formen an, und die Monopolverbände sind jetzt dabei, eine neue Konzeption für die soziale Politik zu erarbeiten, deren wichtigstes Charakteristikum im schnellen Wechsel von der taktischen Flexibilität zum offenen arbeiter- und gewerkschaftsfeindlichen Kurs besteht.

Politischer Kampf innerhalb der eigenen Klasse und deren Institute: Unternehmerverbände und Kanäle ihrer Druckausübung auf den Staat

Seit ihrer Entstehung konnten die Unternehmerverbände ihrer Funktion als Vertreter der politischen Klasseninteressen des Kapitals fast ausschließlich durch verschiedene Methoden der Einwirkung, Beeinflussung und Druckausübung auf die staatlichen Organe gerecht werden. Es ist daher nicht verwunderlich, daß diese Methoden ständig verfeinert und an konkrete geschichtliche Situation angepaßt wurden. Unter Bezugnahme auf das zaristische Rußland bemerkte W. I. Lenin bereits Ende des vorigen Jahrhunderts: „Obwohl die Regierung nach dem Gesetz eine unumschränkte und unabhängige Macht ist, können die Kapitalisten ... in der Praxis mit tausenderlei Methoden auf die Regierung und die Staatsangelegenheiten einwirken. Sie haben ihre eigenen, gesetzlich anerkannten Standeseinrichtungen, ... Komitees für Handel und Manufakturen und dergleichen mehr. Ihre gewählten Vertreter werden entweder direkt Beamte und nehmen an der Leitung des Staates teil, ... oder sie werden in alle Regierungsinstitutionen als Mitglieder zugezogen: so sitzen z. B. laut Gesetz Fabrikanten in den Fabrikkammern (den vorgesetzten Behörden für die Fabrikinspektion), wohin sie ihre Vertreter wählen. Jedoch beschränken sie sich nicht auf diese direkte Teilnahme an der Leitung des Staates. In ihren Vereinigungen beraten sie über die Gesetze des Staates, arbeiten Gesetzentwürfe aus, und die Regierung pflegt bei jedem Anlaß ihre Meinung einzuholen, sie legt ihnen die verschiedensten Entwürfe vor und ersucht sie, dazu ihre Vorschläge zu machen." Sie erhalten „Zutritt zu den höchsten Repräsentanten der Staatsmacht..."[22]

Noch vollkommener und feiner wurde das System der Druckausübung auf Staatsangelegenheiten in unseren Tagen, wo es zu einem der wichtigsten Faktoren zur Sicherung der staatsmonopolistischen Ordnung geworden ist. Genaugenommen, bleiben diese Vorstöße der Unternehmerverbände immer noch gesetz- und verfassungswidrig, sie wurden allerdings zur Norm des politischen Lebens, gestalteten sich zu einem wirksamen Instrument der Durchsetzung von Klasseninteressen der Monopololigarchie, das täglich und stündlich die Verflechtung von Staat und Monopolen reproduziert.

Der Hinweis auf die Gesetzwidrigkeit der Eingriffe der monopolistischen Druckgruppen in die Regierungspolitik bedarf einer Präzisierung. In der Tat: Die BRD-Verfassung erwähnt ein solches Recht der Verbände mit keinem Wort. In Artikel 9 wird lediglich deren Gründung gestattet. Gerade in diesem Sinne sprach der bürgerliche Publizist H. Burneleit vom „ungeschriebenen Verfassungsrecht" des „Gedankenaustausches zwischen der Bürokratie und den Vertretern wirtschaftlicher und sozialer Interessen"[23], d. h. in erster Linie — vom dem BDI und der BDA. Beiderseitiges Interesse der bürgerlichen Staatsführung und der Monopolspitze an einer Zusammenarbeit hat es jedoch ermöglicht, den Weg zu einer gewissen Legitimierung der Verbandseingriffe in die Regierungstätigkeit zu finden. In der „Gemeinsamen Geschäftsordnung der Bundesministerien" heißt es: „Zur Beschaffung von Unterlagen für die Vorbereitung von Gesetzen können die Vertretungen der beteiligten Fachkreise herangezogen werden."

Dieser äußerlich so harmlose Satz wurde zu jenem Fundament, auf dem das riesige Drucksystem der Monopolverbände auf den BRD-Staat errichtet wurde.

Als eines der wichtigsten Charakteristiken dieses Drucksystems, man kann sogar sagen, eine Voraussetzung für dessen Wirksamkeit kann seine weitgehende Anonymität bezeichnet werden. Auf diese Seite wird ständig auch von nichtmarxistischen Forschern hingewiesen, die darin eine direkte Gefahr für den bürgerlichen Parlamentarismus sehen. Th. Ellwein betont beispielsweise, daß sich die Arbeit der Verbände dort, wo sie die Politik berührt, im stillen und unkontrollierbar vollzieht: „,Die anonyme Macht' der Verbände ist oft nicht nur der Öffentlichkeit verborgen, sondern auch den Mitgliedern." W. Weber stellt fest: „Bei den Unternehmer- und Wirtschaftsverbänden verschwimmt die politische Wirkungskraft in einer schwer greifbaren Anonymität... Jeder weiß oder ahnt es wenigstens, daß sich alle großen Entscheidungen in irgendeiner geheimnisvollen Art im Kreise dieser Oligarchien bilden..." Die Verborgenheit der Einflußkanäle der Unternehmerverbände stellt verständlicherweise ein wesentliches Erschwernis für deren Untersuchung dar. Der englische Spezialist für „pressuregroups" S. Finer schreibt: „Es ist sehr schwer wissenschaftlich nachzuweisen, daß eine bestimmte Maßnahme auf den Druck einer bestimmten Gruppe zurückzuführen ist. In der Regel kann keine Kausalverbindung hergestellt werden."[24]

Jedoch ermöglicht das vorhandene Material, zumindest das System der Einflußkanäle der monopolistischen Druckgruppen aufzudecken und in einigen Fällen sogar zu zeigen, wie diese Kanäle funktionieren.

Wenden wir uns zunächst der bestehenden Klassifikation von Formen und Methoden zur Einflußnahme seitens der Unternehmerverbände zu.

In seinem Buch „Die ordnungspolitische Bedeutung des Verbandswesens" unterscheidet der Politologe J. Wössner drei verschiedene Methoden, mit denen die „Interessenwahrnehmung durch die Verbände dem Staat gegenüber ausgeübt wird": die Methode des „Pressure", des „Lobbying" und die Methode des „Verschränkens". Als Apologet des Verbandswesens sprengt Wössner an der gleichen Stelle seine Klassifikation, indem er erklärt, daß die „Verschränkungsmethode" innerhalb der Parteien wirksam sei und daher mit der Einflußnahme auf den Staat nichts zu tun habe. Bei der Untersuchung der letzten zwei Methoden nimmt er die Verbände wiederum aus dem Schußfeld mit der Behauptung, die „Pressure"-Methode sei nicht nur den Verbänden eigen. „,Pressure' als Methode äußerer Druckausübung ... ist eine Methode, die alle nur möglichen Gruppen und Verbindungen, die das ‚Publikum' handhabt, um der Öffentlichkeit oder dem Staat gegenüber bestimmte Ziele und Absichten darzustellen oder durchzusetzen."

J. Wössner zeigt sich bereit, lediglich das „Lobbying" als Waffe der Verbände zu betrachten, da man nicht leugnen kann, daß gesellschaftliche Gruppen neben dem Parlament Büros eingerichtet haben, „die kommissarisch damit beauftragt sind, die Wünsche und Forderungen ihrer Auftraggeber dem Gesetzgeber vorzutragen. Rund um das Parlament sind sozusagen ganze Bürosiedlungen entstanden, die sich zur Aufgabe gemacht haben, den Willen des Gesetzgebers — Parlament und Regierung — entsprechend ihren Forderungen zu beeinflussen". Wie man sieht, leistet die Anonymität den Verbänden gute Dienste: Der verborgene Einfluß kann leicht als nicht existent erklärt werden. Das ganze Problem der Einflußkanäle der Monopolverbände auf das „Lobbying" allein reduzieren zu wollen — bedeutet gewiß die Ausmaße ihrer Macht vorsätzlich zu schmälern: Von der Wössnerschen Klassifikation, die an sich nur eine Wortspielerei ist, bleibt dabei überhaupt nichts übrig.

Ein grundsätzlich anderes Schema wurde von den Forschern aus der DDR vorgeschlagen. Dieses Schema wird in

„Imperialismus heute" begründet.[25] Es erfaßt alle Kanäle, durch die monopolistische „pressure groups" den Staat beeinflussen, und beinhaltet:

— das System der von den Unternehmerverbänden initiierten Eingaben, Vorschläge und gemeinsamen Beratungen der Verbandsorgane an bzw. mit den einzelnen Ministerien, Regierungs- und Parlamentsausschüssen;

— direkte Absprachen und ständige Kontakte zwischen den führenden Funktionären der Verbände und der Regierungsspitze;

— enge personelle Verflechtung des Staatsapparats mit den Vertretern der Monopole und ihrer Organisationen.

Obwohl diese Einteilung im Prinzip akzeptiert werden kann, ist dagegen einzuwenden, daß die Übersendung von Eingaben, Vorschlägen und anderen schriftlichen Unterlagen seitens der Verbände an die Staatsorgane einerseits und gemeinsame Beratung der Vertreter von Monopolverbänden mit denen der Staatsbürokratie und deren Zusammenarbeit in gemeinsamen Ausschüssen andererseits als ein und derselbe Einflußkanal betrachtet werden, während sie sich voneinander nicht nur funktionell, sondern auch in der Richtung der Einflußnahme unterscheiden. Daher wäre es wohl genauer, den ganzen Strom der Einflußnahme der Unternehmerverbände auf den Staat nicht in drei, sondern in vier Kanäle zu gliedern;

— Druckausübung auf die gesetzgebende und Verwaltungstätigkeit der Regierung durch Denkschriften, Gutachten über Regierungsdokumente, Ausarbeitung von fertigen Gesetzesvorlagen, Verordnungen und Anweisungen;

— Eingriffe in die Staatsführung durch die Zusammenarbeit der Verbandsvertreter mit der Regierungsbürokratie in Ausschüssen, Kommissionen, Expertenbeiräten;

— Einflußnahme auf die Staatspolitik durch ständige Kontakte und direkte Absprachen zwischen Verbandsleitungen und der Staatsführung sowie durch Lobbying-Büros;

— Kontrolle und Beeinflussung der Regierungstätigkeit durch Personalunion des Staatsapparats mit den Monopolorganisationen, die durch ständige Einflußnahme auf die Kaderpolitik im Staatsapparat untermauert werden.

Unter Beachtung der Tatsache, daß diese Klassifikation, wie auch jedes Schema, relativ ist, und daß folglich zwischen den genannten Einflußkanälen eine Vielzahl von Zusammenhängen und Übergängen besteht, wollen wir nun jeden dieser Kanäle einzeln untersuchen.

Die Monopolverbände verfügen über einen umfangreichen Apparat von hochqualifizierten Fachleuten und zahlen notfalls hohe Summen an außenstehende Experten, um Gesetzentwürfe, Stellungnahmen zu den in verschiedenen Ministerien ausgearbeiteten Dokumenten sowie Denkschriften und Berichte anfertigen zu lassen. Durch das Einreichen all dieser Unterlagen bei hohen Staatsinstanzen — als Ausdruck des gemeinsamen Willens des Monopolkapitals — sichern die Verbände, daß die Monopolinteressen in den Rang offizieller Politik und der vom Bundestag eingeweihten gesetzlichen Bestimmungen erhoben werden. Von 1950 bis 1965 wurden allein vom BDI etwa 3000 solche Dokumente an Staatsorgane übersandt, wobei ein Großteil an den Kanzler, die Minister und Ministerien adressiert war. „Wie viele der ministeriellen Gesetzentwürfe auf die Einwirkung von Verbandvertretern zurückzuführen sind, läßt sich nicht feststellen", schreibt Th. Ellwein. „Daß Vorlagen der Regierung im Parlament bereits mit den zuständigen Fachverbänden besprochen sind, darf dagegen als Regel gelten."[26] Selbstverständlich hüten sich die Verbände, direkte Spuren zu hinterlassen — das würde dem Prinzip der Anonymität ihres Einflusses widersprechen. Nichtsdestoweniger sind einige indirekte Indizien für die Wirksamkeit von Eingriffen der Verbände in die Gesetzgebung vorhanden.

Betrachten wir die Koinzidenz folgender Tatsachen. Die Statistik zeigt, daß die Gesetzgebungsinitiative des Bundestages schnell versiegt: In den ersten acht Jahren seiner Existenz hat der Bundestag aus eigener Initiative nur jedes vierte Gesetz verabschiedet, während die Regierung drei ihrer Gesetzentwürfe durchbringen konnte. Schon damals sprach die bürgerlich-liberale Wochenzeitung „Die Zeit" von einer „fast hilflosen Unterlegenheit des Parlaments und seiner Ausschüsse" gegenüber dem nahezu „unüberwindlichen Übergewicht der Ministerien und der großen Verbände mit ihren hochqualifizierten Instituten". Im Bundestag der dritten Legislaturperiode stand diese Relation schon 1:5, und zur Zeit hat sie sich weiter verschlechtert. Ist es denn ein Zufall, daß der BDI im ersten Jahrzehnt etwa 80 Prozent seiner Eingaben an die Regierung und nur 20 Prozent an den Bundestag gerichtet hat? Und ist es ein Zufall, daß der BDI im Jahre 1962 von insgesamt 100 als „sehr wichtig" bezeichneten Dokumenten nur 4 beim Bundestag und 96 bei den zuständigen Bundesministerien eingereicht hat?[27] Den DDR-Forschern zufolge richtet der BDI heute etwa 90

Prozent seiner Eingaben an die Regierung[28], während lediglich 7 Prozent an den Bundestag adressiert werden. Es ist anzunehmen, daß in beiden Prozessen die gleiche Tendenz zum Ausdruck kommt, und ihre Ursache in der immer enger werdenden Zusammenarbeit zwischen dem Staat und den monopolistischen „pressure groups" bei der gemeinsamen Gesetzvorbereitung liegt, die sich des öfteren darin äußert, daß der Wille der Verbände einfach Gesetzesform annimmt.

Manchmal hält es der BDI für angebracht, den Schleier des Schweigens um seine Einmischung in die staatliche Gesetzgebung zu lüften, hauptsächlich um den Mitgliedern die Erfolge seines Wirkens vor Augen zu führen. Im Jahresbericht 1961/62 heißt es z. B. zu dem vom Bundestag verabschiedeten „Gesetz zur Förderung der Vermögensbildung der Arbeitnehmer": „Der BDI hat auf Grund eingehender Beratung in einem gemeinsam mit der BDA gebildeten Arbeitskreis für Fragen der Eigentumsförderung zu dem Entwurf dieses Gesetzes Änderungsvorschläge unterbreitet..., die in verschiedener Weise Berücksichtigung fanden."

/Bezeichnend ist auch das Schicksal des Gesetzentwurfs über die Berufsausbildung, für den sich die Gewerkschaften lange Zeit eingesetzt haben. Im gleichen Jahresbericht wird mitgeteilt: „Über die damit zusammenhängenden Fragen hat der gemeinsame Arbeitskreis für Berufsausbildung des BDI, der Bundesvereinigung der Deutschen Arbeitgeberverbände und des Deutschen Industrie- und Handelstages eingehend beraten. Er hat den Entwurf des Deutschen Gewerkschaftsbundes abgelehnt." Das Bundeswirtschaftsministerium schloß sich dem Standpunkt der Verbände an und fegte den Gesetzentwurf vom Tisch. „Der BDI begrüßt deshalb den Schritt des Bundeswirtschaftsministeriums", hieß es dazu im Jahresbericht. Man kann mit Sicherheit sagen: Stünden uns nicht so wenige Belege zur Verfügung und könnten wir einen Blick in den Briefwechsel zwischen den Verbänden und der Bundesregierung werfen, würden wir in Dutzenden und Hunderten der heute geltenden Gesetze textuelle Entlehnungen aus den von den Verbänden angefertigten Unterlagen entdecken

Ein anderer Einflußkanal ermöglicht den Verbänden effektive Einmischung in die unmittelbare Staatsführung, Druckausübung auf die Exekutive. Es geht um die aktive Beteiligung von Vertretern der Unternehmerverbände an der Tätigkeit der den Bundesministerien angeschlossenen Regierungsausschüsse, Kommissionen, Arbeitsgruppen und Expertenbeiräte. „Nahezu alle Bundesministerien haben sich mit einem Kranz von beratenden Beiräten, Ausschüssen, Kommissionen und Arbeitskreisen umgeben, zu denen sie durchweg Verbandsvertreter hinzuziehen", führt der Soziologe K. Kröger in seiner Schrift „Staat und Verbände"[29] aus. Diese Seite der Verbandstätigkeit wird ebenfalls sorgfältig geheimgehalten und, obwohl sie in einschlägigen Untersuchungen nicht wenig behandelt wird, bleibt sie der breiten Öffentlichkeit weitgehend unbekannt. Bezeichnend ist z. B., daß Bundesministerien die Zahl der zu ihnen gehörenden Hilfsorgane sehr ungern bekanntgeben und auch die Verbände selbst die gleiche Taktik anwenden. Die Zahl solcher Ausschüsse und Kommissionen dürfte inzwischen längst das halbe Hundert überschritten haben.

Außerdem existieren bei Bundesministerien und -ämtern die sogenannten Verwaltungsräte, in denen ebenfalls Vertreter der monopolistischen „pressure groups" sitzen, die in diesem Fall nicht nur beratende, sondern unmittelbare verwaltungstechnische Funktionen ausüben. 1962 wurden von der BDA Angaben über ihre Verbandsvertretung in Verwaltungsräten veröffentlicht: Damals war sie durch 38 Mitglieder in 9 Verwaltungsräten vertreten.

Die bürgerliche Politologie versuchte zu beweisen, daß die in gewaltiger Anzahl entstandenen Beiräte, Kuratorien, Kommissionen durchaus nützliche und ausschließlich beratende Organe sind, die von staatlichen Stellen zur Unterstützung ihrer Tätigkeit ins Leben gerufen werden. „Gegen eine solche Gutachtertätigkeit kann niemand etwas haben, da die richtige Staatsentscheidung dadurch vorbereitet wird"[30], erklärt z. B. A. Beckel, der seine Sympatien für die Unternehmerverbände nicht verhehlt.

Hiermit wird eine Seite der äußerst wichtigen und prinzipiellen Frage des Kräfteverhältnisses zwischen der Macht der Monopole und der Staatsautorität berührt, die im ganzen ein Gegenstand unserer weiteren Untersuchung sein wird. Da aber dieser Teil des Problems in direkter Beziehung zu dem an dieser Stelle behandelten Thema steht, scheint es angebracht, darauf näher einzugehen. Das Gerede von der Nützlichkeit der Gutachtertätigkeit der Verbandsvertreter in den gemischten Kommissionen soll das Problem des Vorstoßes der Verbände in den Zuständigkeitsbereich des Staates völlig aus der Welt schaffen; wenn es nämlich auf die Expertenfrage beschränkt wird, scheint alles in bester

Ordnung zu sein: In den Monopolorganisationen ist eine große Anzahl von Fachleuten konzentriert, und der Staat bedient sich lediglich ihrer Hilfe, indem er die ganze Staatsgewalt und Entscheidungsfreiheit in eigenen Händen behält.

Diese Beweisführung wird von dem Soziologen J. Hirsch in seinem Beitrag „Die öffentlichen Funktionen der Gewerkschaften" folgenderweise dargelegt: „Mit dem Ziel einer ‚Mobilisierung des Sachverstandes' sollen sachkuhdige Berater an den Regierungs- und Verwaltungsfunktionen teilnehmen. Eine über diese Beratungsfunktion hinausgehende Einflußnahme der Beiräte erscheint von diesem Gesichtspunkt her ausgeschlossen. Daneben ist den Beiräten die Rolle eines wechselseitigen Informations- und Kommunikationsmittels zwischen staatlicher Exekutive und gesellschaftlichem Bereich zugedacht. Durch diese Vermittlung soll eine größere ‚Praxisnähe' der staatlichen Verwaltung herbeigeführt werden mit dem Ziel, die Stellung der staatlichen Exekutive durch eine größere Sachgerechtigkeit ihrer Maßnahmen zu untermauern."

Jedoch liefern die Untersuchungen der Forscher aus der BRD selbst den Beweis, daß dieses vorgemalte Idyll an der realen Praxis zerschellt. J. Hirsch schließt den eben zitierten Abschnitt mit skeptischen Worten ab: „In Wirklichkeit setzt sich die Mehrzahl der zur Zeit existierenden Beiräte nicht aus unabhängigen Experten, sondern ... aus Abgesandten mächtiger sozialer Verbände zusammen. Die pluralistische Struktur des modernen Gemeinwesens läßt es offensichtlich nicht zu, daß sich diese Institutionen zu Trägern der oben dargestellten Funktionen entwickeln." Entziffert man diese etwas nebelhafte Ausdrucksweise, ist damit soviel gesagt wie: Die Vorstellung von der souveränen Staatsmacht in Bonn, die sich einfach der Sachverständigen aus den Unternehmerverbänden bedient, ist reinste Illusion. Tatsächlich nehmen an der Staatsführung zwei Kräfte teil: die bürokratische Oligarchie der Parteien und Regierung und die monopolistische Oligarchie der Unternehmerverbände, deren Standpunkte oft divergieren und daher ausgehandelt und abgestimmt werden müssen. Dazu sei gesagt, daß J. Hirsch selbst diesem Gedanken recht nahe kommt. Er schreibt: Die Beiräte haben hauptsächlich die Funktion, „... einen institutionellen Rahmen für die Koordination der innerpolitischen Machtträger, vor allem der **staatlichen Bürokratie und der Verbände**, abzugeben... Sie **haben vor allem die Aufgabe, in grundsätzlichen Fragen ein gegen-**

seitiges Abtasten und eine Klärung der Standpunkte der verschiedenen innerpolitischen Machtträger zu ermöglichen, während die Auseinandersetzung in Einzelfragen dem direkten, wechselseitigen Kontakt der Verbandsvertreter mit der Ministerialbürokratie vorbehalten bleibt". Im Endergebnis kommt er zu einer Schlußfolgerung, die die „Expertentheorie" umstößt. „Diese Clearingfunktion verleiht ihnen (den Beiräten — Red.) ohne Zweifel ein selbständiges politisches Gewicht. So beabsichtigte z. B. Bundesarbeitsminister Blank Ende 1963 die Einberufung des Beirates für die Neuordnung der sozialen Leistungen, der seit 1957 nicht mehr getagt hatte, als die Verhandlungen um das ‚Sozialpaket' endgültig festgefahren waren. Bezeichnend für die Stellung der Beiräte ist dabei seine Argumentation, daß es sich hier um politische Entscheidungen handle, die durch Sachverstand allein nicht zu lösen seien."

Der Prozeß der gegenseitigen Anpassung der Bürokratie des Staates und der der Unternehmerverbände wird in beträchtlichem Maße dadurch erleichtert, daß die Zentralen der Unternehmerverbände im großen und ganzen nach dem Muster der Bundesministerien aufgebaut sind. Die Verflechtung des Staates und der Monopole kommt somit auch in der Verfilzung der Leitungsstrukturen des Staates und der Apparate der monopolistischen „pressure groups" zum Ausdruck.

Als dritter Kanal der Beeinflussung der Staatspolitik sind die ständigen Kontakte und direkten Absprachen zwischen den Verbandsleitungen und hohen Ministerialbeamten, Ministern oder dem Bundeskanzler herauszugliedern, durch die die Verbände in die Gesetzgebung auf höchster Staatsebene eingreifen, um ihre Forderungen durchzusetzen. Der Einfluß der Unternehmerverbände beginnt, wie bereits gezeigt, bei der Vorbereitung von Gesetzentwürfen. Wenn die Verbände, aus welchen Gründen auch immer, die Berücksichtigung ihrer Forderungen auf Referentenstufe nicht erwirken können, haben sie das Recht, mit Ministern und sogar mit dem Regierungschef zu verhandeln.

In seiner Eigenschaft als BDI-Präsident bekannte F. Berg: Ein Besuch bei Adenauer genügte, um die seinem Verband unbequemen Beschlüsse zu Fall zu bringen. Darüber schrieb im März 1963 sogar der erzreaktionäre „Rheinische Merkur": „Man geht nicht mehr zum Ressortminister. Auch wendet man sich nicht mehr an den Parlamentsausschuß. Vielmehr begibt man sich gleich zum Bundeskanzler und läßt detaillierten Wünschen das höchstamtliche Plazet erteilen." Eine Bestätigung dafür finden wir auch bei Th. Ellwein: „Der Empfang beim Kanzler wurde aber für die führenden Interessenverbände zur Regel. Wenn immer Wünsche nicht erfüllt wurden, wandten sich die Vorsitzenden (der Interessenverbände — *der Verf.*) an den Kanzler und wurden von ihm häufig ohne Hinzuziehung des Fachministers empfangen. Dadurch gelten die Minister als ‚überspielbar‘, und selbst gegenüber Mehrheitsbeschlüssen des Kabinetts läßt sich ... etwas tun."[31] „Es ist in entscheidenden Fragen vorgekommen, daß Adenauer seine Minister auf Grund von Regierungsbeschlüssen im Parlament erbittert um Gesetze kämpfen ließ, um sie dann kurzerhand ‚stolpern‘ zu lassen, nachdem Interessenverbände interveniert hatten."[32]

Eine Reihe von Forschern sehen den Grund für erhöhtes Interesse der Verbandsspitzen an Kontakten mit Regierungsvertretern darin, daß „Gipfelverhandlungen" eine große Sicherheit vor „Pannen" bieten, und zitieren als Begründung dafür eine mißbilligende Bemerkung in einem BDI-Jahresbericht: „Auch ein häufiger Personalwechsel bei den Behörden erschwerte verschiedentlich die Arbeit." Im gewissen Sinne mag das zutreffen. Jedoch dürfte die Hauptursache darin liegen, daß der Autoritarismus von staatlichen und sozialen Strukturen generell anstieg. Der stärkste Beweggrund für die Herstellung von Kontakten der Verbandsspitzen mit dem Regierungschef wird wohl in der Erscheinung liegen, die R. Dahrendorf, der keinesfalls zu den Gegnern der kapitalistischen Gesellschaftsordnung gehört, mit den Worten kennzeichnete: „Das ist eine seltsame Verfassung, die so entsteht. Es ist ja ein Autoritarismus ohne Autorität. Die Gesellschaft wird autoritär regiert, aber niemand regiert autoritär."[33] In [diesem Sinne ist auch der Standpunkt der bürgerlich-liberalen Wochenzeitung „Die Zeit" charakteristisch, die die Verstärkung des Autoritarismus in der westdeutschen Gesellschaft mit dem Einfluß der Monopole in Zusammenhang bringt, obwohl dieser Gedanke recht vorsichtig formuliert wird: „Dieser Trend zum Autoritären ist während der beiden letzten Jahrzehnte noch dadurch verdichtet worden, daß Wirtschaft und Technik als der Basis von allem das größte Gewicht beigemessen wurde."[34]

Nichtsdestoweniger wäre die Vorstellung, daß die Präsidenten der führenden Verbände beim Bundeskanzler ein- und ausgehen, einfach falsch. Sie machen von

diesem Recht nur in Ausnahmefällen Gebrauch, erst wenn alle anderen Schritte ergebnislos geblieben sind. Die Verbindungen zwischen den Verbänden und dem Staat sind nähmlich so ausgebaut, daß die meisten Probleme operativ gelöst werden können. In diesem Sinne ist die von dem Kenner der „pressure groups" H. Schneider stammende Darstellung von besonderem Interesse: „Manchmal hat der außenstehende Betrachter beinahe den Eindruck, als ob eine gewisse Kameraderie zwischen den Verbands- und Ministerial-Experten besteht... Auch besteht eine Art von diplomatischem Protokoll für die Gespräche zwischen den Verbandsvertretern und den Inhabern staatlicher Macht: der Bundeskanzler führt Gespräche mit dem Verbandspräsidenten, der Staatssekretär — mit dem Hauptgeschäftsführer, der Ministerialdirektor mit dem Abteilungsleiter, der Ministerialrat mit dem Referenten."[35]
Als eine besondere Art der Kontakte zwischen den monopolistischen „pressure groups" und der bürokratischen Staatsspitze kann Lobbyismus betrachtet werden. In Bonn und in seiner Umgebung gibt es Hunderte von Lobbyistenbüros. Ihre Zahl wird in der BRD-Presse auf 400 bis 1500 geschätzt. Es ist natürlich zu berücksichtigen, daß die Zahl hierbei nur eine illustrative Bedeutung haben kann, denn auch für die Verbände gilt es, daß letzten Endes Qualität vor Quantität geht. Interessanter wäre zu wissen, welcher Anteil von diesen Lobbyistenbüros auf die Verbände entfällt. Angaben, die eine solche Berechnung gestatten, enthält das Buch von R. Breitling, doch sie beziehen sich leider auf das Jahr 1952. Jedoch kann man daraus ungefähr schließen, welcher Anteil der Lobbyistenbüros den Verbänden zugerechnet werden muß. 1952 gab es Breitling zufolge 270 Lobbyistenbüros. Davon unterhielt der BDI 63, die BDA 5, der DIHT 5, der Bundesverband des privaten Bankgewerbs 6, die Außenhandelskammern 8, die Verbände des Außen-, Groß- und Einzelhandels 15, die Arbeitsgemeinschaft selbständiger Unternehmer 1; insgesamt also 104 Lobbyistenbüros. Folglich gehörten 40 Prozent aller Lobbyingbüros unmittelbar den Unternehmerverbänden, wobei fast 25 Prozent davon BDI-Vertretungen waren. Wenn man davon ausgeht, daß inzwischen die Bedeutung der monopolistischen „pressure groups" gestiegen ist, kann angenommen werden, daß diese Relation sich zumindest nicht zuungunsten der Verbände verschoben hat. Selbstverständlich arbeiten auch die übrigen Bonner Lobbyisten fast ausschließlich für Monopole. Doch geht es

hier um die Interessenvertretung einzelner Monopole — hauptsächlich um die günstigen Staatsaufträge, was nicht selten mit Beamtenbestechung verbunden ist. Die noch nicht lange währende Geschichte des Bonner Staates brachte schon viele Skandale dieser Art.

Die Aufgaben der Verbandslobbyisten haben seltener mit der Sicherung von konkreten Aufträgen zu tun, besonders wenn es sich nicht um irgendeinen gesamten Industriezweig handelt wie Flugzeugbau, Atom- oder Weltraumindustrie. Dort, wo Wirtschaftsinteressen berührt werden, beschränken sich die Verbandslobbyisten in der Regel auf das, was man als Werbung bezeichnen könnte: Sie sollen in den jeweiligen Regierungsstellen allgemein zum positiven Verhalten hinsichtlich der Aufträge an bundesdeutsche Unternehmen beitragen. Solche Funktionen werden beispielsweise erfolgreich von Vermittlungsstellen einzelner Fachverbände wahrgenommen, in denen Monopole vertreten sind, die auf die Ausweitung ihrer Beteiligung an der Rüstungsproduktion besonderen Wert legen. Das schnelle Wachstum der Rüstungsproduktion in der BRD ist zu einem gewissen Teil auf diese Praktiken zurückzuführen.

Und dennoch liegt der Tätigkeitsschwerpunkt von Lobbyistenbüros der Unternehmerverbände nicht bei konkreten Wirtschaftsaufgaben, sondern in der Wirtschaftspolitik. Ihre Hauptmethode besteht in der Herstellung und Festigung von Kontakten mit der Staatsbürokratie und Bundestagsabgeordneten, was den anonymen Einfluß der monopolistischen „pressure groups" auf die Arbeit von Regierungsstellen erleichtert und die Atmosphäre schafft, bei der eine gewählte Person oder ein Staatsbeamter trotz der ihm von Gesetz auferlegten Verpflichtung zur Objektivität immer bereit ist, dem Verbandsvertreter einen Dienst zu erweisen und die Belange der Unternehmerverbände den Staatsinteressen voranzustellen. Selbstverständlich geht es dabei auch nicht ohne Bestechungen.

Die Aufmerksamkeit, welche die Lobbyistenbüros auf sich ziehen, ist leicht zu erklären. Und sie geht nicht nur auf die mit ihrer Tätigkeit verbundenen Korruptionsaffären zurück. Denn vor dem Hintergrund der verschleierten ungreifbaren Formen des Verbandseinflusses verkörpern die Lobbyisten fast die einzige sichtbare Erscheinungsform dieser Einflußnahme. „Die große Zahl von Gesandtschaften, die diese Verbände und Organisationen am Sitz der Bundesrepublik unterhalten, sind der sichtbare Ausdruck des bedeutenden Systems von ‚Mitbestimmungsberechtigten‘, die mit den Parteien um Teilnahme an der politischen Willensbildung konkurrieren und sie darin oft hart bedrängen." Zu vermerken wäre, daß der Verfasser dieser Worte, der Staatsrechtler W. Weber, den Einfluß der Verbände nicht mit der Tätigkeit der Lobbyisten gleichsetzt, wie es oft geschieht. Zumindest schließt er den oben zitierten Abschnitt mit dem vieldeutigen Satz: „Manche von ihnen (den Verbänden — Red.) können überdies sicher sein, daß ihre politischen Direktiven auch von fernher aufgenommen wurden."[36]

Ohne Umfang und Bedeutung der lobbyistischen Formen der Einflußnahme zu negieren, sei dennoch einschränkend betont, daß ihre Rolle nicht überbewertet werden darf. Als ein Korruptionssystem spielt Lobbyismus die Rolle einer der Hilfsmethoden zur Einflußnahme seitens der Monopolverbände auf den Staat — mehr nicht. Tatsächlich sind die Regierungsbürokratie und die Verbandsoligarchie bei all den zwischen ihnen bestehenden Differenzen und Widersprüchen zu fest miteinander verfilzt und verflochten, als daß sich die Verbände ständig des kostspieligen Lobbyings bedienen müßten.

Den letzten der Reihe nach und beileibe nicht der Bedeutung nach Einflußkanal der monopolistischen „pressure groups" bilden die Kontrolle und Beeinflussung der Regierungstätigkeit auf dem Wege der personellen Verflechtung des Staatsapparats und der Verbände verstärkt durch permanente Einmischung in die Kaderpolitik der Regierungsstellen und sogar durch Eingriffe in Kaderfragen selbst auf Regierungsebene.

Das Lancieren ihrer Vertrauensleute in die Schlüsselpositionen im Staat ebnet den Verbänden den sichersten und geheimsten Weg zur Wahrnehmung der generellen politischen Interessen der Monopolbourgeoisie. Selbstverständlich „hüllt sich die ‚Ämterpatronage‘ in ein kaum aufzuhellendes Dunkel. Personalangelegenheiten werden überall diskret und fernab vom Rampenlicht der Öffentlichkeit entschieden... Um so weniger lassen sich die meist noch diskreter lancierten Einflußnahmen auf Stellenbesetzungen aufspüren"[37], betont der Soziologe K. Kröger.

Jedoch läßt sich der Verbandseinfluß selbst auf den höchsten Stufen der Staatshierarchie nachweisen, obwohl sehr viele Tatsachen unbekannt bleiben. Die Tendenz ist allerdings dermaßen offensichtlich, daß selbst die notorischen

Beschützer des Verbandswesens sie nicht leugnen können. Wir beziehen uns hierbei auf die Ausführungen von A. Bekkel: „Besonders heftig wird im allgemeinen der Einfluß der Verbände auf die Verwaltung, besonders auf die Besetzung der Minister- und Beamtenstellen kritisiert." A. Beckel selbst ist allerdings der Auffassung, daß es hier nichts zu kritisieren gäbe. Mehr noch: Die Lancierung der Vertrauensleute der Unternehmerverbände in den Staatsapparat macht er zu einem Prinzip. „Muß es wundernehmen, wenn für bestimmte Bereiche, etwa Arbeit, Landwirschaft, Wirtschaft und Verkehr die Minister immer wieder aus den Verbänden kommen, die entsprechende Fachleute in einer Verbandsaufgabe beschäftigen? Die Verbände können sogar mit gewissem Recht erwarten, daß man sich für die als Beispiele genannten Ressorts bei ihnen nach Kandidaten umsieht, die bei ihrer Verbandsaufgabe echte politische Begabung gezeigt haben." Mit einiger Naivität belehrt A. Beckel die „pressure groups": „Hier liegt eine echte Aufgabe der Verbände für Politik und die Parteien: Politiker vorzubilden und dann großzügig freizustellen, wenn sie sich als geeignet (für den Staatsdienst — *der Verf.*) erweisen."[38]

Diese „Aufgabe" wird von den Verbänden folgendermaßen wahrgenommen. Der amerikanische Volkswirtschaftler G. Braunthal[39], der die Tätigkeit des BDI untersuchte, bezeugt, daß der Kopf des damaligen Finanzministers Schäffer eine der Jagdtrophäen der Berg-Organisation war, auf deren Betreiben Schäffer 1957 gehen mußte. Zu den Erfolgen des BDI zählt G. Braunthal auch die Ernennung Erzels zum Finanzminister. 1961 hat der BDI mit Nachdruck für den Finanzministerposten R. Dahlgrün empfohlen und den H. Starke, der dennoch diesen Posten erklomm, dermaßen in Bedrängnis gebracht, daß dieser nach einem Jahr die Segel streichen mußte. Minister wurde also trotzdem R. Dahlgrün, der lange Zeit als Vertreter der Phönix-Gummiwerke in den Verbänden tätig war. Wenn es in der BRD auch nicht üblich ist, solche Fälle publik zu machen — bezeichnenderweise wurden die angeführten Informationen von einem Amerikaner veröffentlicht —, so werden die gleichen Angelegenheiten, wenn sie die Staatssekretäre betreffen, nicht ganz so diskret behandelt. Auf jeden Fall konnte sich der Staatsrechtler Th. Eschenburg folgende Andeutung erlauben: „Es gibt auch heute noch Ministerien, deren Schlüsselpositionen... hohe Beamte innehaben, die sich im Grunde ihres Herzens mehr als Kommissar ihres Interessenverbandes denn als Sachwalter des Staates fühlen."⁴⁰ Über Unternehmerverbände führte die Laufbahn solcher hohen Beamten wie W. Knieper, Kanzleichef im Range eines Staatssekretärs, bei Kiesinger, R. Lahr, Staatssekretär im Außenministerium und ehemaliger Botschafter in Moskau, J. Schornstein, Staatssekretär im Ministerium für Wohungs- und Städtebau, und vieler anderer.

'Der gegenseitige Kaderaustausch ist auf den unteren Stufen beider bürokratischen Hierarchien — sowohl der Regierungs- als auch der Verbandshierarchie — noch ausgeprägter. Eine Bestätigung dafür finden wir bei dem Soziologen Th. Ellwein, der schreibt, daß „...auch personelle Verflechtung nicht selten ist. Immer wieder sind in den letzten Jahren Beamte in die Verbandsarbeit ‚umgestiegen'"⁴¹. Ein nicht unwesentliches Detail hebt dabei H. Schneider hervor: „Die Verbände haben daher weniger Gelegenheit, ihre Experten in die Verwaltung zu bringen, als ihnen gesinnungsmäßig nahestehende Beamte in der Verwaltung zu protegieren. An ihrem Einverständnis, ihrem Zögern oder ihrer Ablehnung kann sich die Karriere eines Beamten mit entscheiden."⁴² Die personelle Verflechtung kann somit auch ohne sichtbare Umbesetzungen vor sich gehen; es genügt, wenn die Vertrauensleute der Unternehmerverbände in der Diensthierarchie des Staatsapparats aufsteigen. Für die Verbände hat das den Vorteil, daß der Schleier der Anonymität absolut undurchdringlich bleibt: „Die Verbandszugehörigkeit (des Beamtentums — Red.), die ... eine ausschlaggebende Rolle spielt, wird weniger beachtet." Darüber „liegen kaum einmal schriftliche Unterlagen vor..."⁴³

Eine besondere Art der personellen Verflechtung stellt das Lancieren von Verbandsvertretern in den Bundestag dar. Unter Ausnutzung ihrer finanziellen Macht verbinden sie die Subventionen für bürgerliche Parteien mit der Bedingung, daß die Verbandsvertreter sichere Stellen in den Kandidatenlisten erhalten. Auf das Problem der Verbandsvertretung im Bundestag wird unten eingegangen. An dieser Stelle sei es nur betont, daß im 'Bundestag der Legislaturperiode 1965—1969 etwa ein Drittel der Abgeordneten unmittelbare Abgesandte des Monopolkapitals waren.

Die untersuchten Kanäle der Verbandseinflußnahme auf den Staat stellen die Formen des politischen 'Kampfes innerhalb der kapitalistischen Klasse bzw. ihrer Einrichtungen dar. Sie bieten den monopolistischen „pressure groups" riesige Möglichkeiten, auf die wichtigsten Staatsentscheidungen einzuwirken, und diese Möglichkeiten nutzen die Unternehmerverbände sehr raffiniert. Aufgrund dieses Systems sind der politische Wille der Monopolbourgeoisie, ihre Klasseninteressen im Staatsapparat der BRD zuverlässig vertreten, während die Interessen der breiten Massen praktisch völlig blockiert werden. Die Analyse der Beeinflussungsmethoden der gesamten Staatspolitik durch die Unternehmerverbände läßt die Feststellung zu, daß selbst der Prozeß ihrer Einflußnahme die Verschmelzung der Macht der Monopole mit der der Staatsmacht ständig aufs neue erzeugt, reproduziert und ausbaut und in diesem Sinne ein wesentlicher Teil jenes einheitlichen Machtmechanismus ist, der aus dem Zusammenspiel dieser zwei Kräfte resultiert.

Ideologischer Klassenkampf: Methoden zur Beeinflussung der bürgerlichen Gesellschaft durch Unternehmerverbände

Indem die Verbände Einfluß auf den Staat ausüben, versuchen sie gleichzeitig, auch auf die sozialen Prozesse einzuwirken. Es ist nicht immer einfach, eine deutliche Grenze zwischen diesen zwei Stoßrichtungen der monopolistischen „pressure groups" zu ziehen: Denn im Endeffekt dienen beide der Durchsetzung der generellen Klasseninteressen des Monopolkapitals in der legislativen und exekutiven Tätigkeit des Staates. Als Kriterium kann dabei der Charakter der Einflußnahme dienen. Die Einwirkung auf den Staat erfolgt direkt, denn zwischen Verbänden und Behörden gibt es keine Zwischenglieder. Außerdem sind die Ziele dieser Eingriffe relativ konkret: Die Verbände versuchen, die Berücksichtigung ihrer Interessen in einem Gesetz bzw. Beschluß, in der Beförderung von bestimmten Beamten, in der Besetzung dieses oder jenes hohen Postens durch ihre Kandidaten zu erwirken.

Die Beeinflussung der Gesellschaft hat in diesem Sinne einen mittelbaren Charakter, indem sie Voraussetzungen für eine wirksame Verbandstätigkeit schafft; darüber hinaus schließt sie Aufgaben und Ziele ideologischer Art ein: Die Öffentlichkeit soll davon überzeugt werden, daß die Verbandsbelange letztendlich die Interessen der ganzen Gesellschaft sind und der Kapitalist der Eckpfeiler des allgemeinen Wohlstandes bleibt usw. Somit sind für die oben untersuchte Richtung der Verbandstätigkeit die politischen Aufgaben kennzeichnend, deren Lösung in jedem konkreten Fall einen einmaligen und unmittelbaren Charakter hat, während die Beeinflussung der Gesellschaft langfristige und weitgesteckte Aufgaben des Klassenkampfes eindeutig ideologischer Färbung voraussetzt.

Diese Aufgaben können in drei größeren Kategorien zusammengefaßt werden:
— Konsolidierung der kapitalistischen Klasse auf den Positionen der Verbände;
— Manipulierung der öffentlichen Meinung;
— Beeinflussung der Parteien und der Wählerschaft.

Für die Durchsetzung dieser Aufgaben wurden von den Monopolverbänden spezielle Methoden erarbeitet und Institutionen geschaffen.

Als wesentlichstes Mittel zur Konsolidierung der gesamten Kapitalistenklasse auf den Positionen der Unternehmerverbände dient die zentralisierte Information für viele Tausende einzelne Kapitalisten und Monopolmanager. Als führende Organisation ist das gemeinsam durch den BDI und die BDA gegründete Deutsche Industrieinstitut in Köln* für die Auswertung der gesellschaftlichen Prozesse und Herausgabe von entsprechendem Material zuständig. Das Deutsche Industrieinstitut beschäftigt ein großes Team von qualifizierten Spezialisten. Von diesem Zentrum der Unternehmerpropaganda wird eine Reihe Periodika veröffentlicht, die für verschiedene Unternehmergruppen und den Verwaltungsapparat der Monopole sowie teilweise für die Öffentlichkeit bestimmt waren.

„Die Vortragsreihe des Deutschen Industrieinstituts" unterrichtete die bürgerlichen Ideologen und Theoretiker über die wichtigsten wirtschaftlichen und sozialpolitischen Fragen sowie über die Standpunkte der Unternehmerverbände zu diesen Fragen. „Schnelldienst des Deutschen Industrieinstituts" war ein Pressebulletin, mit dessen Hilfe für Zeitungsredaktionen die Standpunkte und Argumente der Unternehmerverbände über die sogenannte „unabhängige

---

* Im Juni 1973 wurde das vor 20 Jahren als Wissenschafts- und Publikationszentrum der Industrie geschaffene Deutsche Industrieinstitut in das Deutsche Wirtschaftsinstitut umbenannt. Laut DPA sollte die Umbenennung der Tatsache Rechnung tragen, daß die Aufgaben des Instituts in zunehmendem Maße allgemeinwirtschaftlichen Charakter annehmen. Darüber hinaus wurde die Tätigkeit des Instituts nunmehr nicht allein von Gründerverbänden unterstützt, sondern zugleich von Handels-, Bank- und Versicherungsinstitutionen.

Presse" an den Mann gebracht und die für Unternehmervorteilhaften Informationen verbreitet werden.

„Unternehmerbriefe des Deutschen Industrieinstituts" gehen an die Unternehmer und das Leitungspersonal von Konzernen, um diese mit den Standpunkten und Empfehlungen der Unternehmerverbände zu anstehenden Fragen vertraut zu machen.

„Mitarbeiterbriefe" sind für die mittlere Leitungsebene der Betriebe und Unternehmen-Abteilungsleiter, Meister usw. sowie für Betriebszeitungen bestimmt. Sie enthalten Ratschläge, wie mit Arbeitnehmern „richtig" diskutiert werden soll, wie man ein gutes Betriebsklima gewährleisten und an jedem konkreten Beispiel die Vorteile des Kapitalismus zeigen kann.

Die Wochenschrift „Economic Report from Germany" soll den Kontakt mit ausländischen Unternehmerverbänden sichern und zur internationalen Zusammenarbeit der monopolistischen Druckgruppen beitragen.

Ähnliche Funktionen wie das DWI hat auch eine spezifische Arbeitgeberinstitution — die Walter-Raymond-Stiftung, die von der BDA gegründet wurde und den Namen des ersten Vereinigungspräsidenten in der Nachkriegszeit trägt.

Eine nicht unwesentliche Rolle spielt auch die Akademie für Führungskräfte der Wirtschaft in Bad Harzburg, die 1956 vom BDI ins Leben gerufen wurde. Neben rein wissenschaftlich-technischen Fächern wird hier Theorie und Praxis der „Menschenführung" unterrichtet, durch die die „Klassenharmonie" und die „Sozialpartnerschaft" in den Betrieben gesichert werden sollen.

Als Ergänzung zu dieser Akademie wurde im Jahre 1964 in Westberlin von den Unternehmerverbänden das Institut für soziale und wirtschaftliche Ausbildung gegründet. Es rüstet die „Kapitäne" der kapitalistischen Wirtschaft mit den erforderlichen Kenntnissen auf dem Gebiete des Klassenkampfes aus.

In der letzten Zeit hat das DWI ein Programm zur ideologischen Ausbildung der Unternehmer in Angriff genommen. Zu diesem Programm gehört die Reihe „Argumente zu Unternehmerproblemen", die kurze Angaben zu aktuellen Diskussionsthemen enthält. Eine 1970 erschienene Broschüre dieser Reihe erreichte nach 15 Ausgaben die Gesamtauflage von 300 000 Exemplaren. Unmittelbare Aufgabe dieser Publikationen besteht darin, den Kapitalisten ein gewisses Minimum an Kenntnissen über die aktuellen gesellschaftlichen Probleme zu vermitteln und sie für Diskussionen mit den „Linken" zu rüsten.

Das Lehrmaterial der Unternehmerverbände ist allerdings nicht immer von hoher Qualität und zuweilen überhaupt von ungewollter Komik. So hat der Abteilungsleiter für Wettbewerbsordnung im BDI, Arno Sölter, 1973 ein fiktives Interview zwischen einem Unternehmer und einer Hausfrau veröffentlicht, das neben anderen auch eine solche Stelle enthält: „Unternehmer: ... Das hemmungslose Herumzerren am Unternehmer-Image ist bereits derartig unqualifiziert geworden, daß, wenn die Unternehmer gute Gewinne machen, ihnen Monopolisierungs- und Ausbeutungspolitik vorgeworfen wird; wenn sie dagegen geringe Gewinne oder gar Verluste machen, sie für unfähig erklärt werden. Hausfrau: Das ist ja alles entsetzlich! Über diese Widersprüche habe ich ja noch nie nachgedacht."[44]

Außerdem organisiert das Institut spezielle Übungsseminare, in denen die Unternehmer sich darin üben, den imaginären Gegnern des Kapitalismus die Vorteile des Ausbeutungssystems zu beweisen. Für speziell ausgewählte Manager wird in einem eigens zu diesem Zweck eingerichteten Fernsehstudio ein Kursus organisiert, bei dem sie lernen sollen, sich vor der Kamera zu bewegen, kurz und überzeugend ihren klassenmäßigen Standpunkt bei Diskussionen zu vertreten.

Die monopolistischen „pressure groups" versuchen, die gesamte Masse der Privateigentümer der BRD zur Klassenaktivität zu bewegen und sich diese dienstbar zu machen. Um dieses Ziel zu erreichen, geizen sie nicht mit Schmeicheleien. So predigte „Das Deutsche Unternehmerjahrbuch" 1964: Jede Tat oder Tatenlosigkeit eines jeden von 3,2 Millionen Unternehmern, alles, was er sagt oder verschweigt, würde soziale und politische Folgen von größter Tragweite nach sich ziehen, darunter auch für seinen Stand und seine Existenz. Der Unternehmer sei ein universeller, im Mittelpunkt des Kampfes gegen den Kollektivismus stehender Beruf.

Die ideologische und propagandistische Beeinflussung der BRD-Kapitalistenklasse durch die Unternehmerverbände führt dazu, daß der gesamten Bourgeoisie die Interessen der monopolistischen Spitze aufgezwungen werden und die politischen Anschauungen der ganzen Ausbeuterklasse mit mehr oder weniger Erfolg gleichgeschaltet werden. Gestützt auf diese ständig reproduzierte klassenmäßige und politische

Einheit der Kapitalistenklasse, erreichen die Unternehmerverbände eine Festigung ihrer Positionen und Verstärkung ihrer Ausstrahlung, die als wichtige Faktoren bei ihren Eingriffen in den Bereich der staatlichen Entscheidungen wirksam werden.

Die staatsmonopolistische Regulierung hat nicht nur wirtschaftliche, sondern auch gesellschaftliche Prozesse zum Gegenstand. Ein integrierter Bestandteil dieser Funktion des staatsmonopolistischen Kapitalismus ist die Manipulierung der öffentlichen Meinung durch Unternehmerverbände. Die Kritiker der Gesellschaftsordnung in der BRD, besonders aus Studentenkreisen, sind der Auffassung, „die Herrschaft des Establishments, also der politischen Eliten in der Bundesrepublik, sei so umfassend, deren Macht so allgegenwärtig, daß sie die Masse der Bürger nach ihrem Gutdünken einfach manipulieren können"[45]. Und in der Tat: Die Methoden der politischen Manipulierung sind inzwischen beträchtlich vervollkommnet worden, obwohl die Vorstellung, die Manipulierung der öffentlichen Meinung sei von magischer Wirkung, doch übertrieben ist.

Wenden wir uns kurz den Hauptstoßrichtungen der Massenpropaganda der Unternehmerverbände zu.

Eine ständige und tiefe Besorgnis ruft bei den monopolistischen „pressure groups" die wachsende negative Einstellung zur Persönlichkeit des Kapitalisten hervor. Das Institut für Demoskopie in Allensbach hat ermittelt, daß beispielsweise 1968 ein Drittel der Befragten den Unternehmer für einen Mann hielt, der „sein Vermögen über die Währungsreform gerettet hat und auf Kosten der übrigen reich geworden ist". 27 Prozent sahen in ihm gar einen Menschen, „der über Leichen geht, wenn es sein muß"[46]. Lediglich 14 Prozent der BRD-Bürger glaubten, daß der Aufschwung der Wirtschaft hauptsächlich den Unternehmern zu verdanken sei.[47] Es mag seltsam erscheinen, daß der Kapitalist in der staatsmonopolistischen Bundesrepublik das Gefühl hat, ein „überflüssiger Mensch" zu sein.

Dennoch haben die Unternehmer Grund dazu. Bezeichnend ist in dieser Hinsicht die Schlußfolgerung, zu der O. Negt gelangt: „Könnte nämlich dem idealisierten ‚dynamischen' Unternehmer Schumpeter in einer halbwegs funktionierenden kapitalistischen Marktwirtschaft noch die Beschleunigung des ökonomischen Fortschritts zugeschrieben werden, so verlieren seine Prädikate: Risikobereitschaft, Entschlußkraft und eine Art intuitives Marktverständnis, die Schumpeter sowohl für die Entwicklungsstöße und periodische Aufschwünge, als auch für die Gleichgewichtsstörungen des Wirtschaftssystems verantwortlich machte, mit wachsender Monopolisierung, Konzentration der Wirtschaft und Verwissenschaftlichung der Entscheidungsvorbereitung zunehmend ihre gesellschaftliche Bedeutung. Die klassische Unternehmerfunktion, die einen relativ niedrigen Stand der organischen Zusammensetzung des Kapitals, vorwissenschaftliche Methoden der einfachen Bilanzierung, ungenaue Schätzungen, also einen geringen Umfang technisch verwertbarer wissenschaftlicher Informationen zur Voraussetzung hatte, wird ökonomisch überflüssig, ja zu einem Hindernis des wirtschaftlichen Fortschritts."[48] In diesem Zusammenhang wird klar, warum der BDA-Präsident O. A. Friedrich von dem Unternehmer verlangt, „die Öffentlichkeit selbst von seinem Wert als Pfeiler der freien Gesellschaft zu überzeugen"[49]. Nebenbei bemerkt, stammt von O. A. Friedrich selbst ein solches Loblied auf den Kapitalisten: „Man kann durchaus sagen, der Unternehmer ist ein kolossal arbeitsamer und im Grunde in seiner Lebenshaltung, seinen Verhältnissen entsprechend, eher bescheidener Mensch."[50]

Eines der Mittel zu solcher Überzeugung ist eine äußerst gereizte Reaktion der Unternehmerverbände auf jede Äußerung der Massenmedien, die in irgendeiner Weise die Person des Unternehmers berühren. Dazu schreibt O. Negt: „So droht schon die bloße Erinnerung an Elend, Krisen und Ausbeutung, die Schatten auf die Geschichte der deutschen Industrialisierung werfen könnten, das gefährlich labile Selbstbewußtsein der Unternehmer, in dem sich Minderwertigkeitskomplexe und Züge des Verfolgungswahns mit dem unbestimmten Gefühl der Illegitimität des erworbenen Reichtums verbinden, zu zerbrechen. Unter diesen Umständen kommt es gar nicht mehr auf das objektive Gewicht der Vorwürfe an. Im Zusammenhang der verschwörerischen ‚bösartigen Unternehmerverunglimpfung' der Massenmedien verlieren selbst die naturalistischen und gesellschaftskritischen Dramen von Hauptmann, Ibsen und Gorki, die ‚negative Züge in das Unternehmerbild getragen' haben, ihre ästhetische Neutralität und werden zu hochpolitischen Demonstrationen, die ‚ohne jede nähere Erklärung vor 30 Millionen Zuschauern verfehlt' sind."

Neben der demagogischen Seite haben die Klagen der Bourgeoisie auch objektive Gründe: In diesem Phänomen widerspiegelt sich die wirkliche Überflüssigkeit des Unternehmers als Produktionsorganisator in der heutigen Entwicklungsetappe der gesellschaftlichen Produktion und darüber hinaus die Vorahnung des Untergangs der ganzen Ausbeuterklasse. Zitieren wir noch einmal aus O. Negt: „Die tiefe Unsicherheit des westdeutschen Unternehmers, ob er wirklich unentbehrlicher Bestandteil der Industriegesellschaft sei, nachdem sich auf deutschem Boden ein System etablierte, das auf Unternehmer verzichtete, ohne die Industrialisierung aufzugeben, kommt in immer neuen Selbstbestätigungen zum Ausdruck." Darin besteht auch der zweite Grund für die ständige Wiederholung von Beschwörungen dieser Art in den Dokumenten der Unternehmerverbände. „Wenn eine Gesellschat als Industriegesellschaft bezeichnet wird, so stünde der Unternehmer in ihrem Mittelpunkt. Für ihre weitere Entwicklung würde diese Gesellschaft den Unternehmertyp brauchen, der den individuellen Willen zur erfolgreichen Handlung verkörpert."[51]

Die Verbände führen einen permanenten Kampf gegen all das, was das „positive Unternehmerbild" erschüttern kann. Ein Strom von Beschwerden und Eingaben läuft bei den Redaktionen der staatlichen Rundfunk- und Fernsehanstalten ein, es werden die gewohnten Methoden der Druckausübung auf die Kaderpolitik in diesen Massenmedien angewendet und selbstverständlich Artikel in die große Presse lanciert, in denen /man die Unternehmer von der besten Seite zeigt. Dabei stützen sich die Verbände in erster Linie auf eigene Presseorgane, und nach Th. Ellwein „sind die meisten Wochenzeitungen von Verbänden und anderen Organisationen abhängig". Aber auch solche allem Anschein nach unabhängigen Presseorgane wie „Der Spiegel", der die Zustände in der Bundesrepublik oft kritisiert, stellen ihre Seiten für die Unternehmerpropaganda zur Verfügung. Die führenden Monopolisten werden als bescheidene und anspruchslose Menschen ohne politische Ambitionen dargestellt. Manchmal erlaubt es sich „Der Spiegel" in einer für ihn typischen sarkastischen Art über andere Zeitschriften herzuziehen, die voller Lobsprüche auf die Kapitalisten sind: „Vom schwäbischen Dr. Herbert Braun etwa, der aufgeht in der Produktion von Triumph-Büstenhaltern (Umsatz: 500 Millionen), erfuhr man durch ein Interview in der Illustrierten ‚Quick': Zu seinen selbstverständlich durchwegs einfachen Liebhabereien gehöre es, von den geliebten Fußwanderungen in der Umgebung von Heubach Enziane für seinen Garten mitzubringen. Die Staatsanwaltschaft Ellwangen las es auch und schickte sich an, gegen ihn ein Verfahren wegen Naturfrevel einzuleiten. Seinen Rechtsberatern gelang es, die Sache auszubügeln, und bei einem Viertele klärte er selber seinen Landrat darüber auf, daß es ihm in Wahrheit nicht einfalle, sich auf derart simple Weise zu entspannen." [52]

Sich auf mehr oder weniger offene Propaganda nicht verlassend, greifen die Unternehmerverbände bei der Beeinflussung der Öffentlichkeit auch zu den Methoden der Tiefenpsychologie. „Der Industriekurier", der als offiziöses BDI-Organ gilt, berichtete darüber in einem geradezu tragischen Ton: „Die Politik ist und bleibt das Schicksal des Unternehmers. In der politischen Arena, im Geschiebe der industriellen Gesellschaft, ihrer Meinungen und Imagos, ihrer Duldung, Bejahung oder Verneinung wird auch das Schicksal des Unternehmers entschieden."

Es ist typisch, daß der größte Vorwurf neben der politischen Indifferenz der Kapitalisten ihrer unzureichenden gesellschaftlichen Aktivität gilt, insbesondere auf dem Gebiete der ideologischen Manipulierung der Öffentlichkeit. Die Zeitung betont: „Er (Unternehmer — *der Verf.*) tut auch zuwenig, um Größe (seines Unternehmens — *der Verf.*), Vermögen und Gewinn zu rechtfertigen, was gerade im neidanfälligen deutschen Volk nötig ist mit seinem intellektuellen Linksdrall, in dem das Erbe der idealistischen Philosophie verzerrt weiterwirkt, aber auch eines Christentums, das den Reichtum beargwöhnt, und den Wohlstand noch nicht im Griff hat. Wie viele Milliarden geben die Unternehmungen jährlich für ihre Werbung aus, wie einfallsreich und wirksam werben sie um die Verbraucher. Aber nicht einen bescheidenen Bruchteil dieser Summe geben die Unternehmer aus, um in der Öffentlichkeit für sich, ihre Geltung und ihren sozialen Wert zu werben. Das ist kurzsichtig und kann sich eines Tages rächen."[53] Allerdings versucht „Der Industriekurier", die wirklichen Ausmaße der diesbezüglichen Propaganda absichtlich herunterzuspielen, offensichtlich mit dem Ziel, aus den Kapitalisten noch größere Investitionen dafür herauszuholen. Auf alle Fälle suchen die Unternehmerverbände sehr intensiv nach Formen der psychologischen Beeinflussung der Öffentlichkeit, die aus den Erfahrungen der Handelswerbung abgeleitet werden.

So hat das Deutsche Industrieinstitut auf BDA-Initiative im Jahre 1968 eine Kompagne gestartet und 200 000 Mark für Anzeigen ausgegeben, bei denen folge der Trick angewendet wurde: Man zeigte eine wütende Hausfrau mit dem Schrei auf den Lippen: „...frag doch die Unternehmer, wo mein Hausgeld bleibt!" Ihr wird „beweiskräftig" auseinandergesetzt: „Gäbe es heute die schicken Damenstrümpfe ohne Forschung?... In einer Wirtschaft, in der es Unternehmer gibt, gibt's was fürs Geld." Auf einem anderen Bild fragte ein attraktives Teenager-Mädchen: „Hallo, Unternehmer, was unternimmst du für mich?" Sie wurde belehrt: „Unternehmer produzieren ihre Beattles-Platten." Die Primitivität einer solchen politischen Werbung soll uns nicht an ihrer Wirksamkeit zweifeln lassen. Für denkende Leser werden von den Unternehmerverbänden viel raffiniertere Methoden erdacht, auf die wir später bei der Kritik der Apologetik der monopolistischen „pressure groups" eingehen werden. Die angeführten Beispiele sind für den politisch rückständigsten Teil der Bevölkerung bestimmt — nicht berufstätige Frauen, die an die kitschige Werbung gewöhnt sind.

Etwas weniger primitiv ist die Werbung, mit der „Die Waage" — eine Organisation zur psychologischen Beeinflussung der Arbeiterklasse — die Presse lange Zeit gespickt hat. Sie wurde von Unternehmerverbänden vor etwa 20 Jahren geschaffen und versucht seit dieser Zeit, die Werktätigen der Bundesrepublik „positiv" zu beeinflussen: Gegen Bezahlung werden verschiedene Gespräche zwischen zwei Arbeitern veröffentlicht: einem „dummen", von der kommunistischen Propaganda infizierten, und einem „klugen", der die Ansichten der Monopole darlegt, wobei zum Abschluß des Gespräches der „dumme" auch klug wird, d. h. sich mit den Argumenten des Verfechters der kapitalistischen Gesellschaftsordnung einverstanden erklärt.

Einen besonderen und für den außenstehenden Beobachter leider weniger sichtbaren Platz nimmt in der Monopolpropaganda die Betriebspresse ein. „Der Spiegel" schreibt: „Die Mehrheit der rund 500 Werkzeitschriften ... beweihräuchert die Arbeitgeber und bevormundet die Arbeitnehmer, bekräftigt die Zufriedenen und besänftigt die Unzufriedenen — offenbar bislang mit Erfolg.

Mit einer Gesamtauflage von über fünf Millionen Exemplaren erreicht die Belegschaftspresse jeden fünften Berufstätigen in der Bundesrepublik — mehr als Axel Springers ‚Bild' plus ‚Welt'. Einzelne Werkzeitschriften wie die in München herausgegebenen ‚Siemens-Mitteilungen' (256 000

Exemplare) übertreffen selbst große Regionalzeitungen wie ‚Münchner Merkur'"... In der Regel werden sie von der jeweiligen Werkleitung strenger Zensur unterzogen und suchen die von Volkswagenchef Nordhoff formulierte Forderung zu erfüllen: „Wenn es den Unternehmern nicht gelingt, die Arbeiter unternehmerisch denken zu lehren, dann wird das nicht nur zu einem wirtschaftlichen, sondern auch zu einem politischen Fiasko führen."[54]

Die Werkzeitungen zwingen dem Leser die Vorstellung von der angeblichen Interessengemeinsamkeit zwischen Arbeiter und Unternehmer auf: „Wir ziehen alle an einem Strang" („Flottmann Report"). „Wir sitzen alle in einem Boot" („Ziemann-Fenster"). Oft werden schon im Titel Unternehmer und Belegschaft zur Schicksalsgemeinschaft verklärt: „Unser Betrieb" (Weinbrennerei Asbach), „Unter uns" (Deutsche Dunlop-Gesellschaften), „Wir" (Duisburger Kupferhütte), „Vereint am Werk" (Vereinigte Alluminiumwerke Bonn). Im Bestreben, dem BRD-Volk eine positive Vorstellung vom Unternehmer als Stütze des Wohlstandes zu suggerieren, gehen die Unternehmerverbände von der Einsicht aus, daß „nur ein gesichertes und klares Unternehmerbild auf die Dauer auch in zugespitzter Lage eine unter dem Prinzip der Freiheit geordnete Wirtschaft (d. h. kapitalistische Gesellschaftsordnung — *der Verf.*) zu sichern vermag."[55]

Selbstverständlich werden die Massenmedien von den Unternehmerverbänden nicht nur für die ideologische, sondern auch für politische Massenbeeinflussung im Interesse der Monopole ausgenutzt. Die Verbände durchsetzen Presse, Rundfunk und Fernsehen mit ihren Propagandamaterialien, wachen mit Argusaugen darüber, daß in den Massenmedien nichts erscheint, was ihren politischen Ansichten zuwiderläuft. Zur Sicherung dieser Aufgabe greifen sie ständig in Kaderfragen ein: Sie erwirken Entlassungen von uhbequemen Publizisten und schleusen ihre Vertrauensleute in die staatlichen Rundfunk- und Fernsehredaktionen ein. Unzählige Male haben sie gegen Sendungen der staatlichen Rundfunk- und Fernsehanstalten interveniert, die ihnen aus diesem oder jenem Grund nicht gefielen, und schreckten dabei nicht einmal vor Anfragen im Bundestag zurück.

Durch ständige Druckausübuhg auf Massenmedien erwirken die Unternehmerverbände, daß sogar die finanziell und politisch unabhängigen Presseorgane wie auch die staatlichen Rundfunk und Fernsehen — von der eigentlichen Monopolpresse ganz zu schweigen — im großen und ganzen eine den Interessen des Monopolkapitals genehme Haltung einnehmen. Der Senior der deutschen bürgerlichen Publizistik Paul Sethe hatte durchaus recht, als er in seinen letzten Jahren mit bitterer Resignation schrieb: „Die Pressefreiheit ist die Freiheit von 200 reichen Leuten, ihre Meinung zu vertreiben." Und nicht weniger recht hatte die bürgerliche „Neue Zürcher Zeitung", die in einem Artikel über die BRD-Unternehmerverbände betonte: „Auch die Presse und andere Instrumente der öffentlichen Meinungsbildung unterlägen der einseitigen Beeinflussung durch Interessenten und Interessenverbände."

Alle Mittel der ideologischen und psychologischen Massenverführung durch die Unternehmerverbände stützen sich im Grunde genommen auf zwei Techniken der psychologischen Massenbeeinflussung, die der Soziologe Emil Küng als „Zweckpessimismus" und „Verdeckungsideologie" bezeichnete. J. Wössner definiert diese Techniken folgendermaßen: „Der Zweckpessimismus ist eine Methode, mit der versucht wird, von der jeweiligen Lage eine negativ gefärbte Darstellung zu geben. Der Grund dafür ist: den eigenen Interessen eine gesteigerte Dringlichkeit und eine lautere Objektivität zu verleihen...

Mit dem Zweckpessimismus steht in enger Verbindung die Verdeckungsideologie. Damit ist die Technik gemeint, nicht leistungsorientierte Forderungen mit gesamtwirtschaftlichen Argumenten vorzutragen. Gruppenegoistische Motivierungen werden mit dem Gemeinwohl identifiziert."[56] Ohne darauf einzugehen, ob die Definitionen dieser Methoden geglückt sind, muß man feststellen, daß sie den Kern des Problems ganz genau treffen.

Bei jedem Auftreten der Unternehmerverbände vor der Öffentlichkeit wird nämlich entweder eine von diesen Techniken oder ihre Kombination angewendet. Der bereits zitierte J. Wössner gesteht ein, daß „die Interessen-Gruppen in diesem zweckpessimistischen und verdeckungsideologischen Vorgehen zu wahren ‚Virtuosen' der Beeinflussung werden"[57].

Unter diesem Gesichtspunkt wollen wir nun einmal die Ausführungen des damaligen BDI-Präsidenten Berg betrachten, die am 13. Dezember 1968 in der Jahresversammlung der Industrie- und Handelskammer Hagen, deren Vorsitzender er zugleich war, vorgetragen wurden. Berg sprach von zwei aktuellen Themen der wirtschaftlichen und sozialen Politik der BRD — von der Einführung der Exportsteuer und von den Forderungen nach Erweiterung des Mitbestimmungsrechts. Obwohl die 4prozentige Exportsteuer ein unter dem Druck des BDI entstandener Kompromiß war, da der BDI gegen die geplante Markaufwertung eintrat, nannte Berg sie „einen unverdienten Schlag, der besonders weh tut", einen Betrug, den Beweis für die unzureichende Kompetenz der Politiker, und drohte damit, daß dieser Schritt „zur Verringerung der Zahl der Arbeitsplätze und zum Rückgang des Wohlstandes" führen würde, wenn er nicht bald korrigiert werden würde. Dieses traurige Bild paßt durchaus zu der obenerwähnten Defintion des Zweckpessimismus. Die Forderungen nach Erweiterung des Mitbestimmungsrechts lehnte Berg strickt ab und erklärte, ihre Verwirklichung würde einen nicht nur wirtschaftlichen, sondern auch gesellschaftlich-politischen Rückschritt der Bundesrepublik, das Ende der „deutschen Wirtschaftsdynamik", woran nur Deutschlands Feinde interessiert sein können, und einen Verlust für alle bedeuten. Erinnern wir uns an die Definition der „Verdeckungsideologie": „Gruppenegoistische Motivierungen werden mit dem Gemeinwohl identifiziert." Eine mögliche Gefährdung der Interessen der Monopole gab Berg wirklich als eine Gefahr für den gesamten Staat, für die ganze Gesellschaft, Wirtschaft und Bevölkerung aus.

Die Monopolverbände setzen die öffentliche Meinung des Landes einer gezielten Beeinflussung aus. Es wurden bereits die Maßnahmen der Verbände erwähnt, die für die Arbeiterklasse, für Nichtberufstätige bestimmt sind. Die Intellektuellen und Jugendlichen werden ebenfalls nicht außer acht gelassen. Es gibt ein besonderes gemeinsames Organ der Unternehmerverbände, das für die Arbeit unter der kunstschaffenden Intelligenz bestimmt ist — den sogenannten „Kulturkreis". Er verfügt über solide finanzielle Mittel, mit deren Hilfe die Kunstschaffenden an die Ideologie des Kapitalismus gebunden werden sollen, um durch ihre Vermittlung diese Ideologie noch raffinierter verbreiten zu können.

Im Rahmen der massierten Beeinflussung der Gesellschaft messen die Monopolverbände dem Vorstoß in den Bereich der Volksbildung große Bedeutung bei, indem sie versuchen, ihre Institutionen — von der Volksschule bis hin zur Universität — für den Ausbau der ideologischen Grundfesten des Kapitalismus im Volk und insbesondere bei der heranwachsenden Generation auszunutzen. Im Mittelpunkt der Versuche der Unternehmerverbände, sich an der Bestimmung der Aufgabe, des Niveaus und der Endziele der Ausbildung zu beteiligen, standen in letzter Zeit die staatliche Volksschule und gesellschaftliche Fortbildungseinrichtungen. Einer der Gründe für diese Eingriffe war zweifellos die objektive Notwendigkeit, das entsprechende „Menschenmaterial" für Monopolbetriebe zu gewinnen, das den Anforderungen der wissenschaftlich-technischen Revolution gewachsen ist. Für die Unternehmerverbände spielt die ideologische Seite eine nicht weniger wichtige Rolle. Das Deutsche Industrieinstitut formulierte das so: „... Bildung als ‚dritter Produktionsfaktor' wirkt sich, nicht nur im engeren wirtschaftlichen Bereich, sondern in der gesellschaftlichen Bewußtseinsentwicklung insgesamt aus'. Der Bildungsstandard der Gesellschaft bestimmt ihre Produktivität, aber ebenso ihre sozialen, gesellschaftlichen, kulturellen und politischen Ordnungsvorstellungen."[58]

Dieses Wirkungsfeld haben die Verbände für sich vor relativ kurzer Zeit entdeckt: z. B. die Dachorganisation zur Einmischung in Fragen der Bildungspolitik — die Bundes-Kommission „Schule-Wirtschaft" — wurde erst 1965 gegründet. Doch um so intensiver wird das Recht der monopolistischen Druckgruppen verteidigt, in den Volksbildungsprozeß einzugreifen. „Die Wirtschaft erachtet es als selbstverständlich, daß ihre Stimme in all den Gremien, sowohl auf Bundesebene wie in Ländern und Bezirken vertreten ist, die über Bildungsfragen entscheiden", fordert zum Beispiel die BDA.[59] Die Konzeptionen, die die Unternehmerverbände als Bildungsziele aufzwingen wollen, werden aus der Grundaufgabe abgeleitet — die Bevölkerung der BRD gegen die Ideen des Kommunismus immun zu machen. Der ehemalige BDA-Präsident Paulßen machte diese Konzeption zur Forderung: „Der Jugend Sinn und Ziel unserer sozialen Ordnung begreiflich zu machen und diese dem Verstand, dem Einsehen und auch dem Herzen der jungen Menschen nahezubringen."

Die Klasseninteressen der Monopole werden von den Unternehmerverbänden in schöne und hochtrabende Worte gehüllt. Dahinter aber steht der harte und zuweilen recht kleinliche Wille, der auch vor recht unschönen Taten nicht zurückschreckt. Das ist keine rethorische Floskel, sondern eine Schlußfolgerung aus einem Ereignis, über das die BRD-Presse berichtete. Der Doktorand Martin Baethge hat an der Universität Göttingen eine Dissertationsschrift eingereicht, in der aufgrund der Untersuchung der Verbandspublikationen nachgewiesen wurde, daß ihre Richtlinien im Bildungsbereich den politischen Zielen untergeordnet werden. Baethge kam zu dem Schluß, daß die Unternehmer „mit ihrem Einfluß auf Organisationen der Bildungseinrichtungen und auf die in ihm vermittelte Bildung ein privatwirtschaftliches Gesellschaftsverständnis allgemeinverbindlich zu machen versuchen, in dem Technik, Industrialisierung und Demokratie allein am Modell des kapitalistischen Industriebetriebes interpretiert werden". Die Dissertation wurde abgelehnt, obwohl sie von Spezialisten mit der Höchstnote „*opus eximium*" bewertet worden war.

Die Methoden der Einflußnahme der Monopolverbände, auf die BRD-Gesellschaft zeugen davon, daß der ideologische Klassenkampf der monopolistischen Druckgruppen z. Z. nicht nur auf bestimmte Bevölkerungsgruppen, die sich in einem unmittelbaren Klassenkonflikt mit den Monopolen befinden, sondern auf die ganze Gesellschaft, darunter auch auf ihre nichtberufstätigen Vertreter, ausgerichtet ist. Die in diesem Kampf eingesetzten Methoden der psychologischen Massenbeeinflussung geben den Unternehmerverbänden die Möglichkeit, die Bereiche des menschlichen Unterbewußtseins für die Festigung ihrer Klassenpositionen auszunutzen und damit in die private Sphäre der Persönlichkeit vorzudringen. Zugleich läßt die Untersuchung dieser Methoden die Schlußfolgerung zu, daß heutzutage die Monopole und ihre Verbände im ideologischen Kampf im Rahmen der allgemeinen Konfrontation zwischen Kapitalismus und Sozialismus auf Schritt und Tritt aus einer defensiven Stellung heraus handeln und es nicht wagen, ihre engen Klasseninteressen offen zu verteidigen, sondern sie als Interessen der ganzen Gesellschaft tarnen.

Für die spezifische Druckausübung auf den Staat erweist sich das deshalb als besonders günstig, weil es die Zugeständnisse der Regierung an die Verbände erleichtert, da diese dabei nicht als Durchsetzung der egoistischen Klasseninteressen der Bourgeoisie, sondern als die einzig vernünftige und auf das Gemeinwohl gerichtete Politik dargestellt werden können.

Die gewaltige Finanzmacht der Monopolverbände dient als Voraussetzung für die Effektivität jedes Kanals und jeder Methode ihrer Einflußnahme auf den Staat. Doch sie kommt wohl nirgends so offen zum Ausdruck wie bei der Finanzierung der bürgerlichen politischen Parteien. In der ersten Periode der Existenz der BRD griffen die

Unternehmerverbände offen in den Wahlkamf ein, doch später wich die offene Einmischung der anonymen Einflußnahme. Darauf weist z. B. Th. Ellwein hin: „Das unmittelbare Auftreten der Verbände im Wahlkampf spielt keine große Rolle mehr; ihr Einfluß ist durch die Parteifinanzierung und durch die Kandidatenaufstellung berücksichtigt. Zudem weiß jedermann oder glaubt doch zu wissen, wo die einzelnen Verbände ‚stehen', weshalb diese auf öffentliche Aufrufe mehr und mehr verzichten und sich in ihrer Parteinahme auf die Verbandsorgane beschränken."⁶⁰

Die bürgerlichen Parteien der BRD hatten lange Zeit zu wenig Mitglieder, als daß sie in der Lage wären, ihre tägliche Arbeit, geschweige denn die kostspieligen Wahlkampagnen, aus den Mitgliedsbeiträgen zu finanzieren. So wurden von der CDU Anfang der 60er Jahre allein für ihre Geschäftsstellen ca. 4 Mio Mark jährlich ausgegeben, während nach Schätzungen westlicher Forscher die jährliche Summe der Mitgliedsbeiträge in dieser Zeit zwischen 1—1,6 Mio Mark schwankte. Nach BRD-Quellen mußte die CDU Ende des gleichen Jahrzehnts jeweils etwa 10 Mio Mark für Wahlkampagnen in einzelnen Ländern und 40 Mio Mark in die Bundestagswahlkampagne investieren. Die Berechnungen der DDR-Forscher ergaben, daß für die Bundestagswahlen 1957 von allen bürgerlichen Parteien etwa 100 Mio Mark und für die späteren noch größere Summen aufgebracht wurden.

Daher mußten sich die bürgerlichen Parteien seit der Entstehung dieses Staates nach finanzieller Unterstützung bei Finanz- und Industriekapital umsehen. Im ersten Jahrfünft nach 1949 lief diese Unterstützung über die sogenannten Fördergesellschaften, die auf lokaler Ebene von den Unternehmerverbänden geschaffen wurden und mit denen sie manchmal organisatorisch identisch waren. Solche Zersplitterung der Finanzierungsquellen konnte allerdings die führenden Unternehmerverbände nicht zufriedenstellen, weil sie ihnen die Möglichkeit entzog, ihre Geldunterstützung für politische Parteien als Mittel des politischen Drucks aktiv auszunutzen. Daher wurde schon 1954 die Verteilung der finanziellen Unterstützung zentralisiert.

In diesem Jahr gründeten BDI-Präsident Berg, BDA-Präsident Paulßen und der Präsident des Bundesverbandes des privaten Bankgewerbes, Pferdmenges, die sogenannte Staatsbürgerliche Vereinigung. Diese Vereinigung akkumulierte die Zuwendungen der 50 größten Monopole, während ihre Länderzweigstellen den Auftrag hatten, die Spenden der übrigen Bourgeoisie einzusammeln und die führenden bürgerlichen Parteien zu finanzieren. Die Staatsbürgerliche Vereinigung verfolgte als konkretes Ziel nicht einfach die Finanzierung des Wahlkampfes der bürgerlichen Parteien: Die Bezahlung der Wahlkampagnen betrachteten die Unternehmerverbände als ein Instrument der Druckausübung auf diese Parteien. Das geht auch aus den Worten von Gustav Stein hervor, der neben dem Posten des BDI-Hauptgeschäftsführers auch die Funktion des Geschäftsführers der Staatsbürgerlichen Vereinigung innehatte. Er erklärte, die Bestrebungen seines Verbandes gingen dahin, im Bundestag in der zweiten Legislaturperiode eine der Bedeutung der Industrie entsprechende Präsenz zu sichern. Er stellte in diesem Zusammenhang fest, das dieses Ziel erreicht worden wäre. Von nahezu 340 Vertretern der Koalitionsparteien kamen etwa 100 aus der Industrie. Die Tätigkeit des Parlaments hätte allen Grund zu der Annahme geliefert, daß die Industrie dort recht glücklich vertreten sei, was sich in der positiven Einwirkung auf die wirtschaftliche Gesetzgebung niedergeschlagen hätte.

Das Fazit aus diesen Praktiken der Unternehmerverbände zogen die Sozialdemokraten: „Unternehmermillionen kaufen die politische Macht."

Tatsächlich konnten nun die monopolistischen „pressure groups" den Geldhahn nach Belieben auf- und zudrehen, um Gehorsam von bürgerlichen Parteien zu erzwingen. Einige Tatsachen solcher politischen Erpressung drangen allmählich an die Öffentlichkeit. Im Jahre 1956 haben die Freien Demokraten in Nordrhein-Westfalen die CDU-Regierung von Arnold gestürzt und zusammen mit den Sozialdemokraten eine Koalitionsregierung gebildet. Die Staatsbürgerliche Vereinigung hat daraufhin die Subventionen für die FDP eingestellt. In einer ähnlichen Situation hat der Württemberger FDP-Führer Reinhold Maier einen Tag vor der Bildung der Koalition mit der SPD einen Brief erhalten, in dem es lakonisch hieß: „Wenn Sie das machen, bekommen Sie von uns keinen Pfennig mehr." Bis zum Jahre 1958 waren die Spenden für die Staatsbürgerliche Vereinigung steuerfrei. Dadurch konnten die Monopole praktisch die Hälfte der eingezahlten Summen sparen und hatten freie Hand bei Steuerhinterziehung. Als das Bundesgericht auf Beschwerde der Hessener Sozialdemokraten diese Steuerfreiheit kassierte und die Zuwendungen für die

CDU-Fonds rapide zurückgingen, war es kein anderer als Adenauer, der über den Druck seitens der ökonomisch interessierten Gruppen auf die politischen Meinungsträger klagte, jeden Druck also, dessen Existenz er ständig kategorisch verneint hatte.

Grundsätzlich ist nicht anzunehmen, daß das politische Tauziehen zwischen Monopolvertretern und Behörden durch ständige Konflikte charakterisiert ist. Sehr aufschlußreich war in dieser Hinsicht die Rede, die Konrad Adenauer im Dezember 1963 bei einem Festessen hielt, das der Vorstand und das Präsidium des BDI aus Anlaß seiner Kandidierung für den Posten des Bundeskanzlers gaben: „... und es war daher für die Bundesregierung, meine verehrten Herren, ein wahres Glück, daß ein Mann wie Herr Berg die Interessen der industriellen Wirtschaft vertreten hat. Ich glaube, ihm, seiner Arbeit, seiner Klugheit, seiner Erkenntnis und, wenn nötig, auch seiner Härte verdanken wir alle außerordentlich viel. (Beifall.) Meine Herren, ich habe ihn genug gelobt. Er meint ganz sicher, ich wollte was von ihm — und ich will gar nichts von ihm." (Lachen, Stimmengewirr.) Berg: „Doch, doch!" Adenauer: „Meine Herren, da spricht man doch nicht drüber. (Verheißungsvolles Lachen Verstehender, Eingeweihter.) Nicht wahr, das findet sich von selbst (Lachen.) ... Zur richtigen Zeit kommt das alles..." So kam es dann auch. 19 Tage später berichtete „Der Spiegel": „Parteichef Konrad Adenauer hat bei einem Zusammentreffen mit führenden Vertretern des Bundesverbandes der Deutschen Industrie in Köln die Finanzwünsche seiner Partei für den kommenden Bundestagswahlkampf angemeldet. CDU und die bayerische Schwesterpartei CSU rechnen mit Industrie-Geldern in Höhe von etwa 50 Millionen Mark."[61]

Die Finanzierung bürgerlicher Parteien ist für die Unternehmerverbände in zweierlei Hinsicht von Bedeutung. Einerseits soll dadurch die Aufrechterhaltung der kapitalistischen Gesellschaftsordnung gewährleistet werden. Es wird dafür gesorgt, daß das Staatsschiff ständig die Elite steuert, die mit dem Monopolkapital eng liiert ist und dessen Interessen in der praktischen Politik sie vertritt. Andererseits ist die Abhängigkeit der Partei- und Regierungselite von Geldzuwendungen der Unternehmerverbände groß genug, um das System der Subventionen für bürgerliche Parteien aus den Geldkassen der Monopole zu einem wirksamen Instrument der Kontrolle und manchmal auch der politischen Erpressung werden zu lassen, mit dessen Hilfe die Verbände die Forderungen des Monopolkapitals bei der Partei- bzw. Regierungsspitze nicht selten durchsetzen können, auch dann wenn sie den Staatsinteressen widersprechen.

Durch die Finanzierung des eigentlichen Wahlkampfes wollen die Unternehmerverbände solche Zusammensetzung des Bundestages erreichen, bei der seine wohlwollende Einstellung zu den Monopolinteressen garantiert ist. Eine Teilaufgabe ist es, eine möglichst große Anzahl von Verbandsfunktionären in den Bundestag einziehen zu lassen. Typisch dafür ist die intensive Kampagne, die vom BDI-Sprachrohr, „Industriekurier", bei den Wahlvorbereitungen zum 5. Bundestag im Jahre 1965 gestartet wurde. Die Zeitung kämpfte für jeden Vertreter der Unternehmerverbände, der nach ihrer Meinung einen zu unsicheren Platz in den CDU-Wahllisten bekam: „Besonders die CDU wird sich anstrengen müssen, den Vertretern der Wirtschaft auf ihren Kandidatenlisten diejenigen Chancen zu bieten, die ihnen gegenwärtig von der SPD — aus welchen Gründen auch immer — geboten werden. Es ist nicht ermutigend, die Nachricht zu vernehmen, auf der soeben aufgestellten Landesliste Nordrhein-Westfalen seien 10 Exponenten des sog. linken Flügels an aussichtsreichen Plätzen untergebracht, Dr. Birrenbach hätte sich jedoch mit der Platzziffer 11 begnügen müssen, und der Mönchengladbacher Textilunternehmer Dr. Curt Becker, der sich als Steuerexperte einen Namen gemacht hat, sei so placiert, daß er kaum Aussicht habe, wieder in den Bundestag zu kommen."

In der gleichen Ausgabe wurden in einem anderen Beitrag noch massivere Drohungen ausgestoßen: „Wenn die Union nach allem Verdruß, den sie der Wirtschaft bereitet hat, damit rechnen will, daß ihr die Hilfe und die Wählerstimmen aus diesem Kreise erhalten bleiben, dann ist das Verlangen nicht unbillig, wenigstens den Einzug einer ausreichenden Zahl von Unternehmern in das Parlament zu ermöglichen."

In der Tat war sicherlich von einer Vertrauenskrise zwischen der CDU und den Unternehmerverbänden keine Spur. Die Kampagne des „Industriekuriers" stellte lediglich ein gewöhnliches Beispiel für die Anwendung des Zweckpessimismus zur Druckausübung auf die christlich-demokratischen Politiker dar. Objektivere Beobachter sahen den gleichen Prozeß der Kandidatenaufstellung ganz anders. Die Mainzer „Freiheit" schrieb folgendes darüber: „Schon im vierten (west-)deutschen Bundestag konnten sich Industrie und Wirtschaft rühmen, einen recht hohen Einfluß zu besitzen... Offenbar genügt der Wirtschaft dieser Einfluß jedoch nicht. Schon bei der Aufstellung der Kandidaten hörte man hier und dort, daß verdiente Parlamentarier verdrängt wurden und an ihre Stelle in der Partei wenig bekannte Persönlichkeiten traten, deren Verbindungen besonders zur Großindustrie jedoch mindestens einem kleinen Kreis der Führungsgremien der Regierungsparteien bekannt waren."

Nach den Wahlen wertete „Der Volkswirt" die Ergebnisse der Druckausübung seitens der Unternehmerverbände auf die bürgerlichen Parteien aus und stellte fest: „Die Wirtschaft ist im Bundestag stärker vertreten, als man vor der Wahl vielerorts erwartete." Auch der „Industriekurier" selbst erschien nach den Wahlen mit der triumphierenden Überschrift: „Neuer Bundestag hat mehr Wirtschaftsvertreter." Wenn die Bundestagszusammensetzung die wirkliche Klassenstruktur der BRD widerspiegeln würde, hätte sie so aussehen müssen: Arbeiterklasse — 78 Prozent oder 375 Abgeordnete; Mittelstand — 13,2 Prozent oder 65 Abgeordnete; Intelligenz — 5,5 Prozent oder 33 Abgeordnete; Bourgeoisie — 5,3 Prozent oder 26 Abgeordnete.

Die Monopolbourgeoisie, die weniger als 0,01 Prozent der Bevölkerung ausmachte, durfte im Bundestag nur einen Platz beanspruchen. In Wirklichkeit wurden nur 7 Abgeordnete des 5. Bundestages als Arbeiter eingetragen, dafür waren aber, den DDR-Forschern zufolge, ein Drittel aller Abgeordneten Unternehmer, Manager, Mitglieder von Aufsichtsräten, Abgesandte der Unternehmerverbände, darunter auch 20 direkte Vertreter der Unternehmerorganisationen.

Jeder 14. Abgeordnete der CDU/CSU und jeder 12. Abgeordnete der FDP arbeitete aktiv und unmittelbar in den Unternehmerverbänden, wobei mehr als die Hälfte von ihnen BDI-Leute waren.

Die Berechnungen und Auswertungen der Zusammensetzung des 5. Bundestages werden übrigens wohl nicht ganz vollständig sein. Denn erst nach einer gewissen Zeit können letzten Endes alle verdeckten Verbindungen und Zusammenhänge nachgewiesen werden. Nicht umsonst machte der Kenner der Unternehmerverbände Herbert Schneider makabren Witz: „Den besten Überblick über das Verbandswirken der Abgeordneten geben die Todesanzeigen..."[63]

R. Dahrendorf stellte unter Bezug auf Untersuchung von zwei amerikanischen Wissenschaftlern fest: „Am politischen Einfluß der Wirtschaftsführer kann also kein Zweifel bestehen, zumal Deutsch und Edinger feststellen konnten, daß fast zwei Drittel der Mitglieder des (Ersten) Bundestages zumindest informell mit einer oder mehreren ökonomischen Interessengruppen identifiziert waren."[64] Es gibt keinen Grund zur Annahme, daß sich seit jener Zeit die Positionen der Monopolverbände verschlechtert haben.

Man kann durchaus den nun verstorbenen Führer der freien Demokraten und des Bundestagsvizepräsidenten Thomas Dehler verstehen, der einmal sagte: „Wenn sich die Dinge so weiterentwickeln, ist es bald keine Ehre mehr, Bundestagsabgeordneter zu sein."

* * *

Die Methoden und Formen der Beeinflussung aller Bereiche des staatlichen und gesellschaftlichen Lebens durch die Unternehmerverbände sind Ausdruck des politischen und ideologischen Klassenkampfes des Monopolkapitals für die Unerschütterlichkeit seiner Herrschaft über Staat und Gesellschaft. Die Gliederung dieser Beeinflussungsmethoden in einzelne Kanäle und spezifische Methoden soll nicht über die Tatsache hinwegtäuschen, daß all diese Aktivität des Verbandsapparats nur von einem Beweggrund herrührt: dem unablässigen Kampf der Monopolbourgeoisie für ihre Existenz als wirtschaftlich und politisch herrschende Schicht.

Es sei allerdings betont, daß dieser ganze fein ausgeklügelte Mechanismus ohne eine umfassende positive Konzeption der wirtschaftlichen und politischen Entwicklung arbeitet. In diesem Zusammenhang bekannte „Der Volkswirt": „Die Unternehmer hören immer wieder den Vorwurf, daß sie nur reagieren und selten agieren. Es fehle ein Programm oder ein Konzept, das erkennen ließe, an welchen Richtlinien sich die unternehmerische Politik in der Bundesrepublik orientiere."

Die Tatsache, daß die Unternehmerverbände über keine klare sozialpolitische Konzeption verfügen, hat ihre Gründe. Sie widerspiegelt ihre historisch gesehen bedrängte Position. Dies ist jene aussichtslose Verteidigungsstellung, in die sich die herrschende Klasse an der Schwelle der historischen Umwälzung begibt, weil sie nicht mehr in der Lage ist, dem gesellschaftlichen Prozeß neue Impulse zu verleihen und Perspektiven zu eröffnen. Die Interessen der Gesellschaft und die der Monopolspitze lassen sich nicht mehr zu einer Einheit verschmelzen, wie das möglich war, als die Bourgeoisie noch die Rolle einer historisch fortschrittlichen Klasse spielte; die Monopolverbände können eine solche Identität nur noch vortäuschen, indem sie ihre privaten Interessen demagogisch für allgemeine erklären — mehr auch nicht. Die Konzeptionslosigkeit wird daher manchmal sogar zu einer Tugend erhoben. Breitling schreibt, daß im April 1951 ein Vertreter der Arbeitsgemeinschaft selbständiger Unternehmer auf einen der BDA-Führer einredete:„ Wir müssen doch in irgendeiner Form zu den großen Fragen der Zeit Stellung nehmen, wir müssen ein Programm an die Öffentlichkeit bringen." Die lakonische Antwort des Arbeitgeberbosses war: „Konzeption ist Konzession." Und das ist kein bloßes Wortspiel: Es ist heutzutage wirklich unmöglich, ein gesellschaftliches Programm aufzustellen, das nicht eine Beengung der Interessen des Monopolkapitals bedeuten würde.

Doch diese von Altersschwäche gezeichnete Klasse ist immer noch imstande, einen aktiven Kampf für ihre Interessen zu führen. Bei diesem Kampf betrachten die monopolistischen Unternehmerverbände jedes Ereignis, jede Initiative, jede Verordnung und jeden Gesetzentwurf, jeden sozialen oder politischen Prozeß aus ihrer engen klassenspezifischen Sicht heraus, bestimmen ihren Standpunkt, visieren konkrete Ziele an und kämpfen unter Anwendung der oben beschriebenen Einflußkanäle und -mittel für deren Durchsetzung. Was für eine fieberhafte Aktivität sie dabei entwickeln, beschrieb der Westberliner Professor O. Stammer, der als Leiter eines Forschungsteams einen konkreten Fall der Einflußnahme der Unternehmerverbände — ihre Einmischung in die Vorbereitung eines Gesetzentwurfs — untersucht hat. Die Interessenverbände „haben der Regierung und dem Parlament gegenüber mit Anfragen, Eingaben und Ansprüchen, mit Beratungen, Gesetzesvorschlägen und Änderungswünschen gearbeitet, haben sich in den ‚Anhörungen' im Referentenstadium und in den Parlamentsausschüssen beteiligt, sie haben lobbyistisch und durch Expertisen auf einzelne Abgeordnete, auf Fraktionsgruppen, Parteivorstände, Ausschußgremien und auf Vertreter der Ministerialbürokratie eingewirkt; sie haben sich einiger Mittel der wissenschaftlichen Begutachtung bedient, haben Sachverständigenkonferenzen einberufen, die Presse und andere Medien der Meinungsbildung beeinflußt; sie haben versucht, ihre eigenen Funktionäre und Mitglieder zu besonderer Aktivität zu ermuntern, und auch gelegentlich Verbindung mit anderen Verbänden aufgenommen."[65] Wie beeindrukkend diese Darstellung des politischen Wirkens der Unternehmerverbände auch sein mag, verblaßt sie doch vor der Wirklichkeit — vor den Bestrebungen der Verbände, dem Staat und der Gesellschaft das Modell eines reibungslos funktionierenden kapitalistischen Konzerns als Ideal aufzuzwingen, in dem die Anweisungen der Monopolherren strikt befolgt werden.

2. Rolle und Bedeutung der Unternehmerverbände im politischen Herrschaftssystem des staatsmonopolistischen Kapitalismus

Das System der Unternehmerverbände ist ein spezifischer Apparat, zu deren wichtigsten Funktionen die Sicherung der tagtäglichen Beeinflussung des gesamten politischen Lebens des Landes, in erster Linie der Staatsmacht, gehört. Dieser besondere politische Apparat der Unternehmerverbände wirkt nicht sporadisch, nicht von Fall zu Fall, sondern als eine ständige Institution, die permanent und methodisch die Verschmelzung der politischen Interessen der Monopole mit der politischen Praxis des Staates reproduziert. In diesem Sinne kann behauptet werden, daß die Verbände die Rolle wichtigster Zentren zur Umwandlung der wirtschaftlichen Macht der Monopole in ihre politische Herrschaft übernehmen. Ohne die Einwirkung einzelner Monopole bzw. ihrer Gruppen auf die Staatspolitik zu negieren, muß man berücksichtigen, daß die Macht der Unternehmerverbände wie auch einer jeden geschlossenen politischen Klassenorganisation die einfache Summe der Kräfte und individueller Einflußmöglichkeiten ihrer Mitglieder weit übersteigt.

Daraus ergeben sich zwei Schlußfolgerungen. Erstens gehört die Tätigkeit der Monopolverbände zu den unveräußerlichen Eigenschaften des staatsmonopolistischen Kapitalismus, den man als Zusammenspiel der Eingriffe des Staates in wirtschaftliche Prozesse und der Monopole in politische Vorgänge kennzeichnen kann. Die Unternehmerverbände übernehmen hierbei die Formulierung des Klassenwillens der Monopole und die Interessenvertretung des

Monopolkapitals gegenüber dem Staat, indem sie ihre Durchsetzung und Verwirklichung erzwingen. Als spezielles politisches Instrument der Monopole sind sie ein wichtiger integrierter Bestandteil des einheitlichen Machtmechanismus, der aus der Verschmelzung der Macht der Monopole mit der Macht des Staats hervorgeht. Zweitens bedeutet diese Verfilzung der Unternehmerverbände mit dem bürokratischen Regierungsapparat eine wesentliche Änderung des eigentlichen Staatsmechanismus des bürgerlichen Parlamentarismus, eine Verzerrung der parlamentarischen Demokratie, eine Aushöhlung ihrer Formen und Einrichtungen.

Das Studium der Auswirkungen der ständig zunehmenden Beeinflussung des gesellschaftlichen und politischen Lebens der Bundesrepublik durch die Unternehmerverbände ermöglicht es, das Problem der Einflußnahme der Monopole auf den bürgerlichen Staat auszuleuchten, was ein wichtiger Bestandteil der Grundfrage vom Funktionieren des staatsmonopolistischen Kapitalismus ist, und die Entwicklungstendenzen des politischen Systems und der Formen der politischen Selbstorganisierung der staatsmonopolistischen BRD zu klären.

Unternehmerverbände und Funktionen des bürgerlich-demokratischen Staates

Die Eingriffe solch einflußreicher Institutionen wie die Unternehmerverbände in die politische Machtausübung sind in der Bundesrepublik so offensichtlich, daß sie in der bürgerlichen politischen Literatur nicht übergangen werden konnten.

Allerdings versuchen die bürgerlichen Forscher bei ihren kritischen Äußerungen, die genaue Adresse zu vermeiden: Sie sprechen lieber allgemein von „Verbänden", von „Industrie", „interessierten Kreisen" usw. Hinter der absichtlichen Konkretlosigkeit dieser Bezeichnungen stehen erstens ganz konkrete Bedenken einiger Forscher, sich die Rache der Unternehmerverbände zuzuziehen, die die ihnen unbequemen Kritiker ohne weiteres vors Gericht zerren können. Die terminologische Verschwommenheit der zweiten Kategorie von Soziologen — derjenigen, die mit der Apologetik der Unternehmerverbände hervortreten — verdunkelt ebenfalls den wahren Tatbestand, wenn auch aus anderen Gründen.

Die amerikanischen Forscher K. Deutsch und L. Edinger

charakterisieren das Hauptziel der Unternehmerverbände folgendermaßen: „Heute wie in der Weimarer Republik sind die Führer der größeren Interessenverbände der deutschen Wirtschaft entschlossen, ihren wirklichen und potenziellen Einfluß über die öffentliche Meinung, Parteien, gesetzgebende Körperschaften und Regierungen so voll wie irgend möglich auszunutzen."[66]

Größte Beunruhigung ruft bei der westdeutschen Öffentlichkeit der wachsende politische Einfluß der Monopolverbände hervor, sowie die negativen Auswirkungen, die er für die bürgerlich-demokratischen Formen der Staatsführung hat. Nicht umsonst nahm die SDP in ihr Programm folgende Worte auf: „Mit ihrer durch Kartelle und Verbände noch gesteigerten Macht gewinnen die führenden Männer der Großwirtschaft einen Einfluß auf Staat und Politik, der mit demokratischen Grundsätzen nicht vereinbart ist. Sie usurpieren Staatsgewalt. Wirtschaftliche Macht wird zu politischer Macht."[67]

Es wird außerdem betont, daß die monopolistischen „pressure groups" zu einer Art Staat im Staate geworden sind. Dazu J. Hirsch: „Die gestiegene Macht der Interessenverbände hat es mit sich gebracht, daß deren Aktionen und Entscheidungen den hoheitlichen Maßnahmen von Staatsorganen oft gleichzusetzen sind."[68]

Schließlich wird auf eine gewisse Übermacht der Monopolverbände gegenüber der Bundesregierung hingewiesen. Karl-Heinz Stanzick zieht zum Schluß seiner Schrift über den Prozeß der Wirtschaftskonzentration in der BRD folgendes Fazit: „Das wirtschaftliche Direktorat der führenden Machtgruppen droht bereits heute die Handlungsfähigkeit jeder Regierung zu paralysieren... Außerhalb der verfassungsmäßigen Gewaltenteilung ist dem Gemeinwesen in der Großwirtschaft eine Macht entstanden, deren Existenz Legislatur- und Regierungsperioden überdauert."[69]

Leider können diese kritischen Bemerkungen natürlich nicht die ganze Bedeutung der monopolistischen „pressure groups" im System der politischen Gewalt des staatsmonopolistischen Kapitalismus der BRD aufzeigen. Hinzu kommt noch, daß in der kritischen Literatur der Bundesrepublik, wie das auch aus den angeführten Zitaten hervorgeht, keine einheitliche Meinung darüber herrscht, wie weit die Macht der Verbände reicht. Dennoch sind diese Ausführungen als Ausgangspunkt von Nutzen, weil die ganze Grundproblematik der Einflußnahme der Unternehmerverbände auf das Staatssystem der BRD darin zumindest angeschnitten wird.

Der spezifische politische Apparat, zu dem die Monopolbourgeoisie der BRD die Unternehmerverbände ausgebaut hat, funktioniert noch innerhald und über die alten Formen der parlamentarischen Demokratie, Doch eben seine permanente [politische Aktivität nimmt diesen Formen ihren ursprünglichen Inhalt, weil ihre Funktionen und die Zusammenwirkung durch die neue Struktur der Machtausübung ständig entstellt und deformiert werden.

Deutliche Krisensymptome der [parlamentarischen Demokratie in der BRD sind nicht zu übersehen. Der namhafte Soziologe R. Dahrendorf, erst vor einiger Zeit selbst aktiver FDP-Politiker, bemerkt: „In der Bundesrepublik, und nicht nur hier, breitet sich Zweifel an der parlamentarischen Demokratie aus."[70] Von dem bekannten Publizisten R. Augstein stammen die Worte: „Mir scheint, das parlamentarische System bei uns zeigt Verfallssymptome, die nicht mehr wegzuleugnen sind."[71] Einer der Koriphäen der zeitgenössischen bürgerlichen Philosophie Karl Jaspers führt aus: „Die Demokratie der Bundesrepublik wandelt sich vor unseren Augen. Es werden Wege beschritten, an deren Ende es weder eine Demokratie noch einen freien Bürger geben würde... Welcher Wandel vollzieht sich in der Struktur der Bundesrepublik? Es scheint: von der Demokratie zur Parteienoligarchie, von der Parteienoligarchie zur Diktatur."[72]

Diese kritischen Betrachter wie auch viele andere Vertreter der Liberalbourgeoisie sehen in der Krise der bürgerlichen parlamentarischen Demokratie den Untergang der Demokratie schlechthin, und in diesem Punkt irren sie sich natürlich. Doch die Tendenz zur Zerstörung des Parlamentarismus in der BRD ist nicht zu übersehen, wenn man nicht die Augen vor den Tatsachen verschließt.

Bezeichnend ist der Rückgang der Rolle und Bedeutung des Bundestages in der Tätigkeit des Staates, der auch rein quantitativ leicht veranschaulicht werden kann; innerhalb der ersten 16 Jahre ist die Zahl der Plenar- und Ausschußsitzungen ungefähr um das Doppelte zusammengeschmolzen.

Noch aufschlußreicher ist die qualitative Seite dieses Vorgangs. Nach dem Grundgesetz hat der Bundestag drei Funktionen: die Gesetzgebung, die Äußerung „des Volkswillens" zu wichtigsten politischen Fragen, die Kontrolle über die Regierung. Das Parlament ist jedoch immer weniger in der Lage, diese Funktionen auszuüben, auch in dem Sinne, wie sie von BRD-Politikern ausgelegt werden. Die Rechte des Bundestages als Legislative werden durch die Exekutive — die Regierung — eingeschränkt. Der CDU-Abgeordnete F. Böhm bezeugte: „Besitzt nicht heute unsere Exekutive Jahr für Jahr stärkere Bastionen auf dem Gebiete der Gesetzgebung? Hat nicht die Exekutive ihre Befugnis zur Gesetzesinitiative nachgerade zu einem kompletten Monopol ausgebaut?... Nach meinen persönlichen Beobachtungen ist während der zehn Jahre, die ich dem Bundestag angehöre, der Einfluß der Verwaltung auf die Gesetzgebung jedes Jahr größer geworden, auf Kosten des Bundestages."

Doch dieses Eingeständnis ist nur die halbe Wahrheit. Denn, wie oben eingehend gezeigt wurde, stehen hinter der gesetzgebenden Initiative der Regierung unsichtbar die Unternehmerverbände. Eine weitere Bestätigung dafür finden wir im „Spiegel": „Wenn schließlich der Bundestag und seine Ausschüsse der Novelle ansichtig werden, sind die Paragraphen längst unter sachkundiger Anleitung der Verbandsmanager und Lobbyisten formuliert."[73] Der große Kenner der politischen Praxis in der BRD R. Altmann sagt dazu: „Es handelt sich um eine wirkliche Lähmung, nicht mehr um den Druck, den eine starke Regierung auf das Parlament ausübt... Ungenügend informiert, entscheidungsscheu, entblößt von selbstbewußten, mit einiger Unabhängigkeit agierenden Führern, bleibt dem Bundestag zwar eine Fülle legislativer Arbeit, die aber mehr und mehr technischen Charakter annimmt. Es bleibt ihm die Verbindung mit dem Interessenpluralismus, soweit die Verbände nicht dem Verkehr mit Regierung und Bürokratie den Vorzug geben müssen."[74] Die Lähmung des Bundestages führt R. Altmann gerechterweise darauf zurück (auch wenn nur in Andeutung), daß bei den Kontakten zwischen der Regierung und den Unternehmerverbänden die Legislative umgangen wird und daher der Austausch von den die Politik des Landes bestimmenden Anregungen, die Fassung von wichtigsten Beschlüssen immer mehr abseits vom Parlament geschehen. Es ist charakteristisch, daß auch die Restbedeutung des Bundestages von Altmann aus seinen Verbindungen zu Verbänden abgeleitet wird.

Das Parlament gibt auch die Kontrollfunktionen über die Regierung und die Äußerung der öffentlichen Meinung aus seiner Hand. Der bekannte Publizist Sebastian Haffner meint dazu: „Sofern es die Funktion eines Parlaments ist, das Volk zu vertreten, die Regierung zu kontrollieren und die öffentlichen Angelegenheiten öffentlich zu debattieren... Herr der Regierung und Diener des Volkes zu sein, ist der deutsche Bundestag längst kein Parlament mehr und die Bundesrepublik keine parlamentarische Demokratie."[75] Von diesen Veränderungen blieb nur eine Funktion unberührt, von der man allerdings im Westen nur ungern spricht — nämlich die Funktion des Volksbetruges, indem man die Illusion der Volksbeteiligung an Staatsentscheidungen vortäuscht. Als ein reales politisches Organ wird das westdeutsche Parlament schnell entwertet, da es zu einer einfachen Maschine für die Verabschiedung von Gesetzen ausartet. Darüber sind sich auch Bundestagsabgeordnete klargeworden. H. Apel (SPD) spricht von der „bloßen Notarfunktion des Parlaments". H. Friderichs (FDP) meint zurecht, daß sich der Bundestag „im Zustand fast gänzlicher Stagnation" befindet.[76] Dadurch gehe seine Bedeutung innerhalb des Staatsmechanismus stark zurück.

Die im Westen verbreitete Erklärung der Parlamentarismuskrise läuft auf die aus der wissenschaftlich-technischen Revolution resultierenden Komplizierung der Probleme und auf die Unfähigkeit von Abgeordneten, diese Probleme zu bewältigen, hinaus. Einer der Kenner der Verbandstätigkeit H. J. Varain erklärt: „Der Abgeordnete sieht sich einer Kompliziertheit der Materie und Schwierigkeit der Formulierung gegenüber, die er kaum noch für einige Teilgebiete zu beherrschen vermag. Er fühlt sich so der Ministerialbürokratie hilflos ausgeliefert." Das heißt, daß der aus Fachleuten bestehende Staatsapparat automatisch in eine günstigere Lage gerät und daher seinen Einfluß auf Kosten des Bundestages ausbaut. Doch das ist nur eine Seite der Erklärung und dabei nicht die tiefgründigste. Näher an die Wahrheit scheint die Schlußfolgerung zu liegen, zu der der Rektor der Ruhr-Universität Bochum Prof. Dr. Kurt H. Biedenkopf gelangt: „Diese Vorstellungen vom Zusammenwirken zwischen Regierung und organisierten Gruppen bedeuten jedoch, daß der wirtschaftspolitische Entscheidungsprozeß sich zunehmend aus dem Parlament herausverlagert in einen Bereich, der weder Publizität genießt noch in irgendeiner Form verifizierbar ist..."[77]
Im Klartext bedeutet die verschleierte Ausdrucksweise Biedenkopfs, daß in Wirklichkeit die Krise des Parlamentarismus eine der Folgen des Übergangs des Kapitalismus in den staatsmonopolistischen Kapitalismus sowie der damit

zusammenhängenden Erstarkung der Unternehmerverbände als unmittelbare Organe der Verflechtung von Staat und Monopolen ist, die praktisch die Staatsmacht dem Parlament entreißen. Deswegen ist die seit einigen Jahrzehnten dauernde Entwertung des Parlaments zu einer ernsten Krankheit des ganzen Systems des heutigen bürgerlichen Parlamentarismus geworden.

Ein wichtiges Element der parlamentarischen Demokratie sind Parteien. Nach Vorstellungen westlicher Soziologen kann der Parlamentarismus nur durch die Vertretung von mehreren Parteien im Parlament „demokratisch" sein. In der BRD sind Parteien nach dem Grundgesetz ein Bestandteil der Staatsgewalt, ihnen kommt die Rolle „der politischen Willensbildung des Volkes" zu. Diese Grundgesetzforderung wird in der Praxis natürlich nicht verwirklicht. Martin Niemöller schrieb dazu, daß das Volk einmal in vier Jahren eine Partei wählt und die Parteien sind sich längst darüber einig, daß das Volk nicht die Möglichkeit haben sollte, sich für etwas zu entscheiden, was ihren Vorstellungen nicht entspricht. Im Wahlkampf würden die politischen Probleme niemals in den Vordergrund gestellt oder dem Wähler klargemacht. Dazu wäre der Wähler zu „dumm". Die Gewerkschaftszeitung „Welt der Arbeit" unterstrich in diesem Zusammenhang, nicht das Volk in seiner Gesamtheit, sondern einzelne kleine Gruppen beeinflussen die Staatsmacht.

Der wachsende Einfluß der monopolistischen Unternehmerverbände brachte gewisse Veränderungen im Charakter der Parteien, deren Stellung und Bedeutung im Mechanismus der politischen Macht herbei. R. Altmann, Publizist, inoffizieller Berater des ehemaligen Bundeskanzlers Erhard und prominenter Funktionär des Deutschen Industrie- und Handelstages betont: „Mit der parlamentarischen Demokratie sind natürlich auch die Parteien selbst gefährdet. Ihr Aktionsradius schrumpft, ihr Gewicht verringert sich."[78]

Der Sinn der Existenz der Parteien besteht im wesentlichen darin, die höchstmögliche Zahl der Wählerstimmen auf sich zu vereinigen und die Regierungsbildung zu übernehmen. Dieser Aufgabe wird alles untergeordnet. Jede Partei ist darauf bedacht, allen sozialen Schichten, vorwiegend natürlich den größten, zu „gefallen". (Das Gesagte trifft selbstverständlich nicht für Kommunisten zu, die als einzige Partei in der BRD ihre Klassenzugehörigkeit weder in Wort noch in Tat verhehlt.) Deswegen verwischen sich die Unterschiede zwischen der CDU/CSU, der SPD und der FDP. Sie bedienen sich gleicher Wahlkampfmethoden, ähnlicher Programme und Wahlsprüche. Das krasseste Beispiel dafür ist die öffentliche Abkehr der sozialdemokratischen Führer von dem Klassencharakter ihrer Partei im Jahre 1959. Dadurch sind in jeder größeren Partei alle Klassen der BRD-Gesellschaft vertreten, mit dem Unterschied, daß sich die CDU/CSU vorwiegend auf die Großbourgeoisie stützt, die SPD dagegen auf die Kleinbourgeoisie und Arbeiter. Jedoch haben auch die christlichen Demokraten einen linken, gewerkschaftlich orientierten Flügel, und die Sozialdemokraten — ihre Millionäre und Unternehmer. Somit entsteht in der BRD eine Situation, bei der der linke und rechte Flügel innerhalb einer Partei manchmal weiter voneinander entfernt sind als von den gleichen Flügeln der revalisierenden Parteien. Man bezeichnet die Parteien sogar als „leere Flaschen", die von „pressure groups" mit Inhalt versehen werden.

Diese Prozesse stehen im Zusammenhang mit der Existenz und Tätigkeit der Unternehmerverbände, wenn auch diese Abhängigkeit nicht immer kausalen Charakter hat, sondern aus den allgemeinen Gesetzmäßigkeiten des Kampfes der herrschenden Klasse um die Erhaltung ihres gesellschaftlichen und politischen Systems erwächst, wenn die objektive historische Entwicklung diese Klasse und ihr System entbehrlich macht. Das Monopolkapital kann seine Diktatur nur dann aufrechterhalten, wenn sie sorgfältig getarnt ist und zugleich immer härter wird. Welch flexible Methoden für die Erhaltung der Klassenmacht der Monopole auch immer verwendet werden mögen, so besteht ihr objektiver Inhalt in der weiteren Vertiefung ihres Diktaturcharakters, und darin besteht eben die Unlösbarkeit der politischen Gegensätze dieser dem Untergang geweihten Klasse.

Nach ihrer Struktur und ihren Klassenaufgaben entsprechen die Monopolverbände weitgehendst der heutigen historischen Situation des Monopolkapitals. Als Zentren, die den Klassenwillen der Monopole formulieren und ins Leben umsetzen, sind die Verbände nicht für die unmittelbare Machtausübung bestimmt: Sie sind nicht exekutive, sondern Initiativ- und Kontrollkörperschaften, nicht das Gerüst, sondern der Geist der Staatsmacht. Ihre politische Funktion besteht darin, jedes im Rahmen der kapitalistischen Gesellschaft wirkende politische System zu ergänzen, um seine Übereinstimmung mit den Interessen des Monopolkapitals zu erreichen. Darum ersetzt der Apparat der Verbände ebensowenig den politischen Apparat bürgerlicher Parteien, wie er den Staatsapparat nicht ersetzt, sondern vielmehr mit ihm verflochten wird. Parteien und Unternehmerverbände „streben zueinander, sind aufeinander angewiesen und durchdringen sich", schreibt H. J. Varain. Unter den Bedingungen des bürgerlichen Parlamentarismus führt der Weg zur Macht nur über Parteien; in ihnen wird die unmittelbare regierende Elite gezüchtet, ihr Sieg oder Niederlage bei den Wahlen bestimmen, wer an der Spitze des Staates stehen soll. Darin liegt auch ihr Wert für die Monopolverbände. Aber das ist heutzutage praktisch auch ihre einzige Funktion.

Ihre andere Funktion, die einmal nicht weniger bedeutend war, nämlich die Interessen ihrer Klasse offen zu vertreten, sich auf sie zu stützen und öffentlich ihren politischen Willen zu formulieren, haben die bürgerlichen Parteien inzwischen fast völlig eingebüßt. Das bedeutet allerdings nicht, daß die Parteien überhaupt keine Klassenanliegen mehr zu vertreten haben. Unter den heutigen Bedingungen kann sich die Partei des Großkapitals allerdings nicht unverhehlt für die Ziele der Monopololigarchie einsetzen, weil sie dabei Gefahr läuft, zahlreiche Wählerstimmen zu verlieren. Diese Lücke im politischen Mechanismus füllen die außerparteiischen „pressure groups", d. h. Unternehmerverbände. Gerade sie haben die Funktion übernommen, die Klasseninteressen der Monopolkreise zu äußern, ihren Druck bis zu der regierungsbildenden Parteispitze weiterzuleiten. „Auf diese Weise sind sie (Verbände — *die Red.*) ein Stück Verfassungswirklichkeit geworden, und zwar bereits weitgehend neben Parteien und Parlamenten. Eine Partei, die diese Wirklichkeit nicht anerkennt, ist hoffnungslos verloren", schreibt E. A. Roloff in einer Beilage zum offiziellen Bundestagsorgan „Das Parlament".[79]

Hinter diesen Worten verbirgt sich die Tatsache, daß keine der bürgerlichen Parteien ohne Unterstützung der Monopolverbände — besonders finanzieller Art — existieren kann. Bezeichnend ist, daß die CDU im Jahre 1953 noch die Courage hatte, aus Tarnungsgründen in ihr Hamburger Programm die gewichtigen Worte aufzunehmen: „Jedes einseitige Machtstreben von Interessengruppen lehnen wir ab, weil nur das Wohl des Ganzen Ziel der Politik sein darf. Interessenparteien sind Totengräber der staatlichen Ordnung." Späterhin konnte sich die CDU solche Freiheiten nicht mehr erlauben, obwohl die Notwendigkeit, den Charakter der dem Monopolkapital dienenden Partei zu maskieren, kaum geringer geworden ist.

Die Sozialdemokraten waren früher im Prinzip unabhängig von der Unterstützung durch Monopolverbände. Daher waren noch vor einiger Zeit entlarvende Reden über die Unternehmerverbände aus dem Munde westdeutscher sozialdemokratischer Funktionäre keine Seltenheit. Der Führer der bayerischen SPD von Knoeringen hat 1955 in seinem Referat „Sozialismus an der Wende der Zeit", das damals großes Aufsehen erregte, melodramatisch gefragt: „Wird der Mensch der immer gigantischer werdenden Macht unkontrollierter Interessengruppen ausgeliefert?... Was nützt eine demokratische Verfassung, wenn die gesellschaftliche Entwicklung vom Macht- und Profitstreben einzelner Gruppen bestimmt wird?" Diese Fragen blieben aber rhetorisch. Acht Jahre später, im Jahre 1963, hat der damalige Anwärter auf den Wirtschaftsministerposten von der SPD, der verstorbene H. Deist, bekennen müssen: „In der Bundesrepublik haben kleine, aber mächtige Interessengruppen einen Einfluß auf Parlament, Regierung und Verwaltung, wie er in keinem anderen demokratischen Land der Welt denkbar wäre." Als die SPD an die Macht kam, verschwand das Problem der Unternehmerverbände aus der sozialdemokratischen Publizistik.

Die sich wandelnden Parteien dienen einem politischen System, das, obwohl es sich noch in den Mantel des bürgerlichen Parlamentarismus hüllt, diesen nur zum Volksbetrug benutzt und seinem Wesen nach ein System der oligarchistischen Monopoldiktatur ist. Somit wird klar, daß in der Krise des Parlamentarismus die Krise der Herrschaft der Bourgeoisie zum Ausdruck kommt. „Es hat Zeiten gegeben, in denen man annahm, die parlamentarische Demokratie sei die Höchstform der staatlichen Entwicklung des Menschen, etwas anderes, Besseres, könne es nicht geben. Heute glauben wir zu sehen, daß das System nicht ewig dauern wird. Schon ist der hohe Mittag seiner Wirksamkeit vorüber, die ersten Schatten der Dämmerung senken sich herab", bemerkte dazu resigniert P. Sethe. In der Bundesrepublik nahm dieser Prozeß deutliche Formen an. Jedoch geht er mit verschiedenen Begleitmomenten und unterschiedlicher Intensität in allen Ländern des staatsmonopolistischen Kapitalismus vor sich. W. I. Lenin unterstrich: „Der freien Konkurrenz entspricht die Demokratie. Dem Monopol entspricht die politische Reaktion."[80]

Unabhängig vom Willen konkreter Machtträger zerstört der staatsmonopolistische Kapitalismus als politisches System die bürgerliche parlamentarische Demokratie und, weil das demokratische Prinzip der Staatsführung seinen Interessen direkt zuwiderläuft, macht die parlamentarischen Staatsformen zu einem Deckmantel für die real wirkende oligarchische Monopoldiktatur, bei deren Ausübung die Unternehmerverbände eine sehr große Rolle spielen.

Zwei Oligarchien der Monopolbourgeoisie

Die Hauptaufgabe bürgelicher Parteien besteht in der Sicherung der Massenbasis für die Herrschaft des Monopolkapitals. Es wäre jedoch falsch, sich die Sache so vorzustellen, als wären diese Parteien nur Vollstrecker konkreter Befehle der Monopole ohne Selbständigkeit bei Staatsentscheidungen. Die Führung der bürgerlichen Parteien beteiligt sich aktiv nicht nur an der Durchsetzung der Politik der herrschenden Klasse, sondern gemeinsam mit anderen Institutionen des staatsmonopolistischen Machtsystems auch an ihrer Ausarbeitung. „Unter parlamentarischen Bedingungen sind die Parteien entsprechend der Verfassungskonstruktion Zugangsweg zur Macht, soweit aus ihren Reihen die Parlamentsfraktionen und Regierungen gebildet werden. Sie müssen daher die nötigen Kader für die Tätigkeit in der Regierung und im Parlament entwickeln und auch mit Ideen und Konzeptionen ausrüsten, die über ihre demagogische Funktion hinaus real zur Lösung herangereifter Aufgaben im Interesse der Monopole geeignet sind. Zweifellos werden solche Lösungsversuche von den Parteien nur gemeinsam mit den Monopolverbänden vorbereitet, wobei der Einfluß letzterer dominiert, aber den Parteien obliegt dann immer noch die Aufgabe, die Interessen der Monopole in konkret mögliche, praktikable Politik umzusetzen. Die Parteiführungen sind Umschlagplätze der Macht... Daher das Interesse der Monopole an den Parteien, daher die hohe Zahl führender Monopolkapitalisten in den Leitungsgremien der Regierungsparteien."[81]

Angesichts der Klassenherrschaft der Monopolbourgeoisie können die reaktionär-bürgerlichen Parteien nach ihrem Klassencharakter nichts anderes sein, als Parteien des Monopolkapitals. Die Bindungen der Monopole zu diesen Parteien sind umfassend und mannigfaltig, und der Einfluß eines jeden bürgerlichen Politikers wird nicht zuletzt dadurch bestimmt, inwiefern er mit der Unterstützung mächtiger Monopolgruppen rechnen kann. Daher ist es vom Standpunkt der Zugehörigkeit der bürgerlichen Parteifunktionäre zur Monopolbourgeoisie als Vertreter ihrer politischen Interessen ganz gleich, ob die aktiven Funktionäre bürgerlicher Parteien über eigenes Kapital verfügen, ob sie selbst Kapitalisten, führende Konzern- bzw. Verbandsmanager sind oder nicht. Zur Führung dieser Parteien gehören letzten Endes sowohl solche Personen, bei denen keine unmittelbaren Verbindungen zu irgendeiner Finanzgruppe oder einem staatsmonopolistischen Verband nachgewiesen werden können, als auch solche, deren Verbindungen zu Monopolen erst entstanden, nachdem sie auf führende Parteiposten avancierten. Doch im Rahmen ihrer Parteitätigkeit können sie keine gegen die Grundinteressen des Monopolkapitals gerichtete Politik betreiben und geraten daher objektiv auf die Positionen der Monopolbourgeoisie.

„Genauso wie z. B. in einem Konzern außer dem Eigentümer und dem bekanntesten Spitzenmanager noch ein begrenzter Kreis hoher Angestellter—Direktoren, Syndizi usw.— sich mit den Interessen des Konzerns identifiziert, weil seine Existenz auch faktisch mit der des Konzerns verbunden ist, ebenso gibt es Parteipolitiker, die ihrer sozialen Herkunft, ihrem Besitz sowie ihrer arbeitsrechtlichen Stellung und ihren Einkommensverhältnissen nach nicht zur Monopolbourgeoisie gehören würden. Wir müssen sie praktisch jedoch dazu zählen, da ihr gesamtes gesellschaftliches Sein durch die Existenz der Monopole bestimmt wird. Es nicht zu tun, würde denselben Widersinn ergeben, als zählten wir Fritz Berg, den Präsidenten des Bundesverbandes der Deutschen Industrie, nicht zur Monopolbourgeoisie, weil er nur Besitzer eines mittleren Familienbetriebs ist."[82]

Die angeführten Zitate aus der Arbeit eines Autorenkollektivs des Deutschen Instituts für neuere Geschichte (DDR) widerlegen die Ansicht, daß die Abhängigkeit der führenden bürgerlichen Parteipolitiker von den Monopolen in erster Linie durch ihre Korrumpiertheit und Unterwürfigkeit dem Monopolkapital gegenüber verursacht wird. Das mag in manchen Fällen auch zutreffen, jedoch wäre es eine Vereinfachung, die ganze Sache darauf hinauslaufen zu lassen. Gleichzeitig wird auch die Vorstellung entkräftet, daß die führenden Kreise der reaktionären Parteien und die bürgerlichen Regierungen eine Art ferngesteuerte Mechanismen sind, hinter denen eine allmächtige Zentrale — ein geheimer Generalstab der Monopole — steht.

So kommen wir zu dem Schluß, daß die Partei- und Regierungsoligarchie (bzw. die bürokratische) und die Monopololigarchie zwei Gruppen sind, die den Klassenwillen des Monopolkapitals zu verwirklichen haben, von denen jede in ihrem Bereich über eine relative Selbständigkeit verfügt. Zugleich sind sie aufs engste miteinander verbunden, versuchen, einander ihren spezifischen Interessen entsprechend zu beeinflussen, wobei die Eingriffe der Staatsbürokratie in die Wirtschaftsfragen parallel zu den Vorstößen der Monopolverbände in die Politik gehen. Selbstverständlich ist jede von diesen oligarchischen Gruppen in ihrer Zusammensetzung heterogen, in jeder von ihnen gibt es Fraktionen, die sich sowohl nach ihrer Stellung im Mechanismus der staatsmonopolistischen Macht als auch nach ihren spezifischen Interessen voneinander unterscheiden: die führende Elite im engeren Sinne, die höchste Staatsbürokratie, die Generalität usw. einerseits und Großindustrielle, Monopolisten, Bankiers, Manager usw. andererseits. Dennoch genügt es für die Ziele der vorliegenden Arbeit, von der Gliederung in zwei oligarchistische Gruppen auszugehen, weil sie die wesentlichen Züge der politischen Struktur der staatsmonopolistischen Herrschaft widerspiegeln.

Die Partei- und Regierungsoligarchie ist für die Geschicke des Staates verantwortlich, sie ist gezwungen, einerseits die allgemeinsten Interessen der kapitalistischen Gesellschaft und andererseits die Stimmung breiter Bevölkerungsmassen zu berücksichtigen, deren Gunst die Regierungsparteien alle vier Jahre erkämpfen müssen. Um ihre Macht zu behaupten, muß die Partei- und Regierungsoligarchie bei den Volksmassen ständig die Illusion erwecken, als stünde der Staat über den Klassen; sie muß zuweilen auch gewisse Zugeständnisse an nichtmonopolistische Gruppen aus dem Kreise ihrer Anhänger machen.

Die Monopololigarchie, organisatorisch zu Unternehmerverbänden zusammengefaßt, vertritt die Klasseninteressen der Monopolbourgeoisie in ihrer reinsten Form. Sie stützt sich nicht so sehr auf die verschwindend kleine Zahl der Großbourgeois, sondern viel mehr auf ihre riesige wirtschaftliche und finanzielle Macht. Letzteres ermöglicht es ihr, das Fehlen einer einigermaßen bedeutenden sozialen Basis zu kompensieren und überdimensionale Klassenprivilegien zu erkämpfen. Die egoistischen Forderungen der Unternehmerverbände, die die Vorteile für Monopole auch zum Nachteil des Staates als Träger der allgemeinsten Interessen des Kapitalismus anstreben, können oft entgegen diesen Interessen durchgesetzt werden.[83] In diesem Sinne wird der bürgerliche Staat von der Monopolbourgeoisie selbst ausgehöhlt. Die Monopololigarchie geht in ihrer Politik davon aus, daß die Macht einer jeder regierenden Parteigruppe, solange der Tarnmantel der parlamentarischen Demokratie bleibt, zeitlich begrenzt ist. Ihre eigene Macht betrachtet sie dagegen als unvergänglich.

Aus der zusammenhängenden und dennoch selbständigen Existenz der Regierungs- und der Monopololigarchie erwachsen ernste interne Widersprüche des staatsmonopolistischen Systems. Natürlich überwiegt die Tendenz zur Eintracht dieser Gruppierungen, weil sie beide die Interessen einer und derselben Klasse — der Monopolbourgeoisie — vertreten. Daher haben die Gegensätze zwischen ihnen einen untergeordneten Charakter und entstehen bei Kollisionen von egoistischen Interessen dieser beiden Oligarchien. Und dennoch können diese Gegensätze in verschiedenen Fällen das gesellschaftspolitische Leben der BRD wesentlich beeinflussen und müssen daher aufmerksam betrachtet werden.

Die politische Realität der Bundesrepublik liefert nicht wenige Beispiele, die beweisen, daß die Partei- und Regierungsoligarchie manchmal den eindeutig formulierten Interessen der Monopolverbände entgegenhandelt. Es ist bekannt, daß Adenauer, dessen Beziehungen zum Bundesverband der Deutschen Industrie geradezu herzlich waren, trotz des Widerstandes des BDI im Jahre 1961 die Deutsche Mark aufwertete. Als 1963 über die Kanzlerschaft Erhards entschieden wurde, trat der BDI gegen seine Kandidatur auf. Die Partei- und Regierungsoligarchie brauchte Erhard aber damals als „Wahllokomotive", und so blieb die Meinung des bedeutendsten Unternehmerverbandes unberücksichtigt. Ebenso widersprachen auch solche Regierungsentscheidungen den Forderungen der Monopolverbände wie wiederholte Waffenkäufe in den USA und, um ein jüngeres Beispiel zu nehmen, die Einführung der vierprozentigen Exportsteuer für westdeutsche Industrieerzeugnisse oder die Markaufwertung durch die Brandt-Regierung.

Bei der Zusammenfassung der Widersprüche zwischen den zwei oligarchistischen Monopolgruppierungen unterstreichen die DDR-Forscher: „...selbst der BDI als der stärkste Interessenverband der Monopole ist nicht in der Lage, alle Schritte der Bonner Regierungsparteien entsprechend seinen Vorstellungen zu gestalten. Die Führungsgruppen der Parteien erweisen sich tatsächlich nicht einfach als ‚Befehlsempfänger' bestimmter Wirtschaftskreise, sie haben innerhalb der gesamten Monopolbourgeoisie ihre spezifische Funktion und ihr eigenes Gewicht."[84]

Da das verbreitete Modell, in dem die Unternehmerverbände als allmächtiger Generalstab der Monopole dargestellt werden, der Wirklichkeit eindeutig widerspricht, ergibt sich die Aufgabe, die wirklichen Machtgrenzen der Monopolverbände abzustecken, ohne sie zu über- bzw. zu unterschätzen.

Die Macht der Verbände wird nicht nur durch „Arbeitsteilung" zwischen zwei Oligarchien des Monopolkapitals, nicht nur durch interne Klassengegensätze der Bourgeoisie begrenzt. Das wichtigste Hindernis für die uneingeschränkte Herrschaft der Verbände bleibt der antimonopolistische Kampf der Arbeiterklasse und anderer fortschrittlichen Kräfte. Es ist daher kein Zufall, daß im Bestreben, ihren Einflußbereich zu erweitern, die Verbände in erster Linie die demokratischen Rechte der Werktätigen zu beseitigen suchen. Das krasseste Beispiel dafür sind die Notstandsgesetze. Dadurch wird jedoch die Notwendigkeit nicht abgeschafft, die sich aus der obenerwähnten „Arbeitsteilung" zwischen zwei Oligarchien ergebende Frage zu untersuchen, wie weit die Einflußmöglichkeiten der Monopolverbände auf Staatsentscheidungen reichen.

Es ist offensichtlich, daß man an die Lösung dieser Frage nur durch Untersuchung des Wesens der Gegensätze zwischen der Oligarchie der regierenden Parteien und der der Monopole in ihren konkreten Erscheinungsformen herankommt. Im Kampf für ihre engen Klasseninteressen setzen die Unternehmerverbände ihren Einfluß dazu ein, in jedem konkreten Fall deren Berücksichtigung in der Staatspolitik zu erwirken. Die Partei- und Regierungsoligarchie ist im Prinzip bereit, den Forderungen der Verbände nachzugeben.

Sie muß jedoch ständig sowohl den allgemeineren Staatsinteressen als auch ihren eigenen spezifischen Interessen Rechnung tragen. Es ist ja so, daß sich durch die allmähliche Akkumulierung verschiedener in Gesetzen und Anordnungen festgehaltener Vorrechte der Monopole das Staatsschiff mit der Zeit eine Schlagseite bekommt. Wenn die wachsende Unzufriedenheit der Massen den Wahlsieg der regierenden Partei in Frage stellt, geraten die Regierungssessel ins Schwanken. Dann wird für die jeweilige Partei- und Regierungsoligarchie die Erhaltung der Macht zur Lebensfrage.

Unter diesen Bedingungen oder in ihrer Vorahnung ist die Regierung objektiv gezwungen, dem Druck der Unternehmerverbände standzuhalten. Dem Sturz der Erhard-Regierung gingen z. B. Scharmützel zwischen ihr und den Monopolverbänden voraus. Selbstverständlich waren bei der für das Zusammenwirken beider oligarchischen Gruppen typischen Geheimhaltung die Anzeichen dieser Gegensätze ziemlich indirekt. Eines von ihnen war wohl die damals zu beobachtende Intensivierung der Propaganda für eine starke Staatsmacht, die von der Regierung ausging. Ein zweites, deutlicheres Anzeichen waren die dumpfen Vorwürfe, die in Arbeiten verschiedener Wissenschaftler und Gutachten von Expertenkommissionen anklangen, in denen die Tätigkeit der monopolistischen „pressure groups" als besorgniserregend bezeichnet wurden. Diese Beiträge wurden in der Regierungspresse veröffentlicht. Die obenzitierte Arbeit von K. Krögel (sie erschien als Beilage zum offiziösen Bundestagsorgan „Das Parlament") endete nach allen Verbeugungen vor der „legitimen" Tätigkeit der Unternehmerverbände mit der Kritik am Prinzip der anonymen Einflußnahme. Krögel klagte darüber, daß die geheime Einmischung der Verbände die Arbeit des Regierungsapparats verunsichert: Die Referenten des Ministeriums wüßten nicht, ob der fertige Gesetzentwurf nach Rücksprache einer Verbandsabordnung mit dem Minister hinfällig sein würde; der Minister wüßte nicht, ob seine vom Kabinett gebilligte Gesetzesvorlage nach einem Gespräch zwischen dem Bundeskanzler und den Verbandsvertretern zurückgezogen oder wesentlich verändert würde. „Noch mehr verdrießt jedoch eine Spielart der ‚Kanzlerdemokratie', die sich in den letzten Jahren der Kanzlerschaft Adenauers entwickelt hat: Die Verbände versuchen, wichtige Entscheidungen im Stadium der Gesetzesvorbereitung durch unmittelbare

Absprachen mit dem Bundeskanzler herbeizuführen, um die zuständigen Minister und Ministerialbeamten vor vollendete Tatsachen zu stellen."[85]

Die Monopololigarchie hat diese Kritik nicht unbeantwortet gelassen. Der Industrielle Carl Neumann, Vorsitzender des Vorstandes des Deutschen Industrieinstituts, erklärte in einer Jahresversammlung: „Dennoch wird kein Berufsstand mehr diskriminiert als der Unternehmerberuf. Auch die Verbände werden in verallgemeinerter Form als Interessenvertretungen herabgesetzt." Seine Klage schloß Neumann mit einem Protest gegen die Behauptung des Wissenschaftlichen Beirats beim Bundeswirtschaftsministerium, die Verbände setzten Parteien und Abgeordnete unter Druck. [86]

Als drittes und deutlichstes Anzeichen für die „Abwehr" der wachsenden Forderungen der monopolistischen Unternehmerverbände seitens der Partei- und Regierungsoligarchie war die Kritik des eigentlichen „Pluralismus"prinzips. Wie Altmann bemerkte, wird die Lage problematisch, wenn der hypertrophierte Pluralismus die Regierung, das Parlament und die Parteien lahmzulegen beginnt.

Mit der Behauptung, daß das jetzige politische System die Regierungstätigkeit paralysiert, hatte Altmann die Idee der „formierten Gesellschaft" entwickelt, die dann zum offiziellen Programm der Erhard-Regierung erhoben wurde.

Der Grundkonzeption zufolge sollte durch die „formierte Gesellschaft" das Herrschaftssystem der Partei- und Regierungsoligarchie vervollkommnet und ausgebaut werden. In erster Linie wurden drei Hauptziele angestrebt: die Interessen aller Klassen und Gesellschaftsgruppen dem sogenannten Gemeinwohl unterzuordnen, die Staatsautorität durch die „neue Technik der Staatsführung" zu festigen und „ein einheitliches Gesellschaftsbewußtsein" zu entwickeln. Dieses Programm bedeutete die Einführung einer „aufgeklärten" Diktatur der Großbourgeoisie und richtete sich gegen die Interessen der breiten Massen, gegen Arbeiter, Angestellte und die Intelligenz.

Die Erhard-Regierung versprach den Monopolen einen absoluten Klassenfrieden durch die Beseitigung aller demokratischen Rechte der Werktätigen und hoffte dafür auf Festigung der Autorität der Staatsbürokratie. Gerade die regierende Partei hatte zu bestimmen, was „Gemeinwohl" ist, und dadurch im politischen Machtmechanismus eine wichtigere Stellung einzunehmen. Somit war das Programm der „formierten Gesellschaft" gleichzeitig auch ein Verteidigungszug der Partei- und Regierungsoligarchie in ihrer geheimen Rivalität mit der in den Unternehmerverbänden vertretenen Monopololigarchie.

Die Rivalität zwischen beiden Oligarchien hatte nie den Charakter eines unmittelbaren Machtkampfes, weil die Monopololigarchie bei dem jetzigen System nicht vorhat, an die Stelle der Partei- und Regierungsoligarchie zu rücken, um allein den Staat zu regieren. Um aber die Klasseninteressen der Monopolbourgeoisie vertreten zu können, trachten die Unternehmerverbände danach, nicht nur bei der Festlegung des politischen Kurses, der Wirtschaftspolitik und anderer Fragen der großen Politik, sondern auch bei „Personalfragen" die entscheidende Stimme zu haben, d. h. darüber, wer aus der Parteioligarchie unmittelbar die wichtigsten Staatsposten bekleiden soll. Mit anderen Worten wollen die Monopolverbände, selbst im Schatten bleibend, der wahre Herr der Lage sein. Die Schlagworte der Erhard-Regierung: „Stärkung der Staatsautorität", „neue Technik der Staatsführung" waren im wesentlichen gerade gegen solche Ambitionen gerichtet.

Wie breit all diese Maßnahmen auch angelegt wurden, haben sie ihr Ziel dennoch verfehlt. Letzten Endes mußte Erhard seinen Kanzlersessel verteidigen. Er mußte seine Wirtschaftspolitik den Forderungen der Monopolverbände anpassen, in der vergeblichen Hoffnung, ihr Vertrauen zurück zu gewinnen. Etwa ein halbes Jahr vor dem Sturz der Erhard-Regierung schrieb dazu „Der Stern": „Ludwig Erhard hat als Minister unter dem Kanzler Adenauer immer wieder darüber geklagt, daß seine Wirtschaftspolitik nach den egoistischen Wünschen einzelner Interessengruppen abgeändert worden ist. Nun muß er sich des gleichen Vergehens ziehen lassen: Ludwig Erhard ist vor dem Druck ... der Verbände zurückgewichen, hat eine von ihm selbst als unheilvoll erkannte Entwicklung nicht gestoppt, nicht einmal abzubremsen versucht."

In diesem Zusammenhang gewinnt der Rücktritt Erhards eine besondere Bedeutung. An ihm läßt sich das Zusammenwirken der Unternehmerverbände mit der Partei- und Regierungsoligarchie mit all ihren Widersprüchen verfolgen. Im Kampf um Erhard gab es 1966 auf keiner der Seiten eine geschlossene Front. In der CDU bildete sich eine ernst zu nehmende Opposition, die seinen Rücktritt forderte. Die Untenehmerverbände insgesamt waren ja immer schon Gegner des zweiten Kanzlers der Bundesrepublik. Er wurde zwar vermutlich vom Deutschen Industrie- und Handelstag halbherzig unterstützt, doch die mächtigste reaktionäre Organisation der Monopololigarchie — der Bundesverband der Deutschen Industrie — hat in Erhard nie ihren Mann gesehen. Aus der Geschichte dieser Beziehungen teilt Prof. G. Braunthal folgendes mit: „...es war dem unermüdlichen Fritz Berg jedoch gelungen, in ständiger Verbindung mit Bundeskanzler Adenauer zu stehen... Auf diese Weise hatte sich zwischen den beiden eine Allianz entwickelt, aus der jeder seinen Nutzen zog...Diese Allianz hat sich politisch insofern ausgewirkt; als Adenauer sie immer dann zum Schaden Erhards ausgenutzt hat, wenn er das für notwendig hielt." So hat Erhard als Wirtschaftsminister im Jahre 1960 einen Konjunktur„ausgleich" durchsetzen wollen, um durch Abschaffung der Importsteuer und der Exportsubventionen die Ausfuhr zu reduzieren und die Einfuhr zu steigern. Berg hat einen kategorischen Protest bei Adenauer eingelegt, der den Vorschlag Erhards öffentlich zurückwies, wodurch dessen Image als „Vater des Wirtschaftswunders" tüchtig angekratzt wurde.

Der BDI konnte seinerzeit die Ernennung Erhards zum Bundeskanzler nicht verhindern. Aber letzten Endes hat der Berg-Verband sich doch durchgesetzt. An Erhards Rücktritt hatten die Angriffe der Unternehmerverbände wesentlichen Anteil, obwohl diese Angriffe nicht die einzige Ursache für den Sturz „des Volkskanzlers" waren. Sie fanden Unterstützung auch im Erhard-feindlichen Flügel der christlichen Demokraten. Bezeichnenderweise ist das Gerede von der „formierten Gesellschaft" seit dieser Zeit verstummt.

/Die Idee der Stärkung der Staatsmacht aber lebte weiter. So hat Prof. R. Dahrendorf, der eine Zeitlang zum „Gehirntrust" des Kanzlers Kiesinger gehörte, im März 1967 ein Projekt zur Schaffung eines Planungsstabs bei der Regierung vorgelegt, der sich mit dem „Umbau der sozialen Infrastrukturen" beschäftigen sollte. Im Kommentar zu diesen absichtlich nebelhaft formulierten Vorschlägen hat der namhafte Soziologe Professor Eschenburg deren Absicht zufällig preisgegeben, indem er andeutete, daß die monopolistischen „pressure groups" dieses Projekt nicht akzeptieren würden: „In der interdepedenten Industriegesellschaft, repräsentiert durch ein Parlament der organisierten Interessen, gibt es viele Gruppen, die als Nutznießer dieser oder jener Einrichtung oder Verfahrensregelung einen ihnen unbequemen Umbau zu verhindern oder ihn eben durch ‚Ausbau' um seinen Effekt zu bringen vermögen."[87]

Erhard ging, das Problem blieb. In verschleierter Form handelte es sich wiederum um einen Versuch der Partei- und Regierungsgruppe, den Einfluß der Monopololigarchie einigermaßen einzudämmen.

In der ersten Zeit nach der Bildung der „großen Koalition", deren Grundlage dank der Beteiligung der Sozialdemokraten wesentlich breiter war als sämtlicher vorherigen Kabinette, gab es Meinungen, daß diese Regierung imstande sein würde, den monopolistischen „pressure groups" erfolgreicher Stirn zu bieten. Jedoch haben sich diese Vermutungen nicht bewahrheitet. „Hatte man geglaubt, die schwarz-rote Majorität werde stets stark genug sein, um Partikular-Interessen in den eigenen Reihen zu überstimmen, so zeigte die Bonner Haushaltsmisere auf, daß die Interessengruppen... stark genug sind, notwendige, aber unangenehme Entscheidungen zu blockieren"[88], schrieb dazu „Der Spiegel".

Die Untersuchung der Kollisionen zweier Oligarchien des Monopolkapitals in der Bundesrepublik zeigt somit, daß die Unternehmerverbände über beträchtlichen politischen Einfluß verfügen und keiner der Versuche von Partei- und Regierungsbürokratie, diesen Einfluß zu schmälern, sein Ziel bisher erreichen konnte. Auch in der bürgerlichen politischen Literatur findet man viele Bestätigungen dafür. In seiner Arbeit „Gesellschaft und Demokratie in Deutschland" mußte R. Dahrendorf trotz aller Umschweife zugeben, daß die westdeutsche „wirtschaftliche Elite vielleicht zum ersten Mal ein ernsthafter Konkurrent auf dem Markt der politischen Entscheidungen geworden ist".[89] Der amerikanische Forscher H. Hartmann behauptet in seiner Studie über Managers in der BRD offen, daß in der westdeutschen Gesellschaft „ein strategischer Kampf zwischen der Wirtschaft und dem Staat für die relative Vorherrschaft einer Gruppe über der anderen" geht.[90]

Das alles bestätigt erneut den obengeäußerten Gedanken, daß die Ansicht, daß die Unternehmerverbände könnten allein bestimmen, was im Lande zu geschehen hat, eine Vereinfachung des Sachverhaltes wäre. Zweifellos ist ihr Standpunkt im Bereich der Wirtschaftspolitik meistens entscheidend, während bei politischen Beschlüssen die

Stimme der Partei- und Regierungsoligarchie eher maßgebend ist. Und dennoch können es die Unternehmerverbände nicht selten erwirken, daß ihren Forderungen auch bei wichtigsten Fragen der großen Politik stattgegeben wird. Diese Tatsache geben selbst Forscher in der BRD zu: „Regierung und Parlament sind oft darauf angewiesen, wichtige Entscheidungen gemeinsam mit autonomen sozialen Verbänden zu treffen oder ihnen diese Entscheidungen und ihre Durchführung ganz zu überlassen."[91] Die zwischen diesen zwei oligarchistischen Gruppen vorhandenen Gegenstände sollen aber nicht den Eindruck erwecken, daß jede von ihnen eine unabhängige Existenz führt. Sie bilden zusammen eine Art zweiköpfiges Ungeheuer, dessen normaler Lebensverlauf nur von Zeit zu Zeit durch die Zwistigkeiten zwischen seinen beiden Köpfen gestört wird.

Die Unternehmerverbände sind also mächtig, aber nicht allmächtig. Die Grenzen ihrer Möglichkeiten insgesamt lassen sich schwer abstecken, abgesehen davon, daß das Kräfteverhältnis zwischen ihnen und der Staatsmacht gewissen Konjunkturschwankungen unterworfen ist. Unbestritten bleibt die Tatsache, daß ihr Einfluß auf dem Gebiet der Wirtschaftspolitik besonders wirksam ist. Hier gelingt es den Unternehmerverbänden fast alle ihre Forderungen durchzusetzen. Die solide bürgerliche „Frankfurter Allgemeine" brachte im Herbst 1960 ein Interview des BDI-Präsidenten Berg über die Aufwertungspläne von Erhard, in dem Berg wenig Zweifel daran ließ, daß er „nur zum Kanzler zu gehen brauche, um die Aufwertung und deren steuerpolitische Surrogate vom Tisch zu fegen". Die Zeitung schrieb: „Den Journalisten teilte sich der fatale Eindruck mit, daß es offensichtlich Herr Berg ist, der die deutsche Wirtschaftspolitik bestimmt."[92] Etwa einen Monat später faßte die „Süddeutsche Zeitung" die Auswirkungen dieses Interviews zusammen: „Berg hat sich beileibe nicht zuviel zugetraut, er fegte — in dieser Woche nämlich, als Erhards Pläne sang- und klanglos in die ministeriellen Schubläden entschwanden."[93] Auch wenn ein Jahr später die Aufwertung doch erfolgte, zeugt es keinesfalls von einem Einflußschwund der Verbände: Zu dieser Zeit wurde nämlich der Druck seitens der USA-Monopole so gewaltig, daß auch die ganze BRD-Wirtschaft ihm nicht hätte standhalten können. „Der Volkswirt" schilderte die Ausmaße des BDI-Einflusses folgendermaßen: „Der Bundesverband der Deutschen Industrie (BDI) lud zu seiner 19. ordentlichen Mitgliederversammlung nach Berlin ein — und alle, alle kamen. Der Bundespräsident, der Präsident der Kommission der Europäischen Gemeinschaften, der Bundeswirtschaftsminister, seine Staatssekretäre und was sonst in der Wirtschaft Rang und Namen hat. Das Prestige des BDI — im Inland wie im Ausland — ist unübertroffen. Um Fritz Berg, seinen Präsidenten unverwechselbarer Originalität, rankt sich fast schon ein Mythos — der Mythos des Einflusses."[94]

Die Macht der Monopolverbände beschränkt sich natürlich nicht allein auf den Bereich der Wirtschaftspolitik. Typisch ist in diesem Zusammenhang die Äußerung Fritz Bergs vor amerikanischen Geschäftsleuten in Chicago im Jahre 1964: „Wir Geschäftsleute können die Verhandlungen unserer Regierungen fördern oder scheitern lassen."

Und dennoch kann man aus alledem nicht mit ausreichender Genauigkeit das wirkliche Kräfteverhältnis zwischen zwei oligarchischen Gruppierungen der staatsmonopolistischen Gesellschaft der BRD bestimmen. Die klarste Vorstellung vom Gewicht der Unternehmerverbände im politischen System des staatsmonopolistischen Kapitalismus kann wohl aus der Zahl ihrer Vertreter in der BRD-Elite abgeleitet werden. In der Untersuchung des Deutschen Wirtschaftsinstitutes „Die Macht der Hundert" wurde der Versuch unternommen, jene wenige Dutzende zu erfassen, die offen oder geheim die Geschicke der Bundesrepublik bestimmen. Der Vergleich der Liste der politischen Elite mit den uns bekannten Namen der führenden Verbandsfunktionäre zeigt: Von den hundert Mitgliedern „des Rates der Götter" sind 30 Mann Bosse bzw. leitende Funktionäre der Unternehmerverbände; darüber hinaus gehören der obengenannten Liste die neun größten BRD-Monopolherren an, die selbst nicht der Verbandshierarchie angehören, dort aber durch Vertrauensleute vertreten werden. Somit sind von den hundert einflußreichsten Leuten der BRD 39 direkt oder indirekt mit Unternehmerorganisationen verbunden. Die Relation 60:40 dürfte ungefähr das Kräfteverhältnis zwischen der Partei- und Regierungsoligarchie und den Monopolverbänden widerspiegeln. Sie verschafft natürlich nur die allgemeinste Vorstellung von den Machtgrenzen der Verbände: Bei Entscheidungen der großen Politik wird ihre Stimme wohl ein kleineres Gewicht haben, wenn sie auch manchmal recht laut klingt.

Wir wollen dies durch eine Tatsache veranschaulichen:

„Wie sehr die hohe Repräsentanz des Managements in den parlamentarischen Körperschaften das politische Selbstbewußtsein dieser Kontrollgruppen gesteigert hat, geht auch aus einer Äußerung des Vorsitzenden des Wirtschaftsausschusses des Bundestages, Alexander Menne, hervor. Der Abgeordnete, der gleichzeitig Vorstandsmitglied der Farbwerke Hoechst (zugleich auch der Vizepräsident des BDI — *der Verf.*) ist, kritisierte vor amerikanischen Unternehmern die Absicht großer amerikanischer Konzerne, durch Aktienaustausch in deutsche Publikumsgesellschaften einzudringen. Seine Ermahnungen an die amerikanischen Konkurrenten gipfelten in der Ankündigung: Ich werde legislative Schritte dagegen unternehmen. Die Billigung von Regierung und Parlament für seine Gesetzesinitiative schien Menne kein Kopfzerbrechen zu bereiten."[95]

Im Artikel „Sichtbare und unsichtbare Macht"[96] versuchte der Soziologe Erwin Scheuch, jene 40 Personen zu erfassen, die nach seiner Meinung über individuelle Macht in der Bundesrepublik verfügen. Diese Liste führt auch die Namen von 15 prominenten Leitern der Unternehmerverbände, darunter auch den eben erwähnten A. Menne. Die ermittelte quantitative Relation stimmt dabei recht gut mit den Schlußfolgerungen überein, die sich aus den in der DDR durchgeführten Untersuchungen ergaben. Weiterhin führt er auch Ergebnisse einer Umfrage an, die das Prozentverhältnis der persönlichen Bekanntschaften der Vertreter der BRD-Elite zeigen. Es stellte sich heraus, daß der größte Prozentsatz dieser Bekanntschaften auf die Verbindungen der Mitglieder der Partei- und Regierungsoligarchie der Bundesrepublik mit Unternehmerverbänden entfällt: 96 Prozent der Vertreter dieser Oligarchie unterhalten private Beziehungen zu einem oder mehreren führenden Herren der Monopolverbände, während nur 94 Prozent mit Bundestagsabgeordneten, 93 Prozent mit hohen Ministerialbeamten in Bonn, 90 Prozent mit prominenten Journalisten, 79 Prozent mit hohen Geistlichen, 68 Prozent mit hohen Bundeswehroffizieren persönlich bekannt sind.

Es ist zu betonen, daß die Rolle der zentralen Unternehmerverbände in der BRD ständig wächst. Die Ursache dafür liegt darin, daß das Monopolkapital sich seiner generellen Klasseninteressen immer deutlicher bewußt wird; und gerade in der Formulierung des Klassenwillens sowie des allgemeinpolitischen Kurses der Monopole besteht eine der Hauptaufgaben der Unternehmerverbände. Einige

Institutionen des staatsmonopolistischen Apparats und der politischen Parteien behalten selbstverständlich noch die Rolle von Kristallisationspunkten der allgemeinen Interessen des Monopolkapitals bei. „Dabei verlagert sich das Schwergewicht immer stärker auf die Verbände. Das hat einmal einen rationell-technischen Grund, weil hier die Experten vereint sind, die die Erfordernisse der technischen Revolution am klarsten überschauen. Zum anderen ist es politisch bedingt, weil die Verbände keinerlei Kontrolle durch unerwünschte Gruppen unterliegen, der Staatsapparat und die Führungsgruppen der Partei diesen hohen Grad der Abschirmung von der demokratischen Öffentlichkeit hingegen noch nicht erreicht haben."[97]

Eine interessante Teilerklärung für den gewaltigen Einfluß der Monopolverbände heute finden wir zum Teil in dem Buch ihres Anhängers A. Beckel: „Der Einfluß der Verbände ist nach 1945 rasch emporgeschnellt. Das mag zum Teil mit der unnatürlichen Unterbrechung der Entwicklung in der Nazizeit zusammenhängen. Es hängt aber auch mit dem Werden und der Eigenart unseres neugeschaffenen Staates zusammen. Bevor er wurde, waren die Verbände längst da. Während der staatliche Neubau erst Ende 1949 abgeschlossen wurde, hatten sich die Verbände schon vorher festgefügt. Das bedeutet, daß auch im Umgang mit unseren staatlichen Stellen und auf der Länderebene bereits Gewohnheiten bestanden und fast Gewohnheitsrechte zugunsten der Verbände gebildet worden waren, mit denen sich der Bundesstaat einfach abzufinden hatte. Hinzu kam, daß die Verbände von vielen, besonders von den Siegermächten, zunächst für viel vertrauenswürdiger gehalten wurden als der Staat."[98] Auf den gleichen Umstand verweisen auch die Soziologen G. Schutz, Th. Nipperdey und Th. Ellwein. Ein gewisser Teil Wahrheit ist hier bestimmt enthalten, obwohl man in dieser Überlegung nicht unbedingt den einzigen Grund zu sehen braucht.

Die Unternehmerverbände und die regierende Sozialdemokratie

Die Monopolverbände, die zuvor nur zu bürgerlichen Partei- und Regierungsgruppierungen Beziehungen unterhielten, haben angesichts der gewandelten Umstände ihre Fähigkeit bewiesen, Verbindungen auch mit der regierenden SPD-Elite anzubahnen. Aus der politischen Praxis anderer Länder des staatsmonopolistischen Kapitalismus ist bekannt, daß die ideologischen Überlegungen das Monopolkapital und seine Organisationen davon nicht abhalten können, die am Ruder stehenden rechten Sozialisten für eigene Interessen zu nutzen. Aufgrund von historischen Besonderheiten verhielten sich die BRD-Unternehmerverbände längere Zeit skeptisch zu dieser Möglichkeit hinsichtlich der SPD.

Der Umbruch ist Mitte der 60er Jahre eingetreten. Es sei erinnert, daß der „Volkswirt" bereits am Vorabend der Wahlen 1965 erklärte, daß die politische Zusammenarbeit mit der Sozialdemokratie durchaus möglich sei. Auf die Gründe für die Wandlung der traditionell konservativen Positionen des Monopolkapitals eingehend, schrieb damals O. Negt: „Aber die industrielle Oberschicht, die in der Vergangenheit erwarten konnte, daß sich die rechtlichen Rahmenbedingungen den Bedürfnissen der privatwirtschaftlichen Expansion automatisch anpassen, sieht sich durch den spürbaren Autoritätszerfall der konservativen Staatspartei in eine Zwangslage versetzt: sie hat das Gefühl, sich ‚nicht mehr darauf verlassen (zu können), daß eine Partei die unternehmerischen Interessen immer und schlechthin repräsentiert', ohne doch die ‚Mediatisierung' der politischen Willensbildung durch die Parteien aufheben oder rechtsradikale Ordnungsparteien heute schon ins Leben rufen zu können."[99] Ein Ausdruck für die „Zwangslage" war ein erhöhtes Interesse für das Programm und die Tätigkeit der NDP. Im April 1966 veröffentlichte die BDA-Zeitschrift „Arbeitgeber" den Beitrag „Ist das Nationale ein Unglück? Das Mögliche und das Unmögliche in der NDP". Darin hieß es unter anderem, es sei abzuwarten und eine längere Zeit zu beobachten, ob die NDP zum wirklichen Sammelbecken für die Tendenzen der nationalen Welle dienen kann. Damit bekundeten die Monopolverbände von vornherein ihre Bereitschaft, die NDP zu unterstützen, falls sie ihre Lebensfähigkeit beweisen und diese Unterstützung sich unter Umständen für die Monopole lohnen würde. Ein völliger Zusammenbruch der NDP nach ihren ersten spekulativen Erfolgen hat das Problem aufgehoben, die rechtsradikale Alternative für die Unternehmerorganisationen zu nutzen. Um so dringlicher wurde die Frage der Zusammenarbeit mit der SPD — die Verbände konnten nicht übersehen, daß gerade der SPD-Stern am politischen Himmel der Bundesrepublik aufstieg.

Präsident Berg z. B., ein alter und erklärter Gegner der SPD, zeigte gegenüber den Sozialdemokraten nach ihrem Eintritt in die große Koalition eine weit gnädigere Haltung. 1966 brachte das Zentralorgan der SPD folgenden Ausspruch von ihm: „Ich freue mich, daß auch die deutsche Sozialdemokratie Notwendigkeit und Erfolg des privaten Unternehmers für das Gedeihen der Wirtschaft in den letzten Jahren zunehmend anerkannt hat und daß sie die Marktwirtschaft nicht mehr als feindliches Fremdwort betrachtet."[100] Indes hat die Wende zur Zusammenarbeit mit den Sozialdemokraten durchaus keine einseitige Neuorientierung der Unternehmerorganisationen bedeutet: Es ist leicht, zu verstehen, daß die Sozialdemokraten es sich nicht nehmen ließen, zumindest den halben Weg zu dieser Zusammenarbeit von sich aus zurückzulegen. Spätestens 1959, d. h. seit der Annahme des Godesberger Parteiprogramms, ging die SPD daran, praktische Voraussetzungen für das gegenseitige Einvernehmen mit dem Monopolkapital im allgemeinen und seinen Klassenorganisationen im besondern sorgfältig vorzubereiten. Nicht von ungefähr war die Beratung mit den Präsidenten der Unternehmerverbände einer der ersten Schritte des sozialdemokratischen Kanzlers.

Die Anerkennung der SPD als sozialpolitischen Partner war schon durch das längst praktizierte System der Berufung prominenter Sozialdemokraten auf hochbezahlte Posten in Vorständen und Aufsichtsräten der Konzerne u. ä. geebnet worden. Doch die Verbindungen einiger Monopole mit einzelnen SPD-Funktionären ist eine Sache, der Übergang der mächtigen politischen Monopolorganisationen aber, die in den Sozialdemokraten traditionsgemäß ihre Widersacher sahen, zur Zusammenarbeit mit ihnen etwas ganz anderes und gewiß ein Novum im politischen Klima der Bundesrepublik. Die Erweiterung des Feldes eventueller politischer Partnerschaft macht es den Monopolverbänden möglich, ihren Einfluß auf die politischen Prozesse auszubauen und zu vertiefen, weil daraus Möglichkeiten erwachsen, die jeweilige oligarchische Partei- und Regierungsgruppierung effektiver unter Druck zu setzen.

Trotzdem wäre es falsch, zu übersehen, daß die Zusammenarbeit der Unternehmerverbände mit der SPD zwangsläufig einen spürbar anderen Charakter hat, als ihre Verbindungen zu den bürgerlichen Parteien und in erster Linie mit der CDU/CSU. Dort handelt es sich um einpolige Klassengruppierungen, um Oligarchien, die — bei aller

Spezifik ihrer besonderen Interessen — auf den Positionen der gleichen, der kapitalistischen Klasse stehen. Obwohl die Sozialdemokratische Partei sich zur Partei des gesamten Volkes apostrophierte und experessis verbis auf den vorrangigen Schutz der Interessen der arbeitenden Menschen verzichtete, wird sie von der Führung der Monopolverbände immer noch als klassenmäßig fremderer Partner angesehen, mit dem man nur angesichts der entstandenen Lage zusammenarbeiten muß. Deshalb ist der Faktor des klassenmäßigen Argwohns in der Politik der Unternehmerorganisationen ständig vorhanden, und in bezug auf die SPD äußert er sich manchmal latent und mitunter sogar manifest. Die gewohnten Methoden zur Einflußnahme auf die Partei- und Regierungsoligarchie verhärten sich zuweilen unter diesen Umständen.

Die ursprüngliche Reaktion des Monopolkapitals auf die Machtübernahme der ersten Brandt-Scheel-Koalitionsregierung war teils abwartend und neutral, teils reserviert wohlwollend. Das Börsenbarometer verzeichnete dementsprechend einen stabilen Kurs der einen Aktien und einen leichten Anstieg der anderen. Die herrschende Klasse der BRD lebte sich in eine für sie neue Situation ein: Durch ihr Verhalten demonstrierte sie, daß sich im Herrschaftssystem der BRD keine Wandlungen vollzogen haben. Dennoch wurden bereits einige Monate später die üblichen Klagen über die Verunglimpfung der Kapitalisten in der Gesellschaft vorwiegend an die Regierung adressiert. Bis Ende 1971 war die Taktik der Unternehmerkreise vollständig in das Fahrwasser der Kritik eingeschwenkt. Der Regierungskurs und speziell volkswirtschaftliche Aspekte der Regierungspolitik wurden erbittert attackiert, obwohl das Vorgehen des Brandt-Scheel-Kabinetts keinen Anlaß dazu gab. Das Düsseldorfer „Handelsblatt" klagte an: „Die Sterbeglocke für die Marktwirtschaft" werde geläutet, die Unternehmer würden als eine „Art von Sozialschädlingen" hingestellt, das Ergebnis solcher Tendenzen sei die „strangulierte Marktwirtschaft". Der BDI-Präsident Sohl hat eine von 62 Monopolherren, darunter auch von den Präsidenten aller führenden Unternehmerverbände unterzeichnete Erklärung unter dem Titel „Wir können nicht länger schweigen" in die Presse lanciert. Darin wurde die ökonomische Lage der BRD recht düster dargestellt.

Von den Ursachen, die das Monopolkapital zu einer Offensive gegen die SPD veranlaßten, verdienen zumindest zwei eine besondere Betrachtung, denn jede von ihnen gewährt einen Einblick in die Haltung der Unternehmerverbände zur regierenden sozialdemokratischen Oberschicht.

Den wirklichen Anlaß zum Frontalangriff der Unternehmer gab nicht die volkswirtschaftliche Praxis der Brandt-Scheel-Koalitionsregierung, die das ureigenste Prinzip des Wohlwollens gegenüber der Wirtschaft unangetastet ließ, sondern einige Beschlüsse des SPD-Parteitages im November 1971, namentlich die Forderung, die obere Grenze der Progressiveinkommenssteuer in Zukunft auf 60 Prozent heraufzusetzen und andere Kapitalbesteuerungssätze zu erhöhen. Diese unter dem Druck der sozialdemokratischen Basis und des linken Flügels der Parteifunktionäre erhobenen Forderungen wurden akzeptiert, um die monopolorientierte reale Wirtschaftspolitik wenigstens verbal auszugleichen, und bedeuteten keine bindenden Empfehlungen an die Regierung. Bis heute haben sie in den Regierungsplänen keinen Niederschlag gefunden. Dennoch reagierten die Monopole und deren Organisationen, als stünde die BRD an der Schwelle der Sozialisierung der Wirtschaft.

Der „Spiegel" stellte in diesem Zusammenhang fest: „Die SPD-Forderung nach höheren Steuern und weniger Staatshilfen für Besitzende, mehr Mitbestimmung in der gesamten Wirtschaft und mehr Wachstum des staatlichen Anteils am Sozialprodukt zu Lasten des privaten löste bei den leitenden Männern der Wirtschaft eine Bewußtseinskrise aus... Angesichts der objektiven Schwierigkeiten empfinden es viele Unternehmer als Zumutung in Bonn eine Regierung im Amt zu sehen, die zu erkennen gab, daß sie ihre Politik nicht immer nur am Gradmesser unternehmerischen Wohlwollens orientieren würde."[101]

Diese Kritik an der SPD seitens des Monopolkapitals als „Bewußtseinskrise" der „leitenden Männer der Wirtschaft" hinstellen zu wollen, wäre jedoch ein Fehlschluß. In Wirklichkeit hielten die Monopole und ihre Klassenorganisationen es für angebracht, die damalige Situation für eine kleine Kraftprobe auszunutzen und die Grenzen für das sozialdemokratische Reformertum klar abzustecken. Die Monopole gaben zu erkennen, daß unter gegebenen Machtverhältnissen der Klassenkräfte in der BRD nur solche Reformen erlaubt sind, die dem Monopolkapital ins Konzept passen.

Nach Überwindung der Verwirrung in den ersten Monaten, die der Niederlage folgte, hielt die konservative Opposition die Bedingungen zu einem Sturzversuch der Brandt-Scheel-Regierung Ende 1971 für gereift und ersuchte die Unternehmerverbände um Hilfe. So war es kein Zufall, daß die öffentliche Kritik an der SPD-Wirtschaftspolitik seitens der herrschenden Klasse mit den Bemühungen der oppositionellen CDU/CSU um den Sturz der sozial-liberalen Koalition einherging.

Das sozialpolitische Klima jener Periode wird aus einem Beitrag der „Zeit" deutlich: „Unsere Wirtschaftsführer tun sich im Umgang mit der Bundesregierung — sie sagen: der ‚derzeitigen' Regierung — schwer, denn das Kabinett Brandt-Scheel mißfällt ihnen... Wirklich sagen konnte das freilich nur der ehemalige Industriepräsident Fritz Berg, der in seiner Wortwahl nie kleinlich war. Schon sein diplomatischer Nachfolger Hans-Günther Sohl hat es schwerer zu sagen, was er von der Regierung hält. Vollends problematisch aber wird es für den Arbeitgeber-Präsidenten Otto A. Friedrich, der seit vielen Jahren einen guten Draht zu den führenden Sozialdemokraten hat. Würde er über die Bundesregierung so freundschaftlich sprechen, wie er mit ihr verkehrt, so hätte er an seinem Job gewiß nicht mehr viel Freude. So war es fast zu erwarten, daß er die nachsichtigen Worte, mit denen ihn das ‚Handelsblatt' zitiert hat, eiligst dementieren würde. Natürlich habe er niemals gesagt, daß auch eine CDU-Regierung die Preise nicht hätte bremsen können. Und auch die Bemerkung, die Opposition habe keinen besseren Wirtschaftspolitiker als die Regierung, könne nicht aus seinem Munde stammen.

Um den Arbeitgeber-Hausfrieden zu wahren, mußte Friedrich beweisen, daß seine ‚Wertschätzung für die sozialdemokratisch geführte Bundesregierung' eben doch nicht so groß sei, wie es etwa der verärgerte CDU-Linke Hans Katzer befürchtet. Für die Verbandsraison war es unerheblich, ob die Handelsblattzitate nicht vielleicht doch richtig waren."[102]

Der versteckte Sinn dieser Worte bedarf eines Kommentars. Die Attacken gegen die SPD widerspiegelten die Klassenhaltung der Monopole, die über private Ansichten einiger mehr pragmatisch orientierten Vertreter des Monopolkapitals in jener Periode die Oberhand gewannen. Die Befangenheit selbst solcher mächtigen Personen wie des BDA-Präsidenten, seine Unterordnung — den eigenen Auffassungen zum Trotz — unter die Gesamtlinie der herrschenden Klasse zeugen davon, daß die BRD-Großbourgeoisie damals ernsthaft gewillt war, den christlichen Demokraten wieder zu Ministerposten zu verhelfen.

Das klassenmäßige Motiv für die Aktivitäten der Unternehmerorganisationen ist am Vorabend der vorfristigen Wahlen im Herbst 1972 noch krasser zum Vorschein gekommen.

Scheinbar tauchten keinerlei objektiven Gründe für Mißverständnisse zwischen der SPD-Führung und den leitenden Männern der Unternehmerverbände am politischen Horizont der BRD auf. Die finsteren Vorhersagen der Monopolbosse am Jahresende 1971, die von den Sozialdemokraten regierte Bundesrepublik mache bald die schärfste Krise seit ihrer Geschichte durch, haben sich nicht bestätigt. Bundeskanzler Brandt traf mit dem Präsidenten der Unternehmerorganisationen regelmäßig zusammen. Bereits Ende August 1972 gingen die zu einer Aussprache beim Bundeskanzler geladenen Verbandsleiter „tief beeindruckt" auseinander, weil der neue Bundeswirtschafts- und -finanzminister Schmidt sie über die Situation eher als das Bundeskabinett informiert hatte. Auf dem Parteitag in Dortmund kurz vor der Wahl bekannte sich die SPD erneut zum Godesberger Programm mit seinem Antikommunismus sowie zur Unantastbarkeit des Privateigentums an Produktionsmitteln. Das neue Schlagwort von der „Verbesserung der Qualität des Lebens", das in Dortmund in den Vordergrund gestellt wurde, schloß keinerlei grundlegende Umwälzungen der bestehenden Wirtschaftsordnung ein. Bundesminister Schmidt beharrte vor und nach dem Parteitag darauf, die Marktwirtschaft sei und bleibe das optimale Wirtschaftssystem der BRD. Somit versicherte die SPD-Führung gegenüber der herrschenden Klasse ihre Bereitschaft, die während der Machtrestauration der Monopolbourgeoisie geschaffenen Grundfesten in der BRD zu wahren.

Trotz alledem mußten die Sozialdemokraten einen Sturm von Anschuldigungen über sich ergehen lassen, sie seien bestrebt von der Marktwirtschaft abzugehen, die „Plandiktatur" einzuführen und die „BRD-Wirtschaft zu sozialisieren", was von Oppositionspolitikern tausendmal wiederholt wurde. Die SPD-Schatzmeister mußten die Hoffnung auf Wahlzuschüsse aus Industriekassen aufgeben, obwohl ihnen bei den vergangenen Wahlen daraus zwei Millionen Mark zugeschanzt worden waren. Dafür schöpfte die CDU/CSU aus dem vollen. Dem „Schwarzbuch" des Pressedienstes der „demokratischen Aktion" zufolge, ließen die Unternehmer den westdeutschen Konservativen 210 Millionen Mark für den Wahlkampf zukommen, um den Sozialdemokraten eine Niederlage zu bereiten. Die BDA hat Kundgebungen in den Betrieben mit Beteiligung der Sprecher der Brandt-Regierung demonstrativ untersagt. Zwei Wochen vor der geplanten Rede des Bundeskanzlers in den Bochumer Kruppwerken hatte Otto A. Friedrich an die Mitgliedsverbände ein Rundschreiben geschickt, in dem er sie vor der „politischen Werbung" in den Betrieben warnte und auf die juristischen Winkelzüge zur Verhinderung dieser Aktion aufmerksam machte. Zur Bewertung dieser Maßnahme sei daran erinnert, daß die CDU/CSU-Politiker zuvor ungehindert die Möglichkeit nutzten, sich unmittelbar „vor Ort" an die Arbeiter zu wenden. Im August 1965 hielt z. B. der Bundeskanzler Erhard in den Flick-Buderusschen Eisenwerken in Wetzlar seine Wahlansprache, und im September 1969 warb Bundeskanzler Kiesinger im Betrieb von Curt Becker in Mönchen-Gladbach für die CDU/CSU. Deshalb hatte Brandt allen Grund gegenüber Friedrich zu erklären: „Mir liegt eine staatliche Dokumentation über Betriebsbesuche früherer Bundeskanzler vor." Damals, so wundert sich der Sozialdemokrat, habe die BDA „nicht in Andeutungen beanstandet, was Sie jetzt meinen, öffentlich rügen zu müssen"[103].

Trotz der massiven Intervention des Monopolkapitals und dessen Organisationen in den Wahlkampf, ungeachtet weitgehender Unterstützung für die bundesdeutschen Konservativen ist die sozial-liberale Koalition bekanntermaßen aus den Wahlen 1972 als Sieger hervorgegangen, wobei die breite Zustimmung zur realistischen Politik der Brandt-Scheel-Regierung in den Beziehungen zur Sowjetunion und den anderen sozialistischen Ländern Osteuropas eine entscheidende Rolle gespielt hat.

Die Unternehmerorganisationen sahen sich vor die Aufgabe gestellt, das gegenseitige Einvernehmen mit den an der Macht stehenden Sozialdemokraten wieder herzustellen. Die ersten Versuche wurden sofort nach der Wahl in die Wege geleitet. Der BDA-Pressesekretär Willi Riesenberg hat die Haltung der Verbände mit folgenden Worten charakterisiert: Die Unternehmer seien bereit und durchaus entschlossen, den Weg einer kritischen Partnerschaft mit der Regierung weiter zu beschreiten. Freilich war das eine

Übergangsposition und zugleich ein Versuchsballon: Einerseits waren die Verbände beim besten Willen ihrer Leute nicht in der Lage, eine Drehung um 180 Grad über Nacht zu vollziehen, und andererseits — der Pragmatismus ihrer Politik machte es notwendig, einen Kompromiß mit der bestehenden Regierung einzugehen. Ebendeshalb ist die erwähnte Äußerung so zweideutig: Man kann hier je nachdem eine Bereitschaft zur Partnerschaft sowie die Entschlossenheit heraushören, die kritische Linie in den Beziehungen zu den sozialdemokratischen Ministern fortzusetzen. Die SPD hat im vollen Bewußtsein ihrer Kraft nach dem Wahlsieg auf die verstohlen gereichte Hand mit Reserve reagiert. Übrigens haben die sozialdemokratischen Führer [selbst erkannt, daß sie angesichts des vorhandenen Kräfteverhältnisses in der Bundesrepublik unter Beibehaltung ihres im wesentlichen auf bourgeoiser Grundlage fußenden Reformertums ohne Zusammenarbeit mit den Unternehmerverbänden nicht auskommen können. Aus diesem Grunde zog es die offizielle Sozialdemokratie vor, ihrer Verärgerung aus fremdem Munde Luft zu machen. Kennzeichnend ist in diesem Sinne das „Spiegel"-Interview von Mommsen (Ende 1972), dem bekannten Manager der Schwerindustrie, der unter der sozial-liberalen Koalition als Staatssekretär für eine symbolische D-Mark im Jahr fungierte und dann wieder in die Industrie zurückkehrte. Freilich meinen wir hier nicht eine direkte Absprache zwischen Mommsen und jemandem von der sozialdemokratischen Führung, aber der Leser wird selbst sehen, daß die Ausführungen des Staatssekretärs faktisch das waren, was die leitenden SPD-Männer nicht laut aussprachen.

„Mommsen: Diese sozial-liberale Koalition hat ja der Wirtschaft enorm die Tür aufgemacht. Sie war doch wahnsinnig wirtschaftsfreundlich — nicht zuletzt der Herr Schiller. Wen hat denn im übrigen der Bundeskanzler immer wieder zu persönlichen Empfängen eingeladen? Immer die big shots, immer die mit den großen Namen...

Spiegel: Finden Sie es deshalb nicht um so erstaunlicher, daß vor den Wahlen die totale Konfrontation zwischen Industrie und Regierung stattgefunden hat?

Mommsen: Das ist das, was ich im Grunde genommen für ein großes Mißverständnis der Wirtschaft halte. Jeder Mensch hat ein Recht zu sagen: Mir ist diese Partei lieber als die andere. Aber die Organisationen der Wirtschaft haben doch mit dem Staat, so wie er ist, zu leben."[104]

Der letzte Satz Mommsens verdeutlicht mit aller Klarheit den Ruf der regierenden Sozialdemokraten an die Unternehmerverbände: Die Realitäten anerkennen und in ihrem Rahmen handeln. Allerdings waren die Verbände, wie die Auswertung ihrer Berichte für das Jahr 1972 zeigt, nicht vorbehaltlos dazu bereit. Ihre Politik könnte eher mit der Formel ausgedrückt werden, die der Geschäftsführer des wirtschaftlichen Rates der CDU Heimo George aufstellte: „Kritische Neutralität oder pragmatischer Opportunismus." Im Klartext heißt das: Einerseits die Anerkennung der bestehenden Balance der politischen Kräfte in der BRD und andererseits — ständiger Druck auf die sozial-liberale Koalition, um nicht nur eine Schwächung der Positionen der herrschenden Klasse zu verhindern, sondern auch einen weiteren Ausbau deren ökonomischer und gesellschaftspolitischer Macht mit allen Mitteln herbeizuführen.

Deshalb — ungeachtet wiederholter Bekenntnisse offizieller SPD-Männer zur sozialen Marktwirtschaft, d. h. zur kapitalistischen Ordnung — wird in den Verbandsdokumenten auch nach der Wahl die Warnung an die Regierung mit unvermindertem Nachdruck wiederholt. Im BDA-Jahresbericht vom Dezember 1972 wird konstatiert: „Im Wahlkampf haben sich alle Parteien zur marktwirtschaftlichen Ordnung bekannt, wenn auch mit unüberhörbaren unterschiedlichen Akzenten. Die politischen Fakten der letzten Legislaturperiode haben die Unternehmer jedoch besorgt gemacht, ob alle Bekenntnisse noch mit der Praxis übereinstimmen und die bisherige wirtschaftliche Ordnung nicht in ihrer Grundlage als gefährdet betrachtet werden muß."[105] Im DIHT-Jahresbericht 1973 hieß es: „Die Bundesregierung hat für die marktwirtschaftliche Ordnung optiert, weniger in grundsätzlichen Aussagen, als in den wichtigen Details der Wettbewerbspolitik, der Tarifautonomie, der Strukturpolitik und anderer Ordnungselemente. Auf der anderen Seite kann nicht bestritten werden, daß die Marktwirtschaft inzwischen nicht mehr so unproblematisch akzeptiert wird, wie in den 60er Jahren — und nach der Verkündung des Godesberger Programms der SPD. ...Die soziale Marktwirtschaft wird wegen ihrer Nützlichkeit als materielle Basis unserer Gesellschaft anerkannt. Aber die Bestrebungen, sie mit systemverändernden Akzenten auszustatten, sind unverkennbar."[106]

Zur gleichen Zeit pochten die Verbandschefs immer lauter an das Hauptportal der neuen Regierung. Wolfgang

Hoffman schrieb in seinem Beitrag „Mit Brandt leben" („Die Zeit", April 1973): „Während die Mehrzahl der Unternehmer noch Wochen nach der Wahl wie gelähmt auf das Novemberergebnis starrte, gab der Präsident des Deutschen Industrie- und Handelstages (DIHT) noch im alten Jahr die neue Marschrichtung an: ‚Es ist für uns wichtig, eine Atmosphäre enger sachlicher Zusammenarbeit mit der Bundesregierung herzustellen'. Auch der Präsident des Bundesverbandes der Banken Alwin Münchmayer sprach sich dafür aus, die ‚in jüngster Zeit vielfach ins schiefe Licht geratenen Beziehungen zwischen Wirtschaft und Politik' wieder ins rechte Lot zu bringen. Er empfahl: ‚Wir sollten jetzt die Begleitumstände der Wahlen souverän in die Archive verweisen und auf beiden Seiten um ein möglichst reibungsloses Zusammenspiel von Politik und Wirtschaft bemüht sein.'"[107]

Die SPD-Führung reagierte auf dieses Manöver der Unternehmerverbände mit merklicher Zurückhaltung. Das wird um so deutlicher, da sich die sozialdemokratischen Sprecher in den vergangenen Jahren verhältnismäßig scharfe Äußerungen über die Ansprüche der leitenden Männer der Monopolorganisationen leisteten. Heute enthält sich die SPD-Führung in ihren offiziellen Reden jeder Kritik. Selbst die konservative „Times" hielt es für möglich, die Regierungserklärung des Kanzlers zu belobigen: „Obwohl er leicht in Versuchung kommen konnte, an Industriellen Rache zu nehmen, die im Wahlkampf offen gegen ihn vorgingen, hat sich Herr Brandt für eine verhältnismäßig behutsame mittlere politische Position und eine vorsichtige Annäherung entschieden..."[108] Die offizielle Plattform auf der die SPD ihre Beziehungen zum Monopolkapital und dessen Klassenorganisationen künftig gestalten will, wurde Mitte April 1973 endgültig bekanntgegeben. Der damalige Bundesminister Schmidt erklärte vor dem Bundestag: „Die Bundesregierung ist zur Zusammenarbeit bereit." Zugleich hatte er auch die Grenzen dieser Zusammenarbeit abgesteckt: „Die Bundesregierung wird, wo es nötig ist, alle verfassungsmäßigen Instrumente benutzen, um der Gerechtigkeit und der Chancengleichheit des politischen Einflusses zu dienen."[109] Die sozial-liberale Partei- und Regierungsoligarchie hat somit das Bestreben geäußert, eine relativ größere Eigenständigkeit als vor der Wahl 1972 bei der Lösung politischer Fragen zu erhalten. Ob diese Rechnung aufgeht, wird die Zukunft zeigen. Man muß allerdings noch einen wichtigen Umstand vor Augen haben. Die an der Macht stehende oligarchische Gruppierung konnte ihre Stellung hauptsächlich dadurch festigen, daß sie in ihrer Taktik die zeitweiligen Schwächen der Monopolorganisationen geschickt auszunutzen verstand, was die Folgen des rücksichtslosen Eingriffs in den Wahlkampf an der Seite der konservativen Opposition waren. Dieser Faktor hat aber bald seine Bedeutung eingebüßt.

Aus der widerspruchsvollen Politik der Unternehmerverbände in deren Beziehungen zu den regierenden Sozialdemokraten geht hervor, daß sich die Organisationen der BRD-Kapitalistenklasse immer noch nicht ganz auf das System der Zusammenarbeit mit der SPD eingespielt haben. Ohne Zweifel wird sich der konservative Teil der Bourgeoisie kaum an den Gedanken gewöhnen können, daß ihr Staat auch von den Sozialdemokraten regiert werden kann, und dieser Umstand wird sich in verschiedener Weise auf die Verbandspolitik auswirken. Unter einem breiteren Blickwinkel wird jedoch deutlich, daß die Linie ihrer Rivalität mit der jeweiligen oligarchischen Partei- und Regierungsgruppierung keine grundsätzlichen Unterschiede aufweist. Diese Zickzacklinie ist kein Novum. Etwas anderes ist, daß die Notwendigkeit der Zusammenarbeit mit der SPD die Unternehmerverbände beunruhigt, die natürlicherweise zu den bürgerlichen, namentlich den konservativen Parteien hinneigen; deshalb zeichnen sich die taktischen Veränderungen der Politik der Unternehmer besonders drastisch ab. Die objektive Notwendigkeit der Reformen jedoch, ohne die die Aufrechterhaltung der bestehenden Ordnung und somit die herrschende Stellung der Kapitalistenklasse problematisch wird, veranlaßt die Unternehmerverbände zu stabileren Kontakten mit jeder Partei, die in ihrem politischen Reisegepäck einen ausreichend entwickelten Reformkurs hat.

Der Einfluß der Monopolverbände auf die Außen- und Militärpolitik der BRD

In der vorliegenden Arbeit ist es nicht möglich, konkrete Erscheinungsformen der Eingriffseitens der Unternehmerverbände in alle staatlichen und politischen Bereiche zu untersuchen. Daher sei hier nur aufgezeigt, wie die Monopolverbände sich in die Funktionen der Partei- und Regierungsoligarchie bei der Lösung von Fragen ausschließlicher Staatskompetenz wie z. B. die der Außen- und der Militärpolitik einmischen. Da die Außen- und Militärpolitik zur Prärogative der Partei- und Regierungsoligarchie gehört, hieße die Rolle der Monopolverbände bei der Erarbeitung und Durchführung entsprechender Leitlinien bestimmen, zugleich auch die Frage der Einflußgrenzen der monopolistischen „pressure groups" in ihrem problemreichsten Bereich präzisieren.

In diesem Zusammenhang kann die Eröffnungsansprache des damaligen BDI-Präsidenten F. Berg auf der Westberliner Industrieausstellung im September 1968 als eine Programmerklärung gewertet werden: „Gerade die deutsche Industrie konnte vieles dazu tun, in bestimmten politischen Situationen einer wirksamen Außenpolitik das ökonomische Feld vorzubereiten. Die Industrie hat sich schon bisher immer bemüht, dieser Verantwortung gerecht zu werden."

Die Außenpolitik ist mit der Wirtschaft untrennbar verbunden, wobei diese Verbindung auch für die meisten internationalen Probleme und Fragen der zwischenstaatlichen Beziehungen gilt. Daher kann die zitierte Äußerung Bergs, in der eine gewisse Unterordnung der Unternehmerverbände in außenpolitischen Fragen anklingt, auch als Anspruch der monopolistischen Interessengruppen auf direkte Beteiligung an der Festlegung und Durchführung des außenpolitischen Kurses gedeutet werden.

Die konkrete Intervention der Unternehmerverbände in die Außenpolitik wird in der Regel sorgfältig geheimgehalten, was ihre Untersuchung wesentlich erschwert. Generell sind zwei Hauptstoßrichtungen der diesbezüglichen Verbandstätigkeit zu unterscheiden: Zum ersten greifen die Verbände in diese Fragen über die uns schon bekannten Kanäle der Staatsbeeinflussung ein, und zweitens schufen sie ihren eigenen Apparat für internationale Verbindungen zu den Unternehmerverbänden, über den die Positionen der nationalen Unternehmerverbände abgestimmt sowie den Monopolvereinigungen anderer kapitalistischer Länder eigene außenpolitische und außenwirtschaftliche Konzeptionen aufgezwungen werden können.

Was die erste Stoßrichtung betrifft, so liegen uns kaum andere Unterlagen außer offiziellen Reden der Führer der Unternehmerverbände zu außenpolitischen Fragen vor. Ihre Einmischung muß daher aufgrund dieser Angaben untersucht werden. Sie zeigen starke Interessiertheit der monopolistischen Organisationen an folgenden Aspekten der BRD-Außenpolitik, wobei diese Liste keinen Anspruch auf Vollständigkeit erhebt: Festigung der NATO; Ausbau der wirtschaftlichen Integration im Rahmen des gemeinsamen Marktes sowie Übergang von der wirtschaftlichen zur politischen Integration; wirtschaftliche Expansion des westdeutschen Neokolonialismus in den Entwicklungsländern; Einmischung in die Westberlin-Frage.

Soweit man nach offiziellen Erklärungen urteilen kann, haben sich die Unternehmerverbände in allen erwähnten außenpolitischen Fragen mit dem reaktionären Kurs der christlichen Demokraten identifiziert und öfters sogar noch einen Rechtsruck versucht. Die Vertreter der Unternehmerverbände werden auf hoher Ebene sogar zur Beratung solcher rein staatlichen Belange wie die politischen und militärischen NATO-Probleme herangezogen. In die Presse sickerten zum Beispiel Informationen durch, daß beim Treffen maßgeblicher Politiker der USA und einiger westeuropäischer Staaten, das in der Atmosphäre strengster Geheimhaltung in Wiesbaden stattfand, neben dem Stellvertreter des US-Staatssekretärs Ball, dem NATO-Generalsekretär Brosio, dem Bundeskanzler Erhard, dem dänischen Ministerpräsidenten Krag auch der BDI-Präsident Berg zugegen war.

F. Berg übernahm nicht selten zudem die Funktion eines politischen Emissärs der Bundesregierung. Im November 1966 wurde er in die USA entsandt. Er sollte unter Ausnutzung seiner guten Beziehungen zu amerikanischen Geschäftskreisen einige Vergünstigungen in der Frage des „Divisenausgleichs" bei der Finanzierung der 7. US-Armee in der BRD aushandeln. Der BDI-Präsident warnte die USA-Regierung, die westdeutsche Wirtschaft sehe sich mit „ersten Problemen" konfrontiert, und ermahnte die USA, keine Schritte zu unternehmen, die sie noch mehr vertiefen könnten. „Es liegt auch im amerikanischen Interesse", gab er zu bedenken, „wenn die Bundesrepublik wirtschaftlich gesund ... bleibt."

Recht deutlich läßt sich der Einfluß der Unternehmerverbände auf die Außenpolitik bei der Schaffung und Erweiterung des gemeinsamen Marktes verfolgen. „Die stärkste Unterstützung für den gemeinsamen Markt von nichtparteilichen Kreisen in der BRD kommt von (west — *der Verf.*) deutschen Geschäftsleuten, die glauben, sie wären in einer besonders günstigen Position für die Erschließung des neuen europäischen Marktes. Die einflußreichsten Elemente im Bundesverband der Deutschen Industrie haben den „gemeinsamen Markt" von Anfang an unterstützt"[110], schrieb der amerikanische Forscher G. Freund. Das Wort „Unterstützung" widerspiegelt allerdings bei weitem nicht vollständig die Intensität der Einflußnahme des BDI auf die Politik des „gemeinsamen Marktes". In Wirklichkeit waren die Unternehmerverbände die Initiatoren und Schrittmacher der westeuropäischen Wirtschaftsintegration in allen Etappen gerade deswegen, weil die BRD-Monopole in der Vereinigung der Wirtschaftspotenziale der Länder Westeuropas unter der Schirmherrschaft westdeutscher Konzerne den Weg zur Verwandlung der Bundesrepublik in die führende imperialistische Macht auf dem Kontinent erblickten. In diesem Sinne stimmt das Strauß-Wort „Der Wirtschaftsriese soll nicht länger politischer Zwerg sein" mit den Ansichten der Führungsspitze der Unternehmerverbände völlig überein.

Der BDI versuchte schon immer, für das westdeutsche Monopolkapital die Schlüsselpositionen in Europa zu erobern, und beteiligte sich daher bereits im Anfangsstadium der Integrationsbestrebungen an der Schaffung internationaler Unternehmervereinigungen. So entstand im Jahre 1949 der sogenannte Rat der Europäischen Industrieverbände (REI), zu dem der BDI von Anfang an gehörte. Die Stärkung der wirtschaftlichen Macht der BRD-Monopole widerspiegelte sich darin, daß F. Berg nach Georges Villiers und Harry Pilkington der REI-Präsident wurde. Im Jahre 1959 gehörten dem Rat der Europäischen Industrieverbände 27 Zentralorganisationen des Monopolkapitals aus 18 westeuropäischen Ländern an. Im REI wurden bilaterale Ausschüsse gegründet, die den BDI mit Unternehmerverbänden der meisten kapitalistischen Länder Europas verbanden. Darüber hinaus hat der BDI die Kontakte zu der amerikanischen National Business Assotiation hergestellt und ausgebaut.

Nachdem der Rom-Vertrag in Kraft trat, wurde am 1. März 1958 in Brüssel eine gemeinsame Organisation der Unternehmerverbände der 6 EWG-Länder mit dem Namen Union des Industries de la Communaute Européenne (UNICE) geschaffen, die vom BDI zur Durchsetzung seiner Pläne der politischen und wirtschaftlichen Integration Europas aktiv ausgenutzt wurde.

In einer Reihe von Fragen der ökonomischen und politischen Integration Westeuropas nahmen die Unternehmerverbände die offizielle Position vorweg und bestimmten somit die Herausbildung der letzteren. Ohne die ganze Geschichte des gemeinsamen Marktes genauer zu untersuchen, führen wir als Beispiel nur noch den Kampf um den Beitritt Großbritanniens zur Europäischen Wirtschaftsgemeinschaft an. Den Standpunkt der Monopolverbände zu diesem Problem brachte die Zeitschrift „Außenpolitik" (September 1967) im Artikel von F. Berg zum Ausdruck. Unter anderem heißt es dort: „Die deutsche Industrie hat sich schon anläßlich der ersten — vergeblichen — Bemühungen Großbritanniens um eine Verbindung mit der EWG sehr nachdrücklich für eine britische Mitgliedschaft ausgesprochen. An dieser positiven Einstellung hat sich seit 1963 nach dem Abbruch der Verhandlungen nichts geändert.

Damals wie heute sind es nüchterne wirtschaftliche Gründe, die die Haltung der deutschen Wirtschaft maßgeblich beeinflussen... Das hat der Bundeskanzler am 21. April dieses Jahres auf der Mitgliederversammlung des BDI in Köln deutlich gemacht, als er sagte: ‚Ich weiß, wie sehr unsere deutsche Industrie daran interessiert ist, daß Großbritannien und die EFTA-Länder sich mit dem Gemeinsamen Markt verbinden...'

Unsere Haltung zu der jetzt wieder besonders aktuell gewordenen Frage der britischen EWG-Mitgliedschaft entspringt keineswegs einer irgendwie irrational motivierten Begeisterung, sie ist vielmehr das Ergebnis einer Bilanz, deren Aktiva die Passiva beträchtlich übersteigen."

Diese Ausführungen des BDI-Präsidenten enthalten ein indirektes Eingeständnis, daß sich der Standpunkt der BRD-Regierung zum EWG-Beitritt Englands unter direktem Druck der Unternehmerverbände herausbildete. Dieser Gedanke wird noch dadurch bestätigt, daß bereits im Februar 1966, bevor die Kiesinger-Regierung eine aktive Kampagne für die Beteiligung Englands an der EWG startete, das Deutsche Industrieinstitut erklärte, die gesamteuropäische Integration wäre jetzt notwendiger denn je. Das DII ließ verlauten, daß man erneut die Verhandlungen mit England und den anderen EFTA-Ländern über ihren EWG-Beitritt anstreben sollte, und verlangte die baldmöglichste Aufnahme solcher Verhandlungen.

Ohne sich mit dem Druck auf die Regierung zu begnügen, die übrigens selbst politisch daran interessiert war und daher bereitwillig den Forderungen der BRD-Monopole nachkam, entfalteten die Unternehmerverbände eine Kampagne in gleicher Richtung, indem sie ihre internationalen Beziehungen spielen ließen. Zu diesem Zweck wurde die UNICE durch eine Reihe von bi- und multilateralen internationalen Ausschüssen der Monopolverbände ergänzt. Der wichtigste war der gemeinsame Ausschuß der Unternehmerverbände BRD — Frankreich, dessen Aufgabe darin bestand, die Regierung de Gaulles unter Druck zu setzen, um die negative Haltung des französischen Präsidenten zur britischen EWG-Mitgliedschaft zu verändern. Diese Ausrichtung der neuen Organisation wurde noch dadurch bekräftigt, daß, im Unterschied zu gewöhnlichen Praktiken, diesem Ausschuß außer den Monopolvertretern auch hohe Staatsbeamte beider Länder angehörten.

Das Ergebnis einer solchen Vorbereitung war die gemeinsame Linie aller Unternehmerverbände der Länder des „gemeinsamen Marktes", von der F. Berg als UNICE-Präsident im September 1967 in einer Pressekonferenz sagte, diese Linie sei auf die Unterstützung der Teilnahme Englands an der westeuropäischen Integration gerichtet. Die Voraussetzung dafür wäre, daß die britische Regierung den Vertrag von Rom akzeptiert, keine besonderen Ausnahmen vom Vertrag bzw. anderen vereinbarten Abmachungen für sich fordert, so daß die Wirtschaftsintegration nicht behindert oder gebremst wird.

Die Haltung des Präsidenten de Gaulle hat damals die von westeuropäischen und in erster Linie westdeutschen monopolistischen Unternehmerverbänden angestrebte Lösung blockiert. Doch schließlich haben die Monopolverbände durch ihre aktive und entscheidende Einwirkung auf die gesamte EWG-Konzeption der Bundesregierung ihr Ziel erreicht — Großbritannien wurde Mitglied der Europäischen Wirtschaftsgemeinschaft.

Nicht weniger deutlich läßt sich der Einfluß der Unternehmerverbände im Bereich der Außenpolitik am Beispiel ihrer Aktivität in der Westberlin-Frage verfolgen. Die Unternehmerverbände versuchten, die Politik der Westberliner Führung in Übereinstimmung mit ihren eigenen politischen Interessen zu gestalten. Dafür wurden verschiedenste Methoden eingesetzt: Von mehrmaligen Unterredungen der BDI-Bosse mit dem regierenden Bürgermeister von Westberlin und der Gründung von gesonderten „Arbeitskreisen" bis zur direkten Erpressung und Drohungen, wenn die Westberliner Führung mit „ketzerischen" Ideen hervortrat. So kam im September 1967 der BDI-Präsident Berg eigens nach Westberlin, um den damaligen regierenden Bürgermeister Albertz ins Gebet zu nehmen, der die Beziehungen zu den sozialistischen Ländern, und in erster Linie zur Sowjetunion, ausbauen wollte. Berg äußerte seine Unzufriedenheit darüber, daß viele wichtige Stadtangelegenheiten ohne Abstimmung mit ihm entschieden wurden, wie das zum Beispiel mit der Weigerung des Bürgermeisters, die bundesdeutsche Industriemesse in jenem Jahr in Westberlin zuzulassen, der Fall war. Berg hat Albertz vor „übertriebenen Hoffnungen" auf die Intensivierung des Osthandels Westberlins gewarnt und ihm die Drosselung der Bundeshilfe bei einer Schwächung der Bindungen mit der BRD angedroht. In einer internen Beratung in Westberlin verlangte Berg dann scharf, die Westberliner Handels- bzw. Industriekreise und Behörden hätten die Idee der selbständigen Wirtschaftbeziehungen zur DDR aufzugeben. Unter dem neuen Bürgermeister K. Schütz bestanden die Westberliner Sozialdemokraten erneut auf Verhandlungen mit der DDR und dem Ausbau der Handelsbeziehungen zu den sozialistischen Ländern. Sie behaupteten, daß die Wirtschaftsprobleme der Stadt nur in Zusammenarbeit mit dem Osten zu lösen seien. Berg trat abermals gegen diese „Einfälle" auf, und der BDI-Hauptgeschäftsführer G. Stein, zu dessen Aufgaben die unmittelbare Kontrolle über die Westberliner Verbandspolitik gehörte, äußerte sich dazu: „Wir müssen einfach die Aufträge reduzieren," da werden die (Westberliner Sozialdemokraten — *der Verf.*) schon wieder zu sich kommen."[111]

Es ist also keine Übertreibung zu sagen, daß die Unternehmerverbände der Partei- und Regierungsoligarchie nicht nur ihre Standpunkte zu außenpolitischen Fragen aufgezwungen haben, sondern in manchen Fällen auch die konkrete Realisierung der Außenpolitik übernahmen. Der Vorsitzende der westdeutschen Chemiegewerkschaft, Gefeller, war nicht sehr weit von der Wahrheit entfernt, als er einmal sagte, die Unternehmerverbände „sind souveräner als eine Landesregierung unseres Bundesstaates — ja, sie sind souveräner als die Bundesregierung".[112]

Die Einmischung der Unternehmerverbände in die Außenpolitik des westdeutschen Staates stimmt allerdings bei weitem nicht immer mit der allgemeinen Tendenz dieser Politik überein. In manchen Fällen entstehen zwischen den beiden oligarchischen Gruppierungen beträchtliche Spannungen, die sich mitunter zu direkten Gegensätzen entwickeln. Als Beispiel dafür kann die Kollision Anfang 1965 dienen, als die BRD-Regierung aus politischen Erwägungen heraus die diplomatischen Beziehungen zu arabischen Staaten abbrechen wollte. Die Unternehmerverbände befürchteten, daß die starre Politik der Bundesregierung die Wirtschaftsinteressen westdeutscher Monopole im Nahen Osten schädigen würde, und bestanden daher auf einer milderen Position. „Der Volkswirt" schrieb damals: „So hat Nasser heute starke Verbündete in Wirtschaftskreisen, die sich dagegen wehren, daß der von der Bundesregierung weitgehend mitverschuldete Konflikt mit der VAR auf ihrem Rücken ausgetragen wird."[113]

Der damalige Bundesminister für Zusammenarbeit mit Entwicklungsländern Walter Scheel, der in seinen früheren Jahren selber im Apparat der Unternehmerverbände tätig war, stellte sich auf ihre Seite, als die Beziehungen zwischen der BRD und der VAR in der Kabinettsitzung debattiert wurden. Er erklärte, daß der ägyptische, wie auch der arabische Markt überhaupt, für die Industrie „lebenswichtig" seien.

Eine spezifische Rolle spielen die Unternehmerverbände in der BRD-Wirtschaftspolitik gegenüber den sozialistischen Staaten. Der sogenannte Ost-Ausschuß der Deutschen Wirtschaft, der durch die Unternehmerorganisationen unter Leitung des BDI gegründet wurde und dem der Monopolherr Otto Wolff von Amerongen vorsteht, erfüllte längere Zeit die Funktionen, die sich wenig von den Funktionen des Außenministeriums unterschieden. Alle ökonomischen Beziehungen zu den sozialistischen Ländern standen unter Kontrolle des Ost-Ausschusses der Deutschen Wirtschaft, die meisten Wirtschaftsverhandlungen mit diesen Ländern wurden unter seiner aktiven Teilnahme geführt und die Außenhandelskonzeptionen von diesem Ausschuß kreiert. Dabei ist zu vermerken, daß in der Regierungszeit der christlichen Demokraten diese Konzeptionen oft einen vernünftigeren Charakter hatten als die offizielle Politik.

Freilich haben sich die inneren Gegensätze der westdeutschen Monopolbourgeoisie, die sich in der Einschätzung des Ost-Handels hinsichtlich seiner Vereinbarkeit mit ihren Klasseninteressen bei weitem nicht einig war, auf die Arbeit dieses Ausschusses ausgewirkt. Der ehemalige BRD-Botschafter in Moskau H. Kroll berichtet darüber in seinen Memoiren: „Ich ermunterte auch den Ost-Ausschuß der Deutschen Wirtschaft, im eigenen Interesse bei den zuständigen Stellen der Bundesregierung und, wenn nötig, beim Bundeskanzler selbst vorstellig zu werden. Aber der Ost-Ausschuß mit seinem Vorsitzenden Wolff von Amerongen fand beim Präsidium des Bundesverbandes der Deutschen Industrie nur eine sehr zaghafte Unterstützung. Präsident Fritz Berg, am Osthandel persönlich nicht interessiert, hielt es nicht für opportun, sich angesichts der offensichtlichen Unlust der amtlichen Stellen gegenüber Ostkrediten besonders zu exponieren. Man überließ es somit, wie mein Freund Ernst Mommsen von Phoenix-Rheinrohr es ausdrückte, ‚dem Botschafter, der Industrie die Kastanien aus dem Feuer zu holen'."[114] Diese Aussage des ehemaligen Botschafters ist nicht nur als Bestätigung der internen Gegensätze im BDI wertvoll, sondern auch als ein Beweis für die Bedeutung des Ost-Ausschusses und seine vertraulichen Verbindungen zu den höchsten Staatsbehörden.

Nach dem Abschluß der Handelsverträge mit einer Reihe sozialistischer Staaten fielen einige Funktionen des Ost-Ausschusses der Staatsbürokratie zu, doch der Ausschuß arbeitet bei der Durchführung der Wirtschaftspolitik der BRD auch weiterhin in engem Kontakt mit den Regierungsorganen aktiv mit. Seine Tätigkeit widerspiegelt die vorhandenen Widersprüche in einem tieferen Sinn: Einerseits versucht der Amerongen-Ausschuß, den Wirtschaftskurs der BRD-Regierung gegenüber den sozialistischen Staaten mit den allgemeinen imperialistischen Zielsetzungen der Monopole in Einklang zu bringen; andererseits trachtet der Ost-Ausschuß als Verfechter der Wirtschaftsinteressen der Monopole danach, für BRD-Konzerne den Markt der sozialistischen Staaten zu erschließen. Oft genug wird dieser Widerspruch zugunsten der Wirtschaft und sogar auf Kosten der Politik entschieden. Es ist zumindest kein Zufall, daß nach den Ereignissen in der ČSSR von Amerongen mit einer Erklärung auftrat, in der er unterstrich: Die' gewisse Verschlechterung der politischen Atmosphäre in Europa nach dem August 1968 sollte jedoch die guten Wirtschaftsbeziehungen der Bundesrepublik zu einer Reihe osteuropäischer Länder nicht beeinträchtigen. Wo es geht, sucht der Ost-Ausschuß einen solchen seinen Zielsetzungen entsprechenden Ausweg aus dem genannten Widerspruch, bei dem die Außenwirtschaftsbeziehungen der Bundesrepublik mit den sozialistischen Ländern als Instrument der imperialistischen Politik des westdeutschen Monopolkapitals eingesetzt werden können. Von ähnlicher Überlegung werden beispielsweise die schnell wachsenden Handelsbeziehungen der BRD mit China getragen.

Einen äußerst wichtigen, die ganze sozialpolitische Struktur des Landes tief berührenden Fragenkomplex stellen die Eingriffe der Monopolverbände in die Fragen der Militärpolitik des Staates dar.

Die Tatsachen beweisen, daß die militärische Konzeption der BRD, die eine mit modernsten Waffen ausgerüstete offensive Bundeswehr vorsah, unter dem entscheidenden Einfluß der Unternehmerverbände entstanden ist. Die Remilitarisierungsidee von Adenauer, die ursprünglich die Schaffung einer 500 000 Mann starken und konventionell bewaffneten Bundeswehr zum Inhalt hatte, „stieß sofort auf den heftigen Widerstand derjenigen Machtgruppe, die am unmittelbarsten betroffen war und zugleich den stärksten Einfluß auf die politische Führung hatte: die Wirtschaft. Ihren Führern waren die Nachkriegsdiskriminierungen(!) wegen der Mitverantwortlichkeit am Krieg des Dritten Reiches noch zu lebhaft in Erinnerung, um sie für eine westdeutsche Rüstungsindustrie zu begeistern; außerdem fürchteten sie, angesichts der günstigen Konjunktur und der nahezu erreichten Vollbeschäftigung, daß die Herauslösung einer derart großen Zahl Arbeitsfähiger die Stellung der Arbeiterschaft und der Gewerkschaften stärken würde."[115] Dem angeführten Zitat aus der bürgerlichen Wochenzeitung kann kaum voller Glaube geschenkt werden. Die Monopole und ihre Verbände waren keine prinzipiellen Gegner der Remilitarisierung der Bundesrepublik. Schon in den Jahren 1951—1952 begannen der BDI und die BDA sich intensiv nach einer Möglichkeit umzusehen, am Rüstungsgeschäft teilzunehmen. Im Jahre 1953 wurde dann ein Abkommen zwischen ihnen geschlossen, der dem BDI die Funktion eines Hauptzentrums der Monopole für Fragen der Rüstungswirtschaft einräumte. Im gleichen Jahre 1953, noch bevor in Bonn ein Bundesverteidigungsministerium geschaffen wurde, hatte der BDI zusammen mit anderen Zentralorganisationen eine „Abteilung für Rüstungsindustrie" und einen „Arbeitsausschuß für Rüstungsfragen" in seinem Apparat gebildet, die sich aktiv den Schlüsselfragen der Rüstungswirtschaft widmeten,

In der Haltung der Verbände zur Wiederaufrüstungspolitik offenbarte sich ein aus den widerstrebenden Interessenkomplexen der Monopole erwachsender Widerspruch. Einerseits verlangte das Monopolkapital der BRD eine starke Armee, die seinen außenpolitischen Ambitionen das notwendige Gewicht verleihen und seine Klassenherrschaft innerhalb des Landes sichern würde. Andererseits konnte angesichts der Vollbeschäftigung und der gespannten Lage auf dem Kapitalmarkt die Schaffung einer 500 000 Mann starken Armee auf Grundlage der konventionellen Waffen die Wirtschaftspositionen der Monopole beeinträchtigen. Die Großbourgeoisie wollte aber nicht einen solchen Preis für die Remilitarisierung zahlen. Der damalige Bundesminister für Atomfragen F. J. Strauß, der zu den Monopolverbänden gute Beziehungen hatte, formulierte diesen Widerspruch in folgenden Worten: „Wir wollen nicht an innerer Sicherheit das verlieren, was wir an äußerer Sicherheit gewinnen."

Einen Ausweg aus diesem Gegensatz versprach die Konzeption der Qualitätsrüstung, d. h. der Kurs auf die Ausrüstung einer ursprünglich zahlenmäßig kleineren Armee mit modernsten Waffen, einschließlich Atomwaffen. Die Entwicklung und Produktion von hochspezialisierten Militärausrüstungen schien den Unternehmerverbänden in jeder Hinsicht vorteilhaft. Dieser Weg entsprach in vollem Maße ihrer generellen Wirtschaftspolitik und, was ebenfalls nicht unerheblich war, eröffnete Aussichten auf ein Maximum von technologischen Nebenergebnissen. Und so setzte die Wirtschaft auf die Politik der Qualitätsrüstung.

Die Unternehmerverbände starteten eine heftige Hetzkampagne gegen den damaligen Bundesverteidigungsminister Blank. Die Partei- und Regierungsoligarchie sah sich in einer Zwangslage. Dazu bemerkte der Soziologe G. Brandt in seinem Buch „Rüstung und Wirtschaft in der Bundesrepublik": „Militär- und Rüstungspolitik, ohne Rücksicht auf die Interessen der privaten Unternehmer zu betreiben, hätte bedeutet, die Interessenbasis des politischen Herrschaftssystems aufs Spiel zu setzen." [116] Als erste haben dies die Politiker der Bayrischen Christlich-Sozialen Union eingesehen, die mit Strauß an der Spitze mit wehenden Fahnen auf die Seite der Unternehmerverbände überliefen. Im September 1956 traten der Bundesminister für Atomfragen, Strauß, und der Vorsitzende des Bundestagsausschusses für Verteidigung, Jaeger, als direkte Verfechter der Monopolinteressen auf, und formulierten die sogenannten Kirchheimer Beschlüsse. Die Schlüsselparagraphen des Kirchheimer Dokumentes forderten: „4. Der Aufbau der Bundeswehr ist so organisch vorzunehmen, daß Unterbringung, Ausrüstung, Ausbildung und Besoldung der Bundeswehr die Schöpfung einer qualitativ hochwertigen Truppe ergeben. 5. Erzeugung und Beschaffung von Waffen und Ausrüstungsgegenständen muß so vorgenommen werden, daß die vorgesehenen Verteidigungsausgaben auch der deutschen Wirtschaft in dem notwendigen Umfang zugute kommen und den in der Umwandlung begriffenen waffentechnischen und strategischen Vorstellungen entsprechen." Die Autoren bestanden ferner auf Investitionen für wissenschaftliche und technische Entwicklung in den Bereichen, in denen die BRD im Vergleich zu anderen Nationen nicht konkurrenzfähig war.

Das bedeutete ein Mißtrauensvotum gegenüber Bundesminister Blank, der auf der alten Konzeption der quantitativen Aufrüstung durch Waffenimporte aus dem Ausland beharrte. Bundeskanzler Adenauer hat es nach einem kurzen Kampf vorgezogen, Blank zum Sündenbock zu machen, das Einvernehmen mit dem Monopolkapital wiederherzustellen, und ließ den Minister zurücktreten. Die Ernennung von Strauß zum Bundesverteidigungsminister bedeutete den Sieg der monopolistischen Interessengruppen und eine Wende in der Remilitarisierungspolitik der BRD. G. Brandt wertete die Hintergründe des gelungenen Manövers der bayrischen Christlich-Sozialen unter Leitung von Strauß folgenderweise aus: „Ihr (bayerischer Politiker — *der Verf.*) Erfolg aber erklärt sich wesentlich dadurch, daß sie sich die Erwartungen wichtiger Interessengruppen zu eigen machten und gegenüber der Bundesregierung vertraten. Ausgewiesen hierdurch, führten sie der Regierung vor Augen, daß die Regierungspolitik sich von ihrer Interessenbasis gelöst hätte."

Kein Wunder, daß die monopolistischen „pressure groups" die Ernennung ihres Fürsprechers zum Bundesverteidigungsminister mit unverhüllter Genugtuung wahrnahmen. Der BDI begrüßte, „... daß der derzeitige Verteidigungsminister dem Aufbau der Streitkräfte das Fieberhafte und Undurchführbare der ersten Zeit genommen hat" [117]. „Der Volkswirt", der die Remilitarisierungspolitik anfangs kritisierte, schrieb nun begeistert: „... das Ministerium hat in Franz Josef Strauß nunmehr einen Chef gefunden, der sich von vornherein klar und bewußt auf die Linie eingestellt hat, die gerade nach den Erfahrungen der letzten Zeit die einzig mögliche ist."[118] Und der „Industriekurier" ließ nun die Katze aus dem Sack und erklärte, Strauß werde „... gewiß auch die Möglichkeiten und Notwendigkeiten einer Umrüstung mit nuklearen Waffen sorgsam bedenken"[119]. Diese Lobsprüche hatten einen festen Grund, „entsprachen doch die von der Bundesregierung im einzelnen vorgenommenen Korrekturen am Militärprogramm recht genau den von den großen Interessenorganisationen angemeldeten Desideraten"[120].

Von nun an ging der Aufbau der Streitkräfte auf dem Wege der Schaffung einer aggressiven, offensiven, mit den modernsten Waffen — nach Möglichkeit eigener Produktion ausgestatteten Bundeswehr voran. Am 23. November 1956 hat der BDI eine Beratung einberufen, wo sich der eben zum Verteidigungsminister ernannte Strauß, Bundeswirtschaftsminister Erhard und der Staatssekretär im Bundesfinanzministerium Hartmann einfanden. In dieser Beratung wurden die Entwicklungspläne der Rüstungsproduktion in der BRD abgestimmt und koordiniert, wobei BDI-Präsident Berg die Haltung der Monopolbourgeoisie zum Problem des Rüstungsgeschäftes in der rhetorischen Frage zum Ausdruck brachte: „Es ist unverständlich, warum die BRD nicht die Dinge herstellen sollte, die bei uns billiger und besser gemacht werden können als im Ausland?" „Am letzten Wochenende hat ein neuer Abschnitt in der westdeutschen Rüstungspolitik begonnen", frohlockte „Die Welt" in jenen Tagen.

Das Jahresende 1956 war wirklich bedeutungsvoll, weil gerade damals der Werdegang des Militär-Industrie-Komplexes seinen Anfang nahm, der zur beschleunigten Entwicklung der westdeutschen Rüstungsproduktion und dem wachsenden Einfluß auf die Staatspolitik von seiten der an der Rüstungsproduktion beteiligten Monopole führte.

Durch die autarkischen Bestrebungen und den Druck der Unternehmerverbände wurde die Bundeswehr immer mehr mit Erzeugnissen der BRD-Rüstungsindustrie ausgestattet, und die ursprünglich geplante Arbeitsteilung auf diesem Gebiet im Rahmen des westlichen Bündnissystems ist nie so recht zum Zuge gekommen. Die Unternehmerverbände mußten allerdings massive Bemühungen daran setzen, um den Widerstand jener Politikergruppen zu brechen, die die Waffenlieferungen aus den USA und anderen NATO-Ländern für ein wichtiges zusammenschmiedendes Mittel dieser aggressiven Allianz hielten. 1959 begründete aber der Bundesverband der Deutschen Industrie die Notwendigkeit für die Steigerung der Rüstungsproduktion folgenderweise: „Die Ausrüstung der Streitkräfte eines Staates von der Bedeutung und in der strategischen Lage der Bundesrepublik kann nicht ausschließlich auf ausländische Produktionsstätten angewiesen sein. Hinzu kommt, daß die Rüstungstechnik als Pionier für allgemeine Lösungen sich erwiesen hat. Auf diesen Motor des Fortschritts darf eine Industrie, die zum technischen Vortrupp zählen will, nicht ohne Grund verzichten."

Die autarkischen Bestrebungen der Rüstungsmonopole haben bereits dazu geführt, daß sich der Umfang der Rüstungsproduktion jährlich auf viele Milliarden Mark beläuft. Die den Monopolen bewilligten Zuwendungen für Rüstungsforschung erreichten in den elf Jahren von 1956 bis 1966 allein im Etat des Bundesverteidigungsministeriums 4055 Mio Mark. Die Ausrüstung der Bundeswehr mit dem neuen Panzertyp „Leopard", der vom Flick-Konzern entwickelt und hergestellt wurde, die Schaffung des Fla-Systems „Matador" gegen Tieffliege und der neuen selbstfahrenden Panzerabwehrkanone durch den „Rheinmetall"-Konzern bedeuten, daß die BRD-Industrie nun auch auf dem Rüstungsmarkt mitmischen kann. Doch die Unternehmerverbände geben sich mit der erreichten Beteiligung am weltweiten Rüstungsgeschäft nicht zufrieden. In den BDI-Jahresberichten wird von Jahr zu Jahr betont, die BRD-Unternehmen seien mit Rüstungsaufträgen nicht voll ausgelastet. So hieß es im Jahresbericht 1960/61, die militärische Autarkie im alten Sinne des Wortes wäre nicht gegeben, weil Bonn größere Rüstungsaufträge im Ausland unterbringe, obwohl die Produktion moderner Waffen den BRD-Unternehmen erhebliche Gewinne bringen würde. Über das gewohnte System der Druckausübung versuchen die Unternehmerverbände, die Produktion von hochqualitativen Ausrüstungen für die Bundeswehr zu erweitern. F. Zimmermann, CSU-Bundestagabgeordneter und Busenfreund von Strauß, unterstrich am 1. April 1966 in der Sitzung des Arbeitskreises seiner Partei für Militärpolitik die große Bedeutung, die die Rüstungsproduktion für wissenschaftliche Forschung habe. Er erklärte, daß aus diesem Grunde die BRD die Rüstungsproduktion nicht völlig anderen Ländern überlassen sollte, und sprach sich für umsichtigen und vernünftigen Waffenexport aus.

In diesen und vielen anderen Erklärungen erkennt man leicht die zur Genüge bekannte Methode des „Zweckpessimismus", mit der die Monopolverbände auf die Partei- und Regierungsoligarchie Druck auszuüben versuchen, um den Kurs auf eine noch größere Autarkie der BRD auf dem Gebiet der Rüstungsproduktion zu erzwingen. Der Gegensatz, der zwischen den beiden oligarchischen Gruppen in dieser Frage immer noch existiert, steht im Zusammenhang mit internationalen Verpflichtungen der BRD-Regierung insbesondere gegenüber den imperialistischen USA-Kreisen. Diesen Verpflichtungen zufolge hat die BRD riesige Waffenkäufe im Ausland zu tätigen. Im März 1968 nahm der Bundestagsausschuß für Verteidigung Stellung zu dem vor der BRD-Regierung stehenden Dilemma. Aus der Sicht der nationalen Verteidigung gäbe es einerseits das Interesse an der Erhaltung von eigenen ausreichenden Kapazitäten. Andererseits aber würden es die bestehenden Verpflichtungen für den Import bestimmter Erzeugnisarten aus dem Ausland kaum erlauben, diese Kapazitäten wirtschaftlich zu nutzen.

Es ist übrigens nicht ausgeschlossen, daß diese Auseinandersetzung in gewissem Sinne ein Spiel mit verteilten Rollen war: Die Partei- und Regierungsoligarchie braucht diese „Klagen" der Monopolverbände, um sich unter Berufung darauf der ursprünglich übernommenen Verpflichtungen für Waffenkäufe im Ausland zu entledigen. Wie dem auch sei, wird die Kampagne zur Manipulierung der öffentlichen Meinung von den Unternehmerverbänden mit anhaltender Energie weiter betrieben. Im Frühjahr 1968 hat der DPA-Korrespondent E. Budewig — anscheinend nicht ohne entsprechenden Auftrag — einen Artikel veröffentlicht, in dem er die Argumente der Monopolverbände zu dieser Frage vortrug. Die Rüstungsindustrie der BRD bestünde zunächst nur aus dem „Gerippe", es fehlten noch die Haut, die alles zu einem Ganzen zusammenfügen, und das Fleisch, das diesem Ganzen Lebenskraft verleihen würde. Etwa über hundert BRD-Unternehmen beschäftigten sich mit der Erfüllung von Rüstungsaufträgen und Herstellung von Waffen, Munitionen und Ausrüstungen für militärische Zwecke. Und unter diesen sei kein einziges von der Größe eines solchen Industriekolosses, wie es Krupp einmal war. Die massiven Waffenkäufe im Ausland, hieß es weiter in diesem Beitrag, gäben der Bundeswehr keine Möglichkeit zur langfristigen Planung von Aufträgen, welche mit der

Zeit immer notwendiger werde. In der Wirtschaft werden des öfteren Forderungen laut, in denen, den Worten eines prominenten Industriellen von Rhein zufolge, die Idee anklinge, daß man nicht länger diese Konzeptionslosigkeit in der Auftragspolitik dulden könne. Gleichzeitig sollen Industrievertreter unterstrichen haben, daß sie nicht weniger als die ausländische Industrie in der Lage wären, den von der Bundeswehr gestellten hohen Anforderungen an die Waffen- und Ausrüstungsqualität gerecht zu werden.

Würde man all diese „Klagen" ernst nehmen, hieße das sowohl die wirklichen Ausmaße der vorhandenen Rüstungsauslastung der westdeutschen Monopole als auch die Beeinflussung der Militärpolitik der BRD durch die Monopolverbände gewaltig zu unterschätzen.

Die enge Zusammenarbeit beider Oligarchien war im Streben nach Atomaufrüstung der Bundeswehr besonders deutlich. Es gibt dabei gewisse Gründe zur Annahme, daß die Konzeption der atomaren Ansprüche eigentlich von den Monopolverbänden stammt. Eine nicht unwesentliche Rolle in ihrer Herausbildung spielte eine zwecks Untersuchung von Möglichkeiten der Regierung und Monopole zur Entwicklung der Kernwaffenproduktion 1954 gegründete gemischte Kommission, die Physikalische Studiengesellschaft. Von neun Vertretern der führenden Konzerne in dieser Gesellschaft waren sieben zugleich Mitglieder der Atomkommission beim Ministerium für Atomenergie, wobei mindestens vier der oberen BDI-Führung angehörten. 1962 wurde in Ergänzung dieses Organs die Deutsche Kommission für Weltraumforschung ins Leben gerufen, in der Raketenbaupläne erarbeitet und abgestimmt werden, mit dem Ziel, die selbständige Produktion von Beförderungsmitteln für Atombomben sicherzustellen. Diese Kommission wurde auf Empfehlung des BDI eingesetzt. In seiner bereits zitierten Arbeit kommt G. Brandt bei der Analyse der Einflußnahme der monopolistischen „pressure groups" auf die Militärpolitik der Bundesregierung zu folgendem Schluß: „Äußerste Konsequenz des rüstungspolitischen Konzepts der privaten Wirtschaft ist die Akzentierung des atomaren Potenzials der Streitkräfte, das Wesensmerkmal der neuen Rüstungspolitik in der Bundesrepublik."

Das Schlagwort der „Qualitätsrüstung", das auch die Forderung nach atomarer Aufrüstung der westdeutschen Streitkräfte beinhaltete, führte dazu, daß die militärische Doktrin der BRD einen unverhüllt offensiven Charakter annahm. Das bemerkte auch „Die Zeit": „Die Außenpolitik der Bundesrepublik, ungeachtet der Friedensbeteuerungen ihrer führenden Repräsentanten, erscheint notwendig unglaubwürdig, weil sie über Waffensysteme verfügt, die nur offensiv wirkungsvoll einsetzbar sind: Als erster und einziger Parteisprecher hat v. Kühlmann-Stumm während des jüngsten FDP-Parteitages darauf hingewiesen."

Jedoch scheitern alle Versuche, die heutige Militärdoktrin der BRD zu revedieren, an dem Phänomen, zu dem die permanente Einmischung der Monopolverbände in die Militärpolitik der BRD geführt hat — nämlich am Militär-Industrie-Komplex. Im Zusammenhang mit G. Brandts Untersuchung unterstrich „Die Zeit", daß „...diese Entscheidung zugunsten qualitativer, also potentiell nuklearer Rüstung der Bundeswehr irreversibel, nicht oder kaum rückgängig zu machen ist — selbst wenn aus dem erwähnten einzelnen FDP-Oppositionswarner eine Regierungspartei würde: Die Revision würde nämlich nicht nur das eingespielte ‚Verfahren des Macht- und Interessenausgleichs' der bundesrepublikanischen Führungseliten stören, sondern recht eigentlich die heutige Gesellschafts- und Machtstruktur in Frage stellen".

Es ist natürlich dabei zu berücksichtigen, daß diese Äußerungen aus der Zeit stammen, als die christlichen Demokraten am Ruder waren. Aber andererseits zeugt die vom heutigen sozialdemokratischen Verteidigungsminister G. Leber betriebene Politik davon, daß die Macht des Militär-Industrie-Komplexes bis jetzt unerschüttert bleibt.

Die Untersuchung des Charakters der Eingriffe der Unternehmerverbände in die außenwärtigen und militärpolitischen Funktionen des Staates beweist, daß die Verflechtung der Monopole mit dem BRD-Staat solche Ausmaße erreichte, die es der Oligarchie der Monopolverbände ermöglichen, nicht nur in die große Politik zu intervinieren, sondern auch der Partei- und Regierungselite ihre Vorstellungen aufzuzwingen.

Das Problem der Unternehmerverbände in der bürgerlichen Wissenschaft und der Verfall der Theorie von der „pluralistischen Gesellschaft"

Die Problematik des Verbandswesens kristallisierte sich zu einem selbständigen Zweig politischer Wissenschaft — der „Politischen Wirtschaftslehre" heraus, die die Untersuchung der Einflußnahme der Wirtschaft auf die Politik zum Gegenstand hat. Zu diesem Wissenschaftszweig gehören bisher lediglich zwei Publikationen: „Der Grundriß der Politischen Wirtschaftslehre" von G. von Eynern sowie einen von C. Böhret und D. Grosser herausgegebenen Sammelband „Interdependenzen von Politik und Wirtschaft". Beide Bücher enthalten allerdings nur die Definition des Untersuchungsgegenstandes und die Grundaufgaben für die Zukunft. Zu solchen Aufgaben gehören: Untersuchung der Möglichkeiten der politisch zulässigen wirtschaftspolitischen Verbesserungen; Untersuchung der Frage, wie die Verwandlung der Wirtschaftsmacht in die politische verhindert bzw. gebremst werden kann; Klärung neuer Organisationsmethoden der wirtschaftspolitischen Entschlußfassung.

Diese Fragestellung zeigt, daß der neue Zweig der Politologie seine Entstehung der ernsthaften Besorgnis über den wachsenden Einfluß der Monopolverbände verdankt und daß von den in dieser Richtung tätigen Wissenschaftlern ein differenzierteres Herangehen an das genannte Problem zu erwarten ist. Doch solange keine Ergebnisse ihrer Untersuchungen vorliegen, müssen wir uns auf die Analyse der traditionellen Lehre von den „pressure groups" — der Theorie der „pluralistischen Gesellschaft" beschränken.

Im Laufe der letzten Jahrzehnte hat diese Strömung in der bürgerlichen Politologie in den meisten führenden kapitalistischen Ländern der Welt Anklang gefunden. Die Pluralisten haben eine Zeitlang die Untersuchung von gesellschaftlichen Prozessen in kapitalistischen Industrieländern praktisch monopolisiert, wobei sie ihre Theorie bewußt als ein Versuch aufgebaut haben, die marxistisch-leninistischen Auffassungen vom Klassencharakter der gegenwärtigen bürgerlichen Gesellschaft, von der staatsmonopolistischen Prägung des heutigen Kapitalismus zu widerlegen. Das Wesen der pluralistischen Vorstellungen wurde bereits in allgemeinen Zügen geschildert. An dieser Stelle versuchen wir, die Haltlosigkeit der Konzeption der pluralistischen Gesellschaft mit den Ausführungen ihrer engagierten oder abtrünnigen Anhänger zu belegen, jene Haltlosigkeit, die zum Zusammenbruch des Gebäudes des Pluralismus geführt hat.

Die Pluralisten pflegen das heutige politische System des staatsmonopolistischen Kapitalismus als eine „pluralistisch organisierte Gesellschaft" zu bezeichnen und in ihm ein gewisses Endstadium der Entwicklung, eine im Vergleich zur Klassengesellschaft höhere Stufe zu sehen. Solche

Ansichten werden besonders von den Verfechtern dies Theorie in den angelsächsischen Ländern entwickelt, wobei hervorgehoben wird, daß die „pluralistische Gesellschaft" angeblich der höchste Typ der Demokratie sei und sogar eine Garantie für ihre Erhaltung böte. Wir können uns z. B. auf den amerikanischen Soziologen W. Kornhauser beziehen, der meint: „Die Hauptgarantie gegen die elitäre Machtergreifung ist die Existenz einer Menge von Gruppen, die in ihren Kräften gleich genug sind, um eine wahrhafte Konkurrenz im Kampf um die Führung aufkommen zu lassen..."[122] Den gleichen Standpunkt verteidigen die amerikanischen Politologen W. Binkley und M. Moos, die der Auffassung sind, die Druckgruppen hätten im System der politischen Kräfte entscheidende Bedeutung und seien eine Voraussetzung für die Erhaltung der Demokratie.[123] Mit ihnen stimmen der Rechtswissenschaftler Professor R. Carr, die Staatsrechtler M. Bernstein, D. Morrison und G. McLean überein, die neben der Staatsbürgerschaft, dem Wahlrecht, dem Wahlsystem und den politischen Parteien auch „pressure groups" für konstituierende Merkmale „einer praktischen Demokratie als Regierungsform" halten.[124] Die Politologen S. Bailey, H. Samuel, S. Baldwin erklären die „pressure groups" „zu einem der äußerst wichtigen Instrumente des Volkes, durch das ihre Erwartungen der Regierung übermittelt werden"[125].

Bis vor kurzem bezogen die meisten bundesdeutschen Soziologen und Politologen meist auch die Positionen des Pluralismus. Den BRD-Pluralismus in seiner Blütezeit könnte man in zwei Hauptströmungen einteilen. Zur ersten wären die offenen Apologeten der Unternehmerverbände zu zählen, die zweite umfaßte die Wissenschaftler, die die Grundsätze des Pluralismus für eine gewisse Kritik an der Macht der Unternehmerverbände und ihrer für die bürgerliche Demokratie destruktiven Auswirkungen angewendet haben.

Die Beweisführung der westdeutschen Monopolapologeten unterscheidet sich kaum von den oben angeführten Ideen ausländischer Pluralisten; typisch ist für sie auch die „Negierung" von Marx, man findet die gleiche Idealisierung der gesellschaftlichen Verhältnisse im Kapitalismus, die gleichen Beteuerungen, daß es keinen Klassenkampf gäbe. In seiner Schrift „Sind wir auf dem richtigen Weg?" behauptet R. Poegel z. B., daß die wirtschaftlich-soziale Entwicklung im Zeitalter der Technik einen anderen Weg einschlug, als ihn Marx vorausgesagt hatte. Es gäbe heute in der BRD weder die Kapitalisten- noch die Arbeiterklasse, es existierten nur „Sozialpartner".

Die Beeinflussung der Politik durch Monopole ist aber so offensichtlich, daß auch die Anhänger der Monopolverbände sie nicht einfach totschweigen können. Sie suchen jedoch dieser Tatsache den Klasseninhalt zu nehmen. Von manchen werden die Ausmaße der Einflußnahme der Monopolverbände auf die Regierung, das Parlament und die Gesetzgebung einfach übersehen. So versichert ein gewisser W. Berthold, daß „der Einfluß der deutschen Industrie auf Parlament und Regierung in weiten Kreisen überschätzt wird", während die Unternehmer lediglich sachkundige Ratschläge erteilen und den Abgeordneten ihre Wünsche anvertrauen. Von anderen wird das Drucksystem der Unternehmerverbände auf den Staat unter dem Vorwand idealisiert, daß die Verbände den staatlichen Organen lediglich durch fachliche Konsultationen zur Seite stehen. Als Beispiel dafür kann die These von H. J. Varain dienen: „Der Staat kommt nun nicht mehr ohne Hilfe dieser gesellschaftlichen Mächte aus. Er macht sich ihr fachliches Wissen und ihre Erfahrung in Kammern und Beiräten, im Gesetzgebungsprozeß durch Anhörung und Gutachten zunutze."[126] Recht oft wird die Notwendigkeit eines „Dialogs" zwischen Unternehmerverbänden und Staat als ein Mittel zum Ausgleichen der gesellschaftlichen Widersprüche hervorgehoben.

Eine Spielart derselben Beweisführung ist die Behauptung, daß die Verbände die Lücke zwischen Staat und Persönlichkeit schließen und dadurch zur Berücksichtigung der Interessen der Persönlichkeit in der Staatspolitik beitragen. Der Apologet des Verbandswesens Beckel versuchte in seinem Beitrag „Unser Staat und die Macht der Interessenverbände", den Beweis zu führen, die Verbände seien Garante persönlicher Belange der Staatsbürger. Da die Familie und das Eigentum ihre Bedeutung als Triebkräfte der Gesellschaftsordnung einbüßen, entsteht ein gewisses Vakuum, in das die Interessenverbände einspringen müssen. „Die Verbände sind einfach nicht mehr zu entbehren." Das gleiche Motiv klingt eigentlich auch bei H. J. Varain an: „Die Verbands- und Gruppenzugehörigkeit verspricht als Preis eine Erfolgsprämie in einer Gesellschaft, die individuell betrachtende Maßstäbe weitgehend verloren hat. Anerkennung von Anspruch findet der einzelne fast nur noch in der Teilhabe an anerkanntem Gruppenanspruch.

Die Gruppen konstituieren die Gesellschaft, und der einzelne existiert in der Gesellschaft fast nur als ein Mitglied solcher Gruppen."

Einen gesonderten Platz unter den Lobpreisern der Unternehmerverbände nimmt G. Triesch ein. Alles spricht dafür, daß er im direkten Auftrage von Monopolen arbeitet. Im Jahre 1956 hat er einein Buch veröffentlicht, das ganz offensichtlich als Antwort des Monopolkapitals auf den Auftritt des bürgerlichen Soziologen Eschenburg gedacht war, der als einer der ersten in der BRD auf die Schädlichkeit der Macht der Unternehmerverbände für die bürgerliche Demokratie hingewiesen hatte. Triesch mühte sich zu beweisen, daß diese Gefahr tatsächlich nicht von Unternehmern und ihren Verbänden, sondern von Organisationen der Werktätigen ausgeht. Im gleichen Atemzug mit Lobsprüchen auf die Monopolverbände wiederholte Triesch die bereits hundertfach vorgebrachte rhetorische Frage der Pluralisten: „Dabei sind Verbände ein natürliches Element unserer Demokratie, dessen Daseinsberechtigung niemand leugnen wird. Wie anders sollten die Bürger in der Lage sein, ihre Interessen gegenüber der Allgemeinheit geltend zu machen."[127]

Neben der Verharmlosung der Rolle der Monopolverbände wenden die westdeutschen Ideologen zuweilen auch den Trick an, die Gefährlichkeit ihrer Macht zum Teil zuzugeben, um gleich darauf zu erklären, daß diese Macht nur unwesentliche Bereiche des Staatslebens umfaßt, ohne die Grundfragen der Großpolitik zu berühren. Der Einfluß der Unternehmerverbände dient angeblich dazu, der Machtkonzentration in den Händen der Regierungselite vorzubeugen. So schrieb der Direktor des Instituts für vergleichende Sozialforschungen der Kölner Universität, E. Scheuch, am 1. Dezember 1967 in der „Zeit": „Das System der Führung in der Bundesrepublik fördert autonome Macht über kleine Teilbereiche des Lebens. Insofern ist es in der Tat so autoritär, so wenig kontrolliert, wie die Kritiker des ‚Establishment' dies vermuten. Das System verhindert aber zugleich eine wirkliche Konzentration von Macht über Vorgänge in einigen wenigen Händen. Das ist ziemlich genau das Gegenteil dessen, was ihm vorgeworfen wird."

Unter den Pluralisten gibt es auch solche, die die riesige Macht der Verbände anerkennen, das System der monopolistischen Druckgruppen aber zur größten Tugend der heutigen BRD-Gesellschaftsordnung erklären. J. Wössner behauptet beispielsweise, daß „... die Verbände einen echten

Ansatz einer neuen Gesellschaftsordnung darstellen". Er fordert: „Der Staat sollte sich in seinem Selbstverständnis mit den verbandlichen Gruppenbildungen auseinandersetzen. Es sollte ihm ein Verständnis dieses gesellschaftlichen Vergruppungsprozesses und ein Wissen um dessen Notwendigkeit zuwachsen." Seine Apologetik will er durch folgende theoretisch-historische Basis untermauern: „Weder Dienst, Ehre und Pflicht noch Klassengeist und Klassenkampf, sondern das ‚Interesse' ist das organisatorische Prinzip der gegenwärtigen Gesellschaft. Und weil diesem Prinzip der Organisationsmodus des Verbandes geschichtlich zugewachsen ist, können wir auch von einer Verbandsgesellschaft sprechen. In der feudalen Epoche war die Gesellschaft in Ständen organisiert, im bürgerlichen Zeitalter wurde sie mehr und mehr zur Klassengesellschaft, für die gegenwärtige Epoche ist die in Verbänden organisierte Gesellschaft typisch."[128]

Ins gleiche Horn bläst H. J. Varain, für den die Existenz der Verbände ein Merkmal der im Werden begriffenen neuen Staats- und Gesellschaftsordnung ist: „Um die im heutigen Zustand schon angelegte Ordnung zu entdecken, müssen wir uns wahrscheinlich freimachen von der Vorstellung eines neben oder gar über der Gesellschaft stehenden Staates, wie er uns in seiner seit dem Beginn der Neuzeit geschichtlich geprägten Gestalt als fast nicht zu missende Größe des politischen Lebens vor Augen steht. Der Blick zurück in noch ferner liegende Epochen läßt ihn uns als ein nicht unumstößliches Datum politischer Gesellung erkennen."

Denkt man über diese Ausführungen nach, so stellt man fest, daß der pluralistische Gedanke dabei eine seltsame Pirouette dreht. Die Pluralisten suchen nämlich die marxistische Analyse des modernen staatsmonopolistischen Kapitalismus und den marxistischen Leitsatz vom Absterben des Staates zu verzerren und ihn zur Verteidigung der Monopolverbände zu benutzen. Sie schildern die Sache so, als wären die Verbände bereits an die Stelle der Klassen getreten, und daher würde der Staat nicht durch die Beseitigung des Ausbeutungssystems absterben, sondern im Rahmen der kapitalistischen Gesellschaft und auf Grundlage des allumfassenden Ausbaus der Macht der Monopolverbände. Man sollte dabei nicht glauben, daß diese Idee einfach an Schreibtischen von praxisfremden Wissenschaftlern entstand. Sie ist vielmehr Ausdruck einer tatsächlich existenten Hoffnung, gewisser Kreise der Monopolbourgeoisie die unvermeidliche historische Entwicklung zu überleben. Wie der Soziologe J. Hirsch unterstreicht, „beruht das Modell einer pluralitären Repräsentation auf der Vorstellung einer in vielfache Interessengruppen aufgespaltenen Sozialstruktur"[129]. Die Einsicht, daß die Klassen in Zukunft absterben werden, veranlaßt manchen Vertreter des Monopolkapitals zu der absurden Spekulation, daß dieser Prozeß zwar die ganze Gesellschaft erfassen, doch die Monopolherren verschonen wird, falls sie sich schlau genug zeigen.

Die Pluralisten in der BRD, die anfangs die Macht und den Einfluß der Unternehmerverbände negiert hatten, kamen angesichts der Tatsachen zu der Einsicht, daß diese in der heutigen bürgerlichen Gesellschaft doch die entscheidende Rolle spielen. In diesem Zusammenhang machten sich in ihren Arbeiten Zeichen von Besorgnis über den Umfang der Einflußnahme monopolistischer Interessengruppen auf Staat und Gesellschaft bemerkbar. Ein schwacher Nachhall dieser Beunruhigung klingt auch in der verbandsapologetischen Literatur an. „Es kann aber auch sein, daß die Verbände sich eine Stellung im Staate verschaffen, die unseren Vorstellungen von der gerechten Ordnung des Gemeinwesens nicht entspricht", schrieb A. Beckel noch im Jahre 1958. 1963 forderte der Vertreter des kritischen Flügels der Pluralisten Th. Ellwein: „...Die Bändigung der Macht der Großwirtschaft ist darum zentrale Aufgabe einer freiheitlichen Wirtschaftspolitik. Staat und Gesellschaft dürfen nicht zur Beute mächtiger Interessengruppen werden." Es wäre wohl illusorisch, wollte man erwarten, daß solche Appelle die politische Praxis irgendwie beeinflussen können, solange sie sich nur an die Vernunft der regierenden Kreise richten und nicht zur Aufgabe des antimonopolistischen Kampfes breiter Volksmassen werden. Deswegen hat sich „Der Volkswirt" erlaubt, mit bestechender Freimütigkeit zu diesen Forderungen Stellung zu nehmen: „Die Macht der Interessenverbände soll abgegrenzt werden. Die Pläne dazu sind jedoch teils veraltet, teils unzureichend, teils zum Scheitern verurteilt."[130]

Mit gleichem Recht könnte die Skepsis des „Volkswirts" auch auf breiter angelegte Wolkenkuckucksheime einiger Pluralisten bezogen werden. J. Wössner hat z. B. entsprechend seiner Konzeption „der Verbandsgesellschaft" die Idee unterbreitet, eine zentrale, parlamentähnliche Vertretung für Verbände einzurichten. Die Notwendigkeit eines solchen

„Verbandsparlaments" begründete Wössner damit, daß die Verbände dort ihre Standpunkte abstimmen könnten, um dann bei staatlichen Organen nicht miteinander widerstrebenden Forderungen, sondern mit einer gemeinsamen Haltung vorstellig zu werden. In der Hoffnung, im Kreise der durch den wachsenden Einfluß der monopolistischen Druckgruppen Beunruhigten Unterstützung für seine Idee zu finden, schrieb er weiter: „... Dieses gesamtgesellschaftliche Repräsentativorgan wäre vor allem in der Lage, die innere und äußere Bezogenheit von Staat und Gesellschaft und deren gegenseitige Funktionen sichtbar zu machen. Insbesondere scheint ein solches Organ in der Lage zu sein, die Verfilzung des staatlichen und des gesellschaftlichen Bereiches, wie sie etwa in der ‚Verschränkung' von Parteien und Verbänden, aber auch in den Methoden des ‚pressure' und des ‚lobbying' zum Ausdruck kommt, zu lösen."[131]

Es ist nur natürlich, daß es trotz Bekenntnisses einiger Soziologen wie Beckel zur Idee des „Interessenparlaments" dieser Vorschlag totgeboren blieb; einerseits waren Monopolverbände gar nicht begeistert von der Perspektive, ihre Gefechte öffentlich auszutragen, und andererseits verfügten sie bereits über einen Koordinationsapparat.

Die Luftschloßentwerferei einiger Pluralisten war gewissermaßen der letzte Versuch, vor dem unbestrittenen Wachstum der Macht von Monopolverbänden das Gesicht zu wahren — jener Macht, deren Negierung einer der Eckpfeiler der ganzen Konzeption der „pluralistischen Gesellschaft" war. Kein Wunder, daß parallel zu immer häufigeren Aufrufen, den Einfluß der Unternehmerverbände einzudämmen, ein schneller Untergang der pluralistischen Schule begann. Leute, die noch vor kurzem ihre Verfechter waren, meldeten nun Zweifel am wissenschaftlichen Wert des Pluralismus an. So ist der namhafte Soziologe R. Dahrendorf nach seinen Überlegungen über das Funktionieren der modernen BRD-Gesellschaft zum Schluß gekommen, daß die pluralistische Theorie einfach nicht stichhaltig war: „... Abschleifung der ideologischen Gruppengegensätze, abnehmende Intensität innerer Auseinandersetzungen, Fragmentierung statt Klassenbildung, Individualisierung statt solidarischer Aktion — das ist der geläufige Weg von der Klassengesellschaft zur Massengesellschaft oder vorsichtiger, aber nicht minder ideologisch: zur industriellen Gesellschaft. Denn während dieses idyllische Bild gerade in die Gemeinschaftskundelehrbücher Eingang zu finden beginnt, ist manchem in Wissenschaft und Politik klargeworden, daß es nicht stimmt."[132] Eine gewisse Ironie liegt darin, daß das pluralistische Idyll, dessen politischer Inhalt in bedeutendem Maße in der Tarnung der Macht und der Klassenorganisationen des Monopolkapitals bestand, gerade durch den wachsenden Einfluß der Unternehmerverbände, die, wie oben gezeigt, zur Taktik der offenen Zuspitzung des Klassenkampfes übergingen, umgeworfen wurde.

Die Flucht aus dem Pluralistenlager ergriffen bezeichnenderweise als erste die Soziologen der USA, wo diese Theorie früher als in der BRD verbreitet wurde. In seiner Schrift „Untergang des amerikanischen Pluralismus" führte H. Kariel bereits 1961 die Haltlosigkeit des Pluralismus vor Augen.[133] Massive Kritik an den Pluralisten enthielt auch die Abhandlung „Politik und Verfassung" des damaligen Professors der Columbia-Universität O. Kirchheimer. Symptomatisch, daß dieses Buch 1964 in der BRD in deutscher Fassung erschien. Kirchheimer wirft den Pluralisten vor, sie hätten „die gesellschaftliche Realität des Gruppenlebens in der industriellen Gesellschaft hoffnungslos romantisiert". Nach seiner Auffassung gibt es in der kapitalistischen Gesellschaft kein pluralistisches Kräftespiel. Im Gegenteil: „Die mächtigsten unter den Gruppen werden geradezu gezwungen, zum Aufbau eines Herrschaftsapparats Zuflucht zu nehmen, mit dem ‚unerwünschte' Gruppen unterdrückt und der Wettbewerb zwischen den ‚erwünschten' Gruppen eingeschränkt wird. Übereinkunft zwischen ausgewählten Gruppen wird dann vermittels des gemeinsamen obersten Interesses erreicht, die vielen anderen niederzuhalten und einzuengen."[134] Es ist durchaus angebracht, in diesen Äußerungen, obwohl sie noch in der pluralistischen Terminologie abgefaßt sind, eine Anerkennung des Klassenkampfes in der bürgerlichen Gesellschaft zu sehen, den die Pluralisten ständig entschieden leugneten.

Die terminologische Verschwommenheit mancher Pluralismus-Kritiker vom Typ Kirchheimer und einiger anderen sollte uns wohl nicht sonderlich wundern. Sie resultiert aus jenem Tabu für präzise marxistische Terminologie, das in der bürgerlichen Wissenschaft und Gesellschaft noch in den Jahren des kalten Krieges entstand. Diese Erscheinung wurde von Hans-Magnus Enzensberger eindrucksvoll geschildert: „Die Gesellschaft, in der wir leben, hat die alten Tabu-Vokabeln, die berühmten four letter words, zum allgemeinen und öffentlichen Gebrauch freigegeben. Sie hat dafür andere Wörter wie ‚Imperialismus' oder ‚Ausbeutung' mit einem Bann belegt, der ihren Gebrauch als obszön erscheinen läßt. Die politischen Wissenschaften operieren deshalb mit Umschreibungen, die an die neurotischen Euphemismen der viktorianischen Epoche gemahnen. Manche Soziologen gehen so weit, die Existenz einer herrschenden Klasse zu bestreiten. Schon das bloße Wort ist ihnen peinlich."[135]

Der Pluralismus brachte es nicht fertig, den Klassencharakter des modernen Kapitalismus zu widerlegen. Der Versuch, dem marxistisch-leninistischen Leitsatz über das staatsmonopolistische Wesen des heutigen Kapitalismus die Doktrin der pluralistischen Gesellschaft entgegenzusetzen, scheiterte an der Wirklichkeit. Den Pluralisten gelang es nicht, ihren sozialen Auftrag im großen ideologischen Rahmen zu bewältigen. Sie brachten es auch im engeren Rahmen nicht fertig — sie waren weder in der Lage die wirklichen Ausmaße der Macht der monopolkapitalistischen Klassenorganisationen zu vertuschen noch eine überzeugende theoretische Begründung für das Problem des Verbandseinflusses zu erbringen. Die zwanzigjährige Existenz der pluralistischen Schule in der BRD faßte der Soziologe J. Hirsch trocken zusammen: „Eine der modernen sozialen Entwicklung (der Bundesrepublik — *der Verf.*) adäquate Theorie der sozialen Verbände im weitesten Sinne fehlt dagegen fast gänzlich." Hirsch widerlegt die Beweisführung der Pluralisten mit folgenden Worten: „Im Verlauf der kapitalistischen Entwicklung zeigt sich somit ein tiefer Gegensatz zwischen Idee und Wirklichkeit des bürgerlichen Verfassungsstaates. Es wurde immer deutlicher, daß die ‚Gesellschaft' sich eben nicht nach ‚natürlichen' Gesetzen auf vernünftige und gerechte Weise selbst ordnet, sondern daß die politisch wesentlichen Einflüsse von einer relativ schmalen Schicht ökonomisch Privilegierter ausgingen."[136]

Die Kraftlosigkeit der Idee von der pluralistischen Gesellschaft beweist den antiwissenschaftlichen Charakter dieser Theorie, und es ist anzunehmen, daß die sich in der bürgerlichen Soziologie abzeichnende Tendenz zur vollen Abkehr vom Pluralismus in der nächsten Zukunft dazu führen wird, daß diese Konzeption allgemein über Bord geworfen wird.

Die Theorie der „pluralistischen Gesellschaft" enttand und erreichte ihren Höhepunkt unter spezifischen sozialen Bedingungen der ersten zwei Jahrzehnte nach dem zweiten Weltkrieg, die in den meisten kapitalistischen Ländern, und besonders in der BRD, durch eine gewisse Entschärfung des Klassenkampfes gekennzeichnet waren. Es ist daher wohl kein Zufall, daß die pluralistischen Irrungen gerade in der politischen Literatur der BRD eine so weite Verbreitung fanden. Eine zeitweilige Tendenz hielten die Pluralisten für ein Gesetz der neuen „Industriegesellschaft" und errichteten auf dem Sand dieses imaginären Gesetzes das Gebäude ihrer Theorie. Kein Wunder, daß die neue Differenzierung der politischen Kräfte und eine neue Verschärfung des Klassenkampfes, die zuweilen von der Monopolbourgeoisie selbstbewußt angeheizt wird, diese Kartenhäuser der Pluralisten einstürzen ließ.

Unabhängig von den ideologischen Positionen bürgerlicher Wissenschaftler, die sich gegen die Theorie von der „pluralistischen Gesellschaft" auflehnten und deren Haltlosigkeit bewiesen, bedeutet der Verfall dieser antimarxistischen Lehre objektiv eine Bestätigung für die Richtigkeit der marxistisch-leninistischen Analyse der heutigen bürgerlichen Wirklichkeit. Die Kritik des Pluralismus im Westen wird nach wie vor auf der Grundlage der Anerkennung des Klassencharakters der bürgerlichen Gesellschaft und der Machtstellung einer schmalen Schicht von Monopolbossen in dieser Gesellschaft geführt; Die Suche nach Argumenten gegen die verlogene pluralistische Konzeption, die Analyse sozialer Verhältnisse im Rahmen der kapitalistischen Gesellschaftsordnung zwingt die fortschrittlichen bürgerlichen Soziologen und Politologen dazu, gewollt oder ungewollt auf die marxistischen Auffassungen gerade wegen ihrer objektiven Richtigkeit zurückzugreifen.

Trotz alledem sollte man jedoch die Methodologie der Anhänger der pluralistischen Konzeption nicht für völlig wertlos halten. Die Ursache für den antiwissenschaftlichen Charakter des Pluralismus lag in der Negierung von Klassen und Klassenkampf, in der Weigerung, die Tatsache einzusehen, daß die kapitalistische Gesellschaft heute vom Monopolkapital regiert wird. Doch das Herangehen an die Analyse gesellschaftlicher Prozesse über die Berücksichtigung von Interessen sozialer Gruppen (als Teile von Klassen) eröffnet — läßt man dabei ihre Klassenzugehörigkeit nicht außer acht — Möglichkeiten für einen tieferen Einblick in den politischen Mechanismus des heutigen staatsmonopolistischen Kapitalismus. Es ist anzunehmen, daß diese Betrachtungsweise die eigentliche Konzeption des Pluralismus überleben wird, zumal die Pluralisten sie weitgehend gebrauchten, jedoch nicht die Urheber dieser Idee waren.

Es ist ebenfalls anzunehmen, daß in einer künftigen klassenlosen Gesellschaft die gesellschaftlichen Prozesse von den Interessen wirklich klassenloser Gruppen bestimmt werden, die die Menschen nach gewissen vorherrschenden Merkmalen vereinigen werden. Aber auch das wird keine nachträgliche Rehabilitierung der Pluralismuskonzeption bedeuten: Die Geschichte kennt nicht wenige Beispiele dafür, wie die zur aktuellen Tagestheorie erhobenen positiven Keime der Zukunft im Rahmen dieser Aktualität eine reaktionäre Rolle ebendeshalb spielten, weil das im Untergang begriffene System sich zu retten suchte, indem es sich in den Mantel hüllte, der am Webstuhl der Geschichte für eine neue heranreifende Gesellschaft gewirkt wurde.

Unternehmerverbände und der staatsmonopolistische Kapitalismus

Aus den obigen Ausführungen geht hervor, daß die bürgerlichen Politologen und Soziologen bisher keine einigermaßen überzeugende Theorie aufstellen konnten, die das Wesen der Unternehmerverbände aufzeigen würde, ohne daß der Klassencharakter der modernen bürgerlichen Gesellschaft und die Machtstellung des Großkapitals dabei anerkannt werden mußten. Das ist auch verständlich, denn außerhalb der marxistisch-leninistischen Analyse des modernen staatsmonopolistischen Kapitalismus kann das Problem der Unternehmerverbände theoretisch nicht gelöst werden. Es ist daher kein Zufall, daß sich in der modernen bürgerlichen Politologie in der letzten Zeit die Tendenz abzeichnet, leichte Verbeugungen vor dem Marxismus zu machen. Viele bürgerliche Wissenschaftler entdecken für sich die Gedanken, die längst von Marxisten formuliert worden sind, oder fischen diese aus den marxistischen Werken heraus.

Ein Beispiel dafür: „Das Industriesystem ist tatsächlich untrennbar mit dem Staat verbunden. Der ausgereifte Betrieb stellt ganz eindeutig einen Arm des Staates dar. Und der Staat ist in vieler Hinsicht ein Instrument des Industriesystems. Das widerspricht ganz entschieden der gängigen Lehre, die von einer klaren Trennlinie zwischen Staat und Privatwirtschaft ausgeht."[137] Das schrieb der namhafte amerikanische Volkswirtschaftler Galbraith, der für seine „Widerlegung" der marxistischen politischen Ökonomie bekannt ist. Es ist offensichtlich, daß in diesem Falle die ganze „Widerlegung" in der Substitution der Begriffe „Monopolkapital" und „Monopole" durch Wortschöpfungen wie „Industriesystem" und „ausgereifte Betriebe" besteht. Ähnlich wie durch eine vom Regen überströmte Fensterscheibe reale Gegenstände unklar und entstellt schimmern, erkennt man auch hinter dem terminologischen Nebel Galbraiths die Konturen jener Erscheinung, die vom Marxismus als Verflechtung von Staat und Monopolen bezeichnet wird. Deshalb wird man freilich den amerikanischen Wissenschaftler nicht für einen Marxisten halten. Wir sehen uns jedoch nicht veranlaßt, von der Feststellung abzusehen, daß der nahmhafte westliche Wissenschaftler den Machtmechanismus der bürgerlichen Gesellschaft nicht zu erklären vermag, ohne auf eine der zentralen Ideen der marxistisch-leninistischen Analyse des staatsmonopolistischen Kapitals zurückzugreifen.

Insgesamt wurde die auf den grundlegenden Ideen W. I. Lenins fußende Analyse des Systems des staatsmonopolistischen Kapitalismus in der sowjetischen Wissenschaft sehr eingehend behandelt. Die Arbeiten mehrerer sowjetischer Wissenschaftler beschäftigen sich mit der Untersuchung des staatmonopolistischen Kapitalismus. Für uns ergibt sich daher eine bescheidenere Aufgabe, nämlich zu versuchen, die Stellung der Unternehmerverbände in diesem System zu zeigen. An diese Aufgabe führt uns nicht nur die ganze vorhergehende Darlegung, sondern auch der Umstand heran, daß in den bereits vorliegenden sowjetischen Untersuchungen zum staatsmonopolistischen Kapitalismus das Problem der Unternehmerverbände keiner speziellen Analyse unterzogen wurde und daher auch nicht die gebührende Widerspiegelung gefunden hat.

An das Problem der Einflußnahme von Klassenorganisationen des Monopolkapitals muß mit viel Umsicht herangegangen werden. Eine Überbetonung der Macht der Unternehmerverbände muß gewollt oder ungewollt zu dem bereits widerlegten Schema führen, in dem der Staatsapparat dem Monopolkapital vollständig unterworfen ist, was jedoch dem Leninschen Leitsatz widerspricht, dem zufolge „der hauptsächliche, fundamentale und verhängnisvolle Fehler ... besteht darin, daß man die außerordentlich große Selbständigkeit und Unabhängigkeit der ‚Bürokratie' vergißt"[138].

Die Mängel bei der Wertung der Monopolverbände im gesamten System des staatsmonopolistischen Kapitalismus — mögen sie von einer Unter- oder Überschätzung der Rolle von Klassenorganisationen des Monopolkapitals herrühren — sind um so bedauerlicher, als daß die Betrachtung der BRD-Realität allen Grund dafür liefert, diese Organisationen für das wichtigste Strukturglied zu halten, mit dessen Hilfe die Verfilzung, Vereinigung, Verflechtung der Macht der Monopole mit der des Staates „zu einem einheitlichen Mechanismus der Bereicherung der Monopole, der Unterdrückung der Arbeiterbewegung und des nationalen Befreiungskampfes, der Rettung der kapitalistischen Gesellschaftsordnung, der Entfesselung von Eroberungskriegen"[139] erfolgt. Die Bedeutung von Unternehmerverbänden ist in den einzelnen Ländern unterschiedlich, doch sie existieren und wirken in allen Ländern des staatsmonopolistischen Kapitalismus. Da das sozialpolitische Wesen des staatsmonopolistischen Kapitalismus in der Vereinigung der Macht der Monopole mit der des Staates besteht, sind die Unternehmerverbände gerade wegen der Funktionen eines Apparats, der diese Vereinigung gewährleistet, zu den wesentlichen Merkmalen des staatsmonopolistischen Herrschaftssystems zu zählen.

Das angeführte Material zeugt davon, daß zwischen der politischen Oligarchie und den Monopolen erhebliche innere Widersprüche bestehen und die Partei- und Regierungsoligarchie, obwohl sie objektiv im Dienste der allgemeinen Klasseninteressen des Monopolkapitals steht und eigentlich klassenmäßig der herrschenden Schicht angehört, nicht ein bloßer Vollstrecker seiner Befehle ist. Aus der Sicht des Problems der Unternehmerverbände ist darüber hinaus zu betonen, daß die Überbewertung der persönlichen Liierung, auch wenn man darin eine Form der Verflechtung von Staat und Monopolen und nicht der Unterordnung des Staatsapparats unter das Monopolkapital sieht, zwangsläufig bedeuten würde, eine Erscheinung zum Kriterium für die staatsmonopolistische Verflechtung zu erheben, die ernsthaften Schwankungen unterworfen und von vielen politischen Zufällen abhängig ist. Indes zeichnet sich die Einwirkung der Monopolverbände auf den Staat, erstens durch eine wesentlich größere Kontinuität und Stabilität aus, und zweitens, was noch wichtiger ist, bringt sie den gemeinsamen Willen des gesamten Monopolkapitals zum Ausdruck, während die persönlichen

Verbindungen in den meisten Fällen nur bei einzelnen konkreten Monopolen nachweisbar sind. Bei der Untersuchung der Verflechtung von Staat und Monopolen wäre es daher günstiger, in erster Linie gerade das System der Einflußnahme der Monopolverbände auf staatliche Institutionen zu analysieren, ohne dabei einen so bedeutenden Kanal wie persönliche Liierung und den Einfluß einzelner Monopole bzw. Monopolgruppen auf den Staat außer acht zu lassen.

Heute fungieren die Unternehmerverbände als eines der wichtigsten Instrumente zur Sicherung der realen politischen Macht des Monopolkapitals. Die allgemeinen Klasseninteressen der Monopole sind hier in einer reineren Form vertreten, als das in den jetzigen bürgerlichen Parteien möglich ist, da diese auch nichtbürgerliche Bevölkerungsschichten mit ihren Netzen fangen wollen und deshalb gezwungen sind, in gewissem Maße den Stimmungen dieser Schichten Rechnung zu tragen. In diesem Zusammenhang unterstrich W. I. Lenin: „... in der kapitalistischen Gesellschaft ist selbst die fortgeschrittenste Klasse, das Proletariat, nicht imstande, eine Partei zu schaffen, welche die ganze Klasse umfaßt"[140]. Erst recht sieht sich die Bourgeoisie außerstande, eine solche Partei zu bilden. Dafür ist in den Unternehmerverbänden der BRD die Kapitalistenklasse fast vollständig erfaßt. Die gemeinsamen Klasseninteressen der Monopole vertreten in den Unternehmerverbänden in reinerer Form, als das im bürgerlichen Staatsapparat möglich ist, da der Staat gezwungen ist, seine Rolle als Machtinstrument der Kapitalistenklasse zu tarnen. In diesem Sinne zeugt die zunehmende Rolle der Monopolverbände vom Wachstum der inneren Gegensätze der kapitalistischen Gesellschaft, vom Versuch der Kapitalisten, sich angesichts des drohenden Untergangs zusammenzuschließen, von der Schwäche der sozialen Wurzeln der Herrschaft des Monopolkapitals, ähnlich wie auch das ganze staatsmonopolistische System ein Ausdruck der Labilität der Ausbeutergesellschaft ist.

Doch wenn man diesen Aspekt betrachtet, darf man einen anderen nicht übersehen. Das Monopolkapital schuf ein mächtiges, verzweigtes und strafforganisiertes System der Beeinflussung von Staat und Gesellschaft in Form der Unternehmerverbände und erhielt somit die Möglichkeit, anonym und konzentriert seinen Klassenwillen in bürgerlichen — und nicht nur bürgerlichen — Parteien und im Staatsapparat zu verankern. F. Engels bemerkte bereits im vorigen Jahrhundert: „... der Reichtum übt seine Macht indirekt, aber um so sicherer aus"[141].

In der heutigen Etappe der allgemeinen Krise des Kapitalismus und angesichts der wissenschaftlich-technischen Revolution besteht das politische Hauptinteresse der Monopolbourgeoisie darin, die geschichtliche Entwicklung zu hemmen und die kapitalistische Gesellschaftsordnung — ein auf dem Privateigentum an Produktionsmitteln basierendes System der Ausbeutung der Werktätigen — aufrechtzuerhalten, d. h. eigentliche Möglichkeit der Profitgewinnung zu sichern und damit ihre Existenz zu bewahren. In diesem Sinne zeugt die zunehmende Rolle der Verbände davon, daß das Monopolkapital neue Methoden des Klassenkampfes entwickelt und beherrschen lernt, seine Reihen angesichts der wachsenden Einheit der Arbeiterklasse zusammenschließt.

Die politischen Aufgaben der Monopolverbände leiten sich aus diesem politischen Hauptanliegen der Monopole ab und sind ihm unterworfen. In erster Linie gehört zu diesen Aufgaben das Bestreben, Staat und Gesellschaft unter ihre Kontrolle zu bringen. Dieses Bestreben bildet die politische Spezifik des staatsmonopolistischen Kapitalismus, der die Form der Verflechtung der Macht der Monopole mit der des Staates zu einem einheitlichen Leitungs- und Unterdrückungsmechanismus angenommen hat und der Aufrechterhaltung der kapitalistischen Gesellschaftsordnung dient.

Doch das wirtschaftliche Hauptinteresse der Monopole, aus dem auch deren politische Ziele abgeleitet werden, wird nicht durch ihre Profitgier schlechthin, sondern durch ihr Streben nach Profitmaximierung bestimmt. Unter den Bedingungen der gegenwärtigen wissenschaftlich-technischen Revolution kann dieses Interesse nur mit Hilfe des bürgerlichen Staates durchgesetzt werden, der durch Umverteilung des Nationaleinkommens mit Hilfe der Staatsaufträge die wissenschaftliche Forschung der Monopole finanziert, deren Nutznießer das Monopolkapital ist. Daher sind die Monopole heutzutage gezwungen, die Eingriffe des Staates in die Wirtschaft zu dulden und sogar zu fördern, was ökonomische Spezifik des staatsmonopolistischen Kapitalismus bildet. Somit ist die Verflechtung von Staat und Monopolen ein beiderseitiger Prozeß, der generell nicht nur den allgemeinen Klasseninteressen des Monopolkapitals, sondern auch den engeren Interessen sowohl der Partei- und Regierungs- als auch der Monopololigarchie im eigentlichen Sinne des Wortes entspricht, wobei jede von den beiden herrschenden Eliten in den Zuständigkeitsbereich seines Partners eindringt und ihren Einfluß auf diesen Bereich auszudehnen sucht.

Vor einiger Zeit war die Meinung verbreitet, daß sich die konkrete Verflechtung nur im Staatsapparat vollzieht, in den Vertreter des Monopolkapitals lanciert werden, sowie in Führungsgremien einzelner Konzerne, wo ehemalige Minister und politische Funktionäre der bürgerlichen Parteien zuweilen „absteigen". Dies wird recht häufig praktiziert, doch darin erschöpft sich die Verflechtung noch nicht. Aus der Untersuchung des Verbandswesens kann abgeleitet werden, daß gerade die Unternehmerverbände in zunehmendem Maße zu jenem Glied des staatsmonopolistischen Systems werden, das die Verflechtung von Staat und Monopolen ständig reproduziert, indem es die Wirtschaftsmacht des Monopolkapitals in seine politische Macht umwandelt. Dazu trägt auch die Tatsache bei, daß der bürgerliche Staat im Rahmen seines bürokratischen Apparats eine Reihe von wichtigen, zur Erfüllung lebensnotwendiger Funktionen unentbehrlichen Abteilungen vermißt — z. B. in Außenhandel, Rüstung und Wirtschaftsleitung. Daher ist er direkt an der engen Zusammenarbeit mit entsprechenden Organen der Unternehmerverbände interessiert.

/Die Verflechtung der Macht der /Monopole mit der Macht des Staates ist kein automatischer widerspruchsloser Prozeß, kein statischer Zustand. Der Staat ist kein einfaches Anhängsel oder eine Exekutive des Monopolkapitals, weder im Wirtschafts- noch im politischen Bereich. Die Verschmelzung der Macht der Monopole mit der des Staates ist ein dynamischer Prozeß. Er wird in jeder neuen Angelegenheit durch gegenseitige Abstimmung der Interessen und deren Umsetzung in die Staatspraxis aufs neue gesichert, und gerade das ist der wichtigste und eigentliche Existenzzweck der Unternehmerverbände.

Somit besteht eine der entscheidenden Funktionen von Klassenorganisationen des Monopolkapitals darin, die im Führungslager vorhandenen Widersprüche zu entschärfen, eine einheitliche Politik gegenüber den zu unterdrückenden Klassen zu verfolgen, um alle Kräfte des Staates im Kampf für die Erhaltung der kapitalistischen Gesellschaftsordnung einzusetzen. Doch die objektiven Gegensätze der Ausbeutergesellschaft machen die Erfüllung dieser Funktion äußerst schwierig. Die Untersuchung der Unternehmerverbände der

BRD zeigt zugleich, daß der Prozeß der Verflechtung von Staat und Monopolen nicht nur von tiefen Klassengegensätzen, sondern auch vom harten inneren Klassenkampf beider oligarchischen Gruppen der Monopolbourgeoisie geprägt ist, in dem die spezifischen Interessen der die unmittelbare Staatsmacht ausübenden Elite und der Wirtschaftsherren aufeinanderprallen. Dieser Kampf innerhalb der Klasse führt objektiv zur Schwächung des Herrschaftssystems der Monopole und verursacht trotz einer relativ ruhigen innerpolitischen Situation regelmäßige Machtkrisen.

Die Tätigkeit der Unternehmerverbände widerspiegelt die Tatsache, daß der staatsmonopolistische Kapitalismus die letzte Stufe darstellt, die der Kapitalismus vor seinem Untergang infolge einer revolutionären Umwälzung der Gesellschaft in eine sozialistische Gesellschaft erreicht. Als Träger der allgemeinen Klasseninteressen der Monopolbourgeoisie spielen die Unternehmerverbände die Rolle eines der bedeutendsten Verteidiger der Ausbeutergesellschaft, denn das entscheidende Klassenanliegen der Monopole heute ist es, das eigentliche Recht der Bourgeoisie auf Profite durch Ausbeutung zu retten. Dieser konservierende Charakter der Tätigkeit der Unternehmerverbände veranschaulicht ihr geschichtlich reaktionäres Wesen. In diesem Sinne muß man der „Zeit" Recht geben: „Unser System ist weniger geeignet, die Gesellschaft in eine gewollte Richtung zu verändern, als vielmehr dazu, Versuche der Änderung durch hinhaltenden Widerstand zu bremsen."[142]

Doch damit werden die Monopolverbände zu einem Hindernis für die gesellschaftliche Entwicklung nicht nur im breiten historischen Sinne, sondern auch in dem Rahmen, der für ein normales Funktionieren der bürgerlichen Gesellschaft erforderlich ist. Indes muß selbst so ein gemäßigter liberaler Wissenschaftler wie R. Dahrendorf einsehen: „Darum, auch darum, kommt so viel darauf an, die Veränderungsfähigkeit unserer Gesellschaft als Fähigkeit zum Wandel ohne Revolution wiederherzustellen."[143]

Die tiefe innere Widersprüchlichkeit der Unternehmerverbände besteht folglich darin, daß sie als ein Instrument der Monopolbourgeoisie zur Überwindung von Gegensätzen innerhalb des staatsmonopolistischen Herrschaftssystems dieser Aufgabe nicht anders gerecht werden können, als wenn sie jeden Versuch, die Gesellschaft zu reformieren, zu vereiteln versuchen. Objektiv führt das nur zur Verschärfung der Gegensätze im staatsmonopolistischen Kapitalismus.

EINIGE WORTE ZUM SCHLUß

Die Widersprüche im Mechanismus der politischen Macht des staatsmonopolistischen Kapitalismus, die im Problem der Einflußnahme der Monopolverbände auf alle Bereiche des gesellschaftlichen, sozialen und politischen Lebens des Staates besonders deutlich zutage treten, zeugen davon, daß das Sicherungssystem der Herrschaft der Monopolbourgeoisie in Schwierigkeiten geraten ist. Schon heute wird klar, daß der Ausweg aus diesen Widersprüchen in der Einengung der bürgerlich-parlamentarischen Demokratie gesucht wird. Schon heute zeichnet sich ein solches Staatsgebilde ab, bei dem das ganze Partei- und Parlamentssystem praktisch nur den formalen Rahmen für die reale Machtstruktur bildet — für die Verflechtung der monopolistischen Verbandsoligarchie mit der Partei- und Regierungsoligarchie, was in der Tendenz zur unmittelbaren Diktatur der Monopole führt.

Doch eine Tendenz ist noch kein absolut determinierter Prozeß. Den verstärkten autoritären Ansprüchen der Monopolbourgeoisie treten die fortschrittlichen Kräfte — die Arbeiterklasse, die Gewerkschaften, ein Teil der Intelligenz, die Studenten — entgegen. Ob sich der Trend zur direkten Diktatur der Monopololigarchie durchsetzt, hängt somit vom Ausgang dieses Kampfes ab. Bis heute war der Widerstand der Werktätigen allerdings nicht stark genug, den Abbau der Demokratie in der Bundesrepublik zu bremsen. Im Jahre 1968 schrieb Th. Eschenburg: „Die Demokratie soll ein Herrschaftssystem ohne Privilegien sein, aber die diskrete Privilegierung grassiert... Inzwischen wächst langsam aber unaufhaltsam die Zahl jener, die dazu neigen, das Gemeinwesen, dem sie zu dienen haben, als ihr Leben anzusehen."[1]

Die sich in der BRD herausbildenden sozialpolitischen Verhältnisse bezeichnete Eschenburg als „Neufeudalismus" und „provinzielle Neubisanz". Wenn diese wohlklingenden Termini einen Inhalt haben, dann einen, der mit obigen Ausführungen im wesentlichen übereinstimmt.

Bei aller historischen Begrenztheit und Relativität des bürgerlichen Parlamentarismus wäre für die Werktätigen eine offene Diktatur des Monopolkapitals eine der schlimmsten Lösungen. Daher kämpften die fortschrittlichen Kräfte der BRD für eine Erweiterung der demokratischen Freiheiten, für die Wiederherstellung der Rolle des Parlaments als einer wirklichen Legislative und eines Instruments zur Kontrolle über die Exekutive, dessen Wirken den Interessen der überwiegenden Mehrheit des Volkes und nicht einiger Zehntausend Monopolherren entsprechen soll. „Der Ausweg aus dem Parlamentarismus ist natürlich nicht in der Aufhebung der Vertretungskörperschaften und der Wählbarkeit zu suchen, sondern in der Umwandlung der Vertretungskörperschaften aus Schwatzbunden in ‚arbeitende' Körperschaften."[2]

Die im April 1969 auf dem Essener Parteitag der DKP angenommene Grundsatzerklärung stellt in diesem Zusammenhang die Forderung „eine wirksame Aufklärungsarbeit im Volke zu leisten, um die hinter der demokratischen Fassade verborgenen wahren Machtverhältnisse zu enthüllen und zu zeigen, welchen realen Inhalt die Demokratie haben muß, wenn sie aus einer Herrschaftsform der großen Kapitaleigentümer zu einer Demokratie für das Volk, wenn das Parlament aus einem Organ des Großbesitzes zu einem Organ des Volkswillens werden soll. ... Um die Erweiterung und den Ausbau der demokratischen Rechte des Volkes zu kämpfen; den Einfluß der antimonopolistischen Kräfte auf allen Ebenen des politischen und staatlichen Lebens zu erhöhen; das herrschende Großkapital in allen Institutionen und Gremien mit den Forderungen der arbeitenden Menschen zu konfrontieren; alle Möglichkeiten des Aufbaus und Ausbaus politischer und gesellschaftlicher Gegenpositionen zu nutzen und schließlich die Veränderungen der Machtverhältnisse zugunsten der Arbeiterklasse und aller Werktätigen zu erkämpfen."[3]

Aus den Untersuchungen der monopolistischen Klassenorganisationen geht hervor, daß die Unternehmerverbände mit ihrem Apparat zur Druckausübung auf den Staat eines der größten Hindernisse auf dem Wege zu demokratischen Zielen bedeuten. Jeder ernsthafte Schritt zur Demokratisierung ist so mit der Veränderung des staatsmonopolistischen Systems selbst verbunden, dessen wichtigstes Glied die Unternehmerverbände sind. Diese Einsicht führt eindeutig zur Bewußtseinsrevolutionisierung und dieser Prozeß setzte bereits ein und erfaßte zumindest einen Teil der fortschrittlichen Kreise.

Von W. I. Lenin wurde der Gedanke von der möglichen Einbeziehung der Unternehmerverbände in die Kontrolle über Bourgeoisie in der Übergangsetappe vom Kapitalismus zum Sozialismus formuliert. In der ersten Periode der Sowjetmacht kam Lenin mehrmals auf diesen Gedanken zurück und führte das deutsche System der Unternehmerverbände als Beispiel für jenen Apparat an, mit dessen Hilfe die kapitalistische Klasse unter Kontrolle gehalten werden kann. In seinem Artikel „Die drohende Katastrophe und wie man sie bekämpfen soll" schrieb Lenin: „Das deutsche Gesetz verpflichtet zum Beispiel die Lederfabrikanten einer bestimmten Gegend oder des ganzen Reiches, sich zu einem Verband zusammenzuschließen, wobei zur Kontrolle ein Vertreter des Staates dem Vorstand dieses Verbandes angehört."[4]

Im gleichen Artikel schlug er die Einführung eines solchen Gesetzes auch in Rußland vor, um die Kapitalisten aller Industriezweige kontrollieren zu können. Diese Idee entwickelte Lenin erneut in der Abhandlung „Werden die Bolschewiki die Staatsmacht behaupten?": „Die *Zwangssyndizierung*, d. h. die Zwangsvereinigung zu Verbänden unter der Kontrolle des Staates, das ist es, was der Kapitalismus vorbereitet hat, ... das ist es, was in Rußland die Sowjets, die Diktatur des Proletariats vollauf werden verwirklichen können und was *uns* einen sowohl universellen als auch ganz neuen und unbürokratischen ,*Staatsapparat*' *bringen wird*."[5]

In seiner Rede auf dem III. Allrussischen Kongreß der Arbeiter-, Soldaten- und Bauerndeputierten im Januar 1918 hat Lenin die Verhandlungen der allrussischen Gewerkschaft der Lederarbeiter mit dem Unternehmerverband, bei denen die Arbeiter die Erweiterung ihrer Vertretung im Hauptkomitee für Lederindustrie und eine demokratische

Reorganisation dieses Komitees forderten, wie folgt eingeschätzt: „Wir haben nicht nur das Staatsgesetz über die Kontrolle, wir haben sogar etwas noch Wertvolleres: Versuche des Proletariats, mit den Fabrikantenverbänden Verträge zu schließen, um den Arbeitern die Leitung ganzer Industriezweige zu sichern. Die Lederarbeiter haben bereits angefangen, einen solchen Vertrag auszuarbeiten, und stehen vor dem Abschluß dieses Vertrags mit dem Gesamtrussischen Verband der Lederfabrikanten. Ich messe derartigen Verträgen besonders große Bedeutung bei."[6]

Nachdem die Gewerkschaft der Lederarbeiter die 2/3-Mehrheit für Arbeiter im Haupt- und in den Bezirkskomitees des Unternehmerverbandes durchgesetzt hat, forderte W. I. Lenin in dem Fernschreiben vom 6. April 1918, daß die örtlichen Organe des Lederindustrieverbandes zu demokratisieren seien, und alle Beschlüsse des Haupt- und der Bezierkskomitees der Lederindustrie konsequent durchgeführt werden müssen.[7]

Die Entwicklung der russischen Revolution ging jedoch einen anderen Weg. Durch den Bürgerkrieg, den weißen Terror und den Kriegskommunismus wurde die Frage der demokratischen Methoden zur Kontrolle über die Bourgeoisie aufgehoben. Doch das war keine Widerlegung der Leninschen Idee.

Vorläufig hat die revolutionäre Bewegung in keinem der Länder des staatsmonopolistischen Kapitalismus eine solche Entwicklungsstufe erreicht, in der diese Idee zum unmittelbaren Aktionsprogramm werden könnte; doch die Möglichkeit, die Unternehmerverbände im Interesse einer breiten Demokratie für die politische Unterordnung der Kapitalisten und die Wirtschaftskontrolle über sie auszunutzen, könnte zweifellos unter gewissen Bedingungen in hoch entwickelten kapitalistischen Ländern aktuell werden.

In der 1969 formulierten Grundsatzerklärung der DKP wird vor den Kommunisten und anderen fortschrittlichen Kräften des Landes als erster Schritt folgendes Ziel gesetzt: „Überwindung des beherrschenden Einflusses des Konzernkapitals und der Unternehmerverbände auf Gesetzgebung und Verwaltung; Offenlegung aller Eingaben, Gesetzesvorschläge und Verhandlungen dieser Machtgruppen mit Regierung und Staatsbürokratie; Öffentlichkeit aller Ausschußsitzungen des Bundestages."[8]

Eine weitere wichtige Schlußfolgerung aus der Untersuchung der Eingriffe der Monopolorganisationen in Staatsangelegenheiten ist die Notwendigkeit, die Erfahrungen der Monopolbourgeoisie für die Tätigkeit der Gewerkschaften auszuwerten. In den Gewerkschaften haben die Werktätigen Organisationen, die ihre Interessen viel wirksamer vertreten können, als das bisher der Fall war. Solange die Tätigkeit der Kommunisten noch stark eingeschränkt wird, und die Sozialdemokraten vom Prinzip der Interessenvertretung der Arbeiter abweichen, bieten sich die Gewerkschaften objektiv als Verfechter der Klasseninteressen von Arbeitern und Angestellten an. Doch die BRD-Gewerkschaften können ihre Möglichkeiten nur dann voll zur Geltung bringen, wenn sie auf das Kompromißlertum verzichten und ein enges Bündnis mit Kommunisten als Vertreter der wahren Interessen der Arbeiterklasse eingehen. Die Kommunisten sind zu so einem Bündnis bereit. In seinem Referat auf dem Essener Parteitag der DKP sagte Genosse Kurt Bachmann: „Die Rolle der Gewerkschaften und der gewerkschaftlichen Kämpfe wächst im spätkapitalistischen System objektiv. Der gewerkschaftliche Kampf... ist Klassenkampf."[9] „Die DKP stimmt in vielen Einschätzungen und Forderungen mit dem Grundsatz- und Aktionsprogramm des DGB und den Beschlüssen der verschiedenen Gewerkschaftskongresse überein. Wir sehen im Kampf für die Verwirklichung solcher Gewerkschaftsbeschlüsse eine Möglichkeit, die Lage der Arbeiter und Angestellten zu verbessern und den Kampf um grundlegende demokratische Reformen zu beginnen."[10]

Weder Umfang noch Aufgaben der vorliegenden Arbeit ermöglichen es, das hier Angedeutete ausführlich zu behandeln. Doch es will uns scheinen, daß selbst diese notwendigerweise kurz gefaßte Problemstellung es ermöglicht, die Bedeutung der Frage der Unternehmerverbände nicht nur unter theoretischem, sondern auch unter praktisch-politischem Aspekt zu veranschaulichen.

ANMERKUNGEN

Einleitung

1. *Lenin W. I.* Werke, Bd, 17, S. 379.
2. *Marx/Engels.* Werke, Bd. 19, S. 236.
3. *Lenin W. I.* Werke, Bd. 18, S. 48/49.
4. *Lenin W. I.* Werke, Bd. 24, S. 459/60
5. *Ebenda,* S. 554.
6. *Lenin W. I.* Werke, Bd. 25, S. 18.
7. *Ebenda,* S. 352—355.
8. Siehe: *Chmelnizkaja J. L.* Westdeutscher Monopolkapitalismus, M., 1959 russ.; Monopole und der BRD-Staat, M., 1962 russ.; Parteien im System der Monopoldiktatur, M., 1964.
9. Siehe: *Banaschak M.* Die Macht der Verbände, B., 1964; *Kuczynski J.* Studien zur Geschichte des deutschen Imperialismus, Bd. 1, Monopole und Unternehmerverbände, B., 1949; Die westdeutschen Parteien, B., 1966; Die Macht der Hundert, B., 1966; Imperialismus heute. Der staatsmonopolistische Kapitalismus in Westdeutschland, B., 1967.
10. *Breitling R.* Die Verbände in der Bundersrepublik, ihre Arten und ihre politische Wirkungsweise, Meisenheim, 1955, S. 3.

Kapitel I

1. *Marx/Engels.* Werke, Bd. 21, S. 426.
2. *Marx/Engels.* Werke, Bd. 6, S. 104.
3. *Marx/Engels.* Werke, Bd. 25, S. 208.
4. *Marx/Engels.* Werke, Bd. 3, S. 62.
5. Der Weg zum industriellen Spitzenverband, Darmstadt, 1956, S. 2.
6. *Lenin W. I.* Werke, Bd. 27, S. 333/34.
7. *Marx/Engels.* Werke, Bd. 34, S. 373.
8. Der Weg zum industriellen Spitzenverband, S. 15.
9. *Wilhelm von Kardoff.* Ein nationaler Parlamentarier im Zeitalter Bismarks und Wilhelm II., 1828 bis 1907, B., 1936, S. 127.
10. *Wössner J.* Die ordnungspolitische Bedeutung des Verbandswesens, Tübingen, 1961, S. 48.
11. *Ebenda,* S. 48.

12. *Bueck H. A.* Der Centralverband Deutscher Industrieller, B., 1902, Bd. III, S. 168.
13. Zitiert nach *Kuczynski J.* Studien zur Geschichte des deutschen Imperialismus, Bd. 1, Monopole und Unternehmerverbände, B., 1949, S. 204.
14. Zitiert nach *Banaschak M.* Die Macht der Verbände, B., 1964, S. 102.
15. Zitiert nach *Kuczynski J.* Studien..., Bd. I, S. 228/29.
16. *Dr. Stresemann G.* Von der Revolution bis zum Frieden von Versailles, B., 1919, S. 79.
17. *Lenin W. I.* Werke, Bd. 25, S. 343.
18. Der Weg zum industriellen Spitzenverband, S. 107.
19. „Der Spiegel", 1968, Nr. 47, S. 134.
20. Vereinigung der Deutschen Arbeitgeberverbände, Berichte, Heft 11, 1919, S. 5.
21. Zitiert nach *Lechtape H.* Die deutschen Arbeitgeberverbände, Leipzig, 1926, S. 18.
22. Veröffentlichungen des Reichsverbandes der Deutschen Industrie, Heft 21, Apr. 1924, S. 19.
23. *Ebenda*, S. 38.
24. Veröffentlichungen des Reichsverbandes der Deutschen Industrie, Heft 4, 1924, S. 10.
25. *Ebenda*, S. 30.
26. *Ebenda*, S. 33.
27. Veröffentlichungen des Reichsverbandes der Deutschen Industrie, Heft 21, Apr. 1924, S. 51.
28. Veröffentlichungen des Reichsverbandes der Deutschen Industrie, Heft 24, Jan. 1925, S. 55.
29. *Ebenda*, S. 59.
30. Veröffentlichungen des Reichsverbandes der Deutschen Industrie, Heft 23, Sept. 1924, S. 48—49.
31. *Thälmann E.* Die Lage in Deutschland und die Aufgaben der KPD, Hamburg/Berlin, 1931, S. 6.
32. Veröffentlichungen des Reichsverbandes der Deutschen Industrie, Heft 55, 1930, S. 19.
33. Zitiert nach «Der Nürnberger Prozeß», Bd. I, B., 1957, S. 134.
34. Zitiert nach *Kuczynski J.* Studien..., Bd. I, S. 261.
35. *Marx/Engels.* Werke, Bd. 21, S. 451.

Kapitel II

1. Teheran. Jalta. Potsdam. Dokumente. M., 1967, S. 347. russ.
2. *Weeler G. S.* Die amerikanische Politik in Deutschland, B., 1958, S. 19/20.
3. *Ebenda*, S. 20.
4. «Berliner Zeitung», 5. Sept. 1945.
5. Der Weg zum industriellen Spitzenverband, S. 317.
6. Der Arbeitgeber 1951, Heft 1/2, S. 36.
7. *Ebenda*, S. 38.
8. 1966 zählte die BRD 84 513 Industriebetriebe mit einem Jahresumsatz über 12 500 DM (siehe: «Wirtschaft und Statistik», Stuttgart und Mainz, Heft 3, 1968, S. 703).
9. Siehe: «Wirtschaft und Statistik», 1971, Heft 3, S. 78/79.
10. Siehe: Die westdeutschen Parteien, B., 1966, S. 49/50.
11. «DWI-Berichte», 1967, Nr. 4, S. 24/25.

12. Die Arbeitgeberorganisation Westberlin wurde den Landesverbänden gesetzwidrig zugeordnet, Baden-Württemberg ist durch drei Verbände vertreten.
13. Siehe: *Marx/Engels*. Werke, Bd. 23, S. 34.
14. Siehe: Arbeitgeber. Jahrestbericht der BDA 1965.
15. *Ebenda*, S. 158.
16. Zur Abgrenzung von Tätigkeitsbereichen zwischen den beiden wichtigsten Organisationen des Monopolkapitals wurde in der Satzung des BDI festgelegt: «Ausgenommen ist die Vertretung sozialpolitischer Belange» (§ 2).
17. *Ebenda*, S. 53.
18. *Ebenda*, S. 53.
19. «Der Spiegel», 1967, Nr. 50, S. 57.
20. Siehe: *Weber A*. Der Kampf zwischen Kapital und Arbeit, Tübingen, 1954, S. 114; «Welt der Arbeit», 17. Jan. 1964.
21. *Brandt G*. Rüstung und Wirtschaft in der Bundesrepublik. Studien zur politischen und gesellschaftlichen Situation der Bundeswehr, Witten und Berlin, 1966, S. 124.
22. *Beckel A*. Unser Staat und die Macht der Interessenverbände, Augsburg, 1958, S. 19.
23. *Banaschak M*. Die Macht zer Verbände, S. 22.
24. «Industriekurier», 28. Mai 1960.
25. «Frankfurter Rundschau», 26. Jan. 1963.
26. *Fertsch-Röver D*. Der selbständige Unternehmer in unserer Zeit, in: Jahrbuch des deutschen Unternehmers 1965, S. 182/83.
27. «Der Volkswirt», 1965, Nr. 5, S. 143.
28. Siehe: «Der Spiegel», 1966, Nr. 9, S. 39.
29. «Der Volkswirt», 1965, Nr. 5, S. 143.
30. «Der Spiegel», 1963, Nr. 19, S. 37.
31. *Banaschak M*. Die Macht der Verbände, S. 148/49.
32. *Baumann G*. Eine Handvoll Konzernherren, B., 1956, S. 31.
33. *Bertsch G*. CDU/CSU wie sie ist, M., 1963, S. 256 russ.
34. Aktuelle Probleme des staatsmonopolistischen Kapitalismus, 1961, S. 65 f.
35. *Breitling R*. Die Verbände in der Bundesrepublik, S. 20.
36. Imperialistischer Staat und imperialistische Wirtschaft, M., 1963, S. 338 russ.
37. Imperialismus heute, B., 1967, S. 187.

Kapitel III

1. *Chmelnizkaja J. L*. Der Monopolkapitalismus in Westdeutschland, S. 123 russ.
2. *Breitling R*. Die Verbände in der Bundesrepublik, S. 13, 179.
3. Siehe: *Stanzik K. H*. Der ökonomische Konzentrationsprozeß in «Der CDU-Staat». Studien zur Verfassungswirklichkeit der Bundesrepublik, München, 1967, S. 33/34.
4. *Ebenda*, S. 33.
5. Siehe: «Der Volkswirt», 1968, Nr. 37, S. 1.
6. Siehe: *Finer S*. Anonymous Empire. A Stady of the Lobby in Great Britain, L., 1958.
7. Siehe: *Mayntz R*. Soziologie der Organisation, München, 1963.
8. *Ellwein Th*. Das Regierungssystem der Bundesrepublik Deutschland, Köln und Opladen, 1963, S. 64.
9. *Ebenda*, S. 62.

10. *Meynoud J.* Nouvelles études sur les groupes de pressionen France, p., 1962, p. 3/4.
11. «Der Arbeitgeber», Heft 14, 1951, S. 28.
12. Sozialpolitik, Arbeits- und Sozialrecht, Stuttgart, 1956.
13. Jahresbericht der BDA 1959, S. 219.
14. Der entsprechende BDI-Apparat wurde im Rahmen der Einflußforschung der Verbände auf die gesamte öffentliche Meinung der Landes behandelt.
15. 2. Weissbuch zur Unternehmermoral, 1967, S. 8.
16. Siehe: «Der Spiegel», 1967, Nr. 49, S. 33
17. Zitiert nach «Neues Deutschland», 13. Juni 1963.
18. Zitiert nach «Der Spiegel», 1968, Nr. 44, S. 49.
19. *Ebenda*, S. 70.
20. «Der Volkswirt», 1968, Nr. 31, S. 27.
21. Der CDU-Staat, München, 1967, S. 206.
22. *Lenin W. I.* Werke, Bd. 2, S. 104.
23. *Burneleit H.* Feindschaft oder Vertrauen zwischen Staat und Wirtschaft! Fr./M., 1961, S. 43.
24. Interest Groups on Four Continents, Pittsburgh, 1958, p. 295.
25. Siehe: Imperialismus heute, B., 1967. S. 188-196.
26. *Ellwein Th.* Das Regierungssystem der Bundersepublik Deutschland, S. 130.
27. Siehe: «Aus Politik und Zeitgeschichte», 1966, 9. Februar. S. 11.
28. Siehe: Die Macht der Hundert, B., 1966, S. 125.
29. Siehe: «Aus Politik und Zeitgeschichte», 1966, 2. Febr. S. 8.
30. *Beckel A.* Unser Staat und die Macht der Interessenverbände, S. 16.
31. *Ellwein Th.* Das Regierungssystem der Bundesrepublik Deutschland, S. 166.
32. *Ebenda*, S. 192.
33. *Dahrendorf R.* Gesellschaft und Demokratie in Deutschland, München, 1965, S. 304.
34. «Die Zeit», 1968, 2. Febr.
35. *Schneider H.* Die Interessenverbände, München 1965, S. 105.
36. *Weber W.* Die Verfassung der Bundesrepublik in der Bewährung, Göttingen-Berlin-Frankfurt, 1957, S. 39.
37. «Aus Politik und Zeitgeschichte», 1966. 9. Febr., S. 7.
38. *Beckel A.* Unser Staat und die Macht der Interessenverbände, S. 17—18.
39. Siehe: *Braunthal G.* Der Bundesverband der Deutschen Industrie in «Politische Vierteljahresschrift («DVS»), Köln und Opladen, Heft 4, 1963, S. 379/80.
40. *Eschenburg Th.* Herrschaft der Verbände, Stuttgart, 1955, S. 16.
41. *Ellwein Th.* Das Regierungssystem der Bundesrepublik Deutschland, S. 60.
42. *Schneider H.* Die Interessenverbände, S. 106.
43. *Ellwein Th.* Das Regierungssystem der Bundesrepublik Deutschland, S. 219.
44. «Der Spiegel», 1973, Nr. 30, S. 14.
45. «Die Zeit», 1968, 2. Febr.
46. «Der Spiegel», 1968, Nr. 9, S. 80.
47. Siehe: «Der Spiegel», 1966, Nr. 37, S. 56.
48. *Negt O.* In Erwartung der autoritären Gesellschaft, in: Der CDU-Staat, München, 1967, S. 232.
49. «Der Spiegel», 1966, Nr. 37, S. 56.

50. «Der Spiegel», 1971, Nr. 47, S. 25.
51. Jahresbericht des BDI 1966, S. 34.
52. «Der Spiegel», 1966, Nr. 37, S. 58.
53. «Industriekurier», 18. Febr. 1965.
54. «Der Spiegel», 1970, Nr. 47, S. 71 u. 78.
55. Jahresbericht der BDA 1965, S. 25.
56. *Wössner J.* Die ordnungspolitische Bedeutung des Verbandswesens, S. 141.
57. *Ebenda, S. 142.*
58. Bildung als Gemeinschaftsaufgabe, in: «Beiträge des Deutschen Industrieinstituts», Köln, 1965, Heft 7/8, S. 37.
59. «Bildungsfeld Wirtschaft. Schriftenreihe der BDA», Köln, 1965, Heft 39, S. 78.
60. *Ellwein Th.* Das Regierungssystem der Bundesrepublik Deutschland, S. 110.
61. «Der Spiegel», 1963, Nr. 52, S. 10.
62. Siehe: «DWI-Berichte», 1965, Nr. 20; «Der Volkswirt», 1965, 29. Sept.
63. «Der Volkswirt», 1968, Nr. 31, S. 21.
64. *Dahrendorf R.* Gesellschaft und Demokratie in Deutschland, S. 288; *Deutsch K., Edinger L.* Germany Rejoins the Powers, Stanford, 1959, p. 91.
65. «Der Volkswirt», 1968, Nr. 25, S. 16.
66. *Deutsch K., Edinger L.* Germany Rejoins the Powers, p. 99.
67. *Ellwein Th.* Das Regierungssystem der Bundesrepublik Deutschland, S. 416.
68. *Hirsch J.* Die öffentlichen Funktionen der Gewerkschaften, Stuttgart, 1966, S. 31.
69. *Stanzick K.-H.* Der ökonomische Konzentrationsprozeß, S. 46.
70. «Der Volkswirt», 1968, Nr. 25, S. 16.
71. «Der Spiegel», 1966, Nr. 13, S. 90.
72. *Jaspers K.* Wohin treibt die Bundesrepublik? München, 1966, S. 127.
73. «Der Spiegel», 1966, Nr. 10, S. 21.
74. «Der Spiegel», 1967, Nr. 37, S. 22.
75. «Stern», 1965, 31. Jan., S. 5.
76. «Die Zeit», 1968, 26. Jan., S. 3.
77. «Der Volkswirt», 1968, 26. Jan., S. 3.
78. *Altmann R.* Das Erbe Adenauers, Stuttgart-Degerloch, 1964, S. 127.
79. «Aus Politik und Zeitgeschichte», 1965, 10. Nov., S. 11.
80. *Lenin W. I.* Werke, Bd. 23, S. 34.
81. Die westdeutschen Parteien, B., 1966, S. 14/15.
82. *Ebenda,* S. 49/50.
83. Der Verteidigungsminister Schröder versuchte 1968 vergeblich, die Luftwaffe von ihrem «Transall» — Obligo zu befreien. Doch der Bundesverband der Deutschen Luft- und Raumfahrt-Industrie stellte Bonn vor die Wahl, entweder die vertraglich, vereinbarte Zahl von 110 Maschinen für je 20 Millionen DM abzunehmen oder bis spätestens 1. Oktober 1968 die deutsche «Transall»— Serie zu kürzen und dafür Ausfallzahlungen in Höhe von 320 Millionen Mark zu übernehmen. (Siehe «Der Spiegel», 1968, Nr. 29, S. 24/25).
84. Die westdeutschen Parteien, B., 1966, S. 51.
85. «Aus Politik und Zeitgeschichte», 1966, 9. Febr., S. 12.

86. «Industriekurier», 1. Mai 1965.
87. «Die Zeit, 1967, 3. März.
88. «Der Spiegel», 1967, Nr. 31, S. 24.
89. *Dahrendorf R.* Gesellschaft und Demokratie in Deutschland, S. 289.
90. *Hartmann H.* Authority and Organisation in German Management, Princeton, 1959, p. 217.
91. *Hirsch J.* Die öffentlichen Funktionen der Gewerkschaften, S. 122.
92. «Frankfurter Allgemeine», 4. Okt. 1960.
93. «Süddeutsche Zeitung», 19/20. Nov. 1960.
94. «Der Volkswirt», 1968, Nr. 24, S. 11.
95. *Stanzick K.-H.* Der ökonomische Konzentrationsprozeß, S. 44.
96. Siehe: «Die Zeit», 1967, 24. Now., S. 3.
97. Die westdeutschen Parteien, S. 53.
98. *Beckel A.* Unser Staat und die Macht der Interessenverbände, S. 12/13.
99. *Negt. O.* In Erwartung der autoritären Gesellschaft, S. 203.
100. «Vorwärts», 5. Okt. 1966.
110. *Freund G.* Germany between two Worlds. N. Y., 1961, p. 113/114.
111. «Der Spiegel», 1968, Nr. 27 S. 32.
112. «Der Spiegel», 1965, Nr. 42, S. 52.
113. «Der Volkswirt», 1965, Nr. 8.
114. «Der Spiegel», 1967, Nr. 35, S. 56.
115. «Die Zeit», 9. Juni 1967.
116. *Brandt G.* Rüstung und Wirtschaft in der Bundesrepublik. Witten und Berlin, 1966, S. 77.
117. «Jahresbericht des BDI». 1957/58, S. 169.
118. «Der Volkswirt», 1956, Nr. 51/52, S. 10.
119. «Industriekurier», 1956, 18. Okt., S. 1.
120. *Brand G.* Rüstung und Wirtschaft in der Bundesrepublik, S. 187.
121. «Die Zeit», 1967, 9. Juni.
122. *Kornhauser W.* The Politics of Mass. Society, L., 1960, p. 236.
123. Siehe: *„Binkley W., Moos M.* A. Grammar of American Politics, N.Y., 1958.
124. Siehe: *Carr R., Bernstein M., Morrison D., McLean G.* American Democracy in Theory and Practice. Essentials of National, State and Local Government, N.Y., 1957.
125. *Bailey S., Samuel H., Baldwin S.* Government in America, N.Y., 1957, p. 218.
126. *Varain H. J.* Parteien und Verbände, S. 327.
127. *Frisch G.* Die Macht der Funktionäre, Düsseldorf, 1956, S. 254.
128. *Wössner J.* Die ordnungspolitische Bedeutung des Verbandswesens.
129. *Hirsch J.* Die öffentlichen Funktionen der Gewerkschaften, S. 210.
130. «Der Volkswirt», 1968, Nr. 31, S. 20.
131. *Wössner J.* Die ordnungspolitische Bedeutung des Verbandswesens, S. 178.
132. «Die Zeit», 1967, 5. Dez.
133. Siehe: *Kareil H.* The Decline of American Pluralism, Standford, 1961, p. 2.
134. *Kirchheimer O.* Politik und Verfassung, Fr./M., 1964, Zit. nach: «Die neue Gesellschaft», 1967, Nr. 3, S. 250/51.
135. «Die Zeit», 1968, 1. März.

136. *Hirsch J.* Die öffentlichen Funktionen der Gewerkschaften, S. 13 u. 20.
137. «Die Zeit», 1967, 24. Sept.
138. *Lenin W. I.* Werke, Bd. 17, S. 379.
139. Materialien des XXII. Parteitags der KPdSU, Moskau 1961
140. *Lenin W. I.* Werke, Bd. 9, S. 361.
141. *Marx/Engels*, Werke, Bd. 21, S. 167.
142. «Die Zeit», 1967, 1. Dez.
143. «Der Volkswirt», 1968, Nr. 48, S. 16.

Einige Worte zum Schluß

1. «Die Zeit», 1968, 12. Jan.
2. *Lenin W. I.* Werke, Bd. 25, S. 436.
3. Grundsatzerklärung der Deutschen Kommunistischen Partei: Hrsg. v. Parteivorstand der DKP, Düsseldorf 1969, S. 30.
4. *Lenin W. I.* Werke, Bd. 25, S. 352.
5. *Lenin W. I.* Werke, Bd. 26, S. 91.
6. *Lenin W. I.* Werke, Bd. 26, S. 470.
7. *Lenin W. I.* Werke, Bd. 26, S. 556.
8. Grundsatzerklärung der Deutschen Kommunistischen Partei, S. 32.
9. *Bachmann K.* Einig handeln für demokratische Erneuerung von Staat und Gesellschaft, Düsseldorf, 1969, S. 33.
10. *Ebenda*, S. 31.

INHALT

Vorwort zur deutschen Auflage	3
Einleitung	10

K a p i t e l I. *Historischer Abriß der deutschen Unternehmerverbände* 18

Warum schlossen sich die Kapitalisten zu Verbänden zusammen? 18

1. Unternehmerverbände im vorimperialistischen Entwicklungsstadium des Kapitalismus 28
   Erste Schritte (bis 1871) 28
   Beteiligung am politischen Kampf (die siebziger Jahre) 32
   Formierung zum Kampf gegen die Arbeiterbewegung (die achtziger Jahre) 37
   Angriff auf breiter Front des Klassenkampfes (die neunziger Jahre) 40
2. Unternehmerverbände in der Epoche des Imperialismus 46
   Der Kurs auf die Zentralisation (1900—1904) 47
   Das Vorkriegsjahrzehnt (1904—1914) 51
   Die staatsmonopolistische Entwicklung unter den Bedingungen der Militarisierung der Wirtschaft (1914—1918). 58
   Der Kampf um die Wiederherstellung der Machtpositionen (1919—1923). 68
   Die Verbände werden eine ernsthafte politische Kraft (1924—1932) 75
   Die Verbände verwandeln sich in Organe des Nazistaates (1933—1945) 85

K a p i t e l II. *Die Unternehmerverbände der BRD* 99

Das Wiedererstehen der Organisationen der Monopole . . . 99
1. Der Bundesverband der deutschen Industrie — Hauptorganisation des Monopolkapitals der BRD 105
   Der antidemokratische Charakter der Organisationsgliederung des Bundesverbandes. Die BDI-Oligarchie . 106
   Die Herrschaft der Monopole in den leitenden Organen des BDI 110
   Die Monopole in den BDI-Mitglieds-Fachspitzenverbänden 115

Die Vertretung der größten Monopole in den BDI-Arbeits-
organen 120
Die BDI-Arbeitsorgane — Ausschüsse und Geschäfts-
führung — Instrumente der Politik der Monopole . . 125
Ziele und Aufgaben des Bundesverbandes der deutschen
Industrie 130
2. Die Bundesvereinigung der deutschen Arbeitgeberver-
bände — die Hauptorganisation der Monopole im Kampf
gegen die Arbeiterklasse 133
Struktur und Charakter der BDA. Das Präsidium der
Bundesvereinigung und die Verbindungen zum BDI. 133
Der BDA-Vorstand und die Präsenz des Monopolkapitals 138
Arbeitsorgane der BDA. Ziele der Organisation . . . 145
3. Andere zentrale Unternehmerverbände 151
Deutscher Industrie- und Handelstag (DIHT) — eine
Organisation, die regionale Belange der Kapitalisten-
klasse und deren Monopolspitze vertritt 151
Bundesverband des privaten Bankgewerbes — Organisa-
tion der Finanzoligarchie Westdeutschlands 158
4. Widersprüche der Unternehmerverbände und der Mecha-
nismus zu deren Überwindung 160
Gegensätze innerhalb der Verbände 160
Widersprüche zwischen den Verbänden. Koordination
als Mittel zur Überbrückung der Gegensätze 166

K a p i t e l III. *Unternehmerverbände im politischen Herrschaftssystem des staatsmonopolistischen Kapitalismus* 178
Die Klassenorganisationen der Monopole 178
1. Die Formen des Klassenkampfes der Unternehmerverbände 187
Der Kampf der Unternehmerverbände gegen die Arbeiterklasse 188
Politischer Kampf innerhalb der eigenen Klasse und deren
Institute: Unternehmerverbände und Kanäle ihrer Druckausübung auf den Staat 202
Ideologischer Klassenkampf: Methoden zur Beeinflussung der bürgerlichen Gesellschaft durch Unternehmer-
verbände 217
2. Rolle und Bedeutung der Unternehmerverbände im
politischen Herrschaftssystem des staatsmonopolistischen
Kapitalismus 238
Unternehmerverbände und Funktionen des bürgerlich-
demokratischen Staates 239
Zwei Oligarchien der Monopolbourgeoisie 248
Die Unternehmerverbände und die regierende Sozial-
demokratie 261
Der Einfluß der Monopolverbände auf die Außen- und
Militärpolitik der BRD 272
Das Problem der Unternehmerverbände in der bürger-
lichen Wissenschaft und der Verfall der Theorie von der
„pluralistischen Gesellschaft" 288
Unternehmerverbände und der staatsmonopolistische
Kapitalismus 299
Einige Worte zum Schluß 306
Anmerkungen 311